W0308645

FRAUENSACHE
WIE BRANDENBURG
PREUSSEN WURDE

FRAUENSACHE
WIE BRANDENBURG PREUSSEN WURDE

Herausgegeben von der Generaldirektion
der Stiftung Preußische Schlösser und Gärten Berlin-Brandenburg

SANDSTEIN VERLAG

INHALT

WEICHENSTELLUNGEN

Anhang

GRUSSWORT

SOPHIE PRINZESSIN VON PREUSSEN

Vor 600 Jahren erweiterten die Hohenzollern ihr zu diesem Zeitpunkt bereits in Schwaben und Franken etabliertes Herrschaftsgebiet um die Mark Brandenburg. Ich freue mich besonders darüber, dass die Stiftung Preußische Schlösser und Gärten Berlin-Brandenburg diesen Jahrestag zum Anlass für eine Ausstellung nimmt, die den Fokus auf die weiblichen Mitglieder des Hauses Hohenzollern legt.

In früheren Zeiten schien es häufig ausschließlich Männern vorbehalten zu sein, Geschichte zu machen und zu schreiben. Rolle und Bedeutung der Frauen traten – mit Ausnahme einzelner, besonders populärer und charismatischer Regentinnen – weitgehend in den Hintergrund. Dabei stellt im Fall der brandenburgischen Hohenzollern bereits die erste Kurfürstin Elisabeth, Frau des 1415 zum Kurfürsten ernannten Friedrich I. und bayerische Herzogstochter, eine durchaus eigenständige Persönlichkeit dar, die ihren Mann regelmäßig während dessen Abwesenheit vertrat.

In den nachfolgenden Generationen gab es ebenfalls bemerkenswerte Frauen, über deren interessante und mitunter wechselvolle Lebenswege die meisten heute nur noch wenig wissen. Auch wenn im Hause Preußen keine weibliche Erbfolge vorgesehen war, stand eine umfassende Gesamtschau weiblicher Familienmitglieder auf diesem Gebiet bislang aus. Umso erfreulicher ist es, dass nun in der als FRAUENSACHE titulierten Ausstellung zahlreiche neue Erkenntnisse vorgestellt und einer breiten Öffentlichkeit zugänglich gemacht werden. Gleichzeitig dürfte sich dadurch auch der Blick auf die bekannteren Vertreterinnen des Hauses zugunsten einer differenzierteren, weniger klischeebehafteten Auffassung verändern.

Ich wünsche allen Besuchern der Ausstellung sowie den Lesern der vorliegenden Publikation aufschlussreiche Begegnungen mit dem weiblichen Teil der brandenburgisch-preußischen Geschichte. Darüber hinaus hoffe ich, dass sich auch Anregungen für individuelles Spurensuchen und weiterführende Beschäftigungen mit einem Thema ergeben, das man durchaus auch als »Männersache« betrachten darf.

GRUSSWORT

DILEK KOLAT
SENATORIN FÜR ARBEIT, INTEGRATION
UND FRAUEN DES LANDES BERLIN

Ich freue mich als Frauensenatorin, dass die Stiftung Preußische Schlösser und Gärten Berlin-Brandenburg mit der Ausstellung FRAUENSACHE erstmalig den Schwerpunkt auf die bislang zu wenig beachtete, aber für das Werden des Staates wesentliche Rolle der Frauen der Hohenzollern legt. Eine großartige Idee.

Frauen sind in der Geschichtswissenschaft lange vernachlässigt worden und tauchen eher als stumme Zeuginnen ihrer Zeit auf. Umso wichtiger ist es, das Wirken ausgewählter Repräsentantinnen des Hauses Hohenzollern in den Fokus zu rücken. Sie hatten aufgrund ihrer besonderen Stellung als Herrscherinnen die Möglichkeit, Spuren zu hinterlassen, und nicht zuletzt durch die europäische Heiratspolitik und die damit verbundene Netzwerkbildung die Chance, Einfluss zu nehmen.
Rund 500 Jahre lenkten die Hohenzollern die Geschicke des Kurfürstentums Brandenburg, des Königreichs Preußen und zuletzt des Deutschen Kaiserreichs und hinterließen ein kulturhistorisch wertvolles Erbe. Auch die Frauen an den Höfen hatten ihren Anteil an dem kulturellen und politischen Werden dieses Staatswesens.

Es ist vor allem die soziale und räumliche Mobilität der Frauen, die ins Auge springt und die für die politische, wirtschaftliche und kulturelle Entwicklung Brandenburg-Preußens wichtig war. Es waren vornehmlich die Frauen, die ihre Heimat verließen und in ein fremdes Land gingen, dessen Sprache sie oft nicht sprachen und mit dessen Kultur sie oft nicht vertraut waren. Durch geschickte Heiratspolitik entstand so ein ganz Europa umspannendes Netzwerk von miteinander verbundenen Herrscherfamilien. Die Pflege dieser Netzwerke war die zentrale Aufgabe der Fürstinnen. Sie unterhielten eine intensive Korrespondenz mit ihren Müttern und Schwestern und brachten neue Techniken, Moden oder auch politische Impulse mit in ihre neue Heimat. Ihr Einfluss und Wirken ist zumeist im Verborgenen geblieben.

Zwei Beispiele:

Elisabeth von Dänemark (1485–1555), die persönlichen Kontakt zu Martin Luther unterhielt, war eine treibende Kraft beim Wechsel Brandenburg-Preußens in die protestantische Machtsphäre.

© Senatsverwaltung für Arbeit, Integration und Frauen

Victoria von Großbritannien und Irland (1840–1901) beeindruckte durch ihre Weitsicht, indem sie sich damals als Gattin Friedrichs III. offen gegen Bismarck positionierte und mit den Bemühungen um eine Demokratisierung des Deutschen Reiches nach britischem Vorbild sympathisierte.

Beide Frauen versuchten zu ihrer Zeit – ganz im Sinne der Idee der Transkulturalität – auf ihre Art und Weise Einfluss zu nehmen und Erfahrungen aus ihrer Heimat einzubringen.

Auch heute kommen Frauen aus den verschiedensten Kulturkreisen der Welt nach Berlin, sprechen eine andere Sprache und bringen ihre Kultur und Erfahrungen mit. Das Verlassen der Heimat als weibliches Phänomen erinnert stark an die verschiedenen Schicksale der Frauen am Hof der Hohenzollern.

Die Erfahrung, in ein fremdes Land zu kommen, kann ich aufgrund meiner eigenen Biografie nachempfinden. Ich bin ohne deutsche Sprachkenntnisse eingeschult worden, habe aber erkannt, welche Möglichkeiten ich in Deutschland habe.

Die Situation der Frauen, die heute nach Berlin-Brandenburg kommen, unterscheidet sich insgesamt aber sehr von den Schicksalen der in der Ausstellung porträtierten Frauen, deren Einfluss, obwohl sie allesamt Fürstinnen waren, Grenzen gesetzt war. Frauen in unserer Gesellschaft haben es heute besser. Sie können frei entscheiden, wie sie ihre Zukunft gestalten wollen, welchen Weg, welches Rollenmodell sie wählen wollen. Sie müssen sich nicht auf die Rolle der Tochter, der Ehefrau oder der Mutter beschränken. Berlin ist die Stadt der Chancen.

Die Ausstellung setzt sich in unterschiedlichen Zusammenhängen mit den Lebenswegen von Hohenzollernfürstinnen auseinander und bleibt auf die Vergangenheit fokussiert, dennoch ergibt sich gerade hier eine Brücke zur Gegenwart. Eine schöne Reise in die Vergangenheit, die ich als Frauensenatorin gern antrete.

Das Thema ist mir ein Anliegen und deshalb
wünsche ich der Ausstellung viel Erfolg!

ZUM GELEIT

HARTMUT DORGERLOH
GENERALDIREKTOR DER STIFTUNG PREUSSISCHE SCHLÖSSER UND GÄRTEN BERLIN-BRANDENBURG

Jubiläumsjahre sind Anlässe zur Rückschau. Wenn wir uns erinnern, dass vor 600 Jahren, nämlich am 21. Oktober 1415, die Dynastie der Hohenzollern die Macht in Brandenburg übernahm und für Jahrhunderte die Geschicke des Kurfürstentums, später des Königreichs Preußen und schließlich des Deutschen Kaiserreichs lenkte, so defiliert vor unseren inneren Augen gewöhnlich eine Reihe berühmter Herrschergestalten vorbei. Mit Männern wie dem Großen Kurfürsten, Friedrich dem Großen oder auch Wilhelm II., dem letzten Kaiser, verbinden wir Ereignisse und Epochen, die unser Bild von Kultur und Geschichte in Brandenburg, Berlin und Deutschland nachhaltig geprägt haben.

Doch diese Sicht ist nur die eine Seite der Medaille. Die Kurfürsten, Könige und Kaiser des Hauses Hohenzollern agierten nicht allein: An ihrer Seite wirkten ihre Ehefrauen, die wiederum in der Regel Mütter und nicht selten Witwen wurden. Gewiss, einige der Hohenzollernfrauen sind in unserer Erinnerungskultur präsent, etwa Sophie Charlotte, der wir ihr gleichnamiges Schloss mit seinem Barockgarten verdanken, oder Königin Luise, um die sich bereits zu Lebzeiten ein Mythos rankte. Auch Cecilie, die letzte Kronprinzessin, wäre hier zu nennen. An diese Frauen hat die Stiftung Preußische Schlösser und Gärten Berlin-Brandenburg in den vergangenen Jahren durch verschiedene Ausstellungen erinnert. Die große Mehrzahl aber ist in Vergessenheit geraten, und noch nie hat man bisher die Bedeutung der Hohenzollernfürstinnen für Politik und Wirtschaft, Kultur und Gesellschaft insgesamt thematisiert und gewürdigt.

»FRAUENSACHE. Wie Brandenburg Preußen wurde« versucht den Perspektivwechsel. Nicht die Herrscher, sondern ihre Frauen, Töchter und Schwiegertöchter stehen im Mittelpunkt dieser Ausstellung. Gezeigt wird, wie es ihnen gelang, Einfluss zu nehmen, indem sie zum Beispiel strategisch agierten und mit diplomatischem Geschick Entscheidungen herbeiführten, bestimmte Entwicklungen förderten – oder hemmten. Gezeigt wird auch, welche Bereicherungen die Frauen für Brandenburg-Preußen darstellten, nicht nur durch die Vergrößerung territorialer Macht, sondern auch durch immer wieder neue und frische Impulse, die die brandenburgisch-preußische Kultur den oft aus fremden Ländern wie Dänemark oder Polen, Italien oder Bayern stammenden Ehefrauen verdankte. Ein Jahr lang hat die Stiftung mit auffällig gestalteten leeren Sockeln, die an prominenter Stelle im Schloss-

garten Charlottenburg, aber auch auf der Zitadelle in Spandau und in Potsdam aufgestellt sind, auf die fehlenden und vermissten Denkmäler der Hohenzollernfrauen und auf die Ausstellung FRAUENSACHE hingewiesen. Das große Interesse, das bereits im Vorfeld seitens der Öffentlichkeit dem Thema entgegengebracht wurde, hat uns in unserer Überzeugung bestärkt, dass die Zeit mehr als reif ist, den Blick zu weiten und gezielt auch auf die Frauen zu richten, ohne die die Geschichte Brandenburg-Preußens eben nur eine halbe Geschichte bleibt.

Ich freue mich sehr, dass das Interesse auch bei Partnern und Leihgebern von den ersten Überlegungen an außerordentlich groß war. So findet FRAUENSACHE in Kooperation mit der Ausstellung »Enthüllt – Berlin und seine Denkmäler« in der Zitadelle Spandau, der Ausstellung »Gräfin Lichtenau. Kunstsinnige Bauherrin und königliche Mätresse« im Museum Charlottenburg-Wilmersdorf, der Stiftung Stadtmuseum Berlin und dem Staats- und Domchor Berlin statt. Außerdem wird die Porträtgalerie der Hohenzollern im Jagdschloss Grunewald durch eine Präsentation zeitgenössischer Künstlerinnen unter dem Titel »Zeitgenössische Kunst trifft auf Alte Meister« ergänzt.

Mein Dank gilt allen Förderern, Unterstützern und Partnern, die entscheidend zum Gelingen dieses ambitionierten Projekts beigetragen haben und ohne deren Zuwendungen die Realisierung der Ausstellung nicht möglich gewesen wäre. Ebenso bedanke ich mich für die stets gute und vertrauensvolle Kooperation mit den zahlreichen Mitarbeiterinnen und Mitarbeitern in Museen, Wissenschafts- und Forschungseinrichtungen im In- und Ausland sowie den leihgebenden Institutionen. Mit Unterstützung aller Kolleginnen und Kollegen der Stiftung Preußische Schlösser und Gärten Berlin-Brandenburg hat die Projektgruppe FRAUENSACHE federführend das Ausstellungsprojekt verantwortet, wofür ihr an dieser Stelle ebenfalls gedankt sei. Zu nennen sind schließlich die Firmen, darunter das Gestaltungsbüro neo.studio, Berlin, mit deren fachkundiger Hilfe und Know-how FRAUENSACHE im Theaterbau des Schlosses Charlottenburg Wirklichkeit werden konnte. Auch ihnen allen ein herzliches Dankeschön!

Mir bleibt zum Schluss, allen Besucherinnen und Besuchern der Ausstellung einen interessanten und spannenden Besuch sowie anregende Begegnungen mit den Hohenzollernfrauen zu wünschen.

LEIHGEBER UND DANK

Wir danken folgenden Leihgebern:

Amsterdam, Rijksmuseum
Ansbach, Evang.-Luth. Pfarramt St. Gumbertus
Bad Bocklet, Museen Schloss Aschach, Graf-Luxburg-Museum
Bayreuth, Universitätsbibliothek
Berlin, Architekturmuseum der Technischen Universität Berlin
Berlin, Berlin-Brandenburgische Akademie der Wissenschaften, Archiv
Berlin, Berlin-Brandenburgische Akademie der Wissenschaften, Bibliothek
Berlin, Deutsche Gesellschaft für Chirurgie e. V.
Berlin, Evangelische Kirchengemeinde am Weinberg
Berlin, Geheimes Staatsarchiv Preußischer Kulturbesitz
Berlin, KPM-Archiv (Land Berlin)
Berlin, KPM-Porzellansammlung des Landes Berlin
Berlin, Landesarchiv Berlin
Berlin, Oberpfarr- und Domkirche zu Berlin
Berlin, Paul Singer Verein
Berlin, Staatliche Museen zu Berlin Preußischer Kulturbesitz
Alte Nationalgalerie
Kunstgewerbemuseum
Kupferstichkabinett
Münzkabinett
Berlin, Staatsbibliothek zu Berlin Preußischer Kulturbesitz
Berlin, Stiftung Deutsches Historisches Museum
Berlin, Stiftung Stadtmuseum Berlin
Brandenburg a. d. Havel, Domstift Brandenburg
Braunschweig, Richard Borek Stiftung
Bundesrepublik Deutschland
Doorn, Stichting Huis Doorn
Dresden, Staatliche Kunstsammlungen Dresden
Kunstgewerbemuseum
Kupferstich-Kabinett
Münzkabinett
Rüstkammer
Erlangen, Universitätsbibliothek Erlangen-Nürnberg
Hannover, Allgemeiner Hannoverscher Klosterfonds, vertreten durch die Klosterkammer Hannover
Hannover, Ev.-Luth. Marktkirche St. Georgii et Jacobi
Hannover, Historisches Museum Hannover
Hannover, Niedersächsisches Landesarchiv Hannover
Klagenfurt, Landesmuseum für Kärnten
København, Kongernes Samling
Kronberg, Hessische Hausstiftung
Kronberg, Kulturstiftung des Hauses Hessen
Leinfelden-Echterdingen, Deutsches Spielkarten-museum
Leipzig, GRASSI Museum für Angewandte Kunst Leipzig
London, National Portrait Gallery
Meiningen, Kulturstiftung Meiningen-Eisenach
München, Bayerische Staatsgemäldesammlungen

München, Bayerische Verwaltung der staatlichen Schlösser, Gärten und Seen
München, Wittelsbacher Ausgleichsfonds
Nantes, Musée Dobrée – Grand Patrimoine de Loire-Atlantique
Nürnberg, Germanisches Nationalmuseum
Potsdam, Sammlung Jörg Kirschstein
Rastatt, Wehrgeschichtliches Museum Rastatt GmbH
Rennes, Musée des Beaux-Arts de Rennes
Stockholm, Kungliga Hovstaterna
Warszawa, Muzeum Narodowe w Warszawie
Weimar, Klassik Stiftung Weimar
Wesel, Stadtarchiv Wesel
Wesel, Städtisches Museum
Wrocław, Muzeum Narodowe we Wrocławiu
Zeitz, Museum Schloss Moritzburg Zeitz
Zossen, Brandenburgisches Landesamt für Denkmalpflege und Archäologisches Landesmuseum
Zürich, Privatsammlung eines Nachfahren Fritz Schapers
sowie SKH Georg Friedrich Prinz von Preußen

und unseren anderen Privatleihgebern, die nicht namentlich genannt werden wollen.

Dank

Reinhard Alings
Yvonne De Bordes
Oliver Hantke
Constanze Höpken
Marc Jumpers
Jörg Kirschstein
Annette Leyener
Andreas Rose
Lena van der Hoven
Lisa Skogh

Unser besonderer Dank gilt allen Mitarbeiterinnen und Mitarbeitern der Stiftung Preußische Schlösser und Gärten Berlin-Brandenburg und der Fridericus Servicegesellschaft der Preußischen Schlösser und Gärten mbH sowie der Vielzahl externer Kolleginnen und Kollegen!

Perspektivwechsel – Perspektivweitung

Nadja Bender, Alfred P. Hagemann, Jürgen Luh

Abb. 1 ▶
Im großen preußischen Staatswappen sind die tatsächliche territoriale Ausdehnung der Hohenzollernherrschaft und die Gebietsansprüche durch die Wappen der einzelnen Territorien und Herrschaften komprimiert dargestellt (Kat.-Nr. 9).

600 Jahre ist es her, dass König Sigismund während des Konzils von Konstanz Friedrich VI. von Hohenzollern mit der Mark Brandenburg belehnte. Die Hohenzollern wurden Kurfürsten des Heiligen Römischen Reiches deutscher Nation und zählten fortan zu den wichtigsten Familien dieses Staatenbunds; es war der Beginn eines nicht vorhersehbaren Aufstiegs des ursprünglich schwäbischen Grafengeschlechts. Knapp 300 Jahre später sicherte ihnen die Erlangung der preußischen Königswürde langfristig europaweite Bedeutung. Als deutsche Kaiser wurden sie seit 1871 Oberhäupter des Deutschen Reiches; der Staat, den sie regierten, wurde eine europäische Großmacht, Ende des 19. Jahrhunderts sogar eine Weltmacht. Nach der Niederlage des Deutschen Reiches im Ersten Weltkrieg endete ihre Herrschaft 1918. Wilhelm II. dankte am 28. November ab, der Kronprinz drei Tage später. Zwischen Erhebung und Abdankung lagen 500 Jahre, in denen die Dynastie die Geschichte Brandenburgs und Berlins, Deutschlands, selbst Europas prägte.

Der Aufstieg des Hauses hat Historiker seit jeher fasziniert. Das darf man wörtlich nehmen, denn Historikerinnen haben über die Hohenzollernfamilie, über Brandenburg und Preußen sehr selten geschrieben. Sie tun das erst seit Ende des 20., Anfang des 21. Jahrhunderts.[1] Zuvor schilderten Männer die Geschichte des Landes und seiner Herrschaft. Männer schrieben dabei über – Männer. Die Frauen der Dynastie kamen in diesen Geschichten entweder gar nicht vor oder nur als unselbstständige Anhängsel ihrer Ehegatten. Selbst für die vielfach verehrte Königin Luise galt das.[2] Denn den Staat lenken, Politik treiben, »Geschichte machen« war Männersache.[3]

Politik und darüber hinaus Verwaltung und Kriegsführung waren die Felder, in denen im 19. und 20. Jahrhundert die Leistungen historischer Persönlichkeiten zuerst gewogen und beurteilt wurden. Bestehen vor den Juroren der Geschichte konnten in diesen Kategorien nur Machthaber und Staatslenker. Das Maß aller Dinge war jahrzehntelang die zehnbändige »Geschichte der Preußischen Politik« von Johann Gustav Droysen, erschienen von 1855 bis 1886.[4] Darin wird von den Anfängen bis in die Zeit Friedrichs des Großen die Entwicklung des brandenburgisch-preußischen Staates beschrieben. Dessen Ausbau hätten sämtliche Herrscher des Hauses Hohenzollern betrieben: zielgerichtet und von Anfang an in der Absicht, ein Reich aller Deutschen zu gründen. Die Epochen, in die Droysen sein Werk gliederte, waren nach den Regenten des Hauses benannt, nach dem Großen Kurfürsten, nach Friedrich I., Friedrich Wilhelm I. und Friedrich II.

Nach Droysen wurde es gute borussische Tradition, die Historie Brandenburgs und Preußens aus der Sicht von Männern zu erzählen. Der brandenburgische, preußische, deutsche Staat verdanke, so diese Lesart, sein Werden in allen Bereichen der Lebensleistung kluger und starker Herrscher.

Diese aus dem 19. Jahrhundert stammende Sicht auf die Dynasten als weit vorausschauende, modern gesprochen: »Selfmademen«, bestimmt – trotz vieler Richtigstellungen – noch viel zu häufig das Bild der Geschichte Brandenburg-Preußens.[5] Für dessen Staats- und Identitätsbildung und kulturelle Entwicklung waren jedoch nicht nur Kurfürsten, Könige und herausragende Minister bedeutsam. Auch die Frauen der Dynastie hatten daran Anteil.

Gott
mit uns.

Will man die brandenburgisch-preußische Geschichte in ihrer Gesamtheit sehen, muss die Perspektive, aus der man auf diese Vergangenheit schaut, gewechselt und sodann geweitet werden. Neben dem gewohnten, berechtigten Blick auf die Männer des Hohenzollernhauses muss man ebenso die Frauen der Familie in den Fokus nehmen. Ihre Leistungen, ihr Wirken gilt es verstärkt zu betrachten. Denn anders als es die gewohnte Reihung der Fürstennamen suggeriert, sorgten die weiblichen Mitglieder der Dynastie für deren reale Verkörperung. In ihrer Funktion als Mütter trugen sie wesentlich zu deren Kontinuität bei. Gleichzeitig waren sie der lebende Ausdruck der Verknüpfung der Hohenzollern mit anderen Fürstenhäusern. Die eingeheirateten Fürstinnen waren Garantinnen wichtiger territorialer Erwerbungen durch Erbfolge, so zum Beispiel für das Herzogtum Preußen. Die Frauen trieben kulturellen Austausch und Innovationen voran; ebenso nahmen sie Einfluss auf politische Entscheidungen und Vorgänge.

Als ein Dreh- und Angelpunkt für einen Jahrhunderte andauernden Kulturtransfer von und nach Brandenburg-Preußen sind die Fürstinnen bislang noch am ehesten wahrgenommen worden.[6] Der deutschland-, ja europaweite Austausch der Dynastien im Rahmen der Heiratspolitik konnte selbst von den auf die männlichen Akteure fixierten Historikern des 19. und 20. Jahrhunderts nicht übersehen werden. Die Frauen des Geschlechts brachten Brandenburgisches in die Welt, die Fürstinnen aus anderen Adels- und Herrscherhäusern Heimisches nach Brandenburg-Preußen. Die Tragweite dieser nationalen und internationalen kulturellen Mitgift der Hohenzollerinnen ist wohl nirgends eindrucksvoller erfahrbar als in der Berlin-Potsdamer Kulturlandschaft. Die Schlösser und Sammlungen spiegeln Einflüsse aus den Niederlanden (Schloss Oranienburg und Caputh), Russland (Malachitzimmer des Orangerieschlosses) und Großbritannien (Schloss Babelsberg und Cecilienhof) bis heute wider.

Die soziale und räumliche Mobilität der Frauen war darüber hinaus aber auch für die politische, religiöse und wirtschaftliche Identität Brandenburg-Preußens prägend. Die Betrachtung der zu oft vernachlässigten Heiratspolitik der Familie zeigt, wie stark der Aufstieg der Dynastie von der strategisch geschickten Auswahl der Ehepartner abhing. Erst dadurch waren die Hohenzollern in das weitgespannte, ganz Europa umfassende Netzwerk von Herrscherfamilien eingebettet.[7]

Dieses Netz zu knüpfen und zu pflegen war eine der zentralen Aufgaben der Fürstinnen. Die Mütter waren nicht weniger als die Väter für die Positionierung der Kinder auf dem deutschen und europäischen Heiratsmarkt verantwortlich. Durch die gezielte Vermählung ihrer Kinder entstand ein verwandtschaftliches Geflecht, das die Grundlage für Erbansprüche auf verschiedenste Territorien bildete. Deren erfolgreiche Einlösung wiederum bestimmte in vielen Fällen die territoriale Fortentwicklung des Landes – nicht nur des Habsburger Reiches, dessen Heiratspolitik sprichwörtlich geworden ist, sondern auch Brandenburg-Preußens. Dessen Werden beruhte in wichtigen Phasen der Geschichte vor allem auf erworbenen Anwartschaften. Selbst Annexionen wie die Schlesiens durch Friedrich den Großen gründeten auf erheirateten

Abb. 2 u. 3
Ein später Dank: 1912 errichtete die Kirchengemeinde den Stiftern der Dorotheenstädtischen Kirche, Dorothea von Holstein-Glücksburg und Friedrich Wilhelm von Brandenburg, ein Denkmal. Von diesem sind nur die Inschriftentafel und die flankierenden Figuren erhalten geblieben (Kat.-Nr. 200 S. 280).

Anrechten und wurden mit diesen vor der Welt legitimiert. So trifft auch für den Hohenzollernstaat zu: »Tu felix Borussia nube«!

Immer deutlicher wurde in den letzten Jahren, dass die Frauen – neben den vor allem politisch-diplomatischen Korrespondenzen der Männer – weitreichende und bedeutende eigene Schriftwechsel führten: mit den engeren Angehörigen ihrer alten und neuen Familie, mit weiter entfernten Verwandten, mit Fürstinnen und mit Intellektuellen, die ihre Interessen, auch Ideen teilten.[8] Vor dem Hintergrund dieser kunstvoll ausgestalteten und gepflegten Netzwerke und durch die geschickte Ausnutzung ihrer Möglichkeiten im System des Hofes gelang es einer Reihe von Fürstinnen, ihren Einfluss auf die politischen und religiösen Belange des Staates auszudehnen.

Dass in Brandenburg am Anfang des 16. Jahrhunderts die Reformation eingeführt wurde, war, sieht man genau hin, zu einem nicht unwesentlichen Teil dem persönlichen Kontakt Kurfürstin Elisabeths zu Martin Luther zu verdanken, vor allem aber ihrem hartnäckigen Kampf für die neue Glaubensrichtung. Immer wieder drängte sie ihre Familie unnachgiebig zum Konfessionswechsel; sie hatte sich diese – ihre – Sache in den Kopf gesetzt und hielt daran fest. Noch bedeutender aber war der Einfluss, den Kurfürstin Anna von Preußen auf das Werden des brandenburgisch-preußischen Staates nahm. Seine eigentümlich langgestreckte West-Ost-Ausdehnung in Norddeutschland ging auf ihre Erbschaft der Territorien Kleve, Mark und Ravensberg am Niederrhein und des bis an die Memel reichenden Herzogtums Preußen zurück. Dass dieses Erbe tatsächlich an den Hohenzollernstaat fiel, ist allein Annas Bemühungen zu danken. Sie, nicht ihr Gemahl Johann Sigismund, auch nicht ihr Sohn Georg Wilhelm, sicherte dem Staat zumindest einen Teil der Gebiete, auf die sie Anspruch erheben konnte. Den Rest »verspielten«, so sieht es aus, die Männer der Dynastie.

Wechselt man also die Perspektive, erweitert sie und schaut auf die weibliche Seite der brandenburgisch-preußische Historie, so ergeben sich für Geschichtsschreibung und Darstellung dieser rund 500 Jahre Vergangenheit einige Akzentverschiebungen. Offenbar wird, dass trotz 250 Jahren Forschung zu Brandenburg-Preußen noch große Defizite im Hinblick auf das Wirken der Hohenzollernfrauen und anderer Damen des Hofes bestehen. Das in den Archiven überlieferte Quellenmaterial, so zeigt sich, ist noch nicht ansatzweise ausgewertet – ein Befund, der für fast alle denkbaren Themen gilt. Deutlich wird jedoch jetzt schon, dass der Anteil, den die Fürstinnen am Werden von Staat und Dynastie hatten, zumindest punktuell weit höher bewertet werden muss, als man dies bislang getan hat. Den gewohnten Blick auf die brandenburgisch-preußische Geschichte für diese »Frauensachen« zu öffnen, um dem Anteil der Frauen an der Historie gerecht zu werden, dazu wollen Ausstellung und Begleitband beitragen.

Anmerkungen

1 Vgl. Friedrich 2006. – Friedrich 2011. **2** Vgl. Bailleu 1908. **3** Vgl. Treitschke 1899, Bd. 1, S. 6 f. **4** Droysen 1855–1886. **5** Vgl. Neugebauer 1996–2003. – Clark 2007. – Kroll 2008. – Wienfort 2008. – Hüfler 1995. **6** Vgl. Sophie Charlotte und ihr Schloß, Kat. 1999. – Paradies des Rokoko, Kat. 1998. **7** Vgl. Schönpflug 2013. **8** Vgl. Keller 2004. – Bastian 2013. – Rous 2014.

PERSPEKTIVWECHSEL
EIN FOTOESSAY

FRANCA WOHLT

Auf der Suche nach dem Sujet meines Fotoprojekts zur Ausstellung beschäftigte mich immer wieder ein Gedanke: Gegenstände und Räume zeugen anscheinend von der Wirklichkeit eines Ereignisses oder von der Existenz einer Person. Doch erzählen die Dinge dem Betrachter tatsächlich eine einzige Wahrheit? Wohl nicht.

Der ehemalige Besitz der Hohenzollern beispielsweise lässt heute verschiedene Rückschlüsse und Projektionen zu. Man kann private Vorlieben oder bestimmte Charakterzüge der Hohenzollerinnen daran ablesen, auch kulturelle oder politische Bemühungen. Denn Objekte und Oberflächen scheinen vom alltäglichen Leben im Schloss, von persönlichen Beziehungen und diplomatischem Geschick zu berichten. Doch kommt es auf das Wissen und Vermögen des Betrachters an, die Dinge einzuordnen.

Hier besteht für mich eine Parallele zur Fotografie: Sie ist immer nur das, was Fotograf und Betrachter interpretieren. Sie wird nie eine unverfälschte Wahrheit darstellen und nie identische Eindrücke bei unterschiedlichen Betrachtern hervorrufen. So war es eine logische Konsequenz, dass ich bei der Recherche für meinen Fotoessay in Gesprächen mit Mitarbeitern der Stiftung Preußische Schlösser und Gärten auf ganz unterschiedliche Darstellungen derselben Materie stieß.

Für meine fotografische Spurensuche wählte ich einen Ort, der mir aufgrund der Anwesenheit und direkten Einflussnahme wichtiger Frauen in der preußischen Geschichte interessant erschien: das Schloss auf der Pfaueninsel. Während viele Möbel in anderen Schlössern ihren Standort wechselten, haben dort die meisten Objekte ihren ursprünglichen Aufstellungsort behalten. Auch hat die reiche Ausstattung des Schlosses mit ihren verschiedenen Oberflächen und Strukturen einen besonderen Reiz.

Die dort entstandenen Fotografien werden durch die Reduktion der Bildelemente auf Flächen und Formen charakterisiert. Damit wird die Aufmerksamkeit des Betrachters auf die Beschaffenheit der Gegenstände gelenkt. Der Bildwinkel ist meist so gewählt, dass die räumliche Wirkung stark reduziert wird. Die so erzeugte Orientierungslosigkeit eröffnet eine Projektionsfläche für Bilder und Gedanken, die nun freier und losgelöst vom Zusammenhang ist. Man ist sich nicht mehr sicher, welches Objekt dargestellt ist und wo es sich befindet. Dieser Umstand lädt dazu ein, vermeintlich Bekanntes von einem anderen Standpunkt aus zu betrachten. Wie in der Ausstellung FRAUENSACHE eröffnen sich auch in meinen Bildern Perspektiven und Blicke, die dazu auffordern, das Gesehene neu zu erschließen und zu hinterfragen.

DIE FÜRSTIN UND DIE DYNASTIE

KATRIN KELLER

Die Frauen der Hohenzollern, die Ehefrauen der regierenden Markgrafen, Kurfürsten und Könige ebenso wie die nicht regierender männlicher Mitglieder der Dynastie, spielen bis auf wenige Ausnahmen in der traditionellen Betrachtung der Geschichte Brandenburg-Preußens kaum eine Rolle. Natürlich kennt wohl jeder zumindest den Namen von Königin Luise, die im 19. Jahrhundert zum Symbol für Preußens Wiederaufstieg wurde, aber wer, außer einigen Eingeweihten, weiß schon, dass das Herzogtum Preußen als Erbe einer Frau an Brandenburg kam oder welche Rolle Kurfürstin Dorothea im 17. Jahrhundert an der Seite des Großen Kurfürsten spielte (Abb. 1).

Dieses Schattendasein ist freilich nicht nur das Schicksal der meisten Hohenzollerinnen, sondern das der übergroßen Mehrzahl aller europäischen Fürstinnen. Ausnahmen stellen solche prominenten Fälle wie Elisabeth I. von England, Katharina II. von Russland oder auch Kaiserin Maria Theresia dar. Alle diese Frauen sind in Geschichtsschreibung und breitem Geschichtsbewusstsein ein Begriff, und doch waren sie eben Ausnahmen insofern, als alle drei als Erbtöchter bzw. Regentinnen weitgehend selbstständig und aus eigenem Recht regieren konnten. Normalerweise war aber eine Fürstin als Ehefrau in Herrschafts- und Repräsentationsaufgaben eingebunden, während Herrschaftsrechte gewöhnlich in der männlichen Linie vererbt wurden.

Dieser Normalfall der verehelichten Fürstin hat jedoch bislang deutlich weniger Aufmerksamkeit gefunden. Erst seit einigen Jahren wird in der historischen Forschung dem herrschaftlichen Handeln adliger und fürstlicher Frauen mehr Aufmerksamkeit gewidmet.[1] Dadurch wird das traditionelle, eher undifferenzierte Bild der Fürstin hinterfragt, welches fürstliche Frauen in erster Linie als Mutter oder als Opfer dynastischer Heiratspolitik, nur selten aber als an Herrschaftsaufgaben teilhabende Fürstin zeigt. Bedeutsam ist in diesem Zusammenhang die Erkenntnis, dass jenseits der in der christlichen Anthropologie wurzelnden Unterordnung »der« Frau unter »den« Mann in der Vormoderne Differenzierungen nach dem jeweiligen Stand zu berücksichtigen sind.[2] Diese überlagerten und relativierten teilweise die angesprochene Hierarchie: Söhne hatten der Mutter ebenso Respekt zu zollen wie dem Vater, fürstliche Töchter erlangten durch eine standesgemäße Eheschließung neue Handlungsmöglichkeiten, fürstliche Witwen genossen weitgehende Herrschaftsrechte an den ihnen zustehenden Witwensitzen, Männer niedrigeren Standes hatten Herrschaftsrechte der Fürstin zu respektieren. Familienstand, die Zugehörigkeit zum Herrschaftsstand und der Rang der Familie, die Position in der Erbfolge und das Eintreten einer Regentschaft hatten Einfluss auf die dynastische Stellung und die herrschaftliche Verfügungsgewalt von Männern wie Frauen.

Für alle Angehörigen frühneuzeitlicher Herrscherhäuser war die Dynastie Quelle legitimen, gesellschaftlich akzeptierten herrschaftlichen Handelns. Mitglied europäischer Dynastien waren Fürstinnen dabei eigentlich in doppelter Hinsicht, da sie in eine Dynastie geboren wurden, mit ihrer Eheschließung aber in eine andere wechselten und doch idealerweise dauerhaft als Vermittlerinnen und Bindeglieder zwischen beiden fungierten.[3] Als Ehefrau eines regierenden Fürsten waren sie nach der Hochzeit Teil eines Amts- und Arbeitspaares,[4] innerhalb dessen beide Aufgaben in der Realisierung dynastischer Herrschaft hatten – ein Umstand, den die traditionelle, politikgeschichtlich orientierte Geschichtswissenschaft gern ausgeblendet hat (Abb. 2).

Abb. 1
Auf der Zeichnung Rutgers van Langerfeld ist Dorothea von Holstein-Glücksburg als Jägerin im Herrensitz dargestellt – eine Provokation für die zeitgenössische Männerwelt, denn hierin drückt sich die Beherrschung des Tieres aus, und somit potenziell auch die des Staates (Kat.-Nr. 120).

Legitime, durch die Zugehörigkeit zum Herrschaftsstand und die Position als Ehefrau abgesicherte Herrschaftsrechte konnte eine Fürstin in verschiedener Hinsicht wahrnehmen: Ihr oblag Mitverantwortung für die Erziehung der Kinder – was im dynastischen Kontext zugleich eine Aufgabe von politischer Relevanz war, waren doch Söhne (vor allem der Erstgeborene) und Töchter ihrerseits wieder zur Ausübung von Herrschaft bestimmt. Sie hatte Einfluss auf die Gestaltung des höfischen Alltags, was sowohl Repräsentationspflichten im Rahmen von Zeremoniell und Fest als auch die Ausgestaltung von Schlössern sowie Weisungsbefugnisse gegenüber Amtsträgern, Amtsträgerinnen und Dienstpersonal beinhaltete. Sie hatte jedoch auch Verpflichtungen gegenüber den Untertanen im weiten Sinne des Wortes; für deren Wohlergehen sollte sie als mildtätige Fürstin im Rahmen landesfürstlicher *caritas* ebenso sorgen wie als Fürbitterin und als fromme Patronin von Kirche und Geistlichkeit.[5]

Abb. 2
Das nach einer älteren, aus dem 15. Jahrhundert stammenden Vorlage gemalte Doppelporträt zeigt König Ruprecht von der Pfalz mit seiner Gemahlin Elisabeth von Nürnberg-Zollern. Die Ehe bedeutete für ihre Familie eine Aufwertung im Gefüge der Adelsfamilien und neue politische Optionen (Kat.-Nr. 2).

Landesverwaltung, Rechtsprechung und äußere Politik oblagen innerhalb dieses Arbeitspaares in erster Linie dem Fürsten, freilich nicht ohne Beteiligung der Fürstin: Dabei wäre etwa an die Aufrechterhaltung guter »Korrespondenz«, also des persönlichen wie brieflichen Kontakts mit anderen fürstlichen Dynastien,[6] an Informationsbeschaffung und an das Verfolgen von Heiratsprojekten als standesgemäße Aktivitäten einer Fürstin zu denken. Viel häufiger als bislang wahrgenommen hatten verehelichte Fürstinnen aber auch stellvertretend Herrschaft auszuüben im Fall von Abwesenheit, Krankheit oder Regierungsunfähigkeit des Fürsten. Dies war etwa der Fall bei Maria Eleonore in Preußen, die für ihren geistig umnachteten Gemahl Herzog Albrecht Friedrich gemeinsam mit einem Administrator die Regierungsgeschäfte führte, aber auch bei Elisabeth Christine, der Gemahlin Friedrichs II. von Preußen, der der kriegerische König die höfische Repräsentation in Berlin fast völlig überließ.[7]

Aktionsfelder, die sich für Frauen hochadlig-fürstlicher Herkunft erkennen lassen, haben ihre Basis damit in erster Linie in der Zugehörigkeit zur Dynastie und zum Fürstenstand, aus der legitime, von den Zeitgenossen akzeptierte Möglichkeiten herrschaftlichen Handelns resultierten. Außerdem ergaben sich solche Handlungsräume auch aus strukturellen Gegebenheiten des fürstlichen Hofes und der höfischen Gesellschaft. Dazu gehört beispielsweise, dass eine Trennung von »öffentlichen« und »privaten« Lebensbereichen, wie sie in der modernen Gesellschaft existiert, für die fürstliche Familie völlig unmöglich war. Personen der Dynastie, gleich ob Männer oder Frauen, waren nie nur Privatpersonen. Dies machen noch heute Hochzeiten in europäischen Königshäusern sichtbar; umso mehr gilt das für eine Zeit, als Eheschließungen noch Bestandteil staatlicher Verträge beziehungsweise Bedingung von Friedensschlüssen sein konnten.

Außerdem war die Gesellschaft am Fürstenhof in entscheidendem Maße von Patronage und Klientelbeziehungen geprägt, über die Aufstieg oder Positionsverlust und finanzieller Gewinn ebenso vermittelt wurden wie Ehre und fürstliche Gnade. Traditionell werden Frauen fürstlicher Familien in diesen Vernetzungen vorrangig als »Tauschobjekte« im Rahmen von Eheschließungen thematisiert. Bei genauerer Betrachtung – dafür bietet der vorliegende Band zahlreiche Beispiele – waren Fürstinnen deutlich häufiger auch selbst Akteurinnen in mehr oder weniger ausgedehnten Netzwerken,[8] in denen etwa Kunstobjekte, Ausstattungsgegenstände oder Eheschließungen für Adlige des Hofes ebenso vermittelt wurden wie fürstliche Gnadenerweise. Die Fürstin trat aufgrund ihres – idealerweise ungehinderten – Zugangs zum Fürsten in vielfältiger Weise als Fürbitterin auf,[9] über die man Amt, Ehre und Geld erlangen konnte. Zugleich verfügte sie im Rahmen ihres Hofstaats und ihrer Rolle in der Ausgestaltung höfischer Repräsentation selbst über materielle Ressourcen und Ämter, die sie besetzen konnte.

Gemeinsam mit dem Gemahl, im Witwenstand und in gewissem Maße schon als unverheiratete Tochter waren Frauen der Dynastien über ihre Rolle im Herrschaftszeremoniell sowie in der Gestaltung höfischer Repräsentation und materieller Kultur des Hofes an der Kommunikation von Herrschaft beteiligt.[10] Dies konnte sich sowohl auf die Dynastie als Ganzes als auch auf die Darstellung von eigenen Herrschaftspositionen und von Selbstbildern einer Fürstin beziehen. Elemente von Repräsentation und von Herrschaftslegitimierung flossen auch in religiösen Aktivitäten zusammen,[11] deren Bandbreite vom öffentlichen Gebet und Gottesdienstbesuch bis zur frommen Stiftung reichen konnte. Schließlich ist davon auszugehen, dass eine Rolle der Fürstin als politische Ratgeberin und ihre Einbeziehung in diplomatische Aktivitäten[12] viel häufiger realisiert wurde, als es bisherige Untersuchungen herausgearbeitet haben. Eine wichtige Ursache für dieses Defizit liegt freilich darin, dass gerade zu diesem letzten Punkt in familiärer Korrespondenz und institutioneller Überlieferung nur wenige aussagekräftige Quellen zu finden sind – nicht zuletzt deshalb, weil derartige Aktivitäten schnell als »Weiberherrschaft« wahrgenommen wurden und deshalb in einer Grauzone zwischen Norm und politisch-herrschaftlicher Realität bleiben mussten.

Allein dieser Überblick macht deutlich, dass sich das Handeln einer Fürstin nicht auf Kinder, Küche und Keller beschränkte, dass sie die Möglichkeit, ja die Verpflichtung hatte, gemeinsam mit dem Fürsten Regierungsaufgaben wahrzunehmen. Die erfolgreiche, über Jahrhunderte währende Herrschaft einer Dynastie wie die der Hohenzollern war damit nicht nur insofern von Frauen abhängig, als diese die Nachkommen zu gebären hatten, die die Dynastie fortsetzen sollten. Vielmehr waren sie als Ehestifterinnen und kulturelle Mittlerinnen, als Regentinnen und Beraterinnen, als fromme Förderinnen von Kirche und Geistlichkeit ebenso wie als Veranstalterinnen von Festen daran beteiligt, die Herrschaft der Dynastie zu erhalten und zu gestalten.

Anmerkungen

1 Für das Alte Reich etwa Puppel 2004. – Lilienthal 2007. – Hufschmidt 2001. – Wunder 2002. – Ruppel 2006. – Marra 2007. – Arenfeldt 2005. **2** Vgl. Wunder 1997. – Wunder 2011, S. 40–47. **3** Vgl. Campbell Orr 2004, S. 12f. – Schönpflug 2013, S. 156f., 160, 281. **4** Vgl. Fößel 2000, S. 385. – Wunder 1997. – Arenfeldt 2005, S. 103–106. **5** Vgl. Wunder 2011, S. 42f. – Keller 2010 Anna, S. 121–148. **6** Vgl. Keller 2004. **7** Vgl. Biskup 2004. **8** Vgl. Poutrin/Schaub 2007, S. 41–43. – Campbell Orr 2004, S. 9. **9** Vgl. Fößel 2000, S. 123–126, 133f., 138, 145. – Cosandey 2000, S. 379. **10** Vgl. Poutrin/Schaub 2007, S. 41–43. – Cosandey 2000, S. 127–257. – Campbell Orr 2004, S. 9. – Lutter 2011, S. 254. **11** Vgl. Campbell Orr 2004, S. 9. **12** Vgl. Keller 2014. – Bastian 2013.

ENFANT

CÉREMONIE

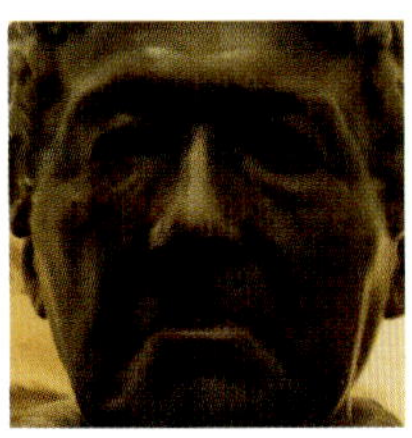

COMMUNICATION

TRANSCENDANCE

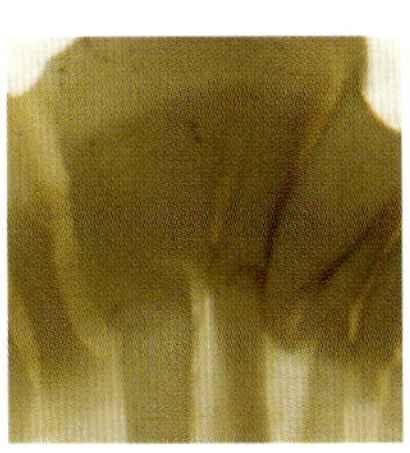

BEAUTÉ

EINBLICKE
EIN FOTOESSAY

ELFI GREB

Frauen nahmen am brandenburgisch-preußischen Hof, wie an allen Höfen, verschiedene Rollen ein, die weitgehend ihr Leben bestimmten. Es ist dieser Aspekt, der mich am Thema der Ausstellung FRAUENSACHE interessierte. Deshalb machte ich ihn zum Ausgangspunkt meines Fotoessays. Nähern wollte ich mich den unterschiedlichen Rollen aber nicht auf direkte, unmittelbare Weise, sondern in assoziativer Form. Ich habe versucht, die Rollen der Frauen in Atmosphären und Artefakten wiederzufinden, ohne sie selbst ins Bild zu setzen – und damit andere, neue Einblicke zu ermöglichen. Einblicke, die Ideal und Auffassung kombinieren und hervorheben, so wie es mir Orte und Objekte, die stillen Zeugen der vergangenen Zeit in den Schlössern, offenbart haben.

PERSPEKTIV WECHSEL

WEGE UND IRRWEGE
DAS WERDEN BRANDENBURG-PREUSSENS

JÜRGEN LUH

Dass aus Brandenburg Preußen wurde und unter preußischer Führung das Deutsche Reich, war nicht vorhersehbar; es hätte ganz anders kommen können. Die Hohenzollern, die das Land 500 Jahre lang regierten, zählten nicht zu den ersten Familien des Heiligen Römischen Reiches. Sie waren dank der Hochzeit Elisabeths von Nürnberg-Zollern mit dem späteren deutschen König Ruprecht von der Pfalz zu Reichsfürsten aufgestiegen, aber im Kreis der altehrwürdigen Dynastien nicht wohlgelitten. Elisabeths jüngerer Bruder, Burggraf Friedrich VI. von Nürnberg, bekam dies zu spüren. Er war, weil er Ruprechts Nachfolger Sigismund treu diente, als Friedrich I. 1415 Kurfürst von Brandenburg geworden (Abb. 1). Doch die Zeitgenossen zweifelten an der Herkunft der »Graffen von

Abb. 1
Am 30. April 1415 in Konstanz überließ Kaiser Sigismund dem Burggrafen Friedrich VI. von Nürnberg aus dem Haus Hohenzollern die Mark Brandenburg (Kat.-Nr. 3).

Hohenzollern, daraus die Churfürsten von Brandenburg und Burggraffen zu Nürnberg entsproßen«.[1] Friedrichs Familie wurde mangelndes Alter vorgeworfen. Sie sei für den gesellschaftlichen Rang, den sie nun einnehme, von zu geringer Abstammung.

Um solcher Kritik zu begegnen, um sich ein weit zurückreichendes »Herkommen« und auf diese Weise Ansehen und Legitimität zu verschaffen, erfanden die Hohenzollern mythische Vorfahren, die bis zu einem trojanischen König Marcomir zurückreichten. Tassilo von Zollern sei einer dieser Ahnen gewesen und auch ein Otto von Zollern. Der eine soll um 800 gelebt haben, Zeitgenosse Karls des Großen gewesen sein; der andere um 930, gemeinsam mit Otto dem Großen. Doch das ist nicht wahr. Weiter als 1061 reicht die Geschichte des Geschlechts nicht zurück. Das Porträt Ottos von Zollern entstand im 17. Jahrhundert, zu einer Zeit, als Kurfürst Friedrich Wilhelm (reg. 1640–1688) und Kurfürst Friedrich III. (reg. 1688–1713) den Gedanken verfolgten, zu Königen in Preußen aufzusteigen, und ihren Anspruch wegen ihrer geringen Herkunft vor den altehrwürdigen Dynastien des Heiligen Römischen Reiches noch immer legitimieren mussten (Abb. 2).

Der zweite Sohn Friedrichs I., Albrecht Achilles (reg. 1470–1486), behauptete sogar, um sich Anerkennung zu verschaffen, die Burggrafschaft Nürnberg zähle zu jenen 16 Fürstentümern, aus denen das Reich entstanden sei. Ihm waren noch, wie seinen kurfürstlichen Vorgängern, die fränkischen Herrschaften Ansbach und Kulmbach näher als Brandenburg. Dass er sich nicht in Cölln, son-

Abb. 2
Das Bild des imaginären Otto von Zollern (angeblich um 930) zählt zu einer Serie von Gemälden aus dem 17. Jahrhundert, die die Ahnenreihe der Hohenzollern vorstellt. Von der Plassenburg bei Kulmbach sind die Gemälde 1822 in das Berliner Schloss gekommen (Kat.-Nr. 1).

Albrecus marchio
Brandenburgensis

◄ Abb. 3
Der Totenschild des Kurfürsten Albrecht Achilles zeigt in den auf ihm angebrachten Wappen die territoriale Ausdehnung der Hohenzollernherrschaft (Kat.-Nr. 4).

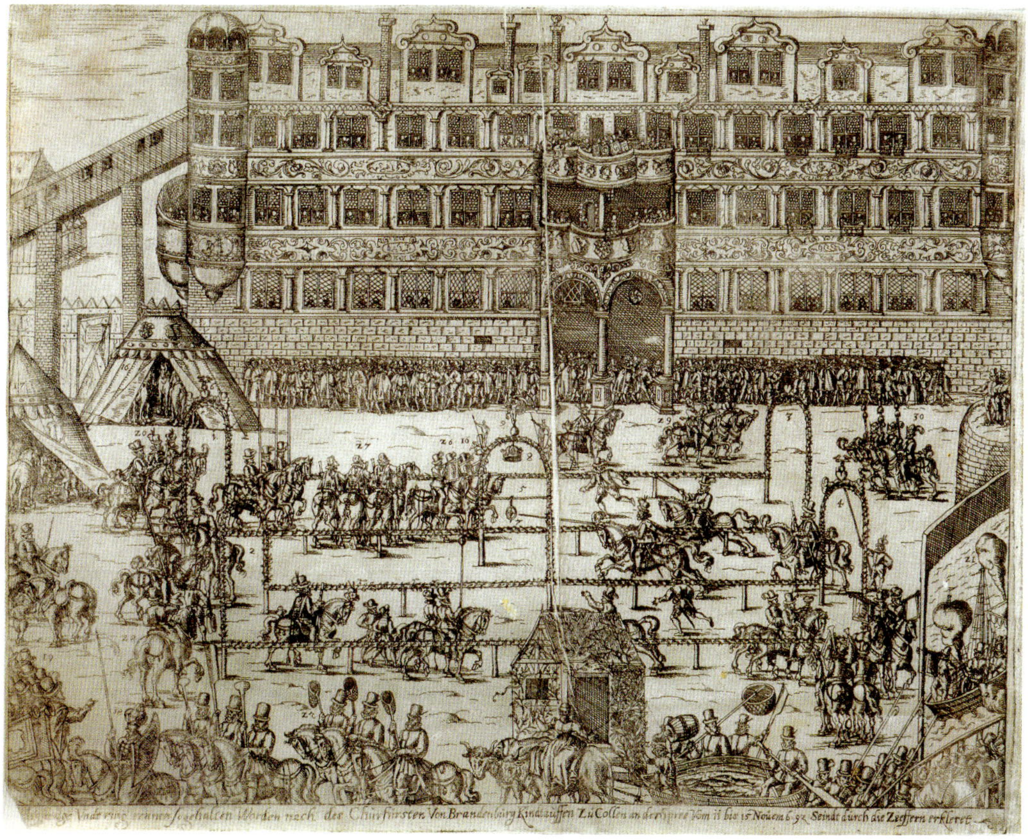

Abb. 4
Im Dezember 1592 fand in der von Kurfürst Joachim II. angelegten Stechbahn auf der Südseite des Berliner Schlosses aus Anlass einer Kindestaufe ein Ringrennen statt, bei dem Verwandte und andere hohe Gäste anwesend waren (Kat.-Nr. 6).

dern in der Klosterkirche von Heilsbronn bestatten ließ, der seit 1297 traditionellen Grablege der fränkischen Hohenzollern, zeigt das deutlich (Abb. 3). Erst unter Albrechts Nachfolger wurde Brandenburg ständiger Sitz der neuen Kurlinie – und ihr politischer Mittelpunkt. Dieses lange 16. Jahrhundert war eine Epoche der Konsolidierung und politischen Orientierung. Dazu kam eine religiöse Neuausrichtung – Kurfürst Joachim II. führte 1539 die Reformation ein. Daneben versuchten die Brandenburger wie alle anderen Reichsfürsten, ihr Herrschaftsgebiet zu erweitern. Dies war nötig, um Prestige und Einfluss zu erhalten und um die kurfürstliche Macht dauerhaft zu legitimieren. 1524 beispielsweise fiel die Herrschaft Ruppin an Kurbrandenburg, und 1539 sicherten sich die Hohenzollern die Erbfolge in Pommern. Pommerns Farben symbolisierten seither in Brandenburgs Wappen den Anspruch auf dieses Erbe.

Für die Konsolidierung des Kurfürstentums in jenen Jahren war wichtig, dass es nach 1571 gelang, die von Kurfürst Joachim I. (reg. 1499–1535) testamentarisch verfügte Landesteilung zwischen seinen Kindern, der sein Sohn und Nachfolger Joachim II. (reg. 1535–1571) nachgekommen war, wieder rückgängig zu machen. Damit wurde nicht nur die territoriale Integrität wiederhergestellt, die Grenzen des Landes wurden sogar ausgedehnt: durch den Gewinn der Herrschaften Beeskow und Storkow, die der Bruder Joachims II., Markgraf Johann von Brandenburg-Küstrin, zwischenzeitlich erworben hatte.

Zu Beginn des 17. Jahrhunderts war das Kurfürstentum im Heiligen Römischen Reich fest verankert, spielte in der europäischen Außenpolitik jedoch noch keine Rolle (Abb. 4). Damals wurde allerdings, ohne dass man es ahnte, der Nährboden für den späteren Griff Friedrichs des Großen (reg. 1740–1786) nach Schlesien bereitet, eine der wichtigsten territorialen Vergrößerungen Brandenburg-Preußens. Denn Kurfürst Joachim Friedrich (reg. 1598–1608) erhielt 1603, nach dem Tod seines kinderlosen fränkischen Verwandten Georg Friedrich, das schlesische Herzogtum Jägerndorf geschenkt. Dies verbesserte den Anspruch der Brandenburger auf Schlesien, der seit der Hochzeit seines Vaters Johann Georg mit Sophie zu Liegnitz und Brieg bestand. Mit den an beiden Territorien hängenden Rechtstiteln begründete Friedrich 1740 den Krieg, den er um den Besitz Schlesiens führte.

In der Zeit Joachim Friedrichs, der allgemein nur wenig beachtet wird, wurden nicht nur die Grundlagen der brandenburgisch-preußischen Verwaltung geschaffen, sondern auch die Fundamente für weitere wirtschaftliche,

Abb. 5
Kurfürst Friedrich III., der spätere König Friedrich I., war bemüht, in Krieg und Frieden Rang, Macht und Grenzen Brandenburg-Preußens auszudehnen. Als Sohn Luise Henriettes von Oranien-Nassau erhob er den Alleinanspruch auf das Erbe der Oranier nach dem Tod Wilhelms III. (Kat.-Nr. 11).

kulturelle und akademische Entwicklungen gelegt: 1604 wurde nach westeuropäischem Vorbild der Geheime Rat zu Cölln als oberste Verwaltungsbehörde gegründet, 1601 auf der Burg Grimnitz die erste Glashütte der Mark eingerichtet, 1603 der Oder und Havel verbindende Finowkanal eröffnet, 1607 dann das Joachimsthalsche Gymnasium. Politisch vorausschauend, verheirateten Joachim Friedrich und sein Vater 1594 den Sohn bzw. Enkel Johann Sigismund (reg. 1608–1620) mit Anna von Preußen, der Erbin dieses reichen Landes, das sich damals entlang der Ostsee erstreckte, und Jülich-Kleve-Bergs. 1609 trat in den niederrheinischen Ländern der Erbfall ein und der neue Kurfürst übernahm deren Titel und Wappen.

Um dieses Erbe entstand sofort Streit mit den ebenfalls erbberechtigten Pfalzgrafen zu Neuburg, Philipp Ludwig und Wolfgang Wilhelm, der wegen Bündnislage und Konfessionszugehörigkeit das ganze Reich in Aufruhr versetzte. Hier standen sich Katholische Liga und Protestantische Union feindselig gegenüber. Um seinen Anspruch in dieser Situation zu stärken, nahm Johann Sigismund 1613 den reformierten Glauben an, zu dem sich die Bevölkerungsmehrheit der niederrheinischen Territorien bekannte und das Haupt der Union, der Kurfürst von der Pfalz. Ein Jahr später beendete der Xantener Vertrag die Auseinandersetzungen. Brandenburg, dessen Anspruch von Kurfürstin-Witwe Anna vehement verfochten worden war – nachdrücklicher, massiver als von ihrem Mann –, erhielt darin Kleve, Mark und Ravensberg zugesprochen.[2]

Der Frieden im Reich währte nur kurz. 1618 begann der Dreißigjährige Krieg. In dessen Folge verlor Brandenburg durch Tod und Flucht fast die Hälfte seiner Bevölkerung, die Einkünfte des Landes verringerten sich bis zum Ende des Krieges auf 13,5 Prozent der einstmals vorhandenen. Es dauerte fast 100 Jahre, bis der Vorkriegszustand wieder erreicht war. Verbunden mit der Aufbauphase bis 1700 wird vor allem Kurfürst Friedrich Wilhelm, dessen von Andreas Schlüter geschaffenes Reiterstandbild sein Sohn Friedrich am 12. Juli 1703 auf der Berliner Langen Brücke enthüllte. Friedrich Wilhelm regierte 48 Jahre lang. Er versuchte, Brandenburg in Europa Gewicht zu geben. Nach den Erfahrungen des Krieges war dies nur durch den Aufbau einer Respekt gebietenden Armee möglich. Wirt-

Abb. 6
Nach dem Tod von Marie de Nemours wurde 1707 Friedrich I. in Preußen dank Fürsprache der Vertreter des Kantons Bern zum neuen Fürsten von Neuenburg gewählt. Friedrich hatte versprochen, in all seinen Handlungen die Interessen der Bewohner zu respektieren (Kat.-Nr. 12).

schaftlich und finanziell geordnete Verhältnisse waren dafür Voraussetzung. Der Kurfürst und seine zweite Frau Dorothea von Holstein-Glücksburg – sie begleitete ihn bei Belagerungen in die Laufgräben, lenkte die Ökonomie besser als er – schufen die Grundlagen, die Brandenburg-Preußen 100 Jahre später, Ende des 18. Jahrhunderts, kurze Zeit zur ersten Militärmacht Europas werden ließen. Gegen Ende seines Lebens hätte Friedrich Wilhelm den neuerworbenen Status seines Staates fast verspielt, denn er teilte testamentarisch Erbe und Land unter sämtlichen Söhnen. Zum Glück für Brandenburg kassierte Kurprinz Friedrich das Testament.

Als Kurfürst Friedrich III. war er nicht weniger ambitioniert als sein Vater. Er richtete Hof und Staat neu aus: größer, europäischer. Er orientierte sich am Beispiel Ludwigs XIV. von Frankreich, setzte – wie der »Sonnenkönig«, der auf dem Kontinent das Maß der Dinge war – auf barocke Pracht und militärische Macht, denn Friedrich wollte in der europäischen Fürstengesellschaft aufsteigen, wollte König werden. Das war politisch-rechtlich nur außerhalb des Heiligen Römischen Reiches und nur mit Einverständnis des Kaisers möglich. Als er dessen Zustimmung – im Gegenzug für Brandenburgs militärische Hilfe im Spanischen Erbfolgekrieg – erhalten hatte, krönte Friedrich sich am 18. Januar 1701 in Königsberg selbst zum König in Preußen, seine Gemahlin Sophie Charlotte zur Königin. Seine neue Würde suchte Friedrich durch die enge Ansippung an seine oranischen Vorfahren abzusichern (Abb. 5). Seit 1702 sah er sich als einzig erbberechtigt in Bezug auf deren Territorien, wie die Farben der Oranier im großen preußischen Staatswappen verkünden. Doch alle Anstrengungen des Königs, Alleinerbe der Oranier zu werden, blieben vergeblich. Er musste sich mit Lingen, Moers und Geldern bescheiden, dazu kamen 1707 noch Neuenburg und eine Anzahl Kunstwerke (Abb. 6). Barocke Prachtentfaltung zur Inszenierung von Macht und Bedeutung – wie Friedrich sie einsetzte – hatte sich überlebt, Ansprüche ließen sich damit nicht mehr durchfechten.

König Friedrich Wilhelm I. (reg. 1713–1740) änderte deshalb die Ausrichtung des Staates und herrscherlichen Erscheinungsbilds: Er setzte ganz auf das Militär, zeigte sich öffentlich nur noch in Uniform. Doch seine Soldaten

kämpften nur ein einziges Mal, 1715 vor Stralsund, denn der König wollte seine teure Armee nicht gefährden. Die Konzentration auf das Militär erforderte den Ausbau der Zivilverwaltung – man brauchte ja Geld, also ein Staatswesen mit möglichst prosperierender Wirtschaft, um die Armee zu unterhalten. Dem königlichen Kabinett an der Spitze nachgeordnet war das Generaldirektorium, dann folgten die in den Provinzen vereinigten Kriegs- und Domänenkammern und unter diesen die königlichen Landräte und Ortskommissare in den Städten. Die Staatseinkünfte stiegen um 44 Prozent, von 4,8 Millionen Taler auf 6,9 Millionen; schon unter seinem Vater waren sie sogar um 60 Prozent vermehrt worden. Fast 80 Prozent der Einnahmen flossen in den Militärhaushalt.

Friedrich Wilhelms Sohn, Friedrich II. – der spätere »Große« –, nutzte die stattliche Armee, um seinen Ruhm und das Land zu vergrößern. Dem Habsburgerreich nahm er in zwei Kriegen Schlesien ab und behauptete die reiche Provinz in einem ab 1756 sieben Jahre währenden dritten gegen eine österreichisch-französisch-russisch-schwedische Koalition. Nach den Siegen von Roßbach und Leuthen 1757 waren König und Heer obenauf. Danach aber ging es bergab – zu Friedrichs Glück auch mit den Gegnern. 1763 waren alle erschöpft, brauchten alle den Frieden.

Einmal hatte in diesem Kampf Preußen auf dem Spiel gestanden: 1759 bei Kunersdorf. Friedrich hatte dort eine herbe Niederlage erlitten. Die Uneinigkeit der verbündeten Feinde und die Kriegskunst seines Bruders Heinrich retteten ihn. An Friedrichs Lebensende stand Preußen respektabel da, ganz wie der König gewünscht hatte – inspiriert vom Beispiel des alten Rom und dem Glanz Frankreichs unter Ludwig XIV. Dennoch war es erstarrt in einer antikisch-ludovizianisch-friderizianischen Form. Wichtige Reformen waren ausgeblieben, die Zeichen der neuen Zeit, die Veränderungen in Politik, Militär und Kultur hatte der König nicht mehr wahrnehmen wollen.

Die Regierung Friedrich Wilhelms II. (reg. 1786–1797) brach diese Verkrustung in einigen Bereichen auf. Auf kulturellem Gebiet nahm das Interesse an den Entwicklungen, Diskussionen und Moden der Gegenwart stark zu. Dem König und seiner Mätresse Wilhelmine Enke, der Gräfin Lichtenau, verdankte Preußen die Hinwendung

Abb. 7
Fünf Tage nach der siegreichen Schlacht bei Jena und Auerstedt führte Napoleon seine Soldaten auf das Schlachtfeld von Roßbach. Dort ließ er das stolze Denkmal der Preußen für den 50 Jahre zurückliegenden Sieg über die Franzosen abräumen – ein Triumph, den er mehrfach ins Bild setzen ließ (Kat.-Nr. 14).

zum Klassizismus; das Brandenburger Tor ist das berühmteste Zeugnis dieser ästhetischen Neigung. Ein politischer Aufbruch gelang in dieser Zeit aber nicht. Das friderizianische System war in Militär und Verwaltung zu fest gefügt; und auch unter Friedrich Wilhelm III. (reg. 1797–1840) blieb – beabsichtigt – zunächst alles beim Alten. Von der Französischen Revolution hielt der König nichts. Als Napoleon begann, die Revolution und ihre Ideen für sich zu nutzen und Europa zu unterwerfen, verhielt sich Friedrich Wilhelm anfangs neutral, dann unentschlossen. Zu den Waffen gegen Napoleon rief er Preußen erst, als er allein, ohne Verbündete dastand. Der alte Staat ging 1806 bei Jena und Auerstedt unter. Ruhe sei jetzt erste Bürgerpflicht, verkündete der Kommandant von Berlin. Napoleon hat seinen Triumph symbolpolitisch bekräftigt: Sofort nach der Schlacht befahl er, den Gedenkstein für Preußens Sieg über die Franzosen 1757 bei Roßbach abzubauen und nach Paris schaffen; diese Aktion ließ er durch Gemälde und Grafiken festhalten und verbreiten (Abb. 7). Preußen blieb nach dem Desaster von Jena nur dank Russlands Fürsprache bestehen, wenn auch unter französischer Kuratel. In den Friedensverhandlungen von Tilsit 1807 verwandte sich Zar Alexander für Friedrich Wilhelm III. Die wehleidigen Bitten und Vorhaltungen von Königin Luise hatten den Kaiser der Franzosen hingegen nicht berührt. Seine Hartherzigkeit, so die borussische Legende, habe drei Jahre später deren Tod verursacht – das ist ein Märchen.

Erdichtet ist auch, dass die preußischen Reformen zwischen 1807 und 1816 Freiheit und Gleichheit brachten und den Staat in jeder Hinsicht grundlegend modernisierten. Das Oktober-Edikt 1807, die Städte- und Gesindeordnung 1810, das Regulierungs-Edikt 1811, das Gendarmerie-Edikt 1812, dazu die Judenemanzipation sowie die Konzepte zur Verfassungs-, Heeres- und Bildungsreform – das alles schürte bei vielen Hoffnungen auf Veränderung, schuf Grundlagen, auf die man bauen konnte. Aber es brachte zunächst nur vorübergehend Verbesserungen, meist innerhalb des Heeres. Selbst Freiherr vom Stein, einer der führenden Reformer, zog eine ernüchterte Zwischenbilanz, weil vieles hinter seinen Vorstellungen zurückgeblieben war: »Ein Regent ohne Willenskraft, ein

Abb. 9 ►
Schinkels allegorisches Gemälde zeugt von Triumph und Enttäuschung: von der Freude der Bevölkerung über die Befreiung von Napoleons Herrschaft und von der Ernüchterung der Menschen darüber, die vom König für den Einsatz ihres Lebens versprochene Freiheit nicht erhalten zu haben (Kat.-Nr. 16).

Abb. 8
Franz Krügers Skizzenbuch gibt einen Einblick in das unberechenbare, blutige Kampfgeschehen der Freiheitskriege. Auf dem Schlachtfeld von Großbeeren hat er seine Eindrücke unmittelbar festgehalten (Kat.-Nr. 17).

Ministerium ohne Einfluß, eine Nation ohne gesetzliches Organ ihrer Meinung, was soll alles dieses für Resultate liefern? Alles löst sich in ein leeres Geschwätz, in kleine Oszillationen, die aus dem Wollen und Nichtwollen entstehen, auf, und weiter nichts hat Preußen [...] hervorgebracht.«[3] Erst langfristig sorgten vor allem die wirtschaftspolitischen Bestimmungen der preußischen Reformen für eine stetige Aufwärtsentwicklung des Staatswesens.

Das Auf und Ab dieser Jahre spiegelt Schinkels heute »Der Triumphbogen« genanntes Gemälde. Zuversicht auf bessere Zeiten und patriotische Begeisterung, auch Wut auf die französischen Besatzer führten in weiten Teilen der Bevölkerung zum Aufstand gegen die napoleonische Herrschaft (Abb. 9). 1813 wagte das preußische Heer, verstärkt durch Landwehr und Freiwillige, den Kampf gegen die Franzosen, der König hatte nur zögerlich zugestimmt. An der Seite Russlands – dessen Soldaten im eigenen Land die französischen Truppen, Napoleons »Große Armee«, besiegt hatten –, Österreichs und Schwedens rangen die Preußen in drei Jahren Napoleon nieder (Abb. 8). Doch wurde die Befreiung ein Sieg der Monarchen und keiner der Bevölkerung. Die Reformen stockten jetzt, manche wurden gar zurückgenommen. Die monarchische Restauration der alten Verhältnisse triumphierte. Alle Hoffnung der Menschen auf Freiheit und eine neue Zeit wurde enttäuscht, die Ernüchterung war groß. Es dauerte noch über 100 Jahre, ehe sich die Gesellschaftsordnung änderte und Deutschland zur Demokratie fand.

Denn auch dem nächsten Versuch vor allem des Bürgertums, der Bevölkerung größere persönliche und politische Freiheiten zu erhalten, war zunächst kein Erfolg beschieden. Friedrich Wilhelm IV. (reg. 1840–1861) hatte diese seinen Untertanen nach Ausbruch der Revolution in Frankreich zögerlich zugesagt. Dann aber kam es im März 1848 vor dem Berliner Schloss zum Schusswechsel zwischen Soldaten und bewaffneten Bürgern. Sie führten zum Aufstand, den die Armee niederschlug und damit die Auseinandersetzung für die Monarchie entschied. Am Ende blieb der liberalen Volksbewegung nur die Genugtuung, dass der König den 300 gefallenen Barrikadenkämpfern seine Reverenz erweisen musste, im europäischen Vergleich eine fortschrittliche Geste. Zwei Jahre später erhielt Preußen eine konservative Verfassung. Überzeugt vom Gottesgnadentum der Fürsten und der monarchischen Regierungsform und weil er Preußen Deutschland vorzog, lehnte Friedrich Wilhelm die ihm vom Frankfurter Paulskirchenparlament angebotene kleindeutsche Kaiserkrone ab.

Abb. 10
Bevor ein Jahr später »in Europa die Lichter ausgingen«, speisten 1913 die Monarchen anlässlich der Hochzeit Victoria Luises von Preußen mit Ernst August von Hannover noch einmal zusammen im Berliner Schloss. Fünf Jahre später hatten viele ihren Thron verloren (S. 280).

Abb. 11
Im November 1918 wurde in Berlin revoltiert und im Berliner Schloss, dem Symbol der Hohenzollernherrschaft, zwischen der neuen Regierung und den Anhängern eines Rätestaats gekämpft. Am Ende wurde aus der Monarchie eine Republik (S. 280).

Abb. 12
Wilhelm I. wollte Preuße sein und bleiben und aus Tradition als erfolgreicher Heerführer gelten. Erinnerungstücke an die größten Siege der preußischen Armee bei Missunde, Düppel und Königgrätz bewahrte er gut sichtbar auf seinem Schreibtisch auf (Kat.-Nrn. 19 u. 20).

Abb. 13
Adler und Kaiserkrone wurden »in Eile im Hauptquartier zu Versailles angefertigt«. Sie waren bei der Proklamierung Wilhelms I. als Deutscher Kaiser am 18. Januar 1871 »auf der Draperie befestigt, auf welcher Sr. Majestät stand«, erläuterte Kronprinz Friedrich Wilhelm auf dem einst beiliegenden Zettel (Kat.-Nr. 21).

Gut 20 Jahre später nahm sie sein Bruder und Nachfolger Wilhelm I. (reg. 1861–1888) dann widerwillig an, obwohl auch ihm Preußen mehr galt als ein deutsches Reich. Im Spiegelsaal des Versailler Schlosses wurde er am 18. Januar 1871 zum Deutschen Kaiser proklamiert (Abb. 13). Der feierlichen Veranstaltung waren drei verlustreiche Kriege vorausgegangen, gegen Dänemark (1864), gegen Österreich (1866) und schließlich gegen Frankreich (1870/71). Die Erinnerung an die Schlachten dieser Kriege war Wilhelm wichtiger als seine neue Würde. Auf seinem Schreibtisch bewahrte er Granatsplitter und Büchsenkugeln von den Kämpfen bei Missunde, Düppel, vor allem aber bei Königgrätz und Sedan – »Welch Wendung durch Gottes Fügung« – auf (Abb. 12).

Unter Wilhelm und seinem Kanzler Otto von Bismarck war das preußisch-deutsche Reich an dem seit 1862 verfolgten Ziel angekommen; in diesem Jahr war Bismarck preußischer Ministerpräsident geworden. Jetzt musste es in der Spur bleiben oder vom Weg abkommen. Letzteres geschah. In der Regierungszeit Wilhelms II. (reg. 1888–1918), der seinem Vater Friedrich III. nach dessen 99 Tagen währender Herrschaft auf den Thron folgte, wuchs der Anspruch, nicht nur europäische Macht zu sein, sondern Weltmacht. Politik und Rhetorik wurden rauer. Mit seinen

Abb. 14 (links)
1947 wurde der Staat Preußen von den Alliierten aufgelöst. Aus dem vormaligen Kronprinzen und Erben der Hohenzollernherrschaft war ein Landwirt geworden (Kat.-Nr. 23).

Abb. 15 (rechts)
Ende 1918 dankte Kaiser Wilhelm II. ab und floh in die Niederlande. Einen guten Teil seines Hausrats durfte er behalten. Er wurde ihm, in Kisten verpackt, in 59 Eisenbahnwaggons nachgeschickt (Kat.-Nr. 22).

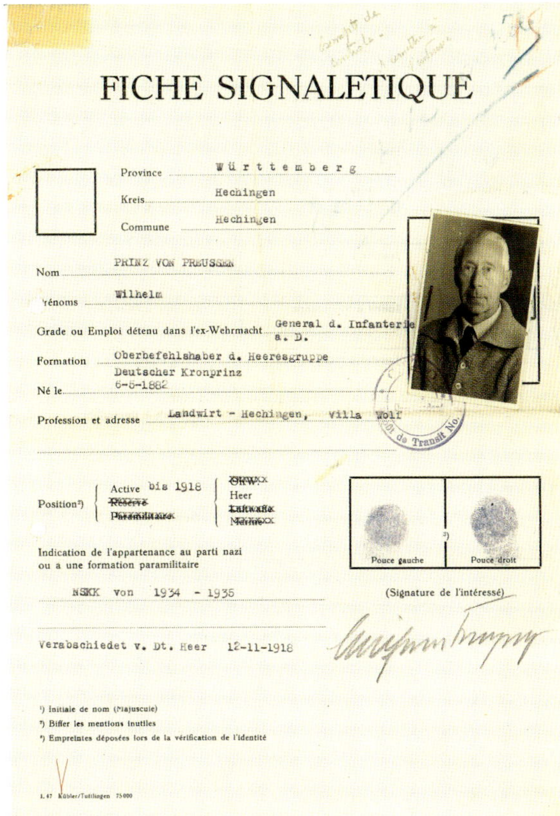

FICHE SIGNALETIQUE

Province: Württemberg
Kreis: Hechingen
Commune: Hechingen

Nom: PRINZ VON PREUSSEN
Prénoms: Wilhelm
Grade ou Emploi détenu dans l'ex-Wehrmacht: General d. Infanterie a. D.
Formation: Oberbefehlshaber d. Heeresgruppe Deutscher Kronprinz
Né le: 6-5-1882
Profession et adresse: Landwirt – Hechingen, Villa Wolf

Position[2]: Active bis 1918 / ~~Réserve~~ / ~~Paramilitaire~~ — ~~OKW~~ / Heer / ~~Luftwaffe~~ / ~~Marine~~

Pouce gauche [3] Pouce droit

Indication de l'appartenance au parti nazi ou a une formation paramilitaire
NSKK von 1934 – 1935

(Signature de l'intéressé)

Verabschiedet v. Dt. Heer 12-11-1918

[1]) Initiale de nom (Majuscule)
[2]) Biffer les mentions inutiles
[3]) Empreintes déposées lors de la vérification de l'identité

1.47 Kübler/Tuttlingen 75000

imperialen Ambitionen eckte der Kaiser im Ausland immer häufiger an. Deutschland wolle unbedingt und unbestritten einen »Platz an der Sonne«, formulierte es einer seiner Kanzler, Bernhard von Bülow, später einmal. Dieser Wille zur Expansion führte zwangsläufig zu Konflikten mit Großbritannien, Frankreich und Russland. 1913 trafen die gekrönten Häupter Europas noch einmal in Berlin zur Hochzeit von Wilhelms Tochter Victoria Luise mit Herzog Ernst August von Hannover zusammen, bevor ihre Nationen sich im Ersten Weltkrieg unversöhnlich gegenüberstanden (Abb. 10).

Das Ende dieses »Großen Krieges« bedeutete auch das Ende des Deutschen Kaiserreichs. In Kiel lehnten sich die Matrosen auf, bildeten Räte, forderten eine neue Staatsform. Im Berliner Schloss, dem Symbol der Hohenzollernmonarchie, wurde von Karl Liebknecht, einem Sozialdemokraten, am 9. November 1918 die Republik ausgerufen. Bald darauf kam es dort zu Kämpfen zwischen Soldaten der Reichsregierung und Anhängern einer Räterepublik (Abb. 11). Am 10. November 1918 floh Wilhelm II. nach Holland ins Exil, am 28. November dankte er ab.

Der ehemalige Kaiser lebte für eineinhalb Jahre in Amerongen, 1920 bezog er Haus Doorn bei Utrecht. 59 Eisenbahnwaggons brachten ihm kistenweise Kunstwerke und Gebrauchsgegenstände aus seinen deutschen Schlössern (Abb. 15). Sein Sohn, Kronprinz Wilhelm, ging nach seiner Internierung in den Niederlanden 1923 zurück nach Deutschland. In der Zeit der Weimarer Republik und in den ersten Jahren des Dritten Reiches hoffte er vergeblich auf eine Wiederherstellung der Monarchie. Im Zweiten Weltkrieg war er, der Armeeführer des Ersten Weltkriegs, von jeglicher militärischer Verwendung ausgeschlossen. Nach Kriegsende wurde Wilhelm von marokkanischen Soldaten festgenommen und in Lindau gefangen gesetzt. Alsbald freigelassen, wählte er Hechingen zu Füßen der Burg Hohenzollern in der französischen Zone als Wohnort. Auf seiner Identitätskarte gab er als Beruf Landwirt an (Abb. 14). Preußen, dessen Thronanwärter er gewesen war, wurde am 25. Februar 1947 von den alliierten Siegern des Krieges aufgelöst.

Anmerkungen

1 Siehe SBB PK – Handschriftenabteilung, Ms. Boruss. fol. 12: 1–5. **2** Vgl. Michael Kaiser in diesem Band, S. 230–239. **3** Hubatsch 1961, S. 214.

MÄNNER OHNE FRAUEN DAS GESCHICHTSBILD DER HOHENZOLLERN UND IHRER HISTORIKER

NADJA BENDER

Friedrich der Große gab seinen Nachfolgern im Politischen Testament von 1752 einen Ratschlag mit auf den Weg, dessen leitende Gedanken alle Hohenzollern sehr gerne befolgt haben: Er empfahl ihnen, als Vormund für einen jungen König nahe Verwandte zu wählen »und niemals einer Frau dieses schwierige Amt anzuvertrauen«. Als Gründe gab er an, dass ein Mann gemeinhin mit mehr Überlegung als eine Frau arbeite, denn er sei »mehr zur Arbeit geschaffen« und daher imstande, die eingeführte Ordnung in allen Bereichen zu erhalten. Eine Königinwitwe neige dazu, »sich von den Ministern regieren zu lassen« und sei unfähig, »die Geschäfte, die sich auf die Armee beziehen gut zu verwalten«.[1]

Abb. 1
Der Tafelaufsatz zeigt die Begegnung Wilhelms I. mit seinem Sohn Friedrich Wilhelm auf dem Schlachtfeld von Königgrätz am 3. Juli 1866. Als Vorbild für den Aufsatz diente Emil Hüntens großes Wandgemälde für die Ruhmeshalle im Berliner Zeughaus (Kat.-Nr. 145).

Abb. 2 ►
Selbst während des Ersten Weltkriegs wurde die Belehnung der Hohenzollern mit der Mark Brandenburg gefeiert. Am 18. April 1917 beging man den 500. Jahrestag. Die dynastische Selbstdarstellung dominieren Männer und die von ihnen geschlagenen Schlachten (S. 280).

Staatspolitik und Militär, so Friedrich, seien die wichtigsten Regierungsgeschäfte und Frauen unfähig, jene auszuüben. Diese allgemeine Auffassung findet sich auch in seinen »Mémoires pour servir à l'histoire de la maison de Brandebourg« wieder.[2] Den Frauen seiner Dynastie schenkt er darin kaum Beachtung.[3] Vor der Geschichte und als geschichtliche Größe, dies kann man aus all seinen Einlassungen lesen, seien nur die Felder Militär, Politik und Wirtschaft von Bedeutung – und in diesen traute er Frauen nichts zu. Friedrichs Urteil beförderte die Legende vom zielgerichteten, geradlinigen Aufstieg Preußens im späten 17., im 18. und 19. Jahrhundert, der einzig und allein der Genialität männlicher Herrscher zu verdanken sei. Deren Leistungen, vor allem auf militärischem Gebiet, seien für das vorherbestimmte Emporkommen der Dynastie ausschlaggebend gewesen (Abb. 1). Mit solchen Auffassungen prägte Friedrich die nachfolgende historische Forschung.

Insbesondere die borussischen Historiker des fortgeschrittenen 19. und des frühen 20. Jahrhunderts haben sich die Sichtweise Friedrichs zu eigen gemacht, sie weiterentwickelt und verbreitet. Die Werke Friedrichs II. dienten ihnen dabei als Fundament für die Konstruktion eines sehr männlichen, sehr beständigen Bildes von Preußen und seinen Herrschern (Abb. 2).

Vom Fels.
Zum Meer.
Hohenzollern Regentenruhm.
Hohenzollern Siegesruhm.
Wilhelm I.
König Wilhelm I. Deutscher Kaiser.
Schlacht an der Katzbach. Blücher.
Friedrich der Große in der Schlacht bei Hohenfriedberg.
Der große Kurfürst in der Schlacht bei Fehrbellin.
König Friedrich I. Krönung in Königsberg.
Kurfürst Friedrich I. Belehnung mit der Mark Brandenburg.
Gedenkblatt zur Geschichte der Hohenzollern und von Preußen.

Demnach waren die Hohenzollern von Anfang an dazu berufen, die deutschen Interessen unter ihrer Vorherrschaft zu einen. Durch Ehrgeiz, vorausschauendes Handeln und mit dem Führen von Kriegen hätten die Fürsten der Dynastie dieses Ziel auch erreicht. Ermöglicht habe ihnen das die ständig wachsende Effektivität des Staatsapparats und des Militärs sowie das protestantische Arbeitsethos. Es war eine scheinbar geradlinige Erfolgsgeschichte »vom Kurhut bis zur Kaiserkrone« und »vom Fels zum Meer«, die aus schwäbischen Grafen Deutsche Kaiser machte und aus einer Landschaft einen mächtigen Staat.[4]

Droysen, Sybel, Treitschke, auch noch Hintze,[5] einige der berühmtesten und einflussreichsten borussischen Historiker, schufen mit ihren Werken die »Hohenzollernlegende«.[6] Für die Frauen der Dynastie war in dieser Konstruktion kein Platz; in der auf die Regenten beschränkten Perspektive wurden sie als politische Akteurinnen nicht wahrgenommen.[7] Treitschke brachte diese Auffassung auf den Punkt: »Personen, Männer sind es, welche die Geschichte machen [...]. Diese große, heldenhafte Wahrheit wird immer wahr bleiben; und wie es zugeht, daß diese Männer erscheinen, zur rechten Zeit der rechte Mann, das wird uns Sterblichen immer ein Räthsel sein.«[8] Auch Sybel schrieb: »Die Domäne des Mannes ist die weite Welt da draußen, Wissenschaft, die Rechtsordnung, der Staat.« Die Zuständigkeit der Frauen liege dagegen in der »Enge und Einförmig[keit] des inneren häuslichen Lebens«.[9] Grundsätzlich galten Untätigkeit und politische Zurückhaltung auch für die Hohenzollernfürstinnen.[10]

Die Arbeit dieser Historiker wurde von den preußischen Monarchen vielfach anerkannt und ausgezeichnet.[11] Friedrich Wilhelm IV., Wilhelm I., Friedrich III. und Wilhelm II. erteilten Aufträge zur Erforschung der Vergangenheit ihres Hauses. Nach der Gründung des zweiten Deutschen Kaiserreichs 1871 kam es zu einer geschichtspolitischen Offensive, um das Bild eines preußisch-imperialen Deutschlands zu propagieren. Mithilfe unterschiedlicher Projekte sollte die neue preußische Führung im Kaiserreich gestärkt und legitimiert werden. Eine von der gesamten Bevölkerung akzeptierte Version der Vergangenheit sollte verbreitet und die Dynastie der Hohenzollern glorifiziert werden.[12]

Bereits als Kronprinz beschäftigte sich Friedrich Wilhelm, der spätere 99-Tage-Kaiser Friedrich III., mit Plänen zur Errichtung einer Gruft für seine Vorfahren. Er plante, basierend auf den Plänen Friedrich Wilhelms IV., einen Campo Santo nördlich des Berliner Doms, auf dem es für jeden Hohenzollernfürsten, beginnend mit Kurfürst Friedrich I., eine nischenförmige Parzelle geben sollte. Prachtsärge nach verschiedenen historischen Vorbildern sollten aufgestellt werden, für die er selbst Ideenskizzen anfertigte. Ergänzend dazu verfasste er zu jedem Herrscher einen kurzen Lebenslauf. Unterstützt wurde er bei seinem Projekt von den damals tonangebenden Historikern, etwa Droysen oder Delbrück, die ihn berieten und seine Texte korrigierten. Friedrich Wilhelm wollte die Leistungen seiner männlichen Ahnen durch kurze, verständliche Texte vermitteln; die Architektur der Parzellen und die skulpturale Gestaltung der Särge sollten seine Aussagen unterstützen. Er wollte dadurch die politischen Leistungen seiner Vorfahren und die Bedeutung Brandenburg-Preußens für das gesamte Reich herausheben.[13] Nach seinem Tod im Jahr 1888 wurde diese Idee von seinem Sohn Wilhelm II. abgewandelt und in der Denkmalskirche des neuen Doms umgesetzt.[14]

Unter Wilhelm II. erlebten die geschichtspolitischen Bemühungen noch eine Steigerung. An der Spitze des Staates stehend, konnte der Kaiser direkt und indirekt – durch die Ernennung der Kultus- und Bildungsminister, durch Berufungen an die Universitäten, Archive und Akademien – Einfluss auf die Geschichtspolitik nehmen. Wilhelm II. prägte und unterstützte aber nicht nur die Geschichtsschreibung, sondern gab den Erzählungen durch seine umfassende Kunstpolitik Gestalt und verfestigte die »Hohenzollernlegenden« auf vielfältige Weise.[15] Ebenso wie seine Vorfahren billigte er den Frauen der Dynastie bei der Entwicklung Brandenburg-Preußens keine Rolle und generell keine politische Bedeutung zu, davon betroffen war auch seine Ehefrau Auguste Victoria zu Schleswig-Holstein-Sonderburg-Augustenburg. Sie kamen in der Geschichtspolitik des Kaisers nicht vor.

Die Geschichtsauffassung des Kaisers hatte »politischen Ursprung« und »ein aktuelles politisches Ziel«, wie schon Zeitgenossen erkannten und kritisierten.[16] Wilhelms Absicht war es, die Bedeutung seiner Dynastie zu erhöhen, seine Herrschaft zu legitimieren und die Vorherrschaft Preußens im Deutschen Reich zu rechtfertigen. Außerdem hoffte er, durch die Vermittlung »vaterländischer Geschichte« an den Schulen junge Menschen von der Regierungskritik, »dem herumnörgeln und der Weltverbesserei« abzuhalten.[17]

Abb. 3
27 Künstler schufen die 32 Skulpturengruppen der Siegesallee. Jede Gruppe bestand aus einem dreistufigen Podest, einem Sockel für das Standbild des Herrschers und einer halbrunden Bank mit den Büsten charakteristischer – männlicher – Zeitgenossen (S. 280).

Wilhelm ließ dazu auf unzählige Arten und mit allen zur Verfügung stehenden Medien sein Bild von den Hohenzollern verbreiten. Damit wurde er selbst einer der einflussreichsten Konstrukteure der »Hohenzollernlegende«. Von ihm gewünscht und bestimmt, wurde die Auffassung der Historiker aus Stein gebaut, in Erz gegossen, auf Leinwand gemalt und auf Papier und Zelluloid gebannt. Die Kunstpolitik sollte die Staatsidee verkörpern.[18] Sein Geschmack war dabei maßgebend: »Eine Kunst, die sich über die von Mir bezeichneten Gesetze und Schranken hinwegsetzt, ist keine Kunst mehr.«[19]

Insbesondere Denkmäler konnten mit wenig Aufwand an öffentlichen Orten aufgestellt und dadurch von vielen Menschen wahrgenommen werden. Diese Überlegung hat Wilhelm II. wohl veranlasst, Deutschland mit einer regelrechten Flut von Denkmälern seines Großvaters und seines Vaters zu überschwemmen. Bis zum Ende der Monarchie wurden mindestens 451 Denkmäler für Kaiser Wilhelm I. und Friedrich III. errichtet, weitere 31 geplant.[20]

In Berlin war das Zentrum der skulpturalen Ausschmückung neben dem Schlossumfeld der Tiergarten. Dort wurden mehrere Standbilder in kaiserlichem Auftrag errichtet, die zusammen ein monumentales Ensemble bildeten. Mittelpunkt war der Königsplatz (heute Platz der Republik). Von hier in südliche Richtung verlaufend, nahm die etwa 750 Meter lange und 1901 feierlich eröffnete Siegesallee ihren Ausgang (Abb. 3).[21] Wilhelms Leitgedanke für das historische Programm der Siegesallee war, »die Entwicklung der vaterländischen Geschichte von der Begründung der Mark Brandenburg bis zur Wiederaufrichtung des Reichs« darzustellen.[22] »Als Zeichen Meiner Anerkennung für die Stadt und zur Erinnerung an die ruhmreiche Vergangenheit unseres Vaterlandes will Ich […] einen bleibenden Ehrenschmuck für meine Haupt- und Residenzstadt Berlin stiften […] Mein Plan geht dahin, in der Sieges-Allee die Marmor-Standbilder der Fürsten Brandenburgs und Preußens, beginnend mit dem Markgrafen Albrecht dem Bären und schließend mit dem Kaiser und König Wilhelm I., und neben ihnen die Bildwerke je eines für seine Zeit besonders charakteristischen Mannes, sei er Soldat, Staatsmann oder Bürger, in fortlaufender Reihe errichten zu lassen.«[23] Verantwortlich für

Abb. 4
1907 schuf Reinhold Begas eine Kopie seines Standbilds von Wilhelm I. für die Siegesallee. Im Auftrag der Stadt Wesel wurde es ohne Begleitfiguren vor dem Bahnhof aufgestellt, wo es im Zweiten Weltkrieg schwer beschädigt wurde (Kat.-Nr. 146).

die künstlerische Konzeption war Reinhold Begas, unterstützt von dem Architekten Gustav Halmhuber (Abb. 4).[24] Die Erarbeitung und Festlegung des historischen Programms hatte Wilhelm II. dem Bonner Geschichtsprofessor und späteren Direktor der Königlich Preußischen Staatsarchive und des Geheimen Staatsarchivs, Reinhold Koser, bereits 1893 übertragen.[25]

Schon während der Erarbeitung des Denkmalprogramms wurde angemerkt, dass keine einzige Frau gewürdigt wurde; der Kaiser ließ sich jedoch nicht beirren. Mit den 32 Fürsten und Zeitgenossen als Nebenfiguren wurden insgesamt 96 Skulpturen von Männern aufgestellt. Einzig die Stammmutter der Hohenzollern, Elisabeth von Bayern-Landshut, war in einem kleinen Relief zu Füßen des Standbildes ihres Mannes Friedrich I. und auf der Rückseite des Sockels zu sehen.

Den Vorstellungen des Kaisers entsprechend, sollte die Bedeutung, Präsenz und Standhaftigkeit der Dynastie an den männlichen Herrschern verdeutlicht werden. Der vormals nur auf die drei großen Hohenzollern, Kurfürst Friedrich Wilhelm, König Friedrich Wilhelm I. und König Friedrich II., ausgerichtete Geniekult wurde nun auf alle männlichen Hohenzollernfürsten ausgedehnt.[26] Alle wurden als verdienstvolle Herrscher gewürdigt. Durch die Anwesenheit der frühen Fürsten, die nicht zur Hohenzollerndynastie gehörten, und durch die Abwesenheit der Frauen oder Mütter schuf der Kaiser das Bild einer traditionsreichen politischen Herrscher-Dynastie unter weitgehendem Verzicht auf einen familiären Ahnenkult.

Obwohl die Aufstellung von Denkmälern sich nicht auf die Hauptstadt beschränkte, war ihre Wirkung doch auf einen überschaubaren öffentlichen Raum begrenzt. Einen weiteren Wirkungskreis erzielte ihre Verbreitung auf Postkarten. Auf diese Weise wurde die Kunstpolitik des Kaisers in den privaten Bereich getragen. Es wurden aber nicht nur die Denkmäler millionenfach abgebildet, sondern auch die kaiserliche Familie selbst. Mit der technischen Entwicklung der Fotografie, seit den 1880er Jahren, waren Familienfotos der Kaiserfamilie, die dem Volk die wachsende Kinderschar, die Potenz und die Dauerhaftigkeit der Dynastie vor Augen führen sollten, sehr beliebt. Besonders in der Regierungszeit Wilhelms II. begegnete das Herrscherhaus mit der Verbreitung der Postkarten oder Fotografien einem zunehmenden Bedürfnis nach Information und befriedigte die Bevölkerung mit Bildern. Die Söhne der Monarchen waren daher ein häufig abgebildetes Motiv.

Seit 1895 wurden Fotografien und Postkarten der Hohenzollern in hohen Auflagen verkauft. Auf staatlicher Seite war man davon überzeugt, dass durch die Bereitstellung von Bildnissen des Kaisers und seiner Familie vaterländische und königliche Gesinnung vermittelt werden könne. Daher sollten die Bilder möglichst weiträumig und billig vertrieben werden.[27] Ein in der Regierungszeit seines Großvaters entstandenes Motiv, das vier Generationen von Hohenzollern zeigt, wurde von Wilhelm II. aufgegriffen und weiterentwickelt (Abb. 5 u. 6). Es suggeriert: Die Dynastie ist gesichert, es gibt ausreichend Nachfolger. Dass dabei auch Frauen eine Rolle spielten, verschwieg dieses Bild. Wie bei den Denkmälern der Siegesallee wurden Herrscher in Uniformen präsentiert, keine Familienmitglieder (Abb. 7).

Abb. 5
Das berühmte Foto »Vier Generationen Hohenzollern« wurde am 4. Juni 1882 vom Hoffotograf Hermann Selle aufgenommen. Auf Anregung seines Sohnes präsentierte Wilhelm I. kurz nach der Geburt seines Urenkels stolz die dauerhafte Zukunft seiner Dynastie (Kat.-Nr. 143).

Abb. 7
Friedrich Wilhelm I. und Sophie Dorothea warteten lange auf die Geburt eines gesunden Thronfolgers. Doch nach der Geburt des vierten Sohnes war der Fortbestand der Dynastie gesichert. Carlo F. Rusca gelang es auf dem Gemälde, die dynastische Zukunft zudem durch die Eintracht der Prinzen auszudrücken (Kat.-Nr. 139).

Abb. 6
Fünf Generationen Hohenzollern: Wilhelm II. war stolz auf den Fortbestand der Dynastie. Umgeben von den Porträts seines Vaters und Großvaters ließ er sich mit seinem ersten Sohn und dem 1906 geborenen Enkel ablichten. Als Postkarte wurde das Motiv in großer Zahl im ganzen Reich verbreitet (Kat.-Nr. 144).

Abb. 8
Am 19. Juli 1870, dem 60. Todestag seiner Mutter, besuchte Wilhelm I. ihr Grab im Charlottenburger Mausoleum. Anton von Werner hielt die Szene in einem 1881 vollendeten Gemälde fest. Der Lichtschein auf dem Sarkophag stellt Luises Grab in den Mittelpunkt des Bildes und verleiht ihm eine sakrale Aura (Kat.-Nr. 173).

Bedeutende Momente, Begegnungen, Staatsakte und Zeremonien wurden durch Anton von Werner in monumentalen Darstellungen auf Leinwand festgehalten – in der ihm eigenen Mischung aus Idealisierung und dokumentarischer Schärfe. Von Werner nahm eine besondere Funktion im kaiserzeitlichen Kunstleben ein. Als Hofmaler pflegte er ein enges Verhältnis zu den Kaisern. Seit 1871 malte er die politischen und militärischen Erfolge der Hohenzollern. Als Direktor der Hochschule für bildende Künste und als Vorsitzender des Vereins der Berliner Künstler war er einer der einflussreichsten Männer der preußischen Kunstpolitik. Er bestimmte wesentlich die Staatsästhetik und gab der »Macht und Herrlichkeit des neuen Deutschen Reiches« einen künstlerischen Ausdruck.[28] Mit dem Gemälde »19. Juli 1870« verlieh er dem Staat und seinem ersten Protagonisten ein menschliches Gesicht (Abb.8). Von Werner zeigt König Wilhelm I. am Grab seiner Eltern, es ist der 60. Todestag seiner Mutter Luise. Der Maler hält hier scheinbar einen Moment der persönlichen Andacht und Trauer fest. Doch das täuscht: Am 19. Juli 1870 erklärte Frankreich Preußen den Krieg, wenige Tage später zog Wilhelm, nachdem er sich von seiner toten Mutter verabschiedet hatte, gegen Frankreich in die Schlacht.[29] Die Darstellung von Luises Sarkophag sollte die Erinnerung an die Napoleonischen Kriege und an den französischen Kaiser wachrufen, den die Legende für den frühen Tod der Königin verantwortlich gemacht hatte.[30] Und sie sollte Wilhelms Krieg gegen den »Erbfeind« legitimieren.

Zugleich wird hier auch die Verehrung des Königs für seine Mutter ausgedrückt. Nachdem Wilhelm I. zum Kaiser proklamiert worden war, nahm die Verehrung Luises zu, unter Wilhelm II. wurde sie ins Religiöse gesteigert. Der Urenkel Luises gab den Auftrag, die Statue »Königin Luise mit dem Prinzen Wilhelm«, die Fritz Schaper 1897 ursprünglich für die Feierlichkeiten zum 100. Geburtstag Kaiser Wilhelms I. geschaffen hatte, überlebensgroß in Marmor auszuführen. Die Königin hält den künftigen Kaiser wie den Jesusknaben im Arm, Wilhelm I. wird

Abb. 9
Von der berühmten »Preußischen Madonna« schuf Fritz Schaper 1897 zunächst nur einen Gips. Wilhelm II. ließ sie aber überlebensgroß in Marmor ausführen. Die Darstellung erfreute sich so großer Beliebtheit, dass sie vielfach in verkleinerten Versionen aus verschiedenen Materialien hergestellt wurde (Kat.-Nr. 150).

Abb. 10 ▶
Die Darstellung Kaiser Wilhelms I. ist das Hauptbild in der Goslarer Kaiserpfalz. Schwebend erscheint Luise mit der alten Reichskrone. Begleitet von mittelalterlichen Kaisern, wie Karl dem Großen und Friedrich Barbarossa, wird das neue Reich durch den Segen der Geschichtsgrößen legitimiert (Kat.-Nr. 169).

so zu einem zweiten Erlöser stilisiert. Ihre Bezeichnung »Preußische Madonna« drückt also vor allem die Verehrung für Wilhelm I. aus (Abb. 9).

In der Kaiserzeit dient die Luisen-Verehrung auch dazu, die Nation weiterhin an die Herrscherfamilie und die Monarchie zu binden. Denn die von Preußen ausgehende Reichsidee der Hohenzollern konnte sich in den seit 1866 neu hinzugekommenen Gebieten nur zögernd durchsetzen. Vaterländisch-preußisches Bewusstsein sollte daher durch Monumentalmalerei in öffentlichen Gebäuden geweckt werden. Lokale Themen sollten mit dieser neuen Reichsidee verbunden werden. Hermann Wislicenus gelang dies auf außergewöhnliche Weise mit der Ausmalung der Kaiserpfalz in Goslar (Abb. 10). Sein umfangreicher Bilderzyklus gipfelt in einer Apotheose Kaiser Wilhelms I.[31] Zu Pferde wird dieser von Personen aus Gegenwart und Geschichte begleitet, die sein Kaisertum stützen und überhöhen. In der Mittelachse über ihm schwebt Königin Luise und hält die Kaiserkrone. Luise wird hier als Symbolfigur für das geeinte Reich genutzt. Tragisch, jung verstorben und schön bot sie die Möglichkeit zur Identifikation mit einem preußischen Staat jenseits seines herb-militärischen Charakters. Luise ist die einzige Hohenzollernfürstin, der so viel Ehre erwiesen, der so häufig gedacht wurde.

Nur selten ist während der Kaiserzeit an andere Frauen erinnert worden. Wohl wurden Auguste Victoria und auch Victoria von Großbritannien, die Mutter Kaiser Wilhelms II., gelegentlich gewürdigt. So etwa in der während des Zweiten Weltkriegs teilweise zerstörten Kaiser-Wilhelm-Gedächtniskirche. Der Architekt Franz Schwechten errichtete diesen Memorialbau für den ersten Kaiser des neuen Reiches im Auftrag des Enkels. Die Kirche wurde, ähnlich wie viele andere Gotteshäuser der Kaiserzeit, als Bollwerk gegen kirchenfeindliche und atheistische Tendenzen errichtet, denn für die Idee der durch Gottes Gnade eingesetzten Hohenzollernfürsten war im ausgehenden 19. Jahrhundert die Festigung des Glaubens ein wichtiges Anliegen. Oppositionelle Stimmen, liberale oder kommunistische, würden, wie man hoffte, durch den Bau neuer Kirchen zum Schweigen gebracht.[32] In der Ausstattung der 1895 vollendeten Kaiser-Wilhelm-Gedächtniskirche wird der propagierte Bezug zwischen geistlicher und weltlicher Herrschaft deutlich. In der Vorhalle ist auf einem Mosaikfries eine Prozession ausgewählter Hohenzollern dargestellt. Auf der einen Seite die frühen protestantischen Vorfahren,

9.
Kat 9
Hermann Wislicenus

auf der anderen Seite jüngere Hohenzollernherrscher, die – natürlich – von Luise angeführt werden.[33]

Neben Luise nimmt unter den frühen protestantischen Fürsten des Frieses nur eine weitere Frau eine hervorgehobene Stellung unter einem Baldachin ein. Es ist die Kurfürstin Elisabeth von Dänemark (Abb. 11). Da ihr Sohn Kurfürst Joachim II. erst nach langem Zögern 1539 die Reformation einführte, ist die Darstellung Elisabeths notwendig: Sie ist eine der frühen Anhängerinnen des neuen Glaubens in Brandenburg.[34] Die Darstellung einer Frau ist hier nicht zu vermeiden gewesen, denn die Hohenzollern wollten sich unter die frühen Reformationsfürsten einreihen, um zu beweisen, dass sie zu allen Zeiten unbestrittenes Haupt von Deutschlands Protestanten gewesen sind.[35] 1889 hatten sie das noch nicht getan. Aus Anlass des 350. Jahrestages der Einführung der Reformation in Brandenburg wurde vor der St.-Nikolai-Kirche in Spandau ein Denkmal allein für Kurfürst Joachim II. errichtet. Nur auf der Rückseite des von Erdmann Encke geschaffenen

Abb. 11
In der Mosaikausstattung der Kaiser-Wilhelm-Gedächtniskirche von Franz Schwechten sind die älteren Hohenzollernfürsten von Friedrich I. bis zum Großen Kurfürsten dargestellt. Das Zentrum nimmt unter einem Baldachin Elisabeth von Dänemark gemeinsam mit ihren Söhnen ein (S. 280).

Abb. 12
Die kleine Statuette Elisabeths von Dänemark von Erdmann Encke entstand im Kontext eines nicht umgesetzten Entwurfs für ein Luther-Monument. Das Motiv der lehrenden Elisabeth griff Encke als Relief am Denkmal für Kurfürst Joachim II. in Spandau wieder auf (Kat.-Nr. 149).

Abb. 13
Aus der 1564 für Joachim II. geprägten Medaille spricht der Stolz auf seine mütterlichen Vorfahren und die hohe Herkunft seiner Ehefrauen. Die Inschrift fasst den Sinn des Bildprogramms zusammen: »Die Wappen der Mütter sind glänzend und haben die markgräflichen Fürsten hervorgebracht.« (Kat.-Nr. 147).

Standbilds ist am Sockel auf einer Relieftafel unter den Füßen Joachims II. auch Elisabeth dargestellt, wie sie ihre Söhne den neuen Glauben lehrt. An einem Denkmal für Elisabeth hatte niemand in Preußen Interesse (Abb. 12).

Das von Hohenzollernhaus und Historikern entworfene legendäre Bild der Dynastie ist wirkmächtig und hat Bestand. Bis heute stehen die Männer in dessen Zentrum. Die Frauen dagegen werden zum Teil immer noch nach dem Ausspruch Treitschkes gezeichnet: »Ganz deutsch, ganz preußisch gedacht ist das alte Sprichwort, das jene Frau die beste nennt, von der die Welt am wenigsten redet.«[36] Wie ist es möglich, dass sich diese aus dem 19. Jahrhundert überkommene Geschichtsauffassung bis heute halten konnte, obwohl die Geschlechterforschung bereits seit den 1960er Jahren an einem Perspektivwechsel arbeitet?

Problematisch ist vor allem, dass Frauen nur sehr selten preußische Geschichte geschrieben haben. Untersucht man die »Märkischen Forschungen« und die hieraus hervorgegangenen »Forschungen zur Brandenburgischen und Preußischen Geschichte«, eine der einflussreichsten Publikationen zur preußischen Geschichtsschreibung des 19. und 20. Jahrhunderts, wird dies deutlich.[37] Einerseits sind Frauen darin als Autorinnen erst nach dem Ende der Monarchie vertreten. Andererseits finden sich bis 1944 nur zehn Beiträge über Frauen und ihre Bedeutung in der brandenburgisch-preußischen Geschichte, fünf davon nicht länger als drei Seiten. Lediglich in drei der Artikel wird die politische Bedeutung der jeweiligen Frauen thematisiert.[38] Seit 1991 werden sie neu herausgegeben, doch die Geschichtsauffassung scheint sich bis heute nicht verändert zu haben. In den 24 bisher veröffentlichten Jahrgängen erschienen 158 Abhandlungen und Aufsätze. Immerhin sind 22 von Autorinnen verfasst, allerdings nur fünf Beiträge Frauen und nur zwei davon Hohenzollerinnen gewidmet.[39] Im Gegensatz dazu gibt es zu den männlichen Hohenzollern, besonders zu den drei »Großen«, viele Beiträge.

Frauen werden generell nur zögerlich mit biografischen Untersuchungen bedacht, und dabei stehen vorrangig die Frauen der Frühen Neuzeit im Fokus.[40] Studien zu den Hohenzollerinnen im 19. und 20. Jahrhundert wur-

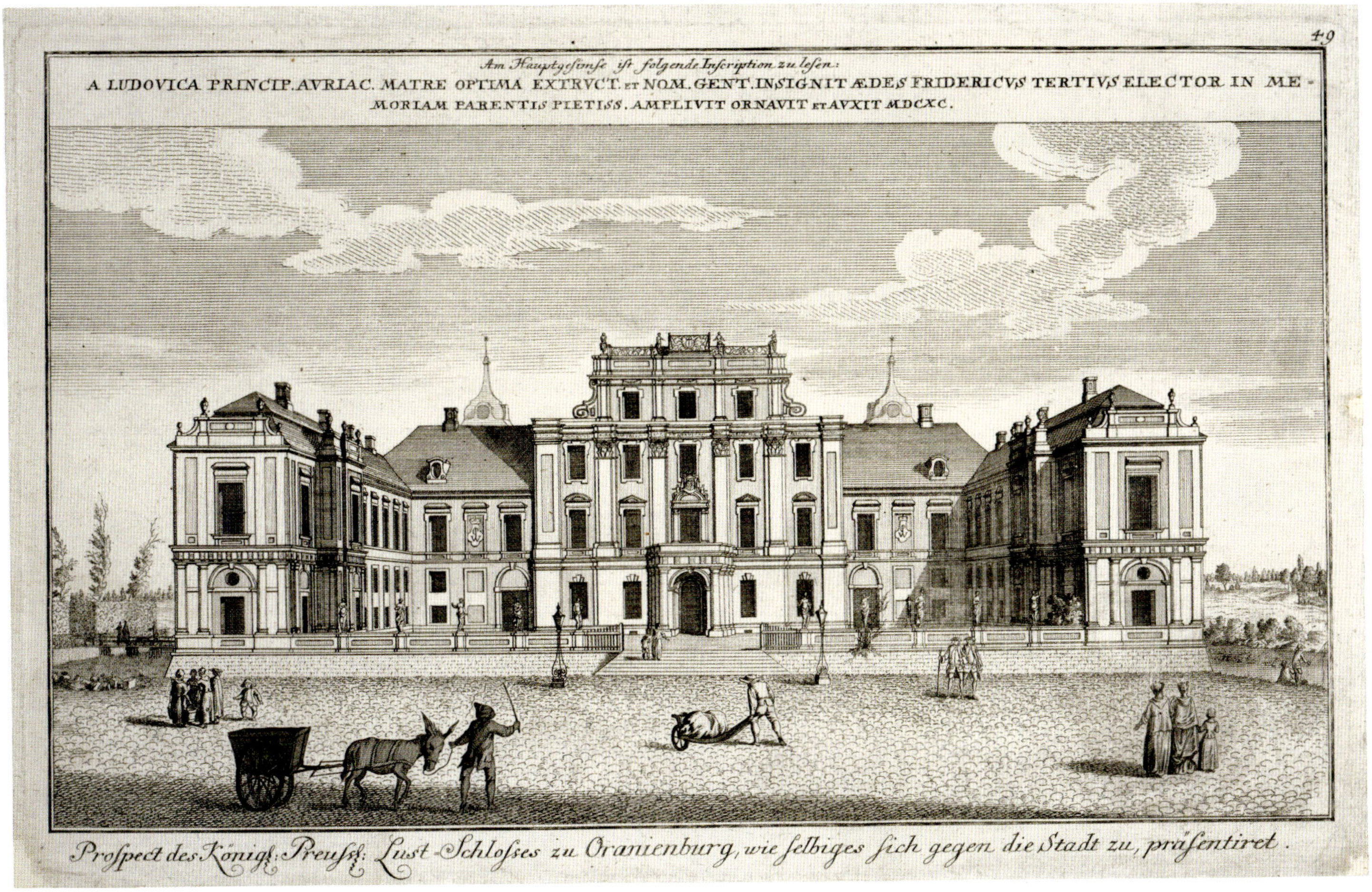

Abb. 14
König Friedrich I. ist stolz auf die Abstammung seiner Mutter. Durch sie ist er Prinz von Oranien und kann Anspruch auf das niederländische Erbe erheben. Zur Erinnerung und Würdigung lässt er an Schloss Oranienburg eine Inschrift anbringen, die sie als »beste Mutter« feiert (Kat.-Nr. 148).

den seltener vorgelegt.[41] So wird das konstruierte männerdominierte Preußenbild bis heute noch immer viel zu selten hinterfragt. Es scheint, als wäre es auf ewig in Erz gegossen, so wie Wilhelm II. es sich wünschte.

Doch ein Perspektivwechsel in der Dynastiegeschichte, der Geschichtsbetrachtung überhaupt, lohnt sich. Die Frauen der Hohenzollern waren nicht untätig. Ihre Handlungsmöglichkeiten sind bis in das 19. Jahrhundert an ihre Herkunft und ihren Rang gebunden. Die Fürstinnen besaßen durch ihre Zugehörigkeit zum »Herrschaftsstand« auch herrschaftliche Befugnisse. In ihren Rollen als Haus- und Landesmütter waren sie für das Funktionieren des gesamten Haushalts, des Hofes und für das öffentliche Wohlergehen verantwortlich. Durch gute Netzwerke am eigenen und an fremden Höfen eröffneten sich ihnen darüber hinaus vielfältige kulturelle, wirtschaftliche und fast immer auch politische Einflusssphären (Abb. 13 u. 14).

Anmerkungen

1 Dietrich 1986, S. 399. **2** Vgl. Rohrschneider 2007. **3** Vgl. Volz 1913, S. 1–163. **4** Vgl. Luh 2003. **5** Vgl. Hintze 1915, S. 1. – Droysen 1855, S. 4. – Sybel 1870. – Treitschke 1879, S. VII. **6** Vgl. Maurenbrecher 1905. **7** Vgl. Keller 2010 Mittel, S. 220. **8** Treitschke 1899, Bd. 1, S. 6. **9** Sybel 1870. **10** Vgl. Treitschke 1911, S. 277. **11** Vgl. Neugebauer 2006, S. 51. **12** Vgl. Specht 2011, ‹106›. **13** Vgl. Müller 2012, S. 530 f. **14** Vgl. Hoth 2005, S. 19 f. **15** Vgl. Müller 2012, S. 537. **16** Maurenbrecher 1905, S. 3. **17** Obst 2011, S. 61. **18** Vgl. Malkowsky 1912, S. 254. **19** Obst 2010, S. 262. **20** Vgl. Luh 2005, S. 39. **21** Vgl. Lehnert 1998, S. 16. – Vgl. demnächst Jürgen Luh: Die Männergeschichte der Siegesallee, bei perspectivia.net. **22** Koser 1898, S. 24. **23** Koser 1898, S. 18. **24** Vgl. Lehnert 2010, S. 112. **25** Vgl. Lehnert 1998, S. 52. **26** Vgl. Küntzel 1922. **27** Vgl. Windt 2005, S. 68 f. **28** Vgl. Bartmann 1984, S. 183 f. **29** Bartmann 1993, S. 246. **30** De Bruyn 2004, S. 48. **31** Specht 2011, ‹100› f. **32** Gundermann 1991. **33** Bartmann 1984, S. 187 f. **34** Vgl. Ulrike Sträßner in diesem Band, S. 222–229. **35** Vgl. Müller 2012, S. 535. **36** Treitschke 1911, S. 277. **37** Die »Märkischen Forschungen« wurden vom Verein für die Geschichte der Mark zwischen 1841 und 1887 herausgegeben, die »Forschungen zur Brandenburgischen und Preußischen Geschichte« erschienen zwischen 1888 und 1944. **38** Vgl. Hirsch 1895. – Bailleu 1895. – Doebner 1898, S. 541 f. – Binder 1935. – Brökelschen-Kemper 1936. – Jolles 1937. – Saring 1941. **39** Vgl. Sedlarz 2009. – Steiner 2001. **40** Vgl. Nolte 2005, S. 27 f. – Vgl. Katrin Keller in diesem Band, S. 30–33. **41** Vgl. Minkels 2007. – Schönpflug 2013.

NETZWERKE

Funktionale Verbindungen
Hohenzollerische Heiraten vom 15. bis 20. Jahrhundert

Daniel Schönpflug

Die Geschichte Europas – so will es zumindest der griechische Mythos – beginnt mit einer Verführung und einer Hochzeit. Die Prinzessin Europa, Tochter des Königs Agenor von Sidon, wird von Zeus in Gestalt eines weißen Stieres entführt und über das Meer an die Küste Kretas gebracht. Am Strand angekommen, verwandelt sich Zeus in einen schönen Jüngling und verführt die Prinzessin, die ihm drei Söhne gebiert. Später wird Europa die Gemahlin des kretischen Königs Asterios, der die drei Söhne des Zeus adoptiert. So entsteht die Dynastie der Minoer, und die Prinzessin Europa wird zur Mutter eines Kontinents.

Die Porzellanfigur der Europa auf dem Stier greift den vielfach dargestellten Mythos auf (Abb. 1). Sie ist Teil des »Hochzeitszugs«, eines Tafelaufsatzes, der von Adolf Amberg entworfen wurde – wohl im Jahr 1904/05 im Zusammenhang mit der Vermählung des Kronprinzen Wilhelm von Preußen mit Cecilie zu Mecklenburg-Schwerin. Zu den beiden zentralen Figuren – der Europa auf dem Stier und dem römischen Krieger auf dem Pferd – gesellen sich noch weitere Figuren im Hochzeitszug: ein Assyrer mit Hund, ein Afrikaner mit Waldhorn, ein Araber mit Dudelsack, ein Japaner mit Fisch und viele mehr.

Bei fürstlichen Hochzeitsfeiern war der Verweis auf Europa gang und gäbe. Dass Adolf Amberg in Hinblick auf die kronprinzliche Vermählung zusätzlich noch Figuren aus der übrigen Welt für den Hochzeitszug entwarf, war kein Zufall: Das Deutsche Kaiserreich beanspruchte Weltgeltung und wollte dies auch öffentlich darstellen. Bei der Hochzeit Wilhelms und Cecilies 1905 kamen einige der hohen Gäste aus weiter Ferne: Prinz und Prinzessin Arisugawa von Japan sowie der Prinz Chakrabongse von Siam waren zugegen und gaben der Veranstaltung kosmopolitisches Flair. Ambergs »Hochzeitszug« aus Porzellan zierte jedoch nicht die Hochzeitstafel im Berliner Schloss. Erst ab 1908 fertigte die Königliche Porzellan-Manufaktur Berlin die Figuren.[1]

Europa auf dem Stier steht – nicht erst 1905, sondern seit dem Mittelalter – für den weiten Horizont fürstlicher Heiratspolitik. Die Reise der Europa über das Meer in die Ferne, ihr Name, der zum Namen eines Kontinents wird, deuten die weiten Brückenschläge und raumgreifenden Vernetzungen an, welche die Dynastien durch die Verheiratung ihrer Töchter bewerkstelligen konnten. Gleichzeitig kann mit Europa auf die Interessen verwiesen werden, die mit dem Heiraten verbunden waren. Es geht ja nicht nur um Zeus' Triebe, sondern auch um die Familienstrategien des Asterios, der sich eine königliche Braut und Götterblut ins Haus holt. Auch für die brandenburgisch-preußische Fürstenfamilie vom 15. bis 20. Jahrhundert war das Heiraten keine Privatangelegenheit, sondern ein fundamentaler politisch-gesellschaftlicher Akt. Dass dem so war, erklärt sich aus der Tatsache, dass Fürstenfamilie und Staat in der Frühen Neuzeit untrennbar miteinander verbunden waren. Der »Staat« stellte im traditionellen Verständnis einen Besitz dar, der in der Dynastie von Generation zu Generation weitergegeben wurde. Insofern waren alle Vorgänge,

Abb. 1
Die von Adolf Amberg entworfene Porzellanfigur greift den Mythos von der Entführung der Prinzessin Europa durch Zeus auf. Als Stammmutter der Könige Kretas steht sie am Anfang des Austauschs von Töchtern, der das dynastische System unseres Kontinents prägen sollte. Nicht umsonst ist er nach Europa benannt (Kat.-Nr. 24).

welche die Familie betrafen, potenziell auch »staatlich«. Im Folgenden möchte ich in die wichtigsten Funktionen der hohenzollerischen Heiraten einführen und zeigen, wie sich aus einzelnen Heiratsentscheidungen über die Jahrhunderte größere Netzwerke bildeten.

Funktionen hohenzollerischer Heiraten

Um zu verstehen, wie vielfältig die Funktionen einer hohenzollerischen Heirat waren, hilft der Blick in eine besonders sprechende Quelle: Im Jahr 1879 verfassten die Eltern des späteren Kaisers Wilhelm II. eine Denkschrift, in der sie mögliche Partnerinnen für ihren Sohn gegeneinander abwogen.[2] Offenbar überzeugte die Argumentation, denn zwei Jahre später heiratete Prinz Wilhelm die schleswig-holsteinische Prinzessin Auguste Victoria; ein Jahr darauf wurde der erste Sohn geboren (Abb. 2).

Die Eltern sprechen sechs grundlegende Kriterien der Partnerwahl für ihren Sohn an. Erstens nennen sie die »Herzens-Neigung«, ihr Ältester solle die Möglichkeit haben, beim Heiraten seiner inneren Stimme zu folgen. Zweitens thematisieren die Eltern Wilhelms das Problem der adelsrechtlichen Stellung der Braut: »Wiederholt wurden schon in früheren Jahren von etlichen Seiten Zweifel an der Ebenbürtigkeit der Nachkommenschaft des letztverstorbenen Herzogs von Schleswig-Holstein-Sonderburg-Augustenburg wegen seiner mit einer Gräfin Danesscjold-Samsöe geschlossenen Ehe erhoben.« Ehepartner von Mitgliedern der preußischen Königsfamilie mussten aus einem ebenbürtigen, das heißt in der Regel einem regierenden Haus stammen. Aber selbst innerhalb des durch dieses Kriterium gebildeten erlesenen Zirkels gab es Rangunterschiede. Wilhelms Eltern betonen daher zur Legitimierung der von ihnen präferierten Braut, die »nur« Tochter eines Herzogs war, dass »bei Betrachtung der denkbaren Partien für un-

Abb. 3 ►
Die Stammtafel von Georg Friedrich I. von Brandenburg-Ansbach-Kulmbach von etwa 1560 führt die Aufspaltung des Hauses Hohenzollern in mehrere Zweige plastisch vor Augen. Im Bildmittelpunkt ist Albrecht Achilles platziert, von ihm gehen die fränkische und brandenburgische Linie aus (Kat.-Nr. 40).

Abb. 2
Auguste Victoria war als Braut für Wilhelm II. von dessen Eltern mit großer Sorgfalt aus einer Reihe möglicher Kandidatinnen ausgewählt worden. Der Erfolg der Verbindung zeigt sich in Anton von Werners Darstellung der Taufe des erstgeborenen Prinzen in der Marmorgalerie des Neuen Palais 1882 (Kat.-Nr. 53).

seren Sohn [...] bemerkt werden [muss] daß solche aus königlichen Häusern nicht zu Gebote stehen«. Ehen dienten also der sozialen Distinktion.

Drittens kommen die familienplanenden Eltern auf politische Gründe zu sprechen: »Eine andere Schwierigkeit, welche zu verzeichnen ist, besteht in der Haltung des Vaters der jungen Prinzessin seit der Einverleibung von Schleswig-Holstein, da er auf seinem Rechte und Ansprüche auf jene Herzogtümer nicht verzichtete [...], so daß sein Erscheinen [...] mit großen Verlegenheiten verbunden ist.« Ähnlich äußern sich die Eltern über »die Tochter des Herzogs von Nassau, Hilda, welche von ihrem Vater nimmer hergegeben werden würde, da er die Feindschaft mit uns sehr scharf und schroff betont«. In politischer Hinsicht dienten Heiraten also der Darstellung, Pflege und Gestaltung politischer Beziehungen zu anderen Häusern.

Viertens spielt das Heiratsalter in den Überlegungen eine Rolle. Für frühes Heiraten sprach der Wunsch nach zahlreicher Nachkommenschaft, für ein »nicht gar zu zartes Alter« die persönliche Reife für den Ehestand und bei den Bräuten die seelischen Folgen einer allzu frühen Trennung von der Herkunftsfamilie. Mit dem Kriterium des Heiratsalters ist implizit auch noch die Versorgungsfunktion der Ehe angesprochen: Mit der Heirat gründeten die Mitglieder der Dynastie einen eigenen Hausstand. Die jungen Leute wurden damit finanziell unabhängig und die Familie entledigte sich ihrer Verpflichtungen ihnen gegenüber.

Als fünftes Kriterium wird die Konfession diskutiert. Mischehen waren möglich, aber in der Praxis des Hauses sehr selten. Bei der Revue von nicht weniger als 18 Konkurrentinnen der zukünftigen Deutschen Kaiserin werden sechstens charakterliche und körperliche Eigenschaften ins Feld geführt. Genannt wird etwa »die Tochter des verstorbenen Herzogs Georg von Mecklenburg-Strelitz, welche kränklich, nicht hübsch und vollständig russisch sein soll«, oder »die Tochter des Prinzen Adolf von Schwarzburg Rudolstadt [Schwester der Großherzogin von Schwerin], Prinzessin Thekla, welche beschränkt sein und sehr unvortheilhaft aussehen soll«, sowie »die beiden jüngsten Töchter der Fürsten von Waldeck, welche wenig Aeußeres haben, und einer Familie angehören, in der die Schwindsucht herrschen soll«. Körperliche und geistige Gesundheit spielte für die Wahl einer Mutter zukünftiger Generationen des Hauses eine entscheidende Rolle. Schönheit, gute Manieren und Bildung waren für die Familie ebenso wichtig, denn das neue Familienmitglied musste den Anforderungen des höfischen Lebens und der Repräsentation gewachsen sein.

Interessant ist allerdings, dass die heiratsplanenden Kaisereltern ein Kriterium fürstlichen Heiratens, welches für frühere Generationen der Hohenzollern noch von größter Wichtigkeit war, nicht ansprechen. Um zu verstehen, um welches es sich handelt, müssen wir einen Sprung zurück vom Ende der Geschichte der brandenburgischen Hohenzollern zu ihrem Anfang im 15. und 16. Jahrhundert machen (Abb. 3). Dank der eingehenden Studie hohenzollerischer Familienkultur, die Cordula Nolte vorgelegt hat, kennen wir die Ehepraxis dieser Zeit recht

Abb. 4
Als nachgeborener Sohn des Markgrafen von Brandenburg-Ansbach-Kulmbach gelingt es Albrecht, hier auf einem wohl von Jakob Binck geschaffenen Porträt, eine hohe geistliche Position zu erlangen: 1511 wird er zum Hochmeister des Deutschen Ordens gewählt (Kat.-Nr. 37).

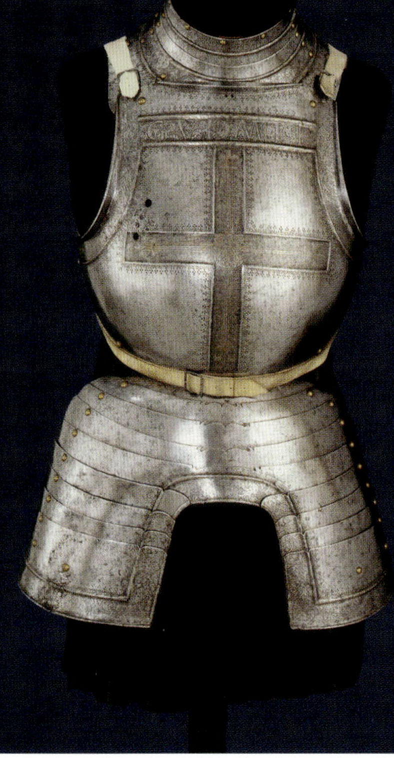

Abb. 5
Der Hochmeisterharnisch Albrechts spiegelt sowohl den militärischen als auch den geistlichen Charakter des im 12. Jahrhundert gegründeten Deutschen Ordens. Seine Mitglieder lebten zölibatär und konnten weder Titel noch Territorium vererben (Kat.-Nr. 36).

genau.[3] Viele der im 19. Jahrhundert angesprochenen Funktionen finden sich bereits in der Frühphase der brandenburgischen Linie. Als wichtigster Unterschied fällt auf, dass es an der Wende vom Mittelalter zur Neuzeit beim Heiraten auch um den Gewinn oder Verlust großer Besitztümer ging. Dazu gehörten Territorien und ein fürstliches Amt, die Kur- oder später Königs- und Kaiserwürde mit allen daran hängenden Rechten. Der spektakulärste Erfolg der Hohenzollern auf dem Feld der Gebietsgewinne durch Heiraten war ohne Frage der sukzessive Erwerb des ehemaligen Deutschordenslandes Preußen und der am Rhein gelegenen Territorien Kleve, Mark und Ravenstein (Abb. 4–7). Diese Doppelerbschaft ist in die europäischen Annalen eingegangen.[4] Sie war ein Glücksfall dynastischer Politik, der den Flächenbesitz der brandenburgischen Kurfürsten im 17. Jahrhundert von ungefähr 40 000 auf etwa 80 000 Quadratkilometer verdoppelte. Fast scheint es legitim, einen auf das Haus Habsburg gemünzten Hexameter umzudichten: »Bella gerant alii, tu felix Prussia, nube. Nam quae Mars aliis dat tibi regna Venus.«[5] Bei der Aneignung Preußens zeigt sich aber auch deutlich, dass der Erwerb von Land ein langwieriges und aufwendiges Geschäft und Heiratspolitik nur ein Element in einem komplexen Gesamtmechanismus war. Gleichwohl wurden bei Eheschließungen des Spätmittelalters und der Frühen Neuzeit die Erwerbchancen stets mitbedacht.

Im schlimmsten Fall konnte es jedoch auch geschehen, dass Hohenzollerntöchter, die in andere Familien einheirateten, ihre Eltern um Besitz brachten. Auf juristischem Weg versuchte man, diesem Problem einen Riegel vorzuschieben. Im Testament des Albrecht Achilles, der »Constitutio Achillea« von 1473, wurde festgelegt, dass Töchter bei ihrer Heirat förmlich auf jegliches Erbe verzichten und dafür mit einem Heiratsgut von 10 000 rheinischen Gulden abgefunden werden sollten. Erben konnten sie nur in dem Fall, wenn kein männliches Mitglied des Hauses mehr am Leben war.[6]

Abb. 6
1525 wurde aus dem Ordensland Preußen ein weltliches Herzogtum – und Albrecht vom polnischen König Sigismund als erster Herzog in Preußen belehnt. Diesen für die Zukunft der Hohenzollern höchst bedeutenden Akt hält die Urkunde vom 10. April dieses Jahres fest (Kat.-Nr. 39).

Abb. 7
Für den geistlichen Hochmeister eröffneten sich durch die Reformation gänzlich neue Perspektiven. Als weltlicher Herrscher heiratete Albrecht 1526 Prinzessin Dorothea von Dänemark und begründete so eine neue Seitenlinie der Hohenzollern (Kat.-Nr. 38).

Auch wenn die Praxis des Erheiratens von Land im Verlauf der Napoleonischen Kriege verschwand, blieb eine Fürstenhochzeit im 19. Jahrhundert eine in hohem Maß strategische Angelegenheit, bei der es viel zu gewinnen oder zu verlieren gab. Die vielfältigen Funktionen von Heiraten konnten weder in der Frühen Neuzeit noch in der Moderne in jedem einzelnen Fall realisiert werden. Sie stellten vielmehr das Potenzial einer Heirat da. Wir müssen sie uns als einen Werkzeugkoffer vorstellen. Es oblag den Akteuren einer einzelnen Heirat zu entscheiden, welches Instrument in welchem Kontext am sinnvollsten zu zücken war. Schon die Zeitgenossen waren sich allerdings bewusst, dass die realen Folgen einer Ehe nur sehr selten den im Vorfeld gehegten Intentionen entsprachen.

Heiratskreise

Die Einlösung der im letzten Abschnitt entwickelten Potenziale einer Fürstenhochzeit fand nicht im luftleeren Raum statt. Die Verheiratung eines Prinzen oder einer Prinzessin musste sich vielmehr an Angebot und Nachfrage orientieren, am Heiratsmarkt einer bestimmten Zeit. Quantitative Analysen von hohenzollerischen Heiraten zeigen, dass sich die von den Akteuren thematisierten Kriterien der Heiratsentscheidungen durchaus auch statistisch niederschlugen. Vor allem die Beachtung dreier Kriterien lässt sich zahlenmäßig nachweisen: Rang, Konfession und räumliche Nähe.

Das im letzten Abschnitt zitierte Memoire der Eltern Wilhelms II. hat bereits gezeigt, dass Rangfragen die Auswahl der Partner maßgeblich bestimmten und dass die Hohenzollern im späten 19. Jahrhundert, also als Kaisergeschlecht, Heiraten mit den ranghöchsten, den königlichen Häusern Europas anstrebten. Auch die Daten, die

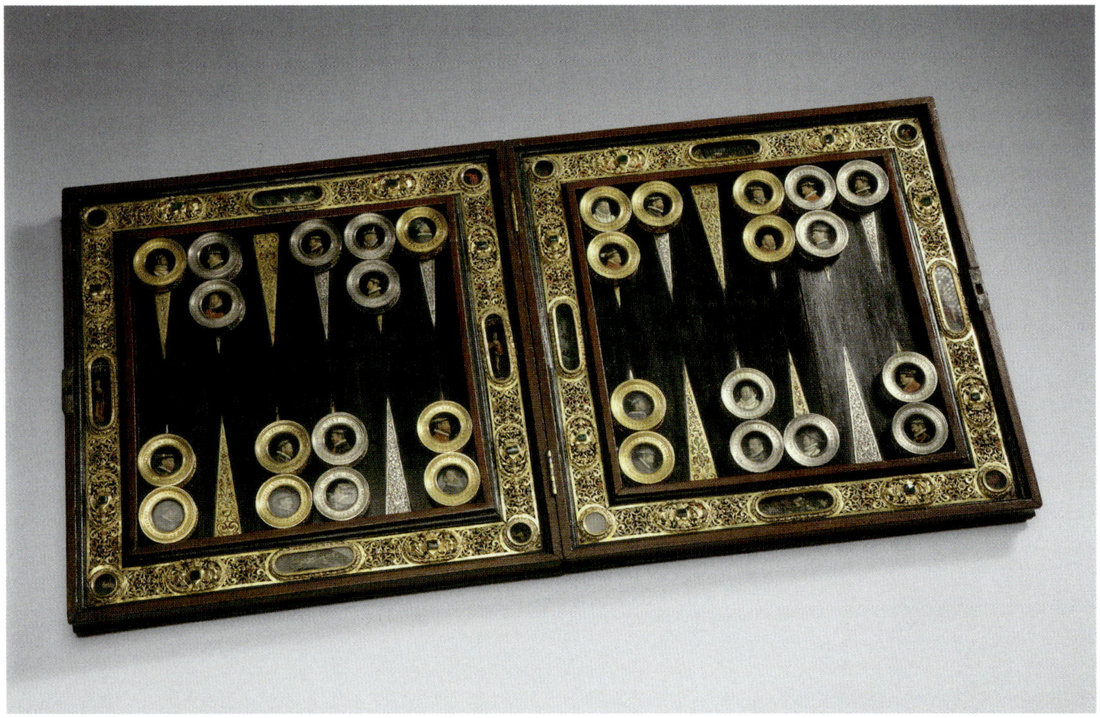

Abb. 9 ►
Dieser Schmuck – ein Geschenk Wilhelms I. an seine Frau Augusta von Sachsen-Weimar-Eisenach – feiert die Verbindung von Wettinern und Hohenzollern. Stilistisch ist es Schmuckstücken des 16. Jahrhunderts nachempfunden, die bereits damals die Nähe beider Häuser zum Ausdruck brachten (Kat.-Nr. 47).

Abb. 8
Die Spielsteine dieses 1590/91 gefertigten Brettspiels zeigen die Porträts von Fürsten aus Brandenburg, Sachsen und Dänemark, die sämtlich eng miteinander verwandt sind. Das Spiel war ein Geschenk des brandenburgischen Kurfürsten Johann Georg an seinen Schwiegersohn, Christian I. von Sachsen (Kat.-Nr. 49).

Cordula Nolte für die Hohenzollern des 14. bis 16. Jahrhunderts erhoben hat, weisen in diese Richtung. Die Verleihung des Reichsfürstenprivilegs an den Nürnberger Burggrafen Friedrich V. von Hohenzollern im Jahr 1363 wirkte sich schon in den Jahren danach auf das Heiratsverhalten der Dynastie aus. Bis dahin waren Heiraten mit fürstlichen Familien eher die Ausnahme, danach wurden sie zur Regel. Nolte spricht zu Recht von einem »qualitativen Sprung«. Zwischen 1363 und 1550 wurden 85,72 Prozent der Töchter und 72,4 Prozent der Söhne der Hohenzollern in andere fürstliche Familien verheiratet. Auch Heiraten mit Mitgliedern königlicher Familien wurden jetzt häufiger. Sie stellten im brandenburgischen Zweig der Familie knapp ein Zehntel der Tochterehen und annähernd ein Drittel der Sohnesehen dar. Eine quantitative Auswertung von hohenzollerischen Heiraten zwischen 1640 und 1918 kommt zu dem Ergebnis, dass zwischen 1640 und 1799 38 Prozent der Heiratspartner der Hohenzollerinnen und Hohenzollern aus königlichen Familien stammten, nach 1800 sogar 55 Prozent.[7]

Für die Auswahl war auch die Konfession von großer Bedeutung. Die eheplanenden Eltern Wilhelms II. äußern sich in diesem Sinne: »In die katholischen Häuser von Österreich und Sachsen oder nach Russland könnte unser Sohn nicht heiraten, denn die Stellung einer römisch-katholischen oder griechischen Prinzessin würde hierzulande eine gar zu schwere sein.«[8] Das Problem unterschiedlicher Konfessionen stellte sich naturgemäß im Mittelalter noch nicht. Nach der Reformation, welche auch die Hohenzollern vollzogen, wurden Mischheiraten nicht kategorisch ausgeschlossen. Dies hätte die Brandenburger auch vor große Probleme gestellt, denn calvinistische Dynastien waren in Europa selten. Im Heiratskreis der Hohenzollern waren lediglich wenige Häuser – Oranien und Hessen-Kassel – Glaubensgenossen. Zwischen 1640 und 1816 schlossen die brandenburgischen Hohenzollern ausschließlich Heiraten mit calvinistischen, lutherischen und anglikanischen Familien. Heiratsangebote, die für eine Tochter des Hauses Hohenzollern eine Konversion zum Katholizismus oder gar zur Orthodoxie nötig gemacht hätten, waren zum Scheitern verurteilt. Der von Friedrich I. gefasste Plan, Caroline von Brandenburg-Ansbach mit dem spanischen König zu vermählen, scheiterte an deren Gewissensbissen. Die Prinzessin fürchtete eine »inquiétude éternelle«.[9]

Ein genauerer Blick auf die am häufigsten mit den Hohenzollern verbundenen Familien zeigt darüber hinaus, dass der Heiratskreis aus einer überschaubaren Gruppe von benachbarten Familien bestand. Bei den sämtlichen Heiraten der brandenburgischen Hohenzollern zwischen 1401 und 1918 waren die Häuser Wettin, Hessen, Oldenburg und Welfen die Spitzenreiter unter den Partnerdynastien (vgl. die Diagramme auf S. 94 – 97; Abb. 8 u. 9). Diese Orientierung in Richtung der benachbarten Territorien aus

11 JUNI
WILHELM
AUGUSTA
1829
1879

Abb. 10–17
Andreas Thornborgs Serie von Miniaturbildnissen des dänischen Königshauses führt die Kontinuität der Verbindungen zu den Hohenzollern vor Augen. Zwischen 1450 und 1750 stammte in jedem Jahrhundert eine dänische Königin aus dem Haus Hohenzollern (Kat.-Nr. 50).

Abb. 10 u. 11
Christian I. von Dänemark und Dorothea von Brandenburg-Kulmbach.

Abb. 12 u. 13
Christian IV. von Dänemark und Anna Katharina von Brandenburg.

Abb. 14 u. 15
Friedrich I. von Dänemark und Anna von Brandenburg.

Abb. 16 u. 17
Christian VI. von Dänemark und Sophie Magdalena von Brandenburg-Kulmbach.

Abb. 18
Auch das russische Herrscherhaus Romanow ist eine Seitenlinie der Oldenburger. Eine der hochrangigsten Heiraten des Hauses Hohenzollern war 1817 die Ehe Charlottes von Preußen mit dem späteren Zaren Nikolaus I. Dazu musste Charlotte ihren Glauben wechseln und ihren Namen in Alexandra Feodorowna ändern (Kat.-Nr. 52).

dem Nordosten des Heiligen Römischen Reiches deutscher Nation findet sich bereits ganz zu Anfang der Dynastiegeschichte. Cordula Nolte hat errechnet, dass etwa 60 Prozent der Hohenzollernheiraten zwischen dem 14. und dem 16. Jahrhundert in diesem geografischen Raum geschlossen wurden. Sie charakterisiert damit die Markgrafen von Brandenburg als Teil der von Peter Moraw beschriebenen Heiratslandschaft an der südlichen Ostseeküste, die von Holstein bis Litauen reichte und nach Mitteldeutschland und Skandinavien ausstrahlte.[10]

Zwischen 1640 und 1918 wurden die meisten Hohenzollernheiraten (17 Prozent) mit dem Haus Hessen geschlossen. Immerhin zehn Prozent der Partner stellten in diesem Zeitabschnitt die Welfen, jeweils etwas weniger die Häuser Oldenburg, Anhalt, Mecklenburg und Oranien. Lässt man morganatische und innerhalb des Hauses geschlossene Ehen beiseite, so zeigt sich, dass die sieben genannten protestantischen Häuser in diesem Zeitraum mehr als 80 Prozent der Heiratspartner der Hohenzollern stellten.[11] Die Nachbarschaftsehe favorisierte die Stärkung schon vorhandener Bindungen gegenüber dem Erschließen von neuen. Dies illustriert etwa die folgende Aussage des preußischen Zeremonienmeisters von Besser in einem Hochzeitsbericht aus dem Jahr 1700: Schon die Mutter der Braut Luise Dorothea von Brandenburg sei eine Prinzessin von Hessen-Kassel gewesen, der Vater des Bräutigams Erbprinz Friedrich von Hessen-Kassel stamme von einer brandenburgischen Mutter ab und habe auch eine brandenburgische Großmutter. So könne man wegen der guten Erfahrungen der Vorfahren auch auf das Glück der neuerlichen Verbindung hoffen.[12]

Ein weiterer Faktor, der ein allzu weites Ausgreifen der Hohenzollern in die europäische Ferne verhinderte, war das Verfolgen von endogamen Strategien. Mit »endogam« ist hier die Heirat innerhalb einer Linie oder zwischen verschiedenen Linien desselben Hauses – also etwa zwischen den brandenburgischen und fränkischen Linien – gemeint. In der 600-jährigen Geschichte der brandenburgischen Hohenzollern waren dies immerhin acht Prozent. Der wichtigste Grund für endogame Heiraten war es, dafür zu sorgen, dass in dynastischen Engpässen – vor allem beim Aussterben einer Linie – der familiäre Besitz nicht an eine fremde Dynastie, sondern an eine andere Linie der eigenen Familie übertragen wurde. Dass diese Strategien auf Dauer wirkungsvoll sein konnten, zeigt der »Heimfall« der fränkischen Hohenzollernterritorien an die preußische Königsfamilie im Jahr 1791, als Markgraf Karl Alexander, Erbe von Ansbach und Bayreuth, sie in einem Geheimvertrag an Friedrich Wilhelm III. verkaufte.

Resümee

Angesichts der Realitäten von Nachbarschaftsehe und endogamer Heirat scheint das Leitmotiv von Europa auf dem Stier nahezu irreführend. Die im ersten Abschnitt dargestellten Funktionen fürstlicher Heiraten wurden offenbar vornehmlich in einem relativ überschaubaren Kreis von Familien realisiert. Richtiggehend internationale Heiraten – etwa die dänischen Ehen der Hohenzollern (Abb. 10–17), die Heirat des Großen Kurfürsten mit der Prinzessin Luise Henriette von Oranien-Nassau im Jahr 1646, die englisch-niederländisch-preußische Doppelhochzeit von 1791 oder die Vermählung der Prinzessin Charlotte von Preußen (Abb. 18) mit dem späteren Zaren Nikolaus I. – waren bei den Hohenzollern eher die Ausnahme. Jede einzelne Ehe, ob mit einer nahen oder einer fernen Dynastie, knüpfte indes einen neuen Knoten im verwandtschaftlichen Netzwerk. Mit dem Familienwechsel einer Tochter entstand eine Verbindung, die das punktuelle Ereignis Hochzeit zu einer Kette von Generationen und Geschlechtern verlängern konnte.

Anmerkungen

1 Vgl. Becker 2013, S. 138 f. **2** Memoire des Kronprinzenpaares vom 30.4.1879, GStA PK, BPH, 53, N I, Nr. 1a, Bl. 9–24. **3** Vgl. Nolte 2005, S. 95–114. **4** Vgl. Neugebauer 1996–2003, Bd. 1, S. 111–130. **5** »Andere mögen Kriege führen, du, glückliches Preußen, heirate! Denn die Reiche, die anderen der Mars gibt, schenkt dir die Venus.« **6** Vgl. Schulze 1883, S. 32, 150. **7** Schönpflug 2013, S. 115. **8** Memoire des Kronprinzenpaares vom 30.4.1879. **9** Kurfürstin Sophie an Hans Caspar von Bothmer, 14.11.1704, in: Doebner 1905, S. 231. **10** Vgl. Moraw 1997, S. 139. **11** Vgl. Schönpflug 2013, S.119. **12** Vgl. Mariage de la Princesse Louise de Brandenbourg fille de S. A. l'Electeur Frédéric III. Relation inachevée de Mr. de Besser, ohne Ort 1700, GStA PK, BPH, 45 W Nr. 8.

ALEXANDRA FEODOROWNA

DAS BEILAGERBETT

SUSANNE EVERS

Abb. 1
Die Fotografie zeigt das Paradebett vor 1888 an seinem ursprünglichen Aufstellungsort im Staatsappartement Friedrichs I. in Charlottenburg. Rückwand und Bettdecke sind heute verloren (S. 280).

Abb. 2 ►
Der Himmel des Bettbaldachins aus gelbem Damast mit dem kunstvollen Muster aus Silbertressen ist das größte erhaltene Fragment des 1706 entstandenen Paradebetts Friedrichs I. aus Schloss Charlottenburg. Es diente bei vielen Hochzeiten der Hohenzollern als Ort des zeremoniellen Beilagers (Kat.-Nr. 41).

Das Paradebett von gelbem Damast mit silbernen Tressen, »welches vielen fürstlichen Personen an ihren Vermählungstagen zum Beylager gedienet hat«, wird 1786 im Schlafzimmer Friedrichs I. im Schloss Charlottenburg erwähnt.[1] Nach dem Tod Sophie Charlottes 1705 hatte Friedrich I. ihre Charlottenburger Paraderäume für sich selbst umgestalten und ein neues Bett anfertigen lassen. 1760 berichtete der Kastellan, dass das gelb-silberne Bett während der Plünderung des Schlosses durch russische und österreichische Truppen im Oktober seiner Textilien beraubt und zerschlagen worden sei.
Sofort nach dem Krieg stellte König Friedrich II. immense Summen für die originalgetreue Wiederherstellung des Möbels zur Verfügung, das den dynastischen Fortbestand symbolisierte. Bei der Erneuerung des Seidengewebes 1888 entschied man sich wiederum für das ursprüngliche Stoffmuster. Das Bett stand ab 1893 in den Polnischen Kammern im Berliner Schloss, kehrte 1933 aber in die Charlottenburger Paraderäume zurück. Nach den Zerstörungen des Schlosses im November 1943 brachte man das offensichtlich nahezu intakte Bett in Einzelteilen nach Potsdam. Heute sind sämtliche textile Teile des Baldachins sowie die unteren Bettbehänge erhalten. Für eine Wiederaufstellung müssten die tressenbesetzte Rückwand, die Bettdecke und die Vorhänge ergänzt werden.

Die überlieferte Funktion als Beilager- oder Hochzeitsbett übernahm das Möbelstück erst in der zweiten Hälfte des 18. Jahrhunderts. Es ersetzte das berühmte »Perlenbett« im Berliner Schloss, ein holländisches Beilagerbett mit reichem Perlenbesatz auf rotem Samt, das 1708 zur dritten Hochzeit Friedrichs I. mit Sophie Luise von Mecklenburg-Schwerin erstmals in Gebrauch war und 1753 ausgemustert wurde.[2] Die Vermählungsfeiern der Hohenzollern fanden seither meist in Charlottenburg statt.[3]

Zeitgenössische Berichte über die Hochzeit Prinz Heinrichs mit Wilhelmine von Hessen-Kassel 1752[4] und Prinz Ferdinands mit Luise von Brandenburg-Schwedt 1755[5] schildern die mehrtägigen Festlichkeiten. Am Tag der Vermählung schritt man nach Vertragsunterzeichnung und Überreichung der Glückwünsche in die Kapelle zur kirchlichen Trauung mit Ringtausch. Das anschließende festliche Diner endete mit einem Fackeltanz. Den Abschluss des offiziellen Teils bildete das Beilager: Braut und Bräutigam wurden vom König und der Königin ins Schlafgemach geführt, entkleidet und zu Bett gebracht.

Ähnlich verliefen beide Hochzeiten des Kronprinzen Friedrich Wilhelm mit Elisabeth Christine Ulrike von Braunschweig-Wolfenbüttel 1765 und mit Friederike Luise von Hessen-Darmstadt 1769 in Charlottenburg.[6] Bis 1888 fanden hier Vermählungen statt; danach brachte man das Bett ins Berliner Schloss und nutzte es als Schlafstatt für hohe fürstliche Gäste.

Anmerkungen

1 Nicolai 1786, Bd. 3, S. 1008. – Evers 2014, S. 20, 191–193, Kat.-Nr. 3.3. **2** Stengel 1958, S. 164. – Moser 1761, Bd. 2, S. 314. – Eckert 1984, S. 221. – Giebel 2012, S. 66. **3** Schönpflug 2013, S. 288–291. **4** Bielfeld 1763, Bd. 2, S. 292–298. – Giebel 2012, S. 38. **5** Ranft 1750–1763, 65. Theil, S. 945–948. – Giebel 2012, S. 241 f. **6** Giebel 2012, S. 514–517.

Statistiken zur Heiratspolitik der Hohenzollern von 1401 bis 1918

Anja Hirsch und Eric Hartmann

Statistische Erhebungen zur Heiratspolitik der Hohenzollern sind selten. 88 Heiraten zwischen 1640 und 1918 hat Daniel Schönpflug 2013 in einer Liste erfasst.[1] Um noch weitergehende und quantifizierende Aussagen treffen zu können, wurde die Erhebung auf den Zeitraum von 1401 bis 1918 ausgeweitet und nach den verschiedenen Linien der Dynastien getrennt analysiert. Als Grundlage der Datenerfassung dienten die Europäischen Stammtafeln von Detlev Schwennicke, die Konsanguinitätstafeln aus den Hohenzollern-Jahrbüchern sowie die Allgemeine und die Neue Deutsche Biografie (ADB/NDB).

In der Untersuchungszeit zwischen 1401 und 1918 wurden in der brandenburgischen Hauptlinie und den verschiedenen Nebenlinien insgesamt 224 Ehen geschlossen (Diagramm 1). Die meisten, nämlich 28 Verbindungen, wurden mit Angehörigen der Wettiner geknüpft, danach folgen mit 21 Heiraten die Mitglieder des Welfenhauses. Bei einer isolierten Betrachtung der Hauptlinie Brandenburg-Preußen ändert sich dieser Befund kaum (Diagramm 2): Auch hier stehen die Wettiner mit 17 und die Welfen mit 16 Ehen an der Spitze. Es folgen Verbindungen mit weiteren Dynastien, die benachbarte Territorien beherrschten, etwa den Askaniern und Hessen mit jeweils 13 Heiraten, den Oldenburgern mit 12 und den Mecklenburgern mit 11 Heiraten. Dass die Brandenburger auch eine vergleichbare Anzahl von 11 Ehen mit Mitgliedern der anderen Hohenzollernlinien eingingen, ist kein Zufall, stärkte dies doch die gegenseitigen Erbansprüche. Neben dem Erwerb Preußens im 17. Jahrhundert fielen so im 18. Jahrhundert Schwedt, Ansbach und Bayreuth an die Hauptlinie zurück.[2]

Eine Unterscheidung nach zeitlichen Abschnitten, hier die Kurfürstenzeit bis 1701, die folgende Königszeit bis 1871 und die Kaiserzeit bis 1918, offenbart verschiedene Tendenzen in der Heiratspolitik der brandenburgischen Hohenzollern (Diagramme 3 – 5). Sie haben zum Teil äußere Gründe: So starb beispielsweise die pommerische Herzogsdynastie der Greifen, mit denen man immerhin sechs Ehen gestiftet hatte, im 17. Jahrhundert aus – und die Hohenzollern übernahmen einen Teil ihres Territoriums. Wirft man einen genauen Blick auf die Zeitpunkte der Heiraten und unterscheidet nach den Linien der jeweiligen Häuser, so wie es hier an sechs näher beleuchteten Dynastien dargestellt ist, präzisiert sich das Bild zusätzlich. So wird etwa deutlich, dass ab dem 17. Jahrhundert Heiraten mit der protestantischen ernestinischen Linie der Wettiner dominieren (Diagramm 4, Diagramm 10). Das Verhältnis zur albertinischen Linie war durch den Streit um die Erbfolge in Jülich-Kleve-Berg belastet, und spätestens mit der Konversion Friedrich Augusts I. zum Katholizismus 1697 wurden Ehen mit den calvinistischen Hohenzollern unwahrscheinlich.

Die Entwicklung der Verbindung zu den Welfen ist dagegen dem persönlichen Willen Friedrich Wilhelms I. geschuldet: Im 17. Jahrhundert dominiert noch die lüneburgische, später kurhannoverische Linie. Im 18. Jahrhundert aber, als sowohl Kurhannover als auch Kurbrandenburg zur Königswürde aufgestiegen waren, stammten die welfischen Bräute und Bräutigame vorwiegend aus der Linie Wolfenbüttel(-Bevern) (Diagramm 9).[3] Auch der zweite Schwerpunkt der Heiratspolitik Friedrich Wilhelms I. war nicht auf hochrangigste, gar international regierende Häuser gelegt, sondern innerdynastisch orientiert: Drei seiner Töchter vermählte er mit Mitgliedern der brandenburgischen Nebenlinien (Diagramm 6). Vorwiegend konfessionelle Gegensätze dürften es gewesen sein, die Heiraten mit den bayerischen Wittelsbachern seit dem 16. und den pfälzischen Wittelsbachern seit dem 17. Jahrhundert verhinderten – erst im 19. Jahrhundert verlor dieser Aspekt an Gewicht (Diagramm 11). Die oranischen Statthalter der Niederlande hingegen boten sich seit dem Übertritt Johann Sigismunds zum Calvinismus wie die Hessen als Heiratskandidaten an – daneben spielten jedoch auch ihr Reichtum, ihre internationalen Beziehungen und die Aussicht auf eine Erbfolge eine Rolle (Diagramm 8).[4]

Ein ausschließlicher Blick auf die Hauptlinie oder einen bestimmten Zeitabschnitt kann, wie sich gezeigt hat, sinnvoll sein, er bietet aber nur eine verkürzte Sicht. Dies nicht nur deshalb, weil die Ergebnisse und Verhältnisse abhängig von den Grenzen des Betrachtungszeitraums variieren.[5] Gerade die Kontinuität und Enge einer Verbindung erweist sich besonders dann, wenn man die Nebenlinien einbezieht – etwa bei den Heiraten zwischen den verschiedenen Linien der Hohenzollern und der Oldenburger (Diagramm 7). Vor allem bei den Hohenzollern ist diese Perspektive vielleicht die einzig angemessene: Haupt- und Nebenlinien waren stets eng verbunden und blieben vor allem durch die innerdynastischen Heiraten, durch den Austausch von Prinzessinnen also, immer eine Familie.

Anmerkungen

1 Vgl. Schönpflug 2013, S. 288–291 **2** Vgl. Daniel Schönpflug in diesem Band, S. 82, 88. **3** Vgl. Jill Bepler in diesem Band, S. 126–130. **4** Vgl. Vanessa Krohn in diesem Band, S. 110. **5** Vgl. Daniel Schönpflug in diesem Band, S. 88.

Diagramm 1

Eheschließungen der Hohenzollern 1401–1918

Hauptlinie Brandenburg-Preußen und Nebenlinien

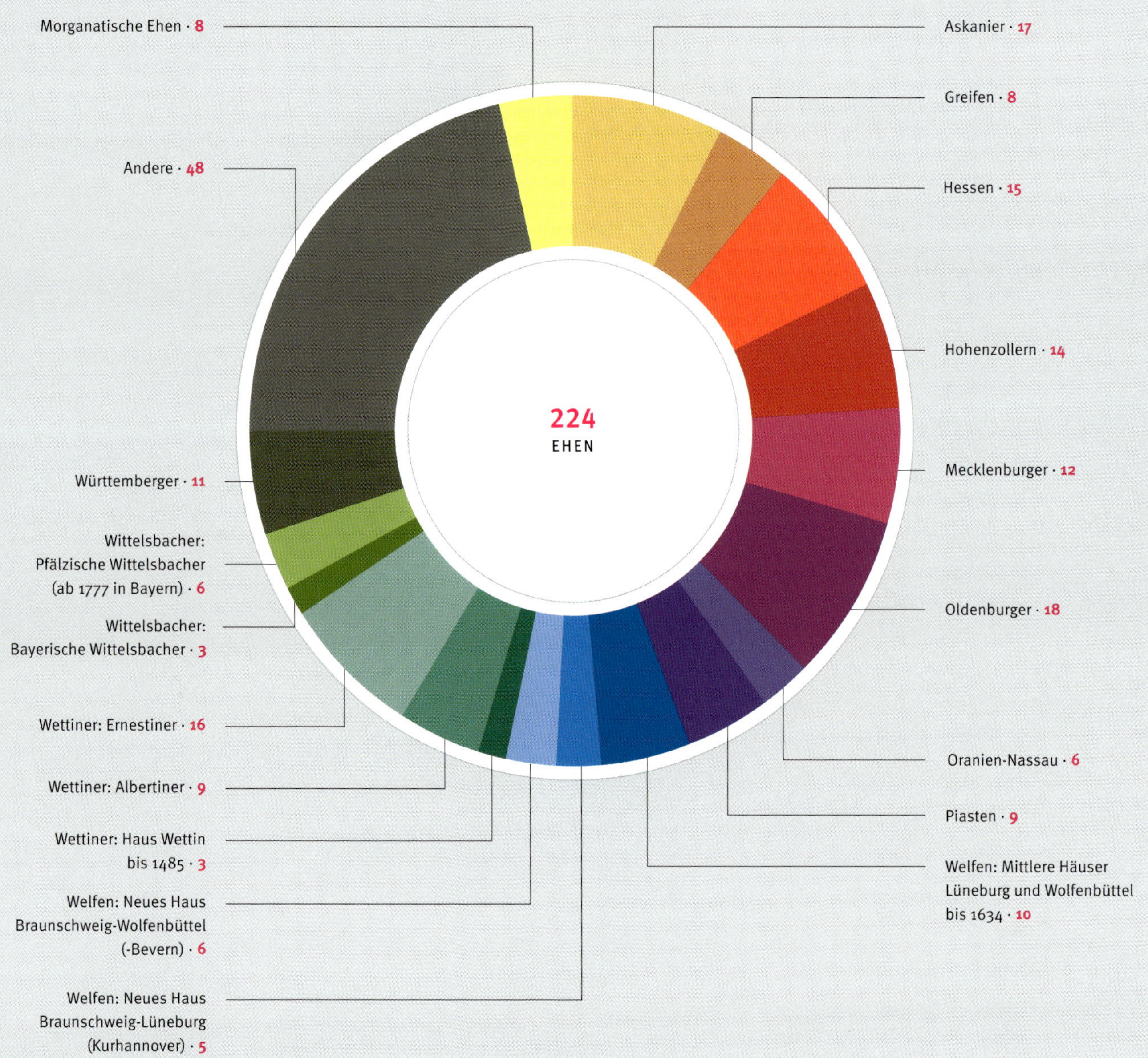

Diagramm 2

Eheschließungen der Hohenzollern 1401–1918

Hauptlinie Brandenburg-Preußen

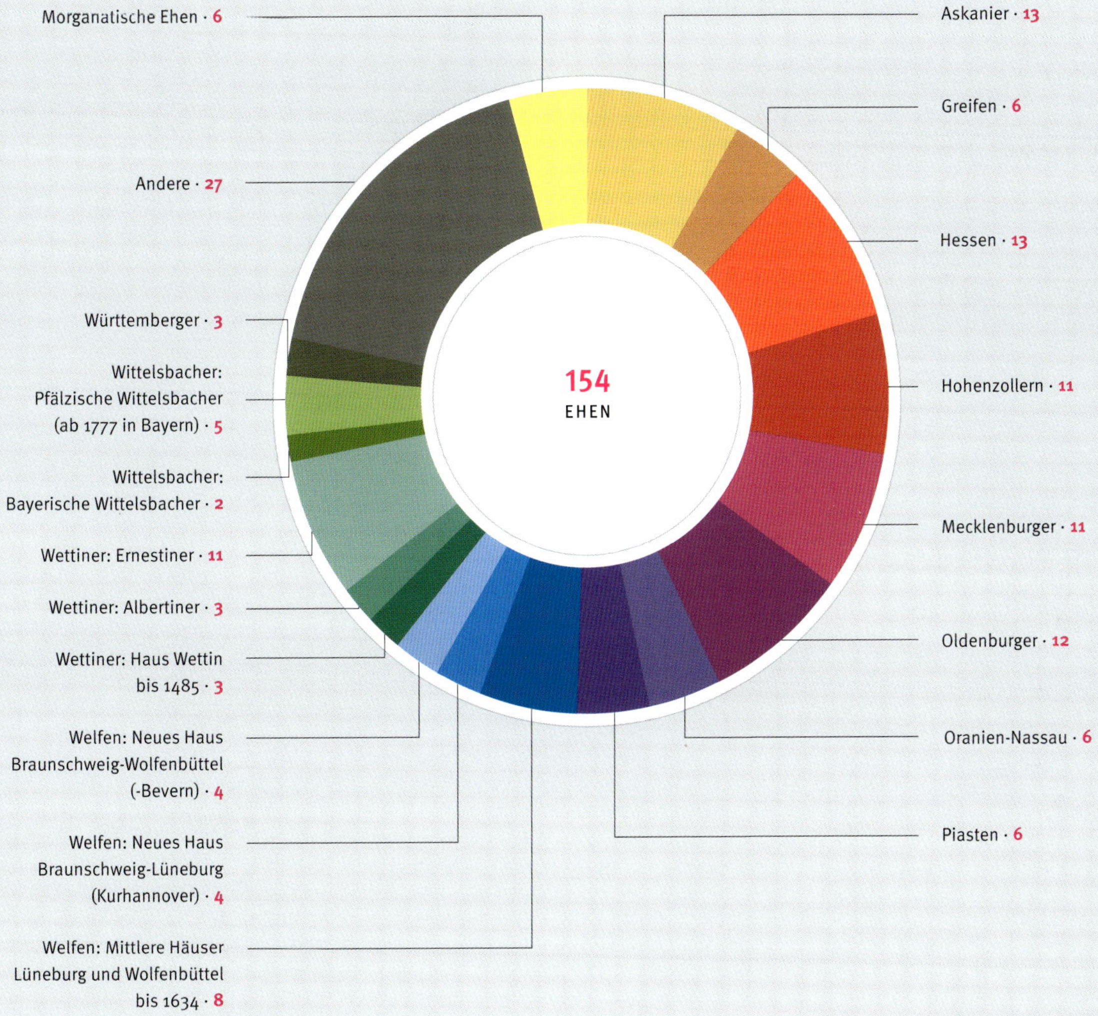

Diagramm 3

Eheschließungen der Hohenzollern 1401–1701

Hauptlinie Brandenburg-Preußen

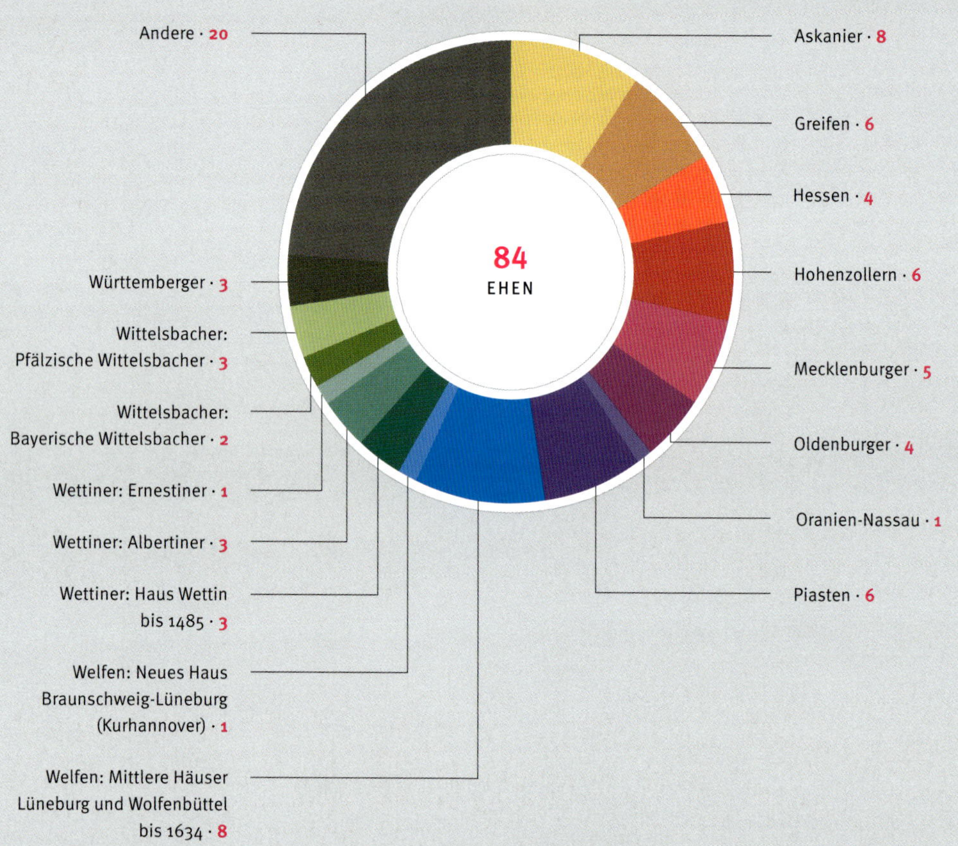

Diagramm 4

Eheschließungen der Hohenzollern 1701–1871

Hauptlinie Brandenburg-Preußen

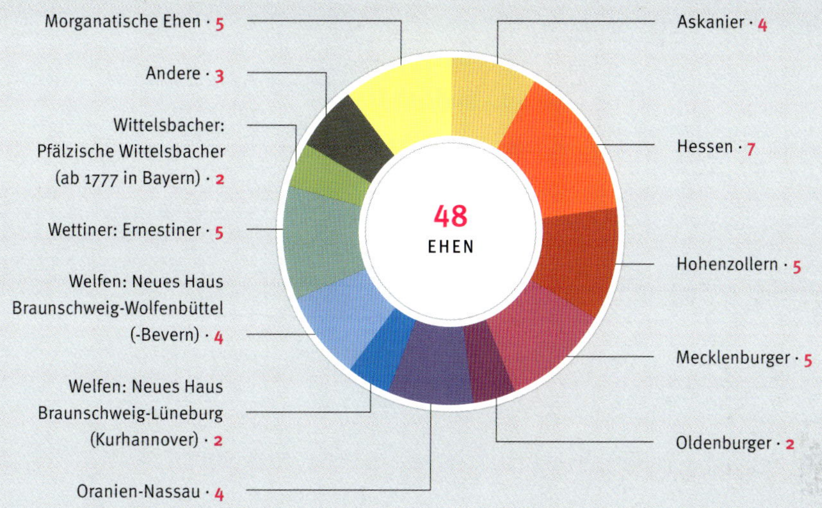

Diagramm 5

Eheschließungen der Hohenzollern 1871–1918

Hauptlinie Brandenburg-Preußen

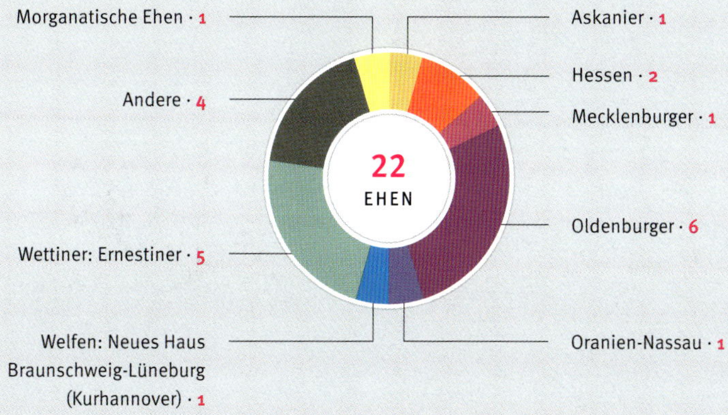

Diagramm 6

Eheschließungen mit Mitgliedern aus Nebenlinien der eigenen Familie

Hauptlinie Brandenburg-Preußen

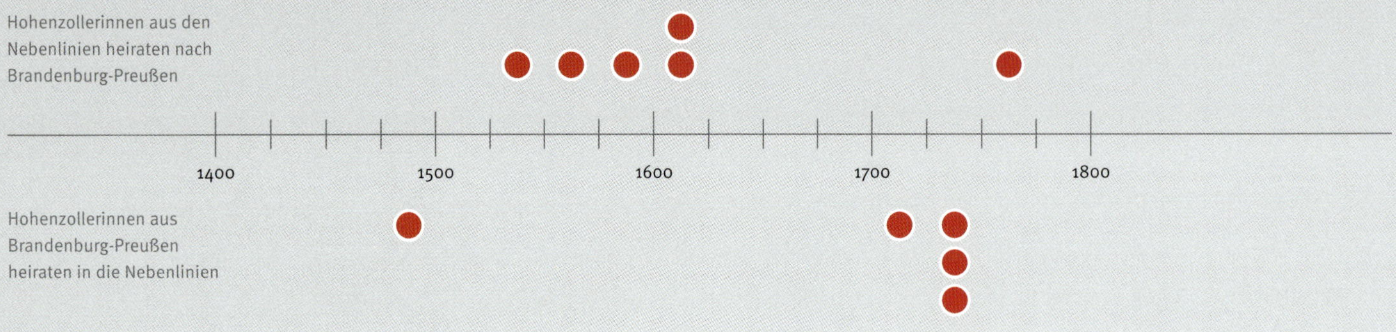

Diagramm 7

Eheschließungen mit Mitgliedern aus den verschiedenen Linien der Oldenburger

Hauptlinie Brandenburg-Preußen und Nebenlinien

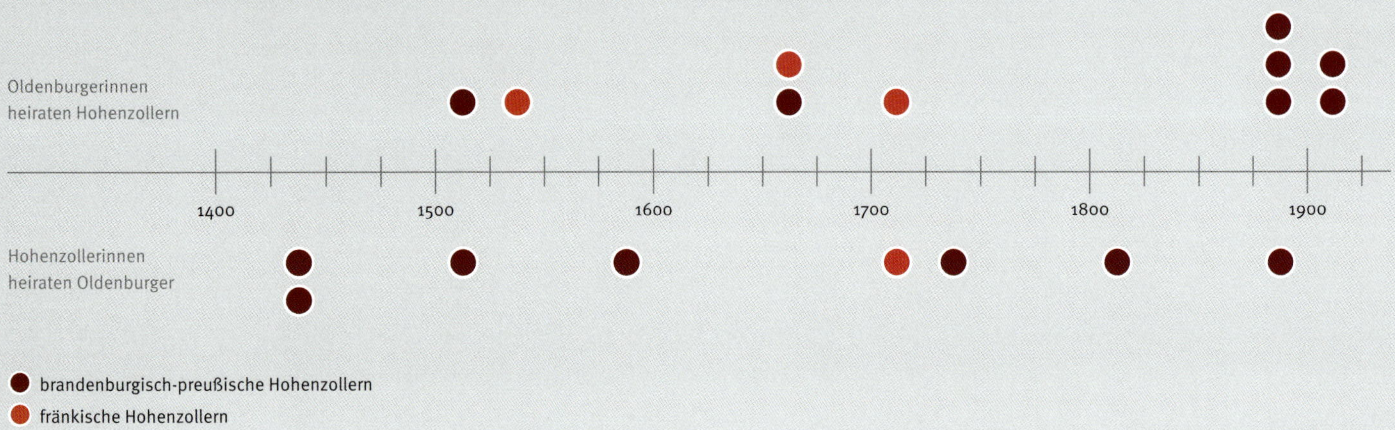

Diagramm 8

Eheschließungen mit Mitgliedern des Hauses Oranien-Nassau

Hauptlinie Brandenburg-Preußen

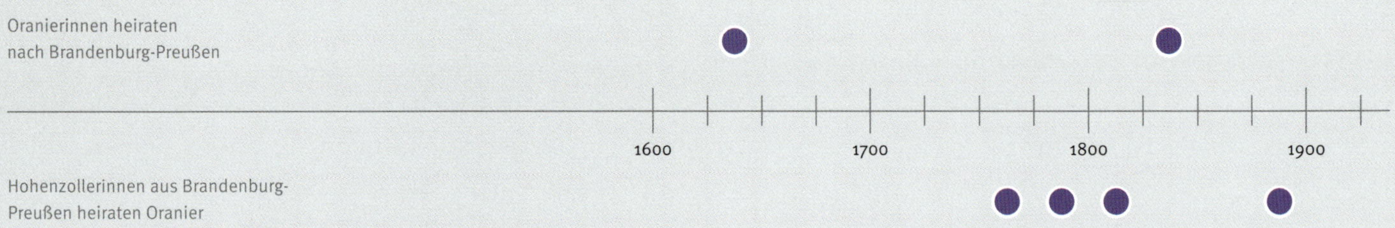

Diagramm 9

Eheschließungen mit Mitgliedern aus den verschiedenen Linien der Welfen

Hauptlinie Brandenburg-Preußen

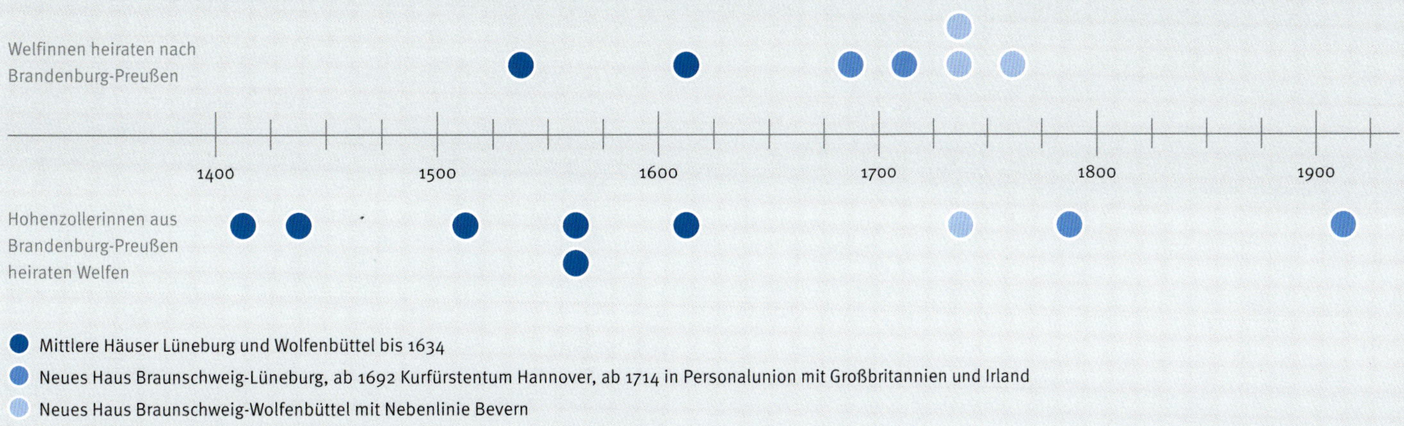

Diagramm 10

Eheschließungen mit Mitgliedern aus den verschiedenen Linien der Wettiner

Hauptlinie Brandenburg-Preußen

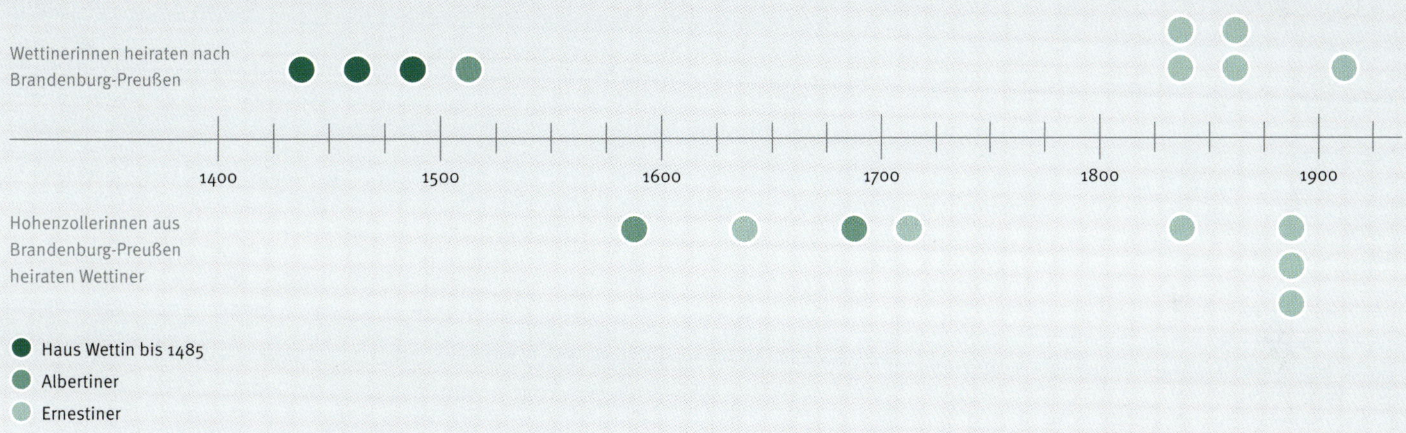

Diagramm 11

Eheschließungen mit Mitgliedern aus den verschiedenen Linien der Wittelsbacher

Hauptlinie Brandenburg-Preußen

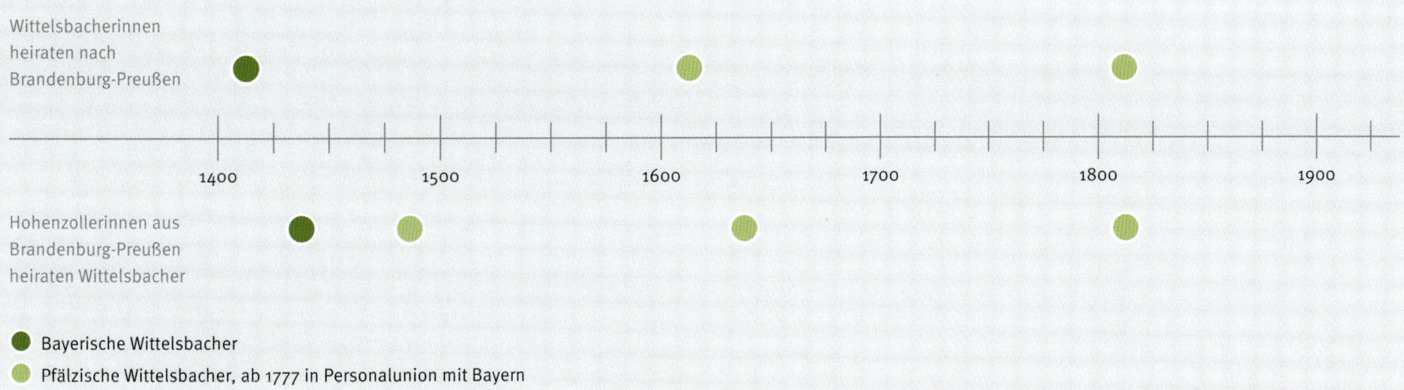

Barbara von Brandenburg Markgräfin von Mantua

Kristin Bahre

In den berühmten Fresken der Camera degli Sposi, dem Zimmer der Eheleute, im Palazzo Ducale in Mantua haben sich bis heute die Porträts der Barbara von Brandenburg und ihres Ehegatten, des Markgrafen von Mantua, Ludovico Gonzaga erhalten (Abb. 2). Auf dem Fresko über dem Kamin hält das Markgrafenpaar auf der Terrasse eines prächtigen Palasts Hof. Links thront Ludovico, neben ihm sitzt seine Ehefrau Barbara, die zentrale Figur der Bildwand, umgeben von Nachkommen und Höflingen.[1]

Diese Szene wird von einer Decke überwölbt, in deren Zentrum sich der sogenannte *oculus* befindet – eine in illusionistischer Malerei vorgetäuschte Öffnung, die den Blick in himmlische Sphären freigibt (Abb. 1). Hier sitzt ein Pfau auf der Brüstung. Er ist das Attribut der Hera, die so als göttliche Schutzherrin der Ehe über Barbara und Ludovico wacht. Dem Pfau gegenüber steht ein Orangenbäumchen. Es spielt auf den Baum mit den goldenen Äpfeln an – ein Geschenk Gaias anlässlich der Vermählung von Hera und Zeus, das dem göttlichen Paar ewige Jugend schenken sollte. Die jungen Frauen schließlich, die sich über die Balustrade beugen und in den Raum hinunterblicken, verkörpern die Hesperiden, die Hüterinnen des wundersamen Baums.[2] Ein Putto hat eine der verheißungsvollen Früchte gestohlen und ist im Begriff, sie herabzuwerfen. Das Motiv wird in der Wandszene über dem Kamin aufgegriffen: Dort überreicht ein junges Mädchen der Markgräfin eine Frucht, die als Symbol der Fruchtbarkeit die erste Pflicht einer Fürstin, Nachkommen zu gebären, vor Augen ruft und Barbara als Stammmutter der Dynastie auszeichnet.

Mit der Ausgestaltung des Raumes war Andrea Mantegna beauftragt worden. Er vollendete seine Arbeit 1474 – zu einem Zeitpunkt, als Barbara und Ludovico bereits über 40 Jahre miteinander verheiratet waren und voller Stolz auf ihre gemeinsame Herrschaft zurückblickten. Als Prunkschlafzimmer und Audienzzimmer war die Camera degli Sposi ein Ort öffentlicher Selbstdarstellung des Hauses Gonzaga: Barbara und Ludovico feiern sich hier als Stammeltern einer blühenden Dynastie, deren Fortbestehen durch die um den Thron versammelten Nachkommen gesichert ist.

Die Brautfahrt

Dass ihr Leben einmal ein so erfülltes werden würde, konnte Barbara nicht ahnen, als sie 1433 im Alter von nur elf Jahren ihre Brautfahrt über die Alpen antrat, um mit Ludovico Gonzaga, dem Erstgeborenen der regierenden Markgrafen von Mantua, Gianfrancesco Gonzaga und Paola Malatesta, vermählt zu werden.

Die Brautfahrt fiel äußerst prunkvoll aus. Barbara kam am 28. Oktober 1433 in einer vierspännigen vergoldeten Kutsche mit großem Gefolge in Augsburg an. Dort wurde sie von ihrer Familie der Gesandtschaft ihres Schwiegervaters übergeben, der ihr ein Geleit von 200 Reitern entgegengeschickt hatte und reiche Geschenke an Kleinodien und Gewändern mitbrachte, worunter ein besonders kostbares Kleid aus Goldbrokat war. Auch Rat und Bürgerschaft der Stadt Augsburg brachten Geschenke dar und richteten zu Ehren der Braut ein großes Fest aus.[3]

Als fester Bestandteil fürstlicher Hochzeiten symbolisierte die Brautfahrt den allmählichen Übergang der Braut

Abb. 1
Die Deckenmalerei Andrea Mantegnas täuscht einen Durchblick in den Garten der Hesperiden vor. Die Darstellung spielt auf die mythologische Hochzeit der Hera an, die hier in Gestalt des Pfaus gegenwärtig ist. Als göttliche Schutzherrin wacht sie über die Ehe Ludovicos und Barbaras (S. 280).

von ihrer Herkunftsfamilie in die neue Schwiegerfamilie und wurde vor den Augen der Öffentlichkeit als prunkvolle Zeremonie inszeniert. Die äußerste Prachtentfaltung diente der Demonstration des eigenen fürstlichen Status und war sichtbares Zeichen der Wertschätzung, die man der Verbindung beider Dynastien durch einen Eheschluss entgegenbrachte.[4]

Eine teure Braut

Als Hohenzollerntochter wurde Barbara 1422 in eine der einflussreichsten Adelsfamilien des Reiches hineingeboren.[5] Sie kam als ältestes Kind des Johann von Brandenburg-Kulmbach und der Barbara von Sachsen zur Welt und war Enkelin Friedrichs I., des ersten Kurfürsten von Brandenburg aus dem Geschlecht der Hohenzollern. Erst wenige Jahre vor ihrer Geburt hatte König Sigismund den Burggrafen von Nürnberg zum Dank für seine loyale Gefolgschaft mit dem Territorium der Mark Brandenburg belehnt und damit zum Kurfürsten gemacht. Nun zählten die Hohenzollern zum erlesenen Kreis der Königswähler und zur höchsten Führungselite im Reich. Schon seit Langem waren die Hohenzollern in einem sehr engen Treueverhältnis mit dem Haus der Luxemburger verbunden gewesen. Durch die Ehe Johanns III. von Nürnberg-Zollern, Friedrichs Bruder, mit Margarethe, der Schwester König Sigismunds, waren sie auch mit ihnen verschwägert.

Barbaras Vater Johann war der erstgeborene Sohn Kurfürst Friedrichs I. und damit Anwärter auf dessen Nachfolge. Als Angehörige eines mächtigen Adelsgeschlechts, das mit dem noch mächtigeren Herrscherhaus der Luxemburger eng verbunden war, und als Enkelin eines Kurfürsten und Tochter eines zukünftigen Kurfürsten war Barbara eine kostbare Braut. Über ihr verwandtschaftliches Netzwerk würde sie die Brücke ihrer Schwiegerfamilie zu den höchsten Einflusssphären des Reiches sein. Diese ideelle Mitgift wog offenbar so schwer, dass sie eine materielle Mitgift unnötig machte. Auf Letztere verzichteten die Gonzaga entgegen aller Gepflogenheiten, waren aber dennoch zu einer hohen Mitgiftwiderlegung – der Gegengabe des Bräutigams zu dem von der Frau eingebrachten Heiratsgut – an die Braut bereit. Und darüber hinaus zahlten sie Barbaras Familie eine hohe Summe.[6]

BARBARA VON BRANDENBURG MARKGRÄFIN VON MANTUA

Abb. 2
Die Nordwand der Camera degli Sposi im Palazzo Ducale von Mantua zeigt das Markgrafenpaar Ludovico Gonzaga und Barbara von Brandenburg. Im Kreis ihrer reichen Nachkommenschaft halten sie Hof und präsentieren sich als stolze Stammeltern einer blühenden Dynastie (S. 280).

Die neue Familie

Auch die Gonzaga hatten in den vergangenen 100 Jahren einen steilen Aufstieg genommen. Nach dem Sturz der in Mantua regierenden Buonacolsi hatten sie 1328 die Herrschaft an sich gezogen, wurden ein Jahr später durch Kaiser Ludwig IV. mit dem Reichsvikariat Mantua belehnt und 1362 durch Kaiser Karl IV. in den erblichen Grafenstand erhoben. Inmitten der blutigen Kämpfe der in Oberitalien rivalisierenden Adelsgeschlechter und Stadtstaaten hatten sie sich als Söldnerführer, als Condottieri, behauptet. Schließlich erfuhren sie durch König Sigismund eine weitere Standeserhöhung: 1432 errichtete dieser zugunsten Gianfrancesco Gonzagas die Markgrafschaft Mantua und gewährte ihm die entsprechenden Privilegien. 1433 – unmittelbar vor der Hochzeit Barbaras und Ludovicos – bestätigte Sigismund, der sich inzwischen in Rom zum Kaiser hatte krönen lassen, gegen Zahlung einer stattlichen Summe nochmals den Markgrafentitel.[7] Für Gianfrancesco Gonzaga bot die Vermählung seines erstgeborenen Sohnes mit der Hohenzollerntochter die Möglichkeit, den neu errungenen Status zu festigen. Die direkte Verbindung zu den Hohenzollern als einflussreiche Reichsfürsten und die mittelbare Nähe zum Kaiserhaus mussten ihm als sehr wichtig für sein noch junges Herrscherhaus erscheinen. Doch waren nicht allein die Gonzaga Profiteure dieses Ehebündnisses.

Heiratspolitik und Reichspolitik

Die Ehe zwischen Barbara und Ludovico war reichspolitisch so bedeutend, dass sie kein rein bilaterales Anliegen der beteiligten Dynastien blieb. Vermittelt wurde sie auf höchster politischer Ebene während des Baseler Konzils unter Beteiligung Sigismunds und Vertretern der Kurie.[8]

Offenbar hatte Sigismund ein gesteigertes Interesse an der Verbindung: Als Kaiser des Heiligen Römischen Reiches war er bestrebt, seine Machtbasis auch auf dem Gebiet Reichsitaliens auszubauen und suchte das Bündnis mit den dortigen Fürsten. Die eheliche Allianz der Gonzaga mit den Hohenzollern konnte daher seinen eigenen Interessen nur dienlich sein. Den Hohenzollern wiederum bot der Eheschluss einmal mehr Gelegenheit, ein sichtbares Zeichen ihrer Kaisertreue zu setzen.[9] In den folgenden Jahrhunderten sollte es zu keinem weiteren Eheschluss zwischen Hohenzollern und Gonzaga kommen. Der Grund dafür liegt wohl in der abnehmenden Bedeutung der italienischen Gebiete für die Reichspolitik ab dem Ende des 15. Jahrhunderts.

In Mantua

Die junge Braut traf im November 1433 am Hof von Mantua ein. Ihre Schwiegereltern waren darauf bedacht, sie in ihrer neuen Heimat so gut wie möglich zu integrieren. Barbara kam in den folgenden Jahren in den Genuss einer vorzüglichen Bildung. Paola Malatesta hatte 1423 einen der ersten Humanisten, den berühmten Vittorino da Feltre, als Lehrer ihrer Kinder an den Hof geholt. In der Casa Giocosa, der Schule Vittorinos, wurde Barbara gemeinsam mit Ludovico und den anderen Gonzaga-Sprösslingen im Sinn der Renaissance erzogen.[10] Neben Latein und Griechisch lernte sie so auch Italienisch. Diese Ausbildung war das Fundament, um die ihr übertragene Rolle einer regierenden Fürstin in späteren Jahren so glanzvoll auszufüllen.

Aufgrund eines heftigen Zerwürfnisses mit seinem Vater floh Ludovico 1436 aus Mantua. Der Streit zwischen Vater und Sohn war so schwerwiegend, dass Gianfrancesco ihn öffentlich verbannte und enterbte und selbst bei Kaiser Sigismund alles daran setzte, seinen Erstgeborenen von der Thronfolge auszuschließen. Erst 1440 durfte Ludovico an den elterlichen Hof zurückkehren.[11] Währenddessen blieb Barbara – als Angetraute des verstoßenen Sohnes – am Hof in Mantua, fand die Unterstützung ihrer Schwiegermutter Paola und besuchte weiterhin die Schule Vittorinos. Beim Weggang Ludovicos war sie beinahe noch ein Kind, als er zurückkehrte, war sie zu einer jungen Frau geworden. Erst jetzt wird die Ehe auch tatsächlich vollzogen worden sein. Jedenfalls wurde im darauffolgenden Jahr ihr erster Sohn Federico geboren. In den folgenden 22 Jahren sollte Barbara insgesamt elf Kinder, fünf Söhne und sechs Töchter, zur Welt bringen.[12]

Das Markgrafenpaar

Nach dem Tod Gianfrancescos übernahmen Ludovico und Barbara 1444 als Markgraf und Markgräfin die Herrschaft. Gemeinsam gelang es ihnen, das Fürstentum der Gonzaga auch unter den schwierigen Bedingungen der andauernden Kriege zwischen Mailand und Venedig auszubauen und eine prächtige Hofhaltung zu entfalten. Barbara übernahm dabei eine zentrale Rolle: Während Ludovico als Condottiere im Feld stand und häufig auswärtig unterwegs war, um seinen Herrscherpflichten nachzukommen, war sie seine Stellvertreterin am Hof. Als regierende Fürstin stellte sie die kontinuierliche Präsenz des Herrscherhauses sicher. Dabei stand sie über Boten in ständigem Kontakt zu ihrem Ehemann, versorgte ihn täglich

Abb. 3
Die Westwand zeigt ausschließlich männliche Familienmitglieder und Gäste des Hofes vor einer weiten Landschaft. Briefe Ludovico Gonzagas bezeugen, dass hier sein oberster Lehnsherr Kaiser Friedrich III. und sein Schwager König Christian I. von Dänemark porträtiert sind. Die genaue Identifizierung ist bis heute unklar (S. 280).

mit aktuellen Informationen aus der Machtzentrale und beratschlagte sich mit ihm über notwendige Maßnahmen. Aus der überlieferten Korrespondenz zwischen den Ehegatten ergibt sich das Bild eines perfekt funktionierenden Arbeitspaares.[13] Barbara genoss das Vertrauen Ludovicos und erfuhr hinsichtlich ihrer Befugnisse keinerlei Einschränkungen. So verfügte sie selbstständig über die Kasse der Gonzaga und bestritt anstehende Zahlungen für den Unterhalt des Hofes. Sie entschied über Wegfall und Vergabe verschiedener Posten, wachte über Festsetzung und Vollstreckung von Strafen und Strafgeldern, erhielt und beschied in Abstimmung mit Ludovico über Gnadengesuche und stand mit dem fürstlichen Rat, einem städtischen Gremium, in Kontakt. Sie kontrollierte die Kanzlei, das vielleicht wichtigste Machtinstrument. Barbara war in Mantua die Person, bei der alle Fäden von Verantwortlichkeit und Autorität zusammenliefen und über die wichtige Anliegen an den Markgrafen herangetragen wurden.

Das Netzwerk der Markgräfin

Mithilfe ihres verwandtschaftlichen Netzwerks agierte Barbara auch über die Grenzen Mantuas hinaus.[14] Zum Wohl ihres Fürstentums griff sie auf Kontakte zurück, die von Dänemark bis nach Rom reichten. Ihre Schwester Dorothea war mit dem dänischen König Christian I. verheiratet. Barbara war somit die Brücke der Gonzaga zu einem bedeutenden Königshof. Eine derart hochrangige Verbindung war von hohem Prestige. Deshalb wiesen die Gonzaga voller Stolz an prominenter Stelle darauf hin, dass sie mit König Christian I. von Dänemark verschwägert waren: Sein Porträt findet sich ebenfalls in der Camera degli Sposi, dem Audienzzimmer der Markgrafen. Neben Kaiser Friedrich III., der Ludovicos Lehnsherr war, ist der dänische König der einzige Dargestellte, der nicht dem engeren Familienkreis der Gonzaga angehörte (Abb. 3).[15]

Während die Verwandtschaft mit dem dänischen Königshaus also vor allem Prestigewert hatte, waren Barbaras in Franken und Brandenburg residierende Verwandte die

Abb. 4
Dieses Prunkschwert erhielt Albrecht Achilles 1460 während des Mantuaner Fürstentags als Geschenk von Papst Pius II. Zu Beginn des 16. Jahrhunderts, während der Reformationszeit, wurde es umgearbeitet, wobei die päpstlichen Insignien entfernt wurden. Es wird auch als brandenburgisches Kurschwert bezeichnet (Kat.-Nr. 61).

wichtigsten Vermittler und Akteure für eine zielgerichtete politische Zusammenarbeit. Über gegenseitige persönliche Besuche, den Austausch von Geschenken, über Gesandte, gemeinsame Gefolgsleute und vor allem über Briefe war man beständig in Kontakt. Den intensivsten Austausch unterhielt Barbara mit ihrem Onkel Albrecht Achilles, der unter allen Hohenzollern die aktivste Persönlichkeit war.

Ein diplomatischer Coup gelang ihr, als sie einen von Papst Pius II. initiierten Fürstentag nach Mantua holte: 1453 war Konstantinopel von den Osmanen erobert worden. Enea Silvio Piccolomini, der 1458 als Pius II. den Stuhl Petri bestieg, wollte die Fürsten der Christenheit einen und zu einem gemeinsamen Türkenkreuzzug bewegen. Als Barbara Kenntnis von diesem Vorhaben erhielt, unternahm sie alle Anstrengungen, Mantua als Versammlungsort durchzusetzen. Wiederholt forderte sie ihre deutsche Verwandtschaft in Briefen auf, in diesem Sinn beim Kaiser zu vermitteln. Sie sollte Erfolg haben. 1459 fand der Fürstentag in Mantua statt. Die Unterbringung und Verpflegung der zahlreichen Teilnehmer – Kardinäle, Bischöfe, weltliche Fürsten samt ihrem Gefolge – stellte eine große logistische Herausforderung dar und verursachte enorme Kosten, die die Gastgeber zu tragen hatten. Barbara wusste, dass dies eine lohnende Investition in die Zukunft ihres Hauses sein würde. Sie nutzte die Gelegenheit persönlicher Kontakte mit den anwesenden Entscheidungsträgern, um bereits ihren nächsten Schachzug vorzubereiten – die Promotion ihres zweitgeborenen Sohnes Francesco zum Kardinal, der zu diesem Zeitpunkt erst 15 Jahre alt war und in Pavia studierte. Doch zunächst musste sie dafür sorgen, dass ihr Onkel Albrecht Achilles zum Fürstentag kommen würde, denn Pius II. wollte ihm die Führung des Kreuzzugs übertragen. Mehrfach insistierte Barbara in Briefen an ihren Onkel auf dessen Teilnahme. Als der Kongress sich nach mehrmonatiger Dauer bereits aufzulösen drohte, traf Albrecht Achilles Anfang Januar 1460 in Mantua ein. Er wurde mit großen Ehren empfangen und von Pius II. mit Lobreden auf seine Kriegskunst und reichen Geschenken überhäuft. Am Dreikönigstag überreichte ihm der Papst, einer alten Tradition folgend, ein geweihtes Schwert und einen mit Perlen besetzten Hut, um ihn als den Würdigsten unter den anwesenden weltlichen Fürsten auszuzeichnen. Jenes Prunkschwert sollte noch in den folgenden Jahrhunderten als Zeremonialschwert der brandenburgischen Kurfürsten Verwendung finden (Abb. 4).[16]

Obwohl es nicht zum Kreuzzug kam, profitierten die Gonzaga von ihrer Rolle als Gastgeber: Der Papst sollte sich erkenntlich zeigen. Allerdings war Francesco noch zu jung und es erforderte abermals Barbaras beharrliches Drängen. Nach etlichen Briefen, in denen sie ihren Onkel Albrecht Achilles um Fürsprache in Rom bat und sich auch direkt beim Papst über die Verzögerung beschwerte, wurde ihr Sohn 1461 zum Kardinal erhoben. Es war ihr gelungen, ein enges Familienmitglied in der Machtzentrale der Kirche zu platzieren. In den folgenden Jahren baten die Brandenburger nun ihrerseits Barbara um Unterstützung in kirchenpolitischen Dingen und setzten dabei auf ihre Vermittlung bei Francesco.

Während ihre Söhne Francesco und Ludovico als Geistliche, Gianfrancesco und Rodolfo als Krieger im Dienst des Papstes gut versorgt waren, galt es für den Erstgeborenen Federico und die beiden jüngsten Töchter standesgemäße Ehepartner zu finden. Ehevermittlungen waren die Domäne der Frauen. Barbara aktivierte auch hier ihr verwandtschaftliches Netzwerk, denn neben Verbindungen zu den regional benachbarten Fürstentümern suchten die Gonzaga gerade im Reich nach dynastischen Allianzen. In der Generation ihrer Kinder wurden drei transalpine Ehen

geschlossen, die das Bündnis mit Familien des Reichsadels fortsetzten: Federico heiratete 1463 Margarete von Bayern aus dem Haus Wittelsbach, Barbara wurde 1474 mit Eberhard im Bart Graf von Württemberg und die jüngste Tochter Paola 1476/78 mit Leonhard von Görz vermählt.

Letztere litt wie ihr Vater und einige ihrer Geschwister unter einer erblich bedingten Wirbelsäulenverkrümmung. Aus diesem Grund sah man für sie schlechte Chancen auf dem Heiratsmarkt und plante ihren Eintritt in ein Kloster. Dass es schließlich doch zur Hochzeit mit dem 20 Jahre älteren, verwitweten Grafen von Görz kam, erfüllte die Eltern offenbar mit Stolz. Mit Albrecht Achilles und Kaiser Friedrich III. hatte der Kandidat einflussreiche Fürsprecher gehabt.[17] Standesgemäß wurde die Tochter mit einem reichen Brautschatz ausgestattet, der neben der beträchtlichen Mitgift sicher zum Gelingen der schwierigen Verhandlungen beigetragen hatte. 1478 wurde er im Castello San Giorgio des herzoglichen Palasts öffentlich zur Schau gestellt.[18] Neben Hausrat umfasste der Brautschatz Juwelen, Silber, kostbare Gewänder, Tapisserien, Tisch- und Bettleinen, 14 Bücher, darunter Werke von Dante und Petrarca, und vier Paar große Brauttruhen, in denen Paola ihr Vermögen in die neue Heimat auf Schloss Bruck bei Lienz mitnahm.[19]

Im Landesmuseum Kärnten werden heute zwei Reliefs verwahrt, die einst die Schauseiten eines dieser Truhenpaare schmückten (Abb. 5).[20] Sie geben noch immer einen lebendigen Eindruck von der prunkvollen Ausstattung des Brautschatzes. Die farbig gefassten und in Pastiglia-Technik ausgeführten Reliefs zeigen Szenen der Trajans-Legende: Auf seinem Asienfeldzug reitet ein Soldat des Kaisers

Abb. 5
Die Reliefs schmückten die Schauseiten zweier prächtiger Brauttruhen der Paola Gonzaga. Sie zeigen Szenen der Legende von Kaiser Trajans gerechtem Urteil. Die Gestaltung in Form eines Triumphzuges nimmt antike Vorbilder auf und ist damit zur Zeit der Entstehung der Truhen hochmodern. Vermutlich entstanden die Reliefs im Umfeld Andrea Mantegnas, 1460 bis 1506 Hofkünstler in Mantua (Kat.-Nr. 26).

Abb. 6
Das Medaillon von der Ostwand der Camera degli Sposi zeigt die persönliche Devise Barbaras: Die weiße Hirschkuh unter einem Spruchband mit der Inschrift »BIDER CRAFT« versinnbildlicht die Tugend der Rechtschaffenheit, die damit demonstrativ zum Handlungsideal der Fürstin erhoben wird (S. 280).

ein Kind nieder. Daraufhin verlangt die Mutter des getöteten Kindes, der Herrscher möge Recht sprechen. Obwohl sich herausstellt, dass der Reiter Trajans Sohn ist, fällt der Kaiser sein Urteil. Als der Schuldige hingerichtet werden soll, bittet die Frau, ihn an ihres Sohnes statt annehmen zu dürfen und bewahrt ihn so vor dem Tod. Derartige Beispiele tugendhaften Handelns waren beliebte Themen für Brauttruhen. Hier begegnen sich der weise Herrscher, der ein gerechtes Urteil fällt, und die von Nächstenliebe und Barmherzigkeit geleitete Mutter. Diese Muster moralisch untadeligen Verhaltens haben als Vorbilder für Braut und Bräutigam gleichermaßen Gültigkeit und formulieren ideale Maßstäbe, an denen sich ihr Handeln als zukünftige Fürsten ausrichten soll. Jedenfalls waren dies Maßstäbe, an denen die Brauteltern, Barbara vor allem, ihr Handeln ausgerichtet hatten. In einer Lünette der Camera degli Sposi hat sich ihre persönliche Devise erhalten (Abb. 6). Die weiße Hirschkuh unter einem Spruchband mit den deutschen Worten »BIDER CRAFT«, was so viel wie »die reine Kraft« bedeutet, versinnbildlicht die Rechtschaffenheit.

Als Barbaras Enkel Gianfrancesco II. und seine Frau Isabella d'Este um 1494 für die Ausstattung ihrer Gemächer Bodenfliesen anfertigen ließen, gehörten neben dem Wappen der Gonzaga, wie sie es seit ihrer Erhebung zu Markgrafen im Jahr 1432 tragen durften, auch die persönlichen Devisen Ludovicos und Barbaras zu den Motiven (Abb. 7). Offenbar blickte man mit Stolz auf die Errungenschaften der Ahnen.

Abb. 7
Die Bodenfliesen aus dem Palazzo Ducale in Mantua zeigen das Familienwappen der Gonzaga – vier schwarze Adler auf weißem Grund begleitet von einem roten Kreuz – und persönliche Devisen einzelner Familienmitglieder. Darunter findet sich auch die weiße Hirschkuh der Barbara von Brandenburg (Kat.-Nr. 25).

Anmerkungen

1 Vgl. Severidt 2002, S. 202. – Antenhofer 2009. **2** Die Hesperiden sind Nymphen der griechischen Mythologie. Ihr paradiesgleicher Garten wurde in einigen Quellen beim Gebirge des Atlas, der mitunter als ihr Vater genannt wird, verortet. Deshalb wurden sie auch als »afrikanische Schwestern« bezeichnet. Die als Nordafrikanerin dargestellte junge Frau ist wohl als Anspielung hierauf zu verstehen. Die goldenen Äpfel der Hesperiden wurden in der Auslegung des Mythos als unterschiedliche Früchte identifiziert – z. B. als Quitten, Granatäpfel oder Orangen. Jede dieser Früchte findet sich als Motiv in der Camera degli Sposi wieder. **3** Vgl. Hofmann 1881, S. 6. **4** Vgl. Spieß 1997. **5** Vgl. Hofmann 1881. – Kristeller 1899. **6** Swain 1986 Strategia, S. 4. – Severidt 2002, S. 181. Zur Mitgift allgemein vgl. Michaela Völkel in diesem Band, S. 132 – 143. **7** Vgl. Altmann 1897–1900, Bd. 2, Nr. 9126, 9674. **8** Vgl. Hofmann 1881, S. 5. – Kristeller 1899, S. 69. – Severidt 2002, S. 203. **9** Zumal sie ursprünglich andere Pläne mit Barbara hatten: Im Alter von vier Jahren wurde sie mit Joachim, dem Sohn des Herzogs von Pommern, zur Bekräftigung eines Friedensvertrags verlobt. Als sich für Barbara das italienische Hochzeitsprojekt anbahnte, wurde das Verlöbnis auf ihre Schwester Elisabeth übertragen. Vgl. Hofmann 1881, S. 5. – Kristeller 1899, S. 70. **10** Zu Vittorino da Feltre und seiner Schule vgl. Müller 1984. **11** Vgl. Hofmann 1881, S. 8 f. – Kristeller 1899, S. 70 f. **12** 1441 Federico, 1444 Francesco, um 1445 Gianfrancesco, vor 1450 Susanna, 1450 Dorothea, 1451 Rodolfo, Ludovico, Maddalena, Barbara, Paola, Elisabetta. **13** Es sind mehr als 3 000 Briefe im Archiv von Mantua erhalten. Zur Korrespondenz des Markgrafenpaares und zu Barbaras Rolle in der Verwaltung der Markgrafschaft vgl. Swain 1986 Lord. – Severidt 1997. **14** Zur Funktionsweise des verwandtschaftlichen Netzwerks Barbaras vgl. Severidt 1997. – Severidt 1998. – Severidt 2002. **15** Obwohl unklar ist, welche Figuren Friedrich III. und Christian von Dänemark porträtieren, steht aufgrund eines Briefwechsels zwischen Markgraf Ludovico und seinem Botschafter in Mailand, Zaccaria Saggi da Pisa, zweifelsfrei fest, dass beide auf der Nordwand der Camera degli Sposi dargestellt sind. Vgl. Antenhofer 2009, S. 225. **16** Vgl. Lessing 1895. – Seidel 1913. **17** Vgl. zu den Heiratsverhandlungen, den verschiedenen Kandidaten und dem Einfluss des Kaisers Severidt 2002, S. 240. **18** Vgl. Antenhofer, S. 237. **19** Das 1478 von Paola erstellte Inventar des Brautschatzes bei Eisler 1905. **20** Die Reliefs wurden im Lauf der Geschichte von den Truhenkörpern getrennt. Einer der beiden Truhenkörper ist noch heute erhalten und befindet sich im ehemaligen Benediktinerstift Millstatt, der andere ist vermutlich verloren. Zwei weitere, sehr prächtige, mit Elfenbeinreliefs verzierte Truhen aus dem Brautschatz der Paola befinden sich im Grazer Dom.

Oranje und Weissblau Dynastische Verbindungen zu den Oraniern und den Wittelsbachern

Vanessa Krohn

In den 500 Jahren, in denen sie regierten, schlossen die Hohenzollern sowohl mit den Oraniern als auch mit den Wittelsbachern jeweils sechs Ehen. An einige dieser Verbindungen stellten sie besondere Ansprüche. Sie hofften nicht nur Prestige zu gewinnen, sondern auch in der Reichspolitik zu reüssieren. Die politische Unterstützung durch den niederländischen Statthalter, die sich die Hohenzollern von der Vermählung langfristig erhofft hatten, sollten sie aber nur sehr bedingt erhalten. Auch die Erwartung einer oranischen Erbschaft wurde enttäuscht.

Hohenzollern und Oranien-Nassau

Seit die Hohenzollern 1614 das Herzogtum Kleve und die Grafschaften Mark und Ravensberg erworben hatten, gehörten die Oranier zu ihren unmittelbaren Nachbarn. Vor allem ihre calvinistische Konfessionszugehörigkeit ließ die Oranier als Heiratspartner für die reformierten Hohenzollern interessant werden. Auch der Wohlstand der Oranier sowie deren Verwandtschaftsverhältnisse zu England begünstigten erste familiäre Verbindungen.

Die Eheschließung zwischen dem Großen Kurfürsten Friedrich Wilhelm von Brandenburg mit Luise Henriette von Oranien-Nassau im Jahr 1646 ist das prominenteste Beispiel.[1] Ein Gemälde von Jan Mijtens schildert die vergleichsweise schlicht gehaltene, wenn auch personell hochrangig besetzte calvinistische Trauung im Großen Saal des Oude Hof in Den Haag (Abb. 2).[2] Obwohl meist die Braut zur Hochzeit in ihr neues Heimatland reiste, war in diesem Fall Friedrich Wilhelm nach Den Haag gekommen. So wollte er seinem todkranken Schwiegervater nicht nur die beschwerliche Fahrt nach Berlin ersparen, sondern auch seine Wertschätzung gegenüber der hochrangigen Schwiegerfamilie ausdrücken.

Abb. 1
Das Gemälde Charles-Amédée van Loos zeigt Wilhelmine von Preußen (d. Ä.), die Frau des zukünftigen Statthalters der Niederlande Wilhelm (V.) von Oranien-Nassau. Auf der Brüstung prangt der preußische Adler; die Orange auf dem Tisch deutet auf ihre neue Familie, die Oranier, hin (Kat.-Nr. 66).

Abb. 2
Friedrich Wilhelm und Luise Henriette traten im Großen Saal des Oude Hof in Den Haag vor den Altar. Die Vertreter der Generalstände stehen links, die Familie des Statthalters rechts von ihnen. Der Maler Mijtens war bei der Trauung 1646 anwesend und hielt selbige anschließend in diesem Gemälde fest (Kat.-Nr. 32).

Weitaus weniger bekannt ist die Hochzeit Wilhelmines von Preußen (d. Ä.),[3] einer Nichte Friedrichs II., mit dem zukünftigen Statthalter der Niederlande Wilhelm (V.) von Oranien-Nassau 1767 (Abb. 1). Von ihr versprach sich ihr Onkel eine Einflussmöglichkeit auf die Politik der Generalstaaten sowie wertvolle Nachrichten vom oranischen Hof. Dass diese Ehe später zu einer brisanten Militäraktion und einem Dreibund zwischen den Niederlanden, Preußen und England führen würde, konnte Friedrich allerdings nicht ahnen.

1787, ein Jahr nach Friedrichs Tod, entmachteten die Anhänger der niederländischen Patriotenpartei, unterstützt von Frankreich, den Statthalter Wilhelm V. Die Republik stand am Rand eines Bürgerkriegs. In dieser Situation provozierte Wilhelmine (d. Ä.) bewusst: Im Juni reiste sie von Nimwegen ins patriotisch besetzte Den Haag, um dort oranientreue Gruppen um sich zu scharen. Doch wurde sie von Anhängern der Patrioten daran gehindert.[4] Empört schrieb sie an ihren Bruder Friedrich Wilhelm II. von Preußen. Unterstützt von Großbritannien forderte er Genugtuung. Am 13. September 1787 marschierten preußische Soldaten unter Führung des Herzogs Karl Wilhelm Ferdinand von Braunschweig in die Generalstaaten ein, sie rangen die revolutionären Truppen überraschend schnell nieder. Bereits am 20. September wurde der triumphale Wiedereinzug des Statthalters in Den Haag gefeiert. Ein Jahr später schlossen die Niederlande, Preußen und Großbritannien eine Allianz, um die Statthalterschaft und ihre Rechte in der Republik zu schützen.[5]

Eine Radierung Jan Gerritsz. Vissers nach Nicolas Rode »An die Erlöser der Vereinigten Niederlande« von 1788 feiert Friedrich Wilhelm II. und Karl Wilhelm Ferdinand von Braunschweig sowie die geschlossene Tripel-Allianz. In Auftrag gegeben hat das Blatt die Stadt Leiden; ikonogra-

HÆC LIBERTATIS ERGO.
GOD BEHOEDE LEYDEN
WELHEM WIE WELHEM WIL
EN ZEGENE RHYNLAND
AAN DE
VERLOSSERS
KONING FREDRIK WILLEM
HERTOG KAREL WILLEM FERDINAND
PRINS WILLEM V. VAN ORANJE EN NASSAU.
PRINCES FREDRICA SOFIA WILHELMINA VAN PRUISSEN
DER STAD LEYDEN.
ANNO
1788
ANNA
ANGL. DEC.
FOED. BELG. GUB. H.
GULIEL. V. CAR. MATR.
HIC
REQUIESCIT.
IN. CONS. PRUD.
IN. ADV. ARGUT.
PRINC. OPTIM.
FOED. BELG. GUB. H. FIDEL.
GUIL. V. PIO. PATRI
GULIELMO
IV°
SACRUM.
JA VADER WILLEM
BEEFT MET JEHOVA'S HULP, UW LEYDEN
MAAR DE GETROUWEN, WAAKEN BY UW GRAF
PACIS ERGO

fisch folgt es einem theologisch geprägten Konzept[6] des Dichters und Naturforschers Johannes le Francq van Berkhey, der in vielen seiner Schriften die Statthalterfamilie verherrlichte (Abb. 3). Es zeigt eine fiktive Memorialarchitektur, die sich über dem Grab Wilhelms I. von Oranien-Nassau, des Schweigers, erhebt, der als Begründer der Dynastie Oranien-Nassau und der befreiten Niederlande gilt und auch zu den Ahnen der Preußen zählt. Im Zentrum sind Wilhelm V. und Wilhelmine (d. Ä.) als sieghaftes Statthalterpaar zu erkennen. Sie stehen vor dem Denkmal ihrer preußischen Ahnen Friedrich Wilhelm I. und Friedrich II. Die sieben Pfeile als Symbol der vereinigten Provinzen in der Hand haltend, deutet Wilhelm mit seiner Linken auf König Friedrich Wilhelm II. und den Herzog von Braunschweig, die sich im Kreis ihrer Soldaten aufhalten. Ein Schildträger steht auf der Kette, an die die gefangen genommenen Übel der Revolution (Zwietracht und Hochverrat) gelegt sind. Die Porträtähnlichkeit zu Onkel und Großonkel auf dem Denkmal stellt Friedrich Wilhelm II. in eine Reihe mit seinen feldherrlichen Vorfahren. Die lateinische Umschrift am Porträt Friedrichs des Großen – »Ich kam, sah und siegte« – ist wegen der schnellen Niederwerfung des Patriotenaufstandes auch auf Friedrich Wilhelm II. zu beziehen.

Gegenüber danken die Vertreter von Stadt und Universität Leiden dem Statthalterpaar und seinen preußischen Verwandten für ihre Errettung. Darüber, im Himmel, wägt ein Engel, von früheren Statthaltern begleitet, aufrührerische gegen legitimistische Schriften. Letztere geben den Ausschlag: Der himmlische Lorbeer gebührt dem Statthalterpaar. Amsterdam aber, in dem die Aufständischen sich von vielen begünstigt am längsten gehalten hatten, verheißt der Engel den Untergang.

Darunter haben sich neben dem Grab des Schweigers die Herolde der Vereinigten Niederlande, Großbritanniens und Preußens eingefunden. Der Preuße hält dem Toten den Allianzvertrag vor, auf den sich die Inschrift über dem Grab bezieht: »Ja Vater Wilhelm, schlafe ruhig! Eure Heldenbrut hat mit Jehovas Hilfe Eure Stadt Leiden noch beschützt […].« Der Text bekräftigt, dass die Revolution dank der dynastischen Verbindungen nach Preußen und Großbritannien erfolgreich niedergeschlagen wurde. Die An-

Abb. 3
Die Radierung nach dem Konzept von Johannes le Francq van Berkhey feiert das dynastische Netzwerk und die 1788 aktuellen politischen Allianzen zwischen den Häusern Oranien, Preußen und Großbritannien in einer Memorialarchitektur mit vielen bedeutungsvollen Inschriften (Kat.-Nr. 34).

Abb. 4
Das »Oranjelint« trugen oranientreue Niederländer zur Wiedereinsetzung des Statthalterpaares. Das darauf von den Wappen Preußens und Großbritanniens abhängende Wappen der Niederlande symbolisiert eine politische Realität, die im 1788 geschlossenen Dreibund dieser Länder ihren konkreten Ausdruck fand (Kat.-Nr. 33).

spielung auf Leidens Beschirmung bezieht sich auf dessen glorreiche Vergangenheit: Die Stadt hatte sich 1574 erfolgreich gegen die Belagerung der Spanier verteidigt, woraufhin Wilhelm I. dankbar eine Universität stiftete.

Weitere dynastische Bezüge sind in vier großen Obelisken zu beiden Seiten der zentralen Architektur zu erkennen. Ihre Inschriften nennen Wilhelm II. und Wilhelm III. von Oranien-Nassau sowie die Eltern des amtierenden Statthalters, Wilhelm IV. und seine Frau Anna von Großbritannien, Irland und Hannover. Durch diese Betonung der Verwandtschaft zum englischen Königshaus wird die ruhmreiche Vergangenheit vor Augen geführt. Die Zukunft der Dynastie zeigt sich hingegen im Giebel der Architektur: Dort sind in Blumenmedaillons die Kinder Wilhelmines (d. Ä.), Luise, Kronprinz Wilhelm (VI.) und Friedrich, dargestellt.

Die Kinder der drei verbündeten Dynastien sollten die von ihren Eltern geschlossene Tripel-Allianz durch Ehen noch stärken (Abb. 4).[7] In einer Doppelhochzeit, die der preußische König forcierte, heiratete der oranische Erbprinz Wilhelm (VI.) 1791 seine Cousine Wilhelmine von Preußen (d. J.) und ein englischer Prinz nahm deren Schwester Friederike zur Frau. Diese engen Bande sorgten in der Zeit der französischen Fremdherrschaft für festen Zusammenhalt: Nach dem Einmarsch der Revolutionstruppen in die Niederlande 1795 gingen Wilhelmine (d. Ä.) und Wilhelm V. ins Exil nach Großbritannien, ihr Sohn Wilhelm (VI.) und seine preußische Angetraute nach Berlin.

Unter preußischen Schutz begaben sich ab 1806 auch Wilhelmines (d. J.) Schwester Auguste mit ihrem Mann Wilhelm (II.) von Hessen-Kassel. Sie flohen ebenfalls vor den Franzosen. Im Berliner Exil hielt Friedrich Bury die Schwestern in einem von 1808 bis 1810 entstandenen Gemälde fest, das den familiären Zusammenhalt zum Ausdruck bringt: Vor der Silhouette der bis 1809 besetzten Stadt reichen sich beide die Hände (Abb. 5). Umgeben von exotischen Pflanzen des damaligen botanischen Gartens sind sie von einer hohen Palme – Auferstehungs- und Siegessymbol – vor Blitz und Donner – Anspielung auf die

Abb. 5
Die Schwestern Wilhelmine von Oranien-Nassau (d. J.) und Auguste von Hessen-Kassel hielten zusammen. Aus den Ländern ihrer Ehemänner flohen sie vor den Franzosen in den Schutz ihrer Herkunftsfamilie nach Berlin. Im Exil inszenierte sie Friedrich Bury um 1808–1810 als hoffnungsvolle Vertreterinnen der Freiheit (Kat.-Nr. 35).

Besatzungsmacht – geschützt worden. Nun, nach Abzug der französischen Truppen, lässt ein klarblauer Himmel die Domkuppeln am Gendarmenmarkt wieder leuchten.

Die Frauen tragen schwarze Kleider mit weißen Spitzenkragen, die gemeinsam mit den kunstvoll gelockten Frisuren für diese Zeit auffallend altmodisch wirken. Sie sollen die freie Vergangenheit symbolisieren. In solch altertümlicher Aufmachung ließen sich die zur Patrioten-Partei zählenden Prinzessinnen, die außerdem eine Vorliebe für die Malerei der Renaissance hegten, mehrfach porträtieren. Burys Gemälde wurde auf der Berliner Akademieausstellung von 1810 der Öffentlichkeit präsentiert.[8] Ein Rezensent der Ausstellung wies darauf hin, dass die Schwestern in den Exiljahren tatsächlich Schwarz trugen, um ihre Trauer über die politische Situation und den Verlust ihrer Lande an Frankreich zu bezeugen.[9] Ihre modernen Kaschmirschals spielen in der Farbigkeit auf die Landesfarben der verheirateten Fürstinnen an: Auguste von Hessen-Kassel trägt einen roten und Wilhelmine von Oranien-Nassau (d. J.) einen orangefarbenen Schal. Das auffällige Medaillon an der Goldkette Wilhelmines (d. J.) zeigt das Profil des Grafen Moritz von Nassau-Dillenburg, der ein militärisch und politisch sehr erfolgreicher Vorfahr ihres Mannes war. Es drückt die Hoffnung aus, die verlorenen Territorien so oder so wiederzugewinnen.

Vor Auguste steht ihre Tochter Marie, in einem weißen Kleid als Verkündigungsengel inszeniert. Sie hält blühende Lilien als Zeichen baldiger Erlösung vor die beiden Hohenzollerinnen. So kündigt sich – passend zum Wetterwechsel – eine bessere Zukunft für deren Familien an.

Durch Bildaufbau und Lichtführung stellt Bury sein Gemälde in die Darstellungstradition von Heiligenbildern.[10] Die darauf Porträtierten sind herausragende Vorbilder für Hoffnung und Zuversicht in schwerer Zeit. Das Bild spiegelt den Willen, die verlorene Freiheit und Selbstbestimmung wiederzugewinnen. Wohl nicht zuletzt deshalb empfand der Maler, der Vereinigungen angehörte, die sich für die Befreiung des Vaterlands einsetzten, die Beschäftigung mit dem Gemälde als die schönste Arbeit, »welche [ihm] jemals vorgekommen«.[11]

Hohenzollern und Wittelsbach – und noch einmal Oranien

Abb. 6
Die erfolgreiche Heiratspolitik zwischen Oraniern, Pfälzer Wittelsbachern und Brandenburgern trug 1648/49 reife und zukunftsfähige Früchte. Mathias Czwiczek zeigt die Kurfürstinwitwe Elisabeth Charlotte im Kreis ihrer im reformierten Glauben vereinten Familie als Königin von Saba (Kat.-Nr. 27).

Wie schon bei den Oraniern beförderte die Religionszugehörigkeit auch Eheschließungen der Hohenzollern mit den Wittelsbachern. Verbindungen mit den älteren, reformierten Pfälzer Wittelsbachern schienen Berlin deshalb besonders vielversprechend, weil der pfälzische Kurfürst bis zum Ausbruch des Dreißigjährigen Krieges als Haupt der Union die protestantischen Reichsstände anführte und somit sehr einflussreich war.[12]

Die Hochzeit des Kurfürsten Georg Wilhelm von Brandenburg mit Elisabeth Charlotte von der Pfalz, Tochter Friedrichs IV., schuf 1616 zudem eine erste Verwandtschaft zu den Oraniern, denn die Mutter der Braut war Luise Juliana von Oranien-Nassau. Sie stellte auch eine Verbindung nach England her, denn die Frau von Elisabeth Charlottes Bruder Friedrich V. war Elisabeth Stuart aus dem englischen Königshaus. 1631 heiratete Marie Eleonore von Brandenburg den pfälzischen Prinzen Ludwig Philipp, einen Bruder Elisabeth Charlottes. Die Bande zwischen den beiden reformierten Familien wurden dadurch noch einmal gefestigt.

Ein allegorisches Gemälde des böhmischen Malers Mathias Czwiczek von 1648/49 symbolisiert dieses eng gewobene Netz familiärer und konfessioneller Verbindungen zwischen den Hohenzollern, Pfälzern und Oraniern (Abb. 6). Darin wird Elisabeth Charlotte von der Pfalz, mittlerweile Kurfürstinwitwe, thronend als Königin von Saba, verherrlicht.[13] Sie übergibt die Schätze ihres Hauses an König Salomo, den ihr hell gekleideter Sohn Friedrich Wilhelm, der Große Kurfürst, verkörpert. Rechts neben ihm steht – in der Bildmitte – seine Gemahlin Luise Henriette von Oranien-Nassau. Die Orange in ihrer rechten Hand spielt auf die Herkunft der jungen Frau an. Mit der Linken nimmt sie als Zeichen besonderer Verbundenheit von ihrer Schwiegermutter eine Weinrebe an. Die Rebe wie auch ein Kelch mit Doppelhostie aus der Schatztruhe der Königin symbolisieren das Abendmahl »in beiderlei Gestalt« und damit das reformierte Glaubensbekenntnis, an dem beide Familien festhielten.

Als Garant für den Fortbestand der Dynastie steht der 1648 geborene und 1649 verstorbene Kurprinz Wilhelm Heinrich vor seiner Mutter Luise Henriette; noch versprechen ihm Blumen eine blühende Zukunft. Hinter den Hauptpersonen sind weitere Nachkommen der Kurfürstin-

Abb. 7
Das Wappen am Turm der St.-Laurentius-Kirche in Roßtal weist Kurfürstin Elisabeth als Bauherrin aus. Zum einen bezeugen Brandenburger Adler und der Nürnberger Löwe ihre Würden. Zum anderen belegen das gevierte Hohenzollernwappen und die Rauten der Wittelsbacher ihre dynastische Identität (Kat.-Nr. 31).

Abb. 8 ►
Im Vorfeld der Verheiratung mit Elisabeth von Bayern besuchte Friedrich Wilhelm (IV.) am 5. Oktober 1823 das Pferderennen auf dem Münchner Oktoberfest. Das Gemälde von Heinrich Adam gelangte als Erinnerung in zwei Versionen an Friedrich Wilhelm und den Brautvater (Kat.-Nr. 28).

witwe mit ihren Ehemännern erkennbar, die die weitreichende dynastische Vernetzung der Großfamilie offenbaren: Hinter dem Großen Kurfürsten wendet sich seine Schwester Louise Charlotte ihrem Mann Herzog Jakob von Kurland zu. Daneben setzt Hedwig Sophie ihrer Mutter eine Krone auf. Über beide hält ihr Gemahl Wilhelm VI. von Hessen-Kassel schützend einen Schirm.

Elisabeth Charlottes Bruder Ludwig Philipp wacht als Verweser der Pfalz kniend über die Reichtümer seiner Familie. Vor ihm liegt ein großes Aktenpaket, das mit einem undeutlichen Wittelsbacher Wappen und der Jahreszahl 1648 versehen ist. Diese verweist auf die im Westfälischen Frieden geregelte »causa palatina«. Die Kurpfalz erhielt nach langen Verhandlungen eine neue achte Kurwürde, nachdem sie ihre ursprüngliche im Dreißigjährigen Krieg 1623 an den bayerischen Zweig der Wittelsbacher verloren hatte. Hinter Ludwig Philipp steht rechts seine brandenburgische Frau Marie Eleonore. Sie ist die Großtante des Großen Kurfürsten und Schwägerin Elisabeth Charlottes, deren Mantelschleppe sie hält. Katharina Sophie von der Pfalz, Elisabeth Charlottes ältere Schwester, steht neben ihr.

Auf der linken Seite des Gemäldes im Hintergrund sind unter einem heraldisch bedeutsamen Baldachin die verstorbenen calvinistischen Familienmitglieder an der Schwelle zu einem paradiesähnlichen Garten dargestellt. Elisabeth Charlottes 1640 verstorbener Mann Georg Wilhelm trägt wie sie den Kurfürstenmantel. Neben Georg Wilhelm ist sein Vater Johann Sigismund von Brandenburg zu sehen, der sich 1613/14 zum calvinistischen Glauben bekannt und so erst die zahlreichen fruchtbringenden Familienbande mit den Pfälzern und Oraniern ermöglicht hatte. Neben ihm sitzt Luise Juliana von Oranien-Nassau, Tochter Wilhelms des Schweigers, die Mutter der glorifizierten Elisabeth Charlotte. Hinter ihr hat der Halbbruder Friedrich Heinrich Platz genommen, Luise Henriettes Vater. Die Ahnenreihe schließt mit Vater und Bruder von Elisabeth Charlotte, Friedrich IV. und Friedrich V., die im Dreißigjährigen Krieg Macht und Einfluss eingebüßt hatten.

Mathias Czwiczeks Gemälde verherrlicht also nicht nur die Kurfürstinwitwe. Es ist stolzer Ausdruck einer erfolgreichen, auf der reformierten Konfession beruhenden Heiratspolitik dreier Fürstenhäuser und soll zeigen, dass die durch den gemeinsamen Glauben geschmiedeten Bande selbst den Dreißigjährigen Krieg überstehen konnten.[14]

Vor der Reformation stand auch einer Eheschließung zwischen den Hohenzollern und dem katholischen Zweig der Wittelsbacher nichts im Weg. Im Gegenteil bot sich eine Verbindung zwischen Friedrich VI. (als Friedrich I. Kurfürst von Brandenburg) mit Elisabeth von Bayern-Landshut sogar an, da die Hohenzollern seit Ende des 12. Jahrhunderts als Burggrafen von Nürnberg in direkter Nachbarschaft mit den Wittelsbachern lebten. Von der 1401 geschlossenen Verbindung mit dem alteingesessenen Fürstengeschlecht erhofften sich die Hohenzollern die Wahrung des Friedens sowie die Stärkung ihrer Position in Franken, wo ihre Ländereien zerstreut lagen.[15] Elisabeth

war als Tochter Friedrichs des Weisen von Bayern-Landshut und der Mailänderin Maddalena Visconti ein großer Glücksfall für Friedrich, da sie dank ihrer Bildung und dem Vorbild der Mutter in der Lage war, für ihren Mann die Regierungsgeschäfte zu übernehmen.[16] Dies war sowohl in der Burggrafschaft Nürnberg als auch in der Markgrafschaft Brandenburg nötig, die Friedrich ab 1411 verwaltete, denn er begleitete den König und Kaiser Sigismund oft auf Reisen. Gemeinsam mit ihrem Bruder Heinrich schlug Elisabeth Unruhen in Brandenburg nieder, führte diplomatische Verhandlungen mit verwandten Fürstenhäusern – und nötigenfalls auch Kriege. Innenpolitisch vertrauten Elisabeth und Friedrich auf die Wirkung der katholischen Kirche, setzten fähige Prediger ein und förderten geistliche Ordensgemeinschaften. In Roßtal, einem der späteren Witwensitze Elisabeths, ließen sie einen Kirchturm an der einst im Krieg gegen die Reichsstadt Nürnberg zerstörten St.-Laurentius-Kirche errichten.[17] Damit setzte das Burggrafenpaar ein deutliches Zeichen seiner uneingeschränkten Amtsmacht. Am Kirchturm prangt bis heute ein besonderes Wappen. Es kombiniert das gevierte Feld der Hohenzollern mit den bayerischen Rauten der Wittelsbacher. Daneben steht der Adler Brandenburgs über dem Löwen der Burggrafschaft Nürnberg. Mit diesen Symbolen demonstriert Elisabeth selbstbewusst ihre Rolle als Stellvertreterin ihres Mannes (Abb. 7).

Nach dem Konfessionswechsel der Hohenzollern waren Heiraten mit den katholischen Wittelsbachern der bayerischen Linie lange Zeit ausgeschlossen. Erst im 19. Jahrhundert, als neben dynastischen Interessen auch die Sympathie der Brautleute füreinander eine Rolle zu spielen begann, wurde eine Hochzeit möglich – wenn bestimmte Bedingungen erfüllt werden konnten. Der preußische Kronprinz Friedrich Wilhelm (IV.) war Elisabeth von Bayern – einer Tochter König Maximilians I. von Bayern – zwar in Liebe zugetan, sollte aber als König Oberhaupt der protestantischen, unierten Landeskirche werden. Eine katholische Gemahlin war mit diesem Amt unvereinbar. Sie hätte seine Glaubwürdigkeit schwächen können. Ein Übertritt Elisabeths zum protestantischen Glauben war deshalb unvermeidlich.[18] Allerdings fand sich die Braut nicht ohne Weiteres dazu bereit, obwohl ihr Eltern und der Halbbruder Ludwig (I.) dazu rieten. Vier Jahre lang dauerten die Verhandlungen, bevor 1823 endlich die Hochzeit gefeiert werden konnte.

Im Vorfeld der Feierlichkeiten begab sich der preußische Kronprinz nach München, wo er am 5. Oktober 1823 das Pferderennen auf dem Oktoberfest erlebte und so neben bayerischem Brauchtum auch die Bayern kennenlernte.[19] Zu diesem Anlass wurden Friedrich Wilhelm ein Huldigungsgedicht sowie ein Erinnerungsbild überreicht (Abb. 8). Darauf hielt Heinrich Adam den Zieleinlauf der Pferde vor dem weiß-blau gestreiften Königszelt und eine schillernde Stadtansicht Münchens fest.[20] Eine Wiederholung dieses Erinnerungsstücks besaß auch der bayerische König. Bayern wie Preußen freuten sich über

Abb. 9
Die 1823 zum Einzug der Braut in Berlin errichtete Ehrenpforte an der Schlossbrücke feiert die Verbindung zwischen Elisabeth von Bayern und Friedrich Wilhelm (IV.) von Preußen sowie den Zusammenschluss ihrer Stammländer (Kat.-Nr. 29).

die dynastische Annäherung zwischen dem Norden und dem Süden Deutschlands.

Nach der Prokura-Hochzeit, die am 16. November nach katholischem Ritus in der Hofkapelle der Münchner Residenz stattfand, begannen in vielen Städten Bayerns Abschiedsfeiern für die Braut. In Nürnberg sang man den von Nationalgedanken geprägten Vers: »Wenn Sie mit jede[m] Reiz geschmückt – Des Nordens großes Volk entzückt – Wenn jubelnd hallt Borussia: Es ist dein Kind Bavaria!«[21] Auf der langen Brautfahrt in die neue Heimat hörte Elisabeth viele Huldigungsgedichte und sah mehrere von der Bevölkerung errichtete Ehrenpforten. An der Landesgrenze zu Töpen war gar eine Kopie des Brandenburger Tores aufgestellt. Sie sollte Elisabeths »Pforte des Glücks« sein.

Die aufwendigste Brautpforte erwartete sie jedoch am Ziel ihrer Reise vor der soeben erst fertiggestellten Schlossbrücke (Abb. 9). Der »Säulen-Cirkus« war von Bauinspektor Cantian entworfen und von Hofzimmermeister Glatz errichtet worden. Über zwölf korinthischen Säulen erhoben sich von den Brüdern Wichmann nach Modellen aus der Schadow-Werkstatt geschaffene Jungfrauen, die Kränze und Girlanden präsentierten. Der Festschmuck des königlichen Gartendirektors Otto bot mit üppigen Girlanden und Orangenbäumen alles auf, was die Berliner Gewächshäuser in diesem Winter zu bieten hatten. Auf den Säulensockeln waren als Zeichen der »durch diese hohe Verbindung eng verbündeten Völker« die Initialen des Brautpaares und ihre Wappentiere angebracht.[22] Dieser Aufbau diente als Bühne für die Huldigungen durch die »Töchter der Stadt«, die zu Ehren der bayerischen Braut weiß-blaue Kleider trugen.

Nach der evangelischen Trauung am 29. November in der Kapelle des Berliner Schlosses spielten der König, seine Beamten und das Brautpaar im Weißen Saal ein eigens zu diesem Anlass von den Kupferstechern Henschel entworfenes Kartenspiel.[23] Die Kartenserie zeigt Bildnisse preußischer Könige vom Großen Kurfürsten, der nur im Spiel König geworden ist, bis zu Friedrich II. (Abb. 10). Als Damen sind die gleichzeitig mit den Königen lebenden Kurfürstinnen von Bayern zu sehen, die aus ganz Europa stammten: Maria Anna von Sachsen, vermählt mit Max III. Joseph, ist die Karo-Dame; Maria Amalia von Österreich, die Gemahlin Kaiser Karls VII., die Herz-Dame; Therese Kunigunde Sobieska, Ehefrau Maximilians II. Emanuel, die Pik-Dame und Henriette Adelaide von Savoyen, die Gemahlin Ferdinand Marias von Bayern, die Kreuz-Dame. Während die preußischen Könige durchaus Porträtähnlichkeit besitzen, kannten die Henschels

Abb. 10
Die Kupferstecher Henschel entwarfen nur ein Kartenspiel. In diesem im Wortsinn dynastischen Spiel verkörpern preußische Regenten die Könige und bayerische Kurfürstinnen die Damen.
Das Blatt wurde bei der Hochzeitsfeier Elisabeths und Friedrich Wilhelms (IV.) von der Königsfamilie zum Spiel genutzt (Kat.-Nr. 30).

die Wittelsbacher Fürstinnen offenbar nicht. Sie wären kaum zu identifizieren, wenn ihre Namen nicht im Gegenlicht der Transparentkarten sichtbar würden. Die Herz-Ass-Karte verrät den Entstehungsanlass des Spiels: »Die Vereinigung der Herzen zwischen Preußen und Bayern«. Die Karten waren nicht nur unterhaltend, sondern auch repräsentativ; sie machten die Bedeutung dieser dynastischen Verbindungen spielerisch sichtbar.

Durch die Zeiten hinweg galt: Die Konfession spielte bei den Heiraten der Hohenzollern mit Oraniern und Wittelsbachern eine entscheidende Rolle, neben den Aspekten der guten Nachbarschaft und der Hoffnung auf eine bessere Stellung im dynastischen Gefüge des Reiches. Das reformierte Bekenntnis war Voraussetzung für die enge Vernetzung von Hohenzollern, Pfälzer Wittelsbachern und Oraniern. Es hielt die Familien in politisch schwierigen Zeiten zusammen und stützte sie: unmittelbar nach dem Dreißigjährigen Krieg, während des Patriotenaufstands in den Niederlanden und während der napoleonischen Herrschaft. Erst im Zeitalter der Empfindsamkeit wurde die konfessionelle Grenze überschritten. Aus Liebe – und wenn die Politik sie begünstigte – konnten für die Hohenzollern sogar die katholischen Wittelsbacher als Heiratspartner interessant werden.

Anmerkungen

1 Vgl. Schönpflug 2013, S. 163–166. – Hammer 2001, S. 54–63. **2** Vgl. Bauer 2006, S. 242–244. – Seidel 1903, S. 66–70. **3** Gleichnamige Herrscherinnen/Regentinnen/Statthalterinnen werden zum besseren Verständnis mit den Hilfsbezeichnungen (d. Ä.) und (d. J.) versehen. **4** Vgl. Bootsma 1999. **5** Vgl. Schönpflug 2013, S. 183–186. – Woelderinck 1999, S. 160–165. **6** »Explication du tableau et Illumination, Sur la Restitution du Stadhouderat et de la Constitution des Provinces Unies«, handschriftliche und gedruckte Erläuterung van Berkheys zur Radierung im Rijksmuseum Amsterdam, Graph. Slg., RP-D-00-1123. **7** Vgl. Schönpflug 2013, S. 186 f. **8** Vgl. Börsch-Supan 1971, Nr. 62. – Bott 2013, S. 22–25. **9** Rezension der Berliner »Kunst-Ausstellung« von Georg P. L. von Beckedorff in den »Berliner Abendblättern«, am 18. 10. 1810, vgl. Kleist 1965. **10** Vgl. Heinz 2013, S. 143. **11** Brief Burys an seinen Bruder Isaac, 17. 12. 1808, zit. nach Heinz 2013, S. 143. **12** Vgl. Schönpflug 2013, S. 163. – Bechler 2009, S. 124–126. **13** Vgl. Preußen 1701, Bd. 1, Kat. 2001, S. 42–43, Kat.-Nr. II.29 (Gerd Bartoschek). – Onder den Oranje boom, Kat. 1999, S. 27–29, Kat.-Nr. 1/17 (Gerd Bartoschek). Zur vollständigen Deutung vgl. Wolfert 1970/71. **14** Hierin drückt sich ein für den Calvinismus typisches Bewusstsein der Internationalität aus. Vgl. Wolgast 2009, S. 210. **15** Vgl. Seyboth 1999. **16** Vgl. Panzer 2012, S. 37–48. – Bornhak 1907, S. 5–26. – Kirchner 1866, S. 1–72. **17** Vgl. Steinheimer 2001. **18** Vgl. Minkels 2007, S. 45–55. – Bayern & Preußen, Kat. 1999, S. 390 f. (Barbara Pöhlmann). – Haller 1982 Elisabeth. **19** Zu den Besuchsstationen des Kronprinzen vgl. Förster 1824, S. 26–37. **20** Vgl. Bayern & Preußen, Kat. 1999, S. 392 f., Kat.-Nr. 10.3 (Gerd Bartoschek). – Bartoschek 1991, S. 117, Kat.-Nr. 82. **21** Förster 1824, S. 47. **22** Vgl. Förster 1824, S. 115–122. – Bartoschek 2008, S. 119 f. **23** Vgl. Förster 1824, S. 136 f. – Bayern & Preußen, Kat. 1999, S. 392, Kat.-Nr. 10.2 (Sigmar Radau).

WELFEN UND HOHENZOLLERN VOM 16. BIS ZUM 18. JAHRHUNDERT

JILL BEPLER

Dreiecksbeziehungen gelten gemeinhin als spannungsreich, instabil und zeitlich deutlich befristet. So zeigte sich über die Jahrhunderte auch das Heiratsverhalten zwischen den Hohenzollern und den zwei Hauptlinien der Welfen in Celle/Hannover und Wolfenbüttel/Braunschweig, deren eigenes Binnenverhältnis oft von Streit und Missgunst geprägt war. Überspitzt gesagt: Wer des einen Freund war, war meistens des anderen Feind.

Drei Phasen der hohenzollerischen Heiratspolitik mit dem Welfenhaus lassen sich erkennen.[1] Im konfessionellen Zeitalter war sie Ausdruck einer gemeinsamen lutherischen Glaubenshaltung, wie sie von der Brandenburgerin Elisabeth von Braunschweig-Calenberg-Göttingen Mitte des 16. Jahrhunderts verkörpert wurde (Abb. 1; vgl. S. 149, Abb. 3). Sie zeigt auch das Bemühen der Hohenzollern, durch die Eheverbindung mit einem der prestigereichsten, ältesten Geschlechter des Heiligen Römischen Reiches zusätzliche Legitimität zu gewinnen – denn die Hohenzollern galten als relativ geschichtsarme Dynastie (Abb. 2 u. 3).[2] 1613 führte dann der Übertritt des Brandenburger Kurfürsten Johann Sigismund zum Calvinismus zu einer Entfremdung, die erst überwunden wurde, als nach der Jahrhundertmitte politische Interessen die Oberhand über konfessionelle gewannen. In dieser zweiten Phase bot der Heiratskreis der Hannoveraner Welfen den Hohenzollern Zugang zu einem großen internationalen und konfessionsübergreifenden Netzwerk. Die Welfen hatten ihre Töchter europaweit – in das Wiener Kaiserhaus, ins dänische Königshaus sowie nach Russland und nach Modena – verheiratet, während eingeheiratete Frauen Verbindungen nach Frankreich und England herstellten. In der dritten und letzten Phase wurde die Entscheidung für oder gegen eine Eheverbindung mit den welfischen Häusern vor allem von militärisch-bündnispolitischen Gesichtspunkten geleitet. In allen Phasen kamen die durch Frauen unterhaltenen Netzwerke in unterschiedlicher Intensität zur Geltung und wirkten auf die Bereiche Politik, Konfession und Kultur ein.

Braunschweig – Berlin: Frömmigkeit und Stabilität

Die im 16. Jahrhundert geschlossenen Ehen wurden von den Auseinandersetzungen um den neuen lutherischen Glauben geprägt.[3] Johann von Brandenburg-Küstrin, der Sohn des katholischen Brandenburger Kurfürsten Joachim I., heiratete 1536 Katharina, die Tochter Herzog Heinrichs d. J. von Braunschweig-Wolfenbüttel. Das junge Ehepaar trat sogleich zum neuen Glauben über und führte in Küstrin die Reformation ein, die nach dem Tod Joachims ganz Brandenburg erfasste – zum Verdruss des Wolfenbütteler Herzogs, der ein erbitterter Gegner Luthers war. Dessen Zorn steigerte sich noch, als auch sein Sohn, Herzog Julius, sich 1558 in Glaubensfragen mit ihm überwarf und bei seiner Schwester in Küstrin Zuflucht nahm. Dort wurde seine 1560 geschlossene Ehe mit Hedwig von Brandenburg gestiftet (Abb. 4). Hedwigs ebenfalls streng im Geist Luthers erzogene Schwester Elisabeth Magdalena

Abb. 1
Die Patene spiegelt den Lebensweg der Stifterin Elisabeth: Ihre Herkunft aus Brandenburg und ihre zweite Ehe als Gräfin von Henneberg zeichnen sich in den eingravierten Wappen ab. Die Stiftung für St. Jürgen in Hannover erinnert daran, dass Elisabeth in erster Ehe Herzogin von Braunschweig-Calenberg-Göttingen war (Kat.-Nr. 131).

hatte im Jahr zuvor Franz Otto geheiratet, Sohn Ernst des Bekenners aus der Celler Linie der Welfen, der bereits 1525 zum Luthertum übergetreten war.[4]

Elisabeth Magdalenas Ehe währte jedoch nur einige Monate. 1559 starb überraschend ihr Mann, und sie kehrte zurück an den Berliner Hof. Dort lebte sie bis zu ihrem Tod 1595. Sie ist ein Beispiel für jene nichtregierenden Fürstinnen, die oft jahrzehntelang eine Scharnierfunktion in der zwischenhöfischen Kommunikation erfüllten. Von Berlin aus führte Elisabeth Magdalena nämlich eine rege Korrespondenz mit ihrer Wolfenbütteler Schwester Hedwig, auch besuchten sie sich gegenseitig und übernahmen Patenschaften.[5] Elisabeth Magdalena betrieb eine intensive Bewirtschaftung ihrer Güter, inklusive Seidenraupenzucht,[6] und ihr Bruder übertrug ihr die Aufsicht über die Domkirche und die dortigen Prediger.[7] In ihren letzten Lebensjahren wurde für sie das sogenannte Herzoginhaus am Berliner Stadtschloss angebaut.

Zusammen mit Kurfürstin Katharina von Brandenburg, einer Nichte von Herzog Julius, die in dieser Generation ebenfalls die brandenburgisch-braunschweigischen Verbindungen stärkte, bildeten diese Frauen ein Netzwerk, das durch Besuche, Korrespondenz und durch Unterstützung von Theologen und deren Publikationen fest zusammenhielt.[8] In dem fragmentarisch erhaltenen Buchbesitz dieser Fürstinnen sowie in den auf sie gehaltenen Leichen-

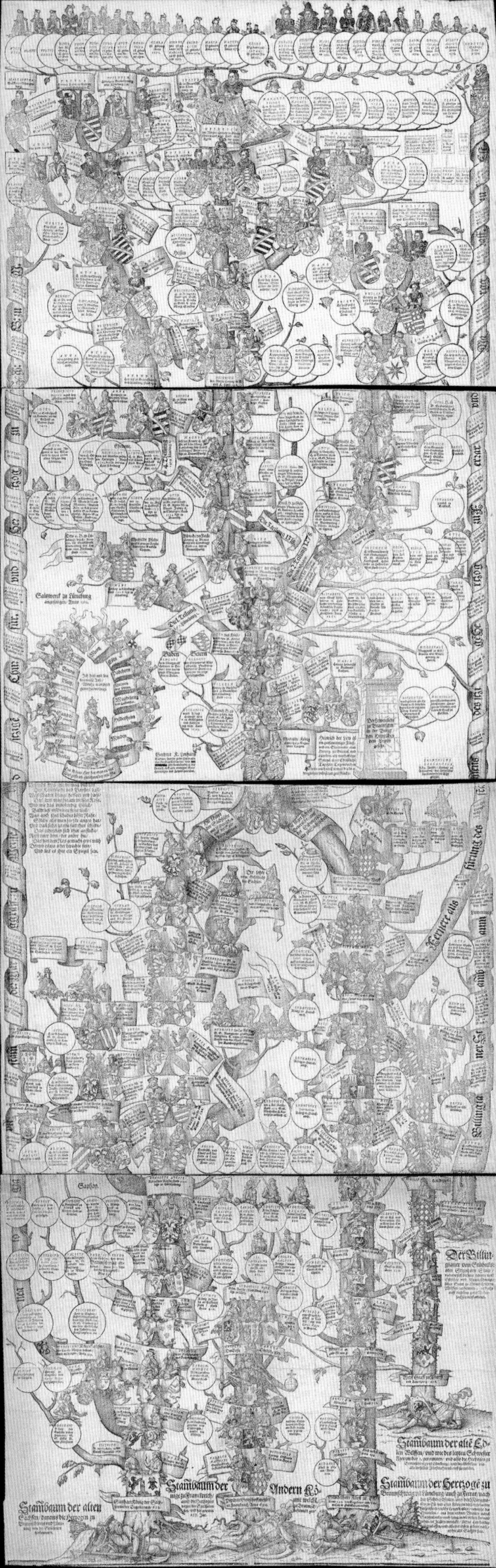

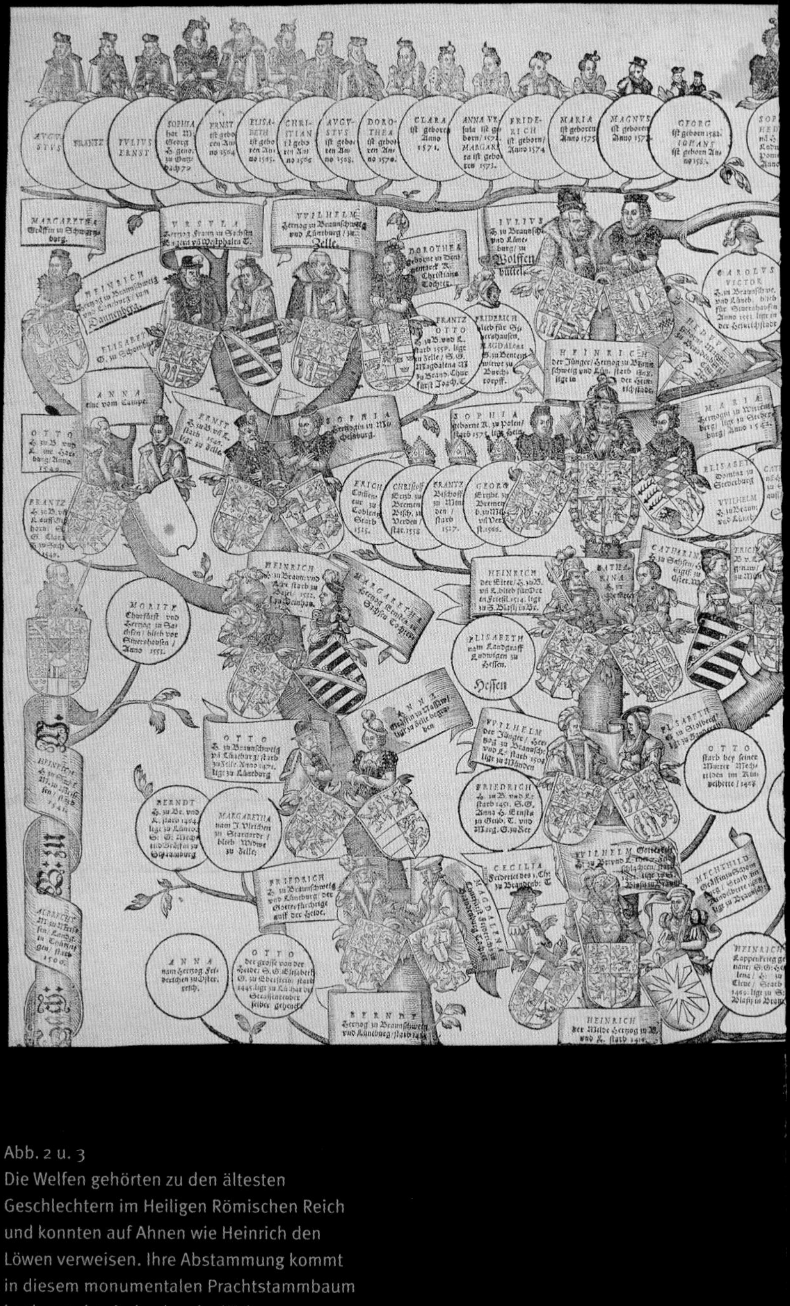

Abb. 2 u. 3
Die Welfen gehörten zu den ältesten Geschlechtern im Heiligen Römischen Reich und konnten auf Ahnen wie Heinrich den Löwen verweisen. Ihre Abstammung kommt in diesem monumentalen Prachtstammbaum in ebenso beeindruckender Weise zum Ausdruck wie ihre dynastische Vernetzung (Kat.-Nr. 43).

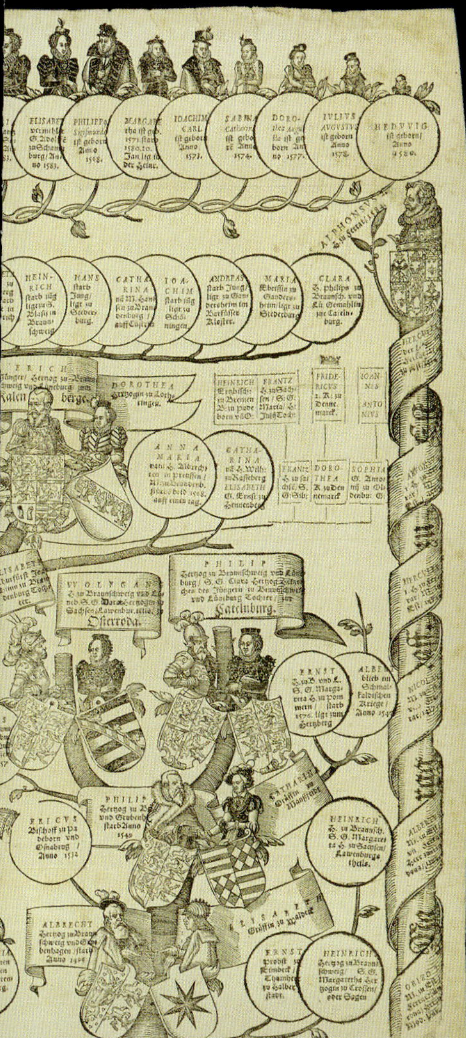

predigten sticht als verbindendes Element eine stark antikalvinistische Haltung hervor. Die Rolle dieser Fürstinnengeneration leitete sich aus ihrer Identität als »Betsäulen«, Stützen des Glaubens, ab. Sie agierten als Trägerinnen eines hausväterlich geprägten Regentenverständnisses und besetzten eigene wirtschaftliche und karitative Handlungsfelder: in der Medizinalversorgung durch ihre Apotheken und in der Bewirtschaftung ihrer eigenen Agrarbetriebe durch Viehzucht und Gärten, die den Charakter ihrer Güter, Nebenresidenzen und Witwensitze prägten.[9]

Die Konversion der Hohenzollern vom lutherischen zum reformierten Glauben errichtete eine Mauer für zukünftige Eheverbindungen zwischen Welfen und Hohenzollern, die 70 Jahre nicht durchbrochen wurde. Zu groß war in dieser Zeit das konfessionsbedingte gegenseitige Misstrauen.

Abb. 4
Das Wappen Brandenburgs und Braunschweig-Wolfenbüttels befindet sich auf einem Altarbild, das von Hedwig von Brandenburg, Herzogin von Braunschweig-Wolfenbüttel, auch zu ihrem eigenen Gedächtnis gestiftet wurde (S. 280).

Abb. 5
Das Gemälde von Andreas Scheits zeigt Sophie von der Pfalz, Kurfürstin von Hannover. Sie koordinierte mit ihrem weitverzweigten Netzwerk die erfolgreiche welfische Heiratspolitik des späten 17. und frühen 18. Jahrhunderts. Als kunstsinnige Fürstin war sie ein wichtiges Vorbild der ersten preußischen Königinnen (Kat.-Nr. 44).

Hannover – Berlin – Paris – London: Europäische Netzwerke, kosmopolitisches Handeln

In der »zweiten Phase«, im späteren 17. Jahrhundert, suchten die Hohenzollern die Ehe mit Angehörigen des hannoverischen Teils des Welfenhauses, weil dieses international weit stärker als sie selbst vernetzt war.[10] In dessen Zentrum stand Sophie von der Pfalz, Herzogin von Braunschweig-Lüneburg, später Kurfürstin von Hannover und Erbin der englischen Krone (Abb. 5).[11] Sie brachte Rangbewusstsein und Internationalität aus der Pfalz mit. Ihr Vater war der »Winterkönig« Friedrich V., ihre Mutter Elisabeth Stuart, Tochter des englischen Königs Jakob. Ihre Geschwister wurden nach der Vertreibung des Winterkönigs im Exil am Hof der Oranier in den Niederlanden reformiert erzogen und bildeten ein europäisches Netzwerk.[12] Zwei ihrer Geschwister, Eduard und Luise Hollandine, konvertierten zum Katholizismus und lebten in Frankreich, ihr Bruder Ruprecht in London als enger Vertrauter König Karls II. Ihre Schwester Elisabeth, die protestantische Äbtissin von Herford, eine Reichsfürstin, machte sich durch ihre Bildung und ihre Freundschaft mit Descartes einen Namen. Sophies ältester Bruder Karl Ludwig, Kurfürst in Heidelberg, lebte in morganatischer Ehe mit Luise von Degenfeld. Sophie erzog dessen einzig legitime Tochter Elisabeth Charlotte (Liselotte) 1659 bis 1663 bei sich in Osnabrück und Hannover am Hof.[13] 1671 wurde Liselottes Ehe mit dem Bruder Ludwigs XIV. arrangiert, dafür musste Liselotte zum Katholizismus konvertieren. Sophie begleitete die Braut bis zur französischen Grenze. Zwischen den beiden Frauen begann bald einer der berühmtesten Fürstinnenbriefwechsel des 17. Jahrhunderts.[14]

1679 besuchten die Herzogin und ihre junge Tochter Sophie Charlotte Liselotte in Paris. Sophies Hoffnung, ihre Tochter mit dem Dauphin zu vermählen, scheiterte, und so verheiratete sie Sophie Charlotte[15] mit dem gleich ihr ambitionierten Brandenburger Kurfürsten Friedrich III. Die hohen dynastischen Erwartungen an diese Verbindung wurden durch eine Ehrenpforte in Wesel 1696 klar zum Ausdruck gebracht. Die Verschmelzung von preußischem Adler und Sachsenross ergibt ein Mischwesen, das die Stärke des Pferdes mit der Dynamik des aufstrebenden Adlers verbindet (Abb. 6).

Die Verbindung beider Häuser wurde durch zwei weitere Ehen gestärkt: 1705 durch die Hochzeit der von Sophie Charlotte seit 1696 erzogenen Caroline von Brandenburg-Ansbach mit dem Hannoveraner Kurprinzen Georg August, Sophies Enkel, und 1706 durch die Ehe zwischen Sophies Enkelin Sophie Dorothea[16] und dem Kurprinzen von Brandenburg, Friedrich Wilhelm. Sophie setzte so ihre Enkelin an die Stelle ihrer 1705 früh verstorbenen Tochter. Mit Sophie Charlottes Ehemann, Fried-

Abb. 6
Die Ehrenpforte für den Einzug des Brandenburger Kurfürsten Friedrich III. und seiner Frau Sophie Charlotte 1696 in Wesel führt die dynastische Vereinigung der Welfen und Hohenzollern vor Augen: Die Wappentiere Preußischer Adler und Sachsenross verschmelzen zum geflügelten Mischwesen (Kat.-Nr. 45).

rich III., seit 1701 König Friedrich I. in Preußen, verstand sich Sophie von Anfang an gut, auch wenn der sich ihre Versuche verbat, über die Welfenfrauen am preußischen Hof politisch Einfluss zu nehmen. Sophie nahm dies gelassen. 1709 schrieb sie an ihre Enkelin: »Ich bin durch Blutsbande mit dem Hause Brandenburg verknüpft wie meine Kinder; so ist meine Neigung sehr natürlich, denn das Sprichwort ›Große Herren haben keine Verwandte‹ gilt für mich nicht.«[17] Mit dem Tod der Kurfürstin 1714 fiel die Anwartschaft auf die Krone Englands an Sophie Dorotheas Vater, der dort schließlich als Georg I. regierte. Dieser Aufstieg der Welfen forcierte wieder die Rivalität – der Männer – beider Herrscherhäuser.

Die kosmopolitisch erzogenen Frauen dagegen blieben in enger Verbindung, hielten ihren Austausch aufrecht, profitierten davon. Dass Caroline als Prinzessin von Wales Kunst, Kultur und Wissenschaft in England förderte, wird etwa dem Vorbild von Sophie Charlotte in Berlin zugeschrieben.[18] Auch setzte zu dieser Zeit der Briefwechsel zwischen Sophie Dorothea, Caroline Prinzessin von Wales

Abb. 7
Die ohnehin engen Verbindungen zum Haus Hannover sollten durch das »englische Heiratsprojekt« weitergeführt werden. Philippe Merciers Gemälde zeigt den Prinzen von Wales am Cello. Er sollte die preußische Prinzessin Wilhelmine heiraten; seine Schwester Amelia, rechts neben ihm, Friedrich (II.) (Kat.-Nr. 46).

und Liselotte von der Pfalz ein, der Nachrichten aus Berlin, London und Paris vereinigte. Er dauerte bis zu Liselottes Tod im Jahr 1722.[19] Der Briefwechsel zeigt, dass es einen ständigen Austausch von Informationen und Geschenken zwischen den Frauen gab und dass Liselotte, obwohl katholisch geworden, sich für in Berlin ankommende französisch-hugenottische Glaubensflüchtlinge einsetzte.[20]

Sophie Dorothea und Caroline bemühten sich darüber hinaus, die dynastische Verbindung zwischen Berlin und London noch intensiver zu gestalten. Sie unterstützten diplomatische Bemühungen um eine Kreuzheirat, die Friedrich Ludwig, den Sohn des englischen Kronprinzenpaares, mit Sophie Dorotheas Tochter Wilhelmine und den preußischen Kronprinzen Friedrich mit Prinzessin Amelia verbinden sollte (Abb. 7).[21] Die von Sophie Dorothea bis zuletzt erhofften »englischen Heiraten« und damit die Rückbindung ihrer Kinder an die eigene welfische Familie scheiterten an der aufkommenden Rivalität der Männer beider Herrscherhäuser. Der preußische König Friedrich Wilhelm I. widersetzte sich energisch der englischen Verbindung. Gegen den Willen seiner Frau und seines Sohnes leitete er eine ganz andere Doppelheirat in die Wege: die Verbindung mit der Braunschweiger Linie der Welfen.

Braunschweig und Berlin – Königstreue und Patriotismus

Politisch, militärisch und letztlich auch dynastisch war König Friedrich Wilhelm I. über die Verbindung zu Braunschweig und die Linie Bevern an einer Vertiefung seiner Verbindung zu Wien interessiert.[22] Da der Wolfenbütteler Herzog keine eigenen Söhne hatte, war Herzog Ferdinand Albrecht II. von Braunschweig-Bevern der designierte Nachfolger. Er wurde vom preußischen König hoch geschätzt. Wie seine Brüder stand er lange in kaiserlichen Diensten und avancierte sogar 1734 zum Reichsgeneralfeldmarschall. Seine 1712 mit der Wolfenbütteler Herzogin Antoinette Amalie, Schwester der Habsburger Kaiserin Elisabeth Christine, geschlossene Ehe hatte der dynastischen Konsolidierung gedient. Es waren die Kinder von Ferdinand Albrecht II. und Antoinette Amalie, die die Verbindung mit Preußen stärken sollten.

1733 wurden in Salzdahlum und Berlin prunkvolle Hochzeiten gefeiert. Der verstoßene preußische Kronprinz Friedrich versöhnte sich durch seine Einwilligung in die Ehe mit Elisabeth Christine von Braunschweig-Bevern mit seinem Vater Friedrich Wilhelm I., und Friedrichs Schwester Philippine Charlotte, ein Patenkind Liselottes und

Abb. 8
Nach dem Scheitern des »englischen Heiratsprojekts« wurden die Verbindungen mit der Braunschweiger Linie der Welfen verstärkt: Elisabeth Christine von Braunschweig-Bevern, hier in einem Porträt des preußischen Hofmalers Antoine Pesne, heiratete Friedrich (II.) (Kat.-Nr. 79).

ihres Sohnes Philipp von Orléans,[23] heiratete Herzog Karl von Braunschweig-Bevern. 1735 trat der Wolfenbütteler Erbfall ein. Da jedoch auch Ferdinand Albrecht II. im gleichen Jahr starb und Karl I. seine Stelle einnahm, wurde Philippine Charlotte zur regierenden Herzogin in Wolfenbüttel.[24] In der Folgezeit wurde die Ausrichtung der Braunschweiger Welfen nach Preußen immer stärker.

Während die kinderreiche Ehe von Philippine Charlotte und Herzog Karl eine harmonische war, existierte die Ehe zwischen Friedrich II. und Elisabeth Christine nur der Form nach, besonders nach dessen Thronbesteigung 1740 (Abb. 8). Die Position, die die Königin in Berlin einnahm, war dennoch lebenswichtig für das Funktionieren des Hofes. Im Berliner Schloss und in Schönhausen empfing sie standesgemäß und im angemessenen zeremoniellen Rahmen wichtige in- und ausländische Gäste. Zudem organisierte sie große Galatage, an denen der Hof sich bei ihr einfinden konnte.[25] All das erlaubte es dem König, diese Aufgaben fast völlig zu vernachlässigen.

Friedrich II. war vor allem am militärischen Aspekt der Beziehung Braunschweig-Berlin interessiert. Schon als Kronprinz und dann auch als König übte er starken Druck auf seine Frau aus, in ihrer Herkunftsfamilie preußische Interessen geltend zu machen. Weil Friedrich – anders als sein Vater – politisch nicht mehr nach Wien schaute, musste Elisabeth Christine ihre Mutter und Großmutter drängen, seltener an den Kaiserhof zu schreiben.[26] Ihren Bruder, den regierenden Herzog, sollte sie trotz seiner bekannten Schulden und seiner Kaisertreue zur Werbung von Truppen und Aufstellung von Regimentern für Preußen bewegen. Als deren Kommandeur sollte sie ihren jüngeren Bruder, Herzog Ferdinand, bislang erfolgreicher kaiserlicher Feldherr, gewinnen.[27] Die Königin machte schließlich heimlich Schulden, um braunschweigische Truppen mitzufinanzieren.

Vom Erfolg ihrer Bemühungen machte der König eine weitere Braunschweiger Eheschließung zwischen seinem jüngeren Bruder August Wilhelm und Elisabeth Christines Schwester Luise Amalie abhängig.[28] Auch die Verbindung zu ihrem in Russland verheirateten Bruder Anton Ulrich, Vater des schon als Säugling ausgerufenen Zaren Iwan VI., suchte Friedrich II. zu nutzen.[29] Sein Interesse endete jedoch, als Zarin Elisabeth durch einen Staatsstreich an die Macht kam. Anton Ulrich und seine Familie blieben für Jahrzehnte in russischer Haft, ohne dass man sich von preußischer Seite für sie verwendet hätte.[30] Die Hochzeit zwischen seinem Neffen Friedrich Wilhelm, nach dem frühen Tod seines Vaters Kronprinz, und seiner Wolfenbüt-

Abb. 9
Sänften spielten im Hochzeitszeremoniell eine wichtige Rolle. Dieses Exemplar wurde für die Hochzeit des späteren Königs Friedrich Wilhelm II. von Preußen mit Elisabeth Christine Ulrike von Braunschweig-Wolfenbüttel 1765 mit dem Allianzwappen beider Familien angefertigt (Kat.-Nr. 42).

teler Nichte Elisabeth Christine Ulrike stiftete Friedrich II. 1765 persönlich. Die mit dem Allianzwappen Preußens und der Braut versehene Sänfte (Abb. 9) suggerierte eine persönliche Verbundenheit des Brautpaares, die es nie gab. Die skandalträchtige Ehe wurde 1769 wegen Ehebruchs geschieden und die Fürstin nach Stettin verbannt, wo sie 1840 in hohem Alter verstarb.

Elisabeth Christine überlebte Friedrich II. um elf Jahre. Ihre Frömmigkeit wurde oft als Reaktion auf ihre Zurücksetzung durch den König angesehen. Man sollte sie aber als Ausdruck eines tradierten Rollenverständnisses verstehen, das vom 16. Jahrhundert bis weit in das 18. Jahrhundert Gültigkeit besaß.[31] Von offiziellen Aufgaben nach dem Tod ihres Gatten entbunden, schlüpfte Elisabeth Christine immer mehr in diese Rolle, zeigte sich in der Kirche, entwickelte eine Vorliebe für Gesprächskreise mit Predigern, übersetzte theologische Texte und erbauliche Dichtung aus dem Deutschen ins Französische und schrieb solche auch selbst.[32]

Philippine Charlotte führte von Wolfenbüttel, später von Braunschweig aus 67 Jahre lang einen intensiven Briefwechsel mit dem preußischen Hof (Abb. 10).[33] Mit Friedrich II. diskutierte sie brieflich über ihre Lektüre, natürlich auch seine eigenen Schriften, die einen Sonderbestand in ihrer bedeutenden, etwa 4 000 Bände umfassenden Privatbibliothek bildeten.[34] So kritisierte sie in Hinblick auf seine »Briefe über die Vaterlandsliebe«, dass der Text nichts über Frauen sage, die, wie sie fand, »in ihrer Art nicht weniger [als Männer] fähig sind, einem Staate zu nutzen, welcher Art er auch sei«.[35] Mit Elisabeth Christine verstand sie sich gut. Die von der Königin besorgten Übersetzungen theologischer und literarischer Werke ins Französische las und kommentierte die Braunschweigerin. So bedankte sie sich im November 1788 für die zweibändige Übersetzung von Johann August Hermes »Handbuch der Religion«, die unter dem Titel »Manuel de la religion« 1784/88 erschienen war.[36] Die letzte Übersetzung der Königin »Hymnes et Odes sacrées de C. F. Gellert«, eine Auswahl von Versen ihres Lieblingsdichters sowie der Text seiner Moralvorlesung, erreichte sie einige Monate später. In ihrem Dankesbrief berichtete Philippine Charlotte, dass sie das Werk von Hermes gerade mit großem Gewinn gelesen hätte.[37] In ihrem Selbstverständnis blieb die Herzogin zeitlebens eine preußische Königstochter. Stets setzte sie sich für preußische Belange ein. Von Friedrich wurde sie dafür in seinem Testament mit einer hohen Geldsumme bedacht.[38]

◄ Abb. 10
Die engen verwandtschaftlichen Verbindungen zwischen Braunschweig und Preußen kommen auch im Briefwechsel Philippine Charlottes von Braunschweig-Wolfenbüttel zum Ausdruck. Bis ins hohe Alter tauschte sie sich mit ihrem Bruder Friedrich II. und dessen Gattin Elisabeth Christine über Literatur aus (S. 280).

Abb. 11
Zwei Ritter mit den Wappentieren der Preußen und der Welfen reichen sich auf der Kaminuhr von Wilhelm Lameyer und Oscar Garvens die Hand. Nach der preußischen Annexion Hannovers 1866 wurde die Hochzeit Victoria Luises von Preußen mit Ernst August Herzog zu Braunschweig und Lüneburg 1913 als Zeichen der Annäherung wahrgenommen (Kat.-Nr. 57).

Die Annektierung Hannovers durch Preußen 1866 und seine Degradierung zur preußischen Provinz setzte den Dreiecksbeziehungen der Hohenzollern mit den Welfen ein Ende. Erst am Vorabend des Ersten Weltkriegs wurde in einer Geste der Versöhnung den Welfen das Herzogtum Braunschweig wieder übergeben und 1913 die prächtige Hochzeit zwischen der Kaisertochter Victoria Luise und Ernst August Herzog zu Braunschweig und Lüneburg gefeiert (Abb. 11). Die Vermählung hat den Zusammenbruch des dynastischen Systems in Deutschland nicht verhindert.

Anmerkungen

1 Zum Welfenhaus vgl. Aschoff 2010. **2** Vgl. Bauer 2013, S. 134 f. – Vgl. Cordula Bischoff in diesem Band, S. 148–150. **3** Zu den Verbindungen zwischen den Hohenzollern und den Braunschweiger Welfen vgl. Zimmermann 1905. **4** Vgl. Zimmermann 1905, S. 227. **5** Vgl. Überlieferung im Niedersächsischen Staatsarchiv Wolfenbüttel. **6** Vgl. Goeschel 1841, S. 15. **7** Vgl. Geyer 2010, S. 41. **8** Vgl. Nummedal 2007, S. 2, 32. – Vgl. Drexl 2006, S. 288–325. **9** Vgl. Bepler 2010. **10** Vgl. Weiß 2008. **11** Vgl. Knoop 1964. – Van den Heuvel 2000. – Weiß 2008, S. 52–65. **12** Vgl. Nolde/Opitz 2008. – Vgl. auch Ruppel 2008. **13** Liselotte von der Pfalz, Kat. 1996. **14** Vgl. Van der Cruysse 1990. – Utermöhlen 1996. **15** Sophie Charlotte und ihr Schloß, Kat. 1999. – Weiß 2008, S. 76–79. **16** Vgl. Weiß 2008, S. 100–103. **17** Sophie von Hannover an Sophie Dorothea, 7. 8. 1709, in: Schnath 1927, S. 173. **18** Vgl. Marschner 2014, S. 19–21. **19** Vgl. Helfer 2007, S. 973–1138. – Helmolt 1908. – Van der Cruysse 1989. **20** Vgl. Van der Cruysse 1990, S. 565 f. – Marschner 2014, S. 161. **21** Vgl. Schönpflug 2013, S. 168–177. **22** Vgl. Römer 1997. **23** Liselotte von der Pfalz an Sophie Dorothea in Preußen, April 1716, in: Helmolt 1908, S. 344. **24** Eine wissenschaftlich fundierte Biografie von Philippine Charlotte ist ein Desiderat. Auf Quellen basierend, aber mit romanhaften Zügen vgl. Matthies 1958. – Vgl. auch Pangels 1976, S. 164–222. – Münch 1987. – Johns 2014, S. 17–38. **25** Vgl. Biskup 2004. – Hagemann 2009 König, S. 21. – Hagemann 2009 Elisabeth Christine, S. 48. – Hagemann 2010. **26** Vgl. Adlersfeld-Ballestrem 1908, S. 98 f. **27** Vgl. Adlersfeld-Ballestrem 1908, S. 54–77. **28** Vgl. Adlersfeld-Ballestrem 1908, S. 70. **29** Der König bat sie, ihren Bruder »zu karessieren […], um ihn für uns zu gewinnen, was von großer Bedeutung ist«. Adlersfeld-Ballestrem 1908, S. 83. **30** Vgl. Adlersfeld-Ballestrem 1908, S. 95. **31** Vgl. Wunder 2013. **32** Vgl. Biskup 2004, S. 307. – Zur schriftstellerischen Tätigkeit mit einer vollständigen Titelliste vgl. Joepchen 1940. – Deus 1997, S. 90 f. **33** Vgl. Droysen 1916. – Adlersfeld-Ballestrem 1908. – Matthies 1958. – Pangels 1976. **34** Vgl. Gleixner 2010, S. 223. – Johns 2014, S. 28–38. – Vgl. Boveland 2010. **35** Matthies 1958, S. 153. **36** Vgl. Matthies 1958, S. 193. **37** Vgl. Hahnke 1848, S. 446. – Vgl. auch Joepchen 1940, S. 43. **38** Es war das höchste Legat an eine weibliche Verwandte: »50 000 Taler und mein silbernes auf Weinstockart gearbeitetes Service, nebst einen schönen Wagen.« Deus 1997, S. 20. – Pangels 1976, S. 219. – Philippine Charlotte hinterließ nach ihrem Tod 730 000 Reichstaler. Vgl. Münch 1987, S. 55.

MATERIELLE KULTUR HOCHADLIGER FRAUEN IN BRANDENBURG-PREUSSEN

MICHAELA VÖLKEL

Im Rahmen kunst- und kulturhistorischer Forschungen zur frühneuzeitlichen Hofkultur rückten deren materielle Aspekte in den vergangenen Jahren vermehrt ins Zentrum der Aufmerksamkeit. Bislang kaum problematisiert wurde dabei der weibliche Anteil an dieser Kultur. In der Regel verfügte eine adlige Frau infolge ihrer Heirat über Geld, Wertgegenstände und Immobilien. Durch Erbschaften, Erträge eigener Güter, Geschenke, durch Geldanlegen und -verleihen, ja sogar am Spieltisch ließ sich dieser finanzielle Rahmen zum Teil erheblich erweitern. Erst diese eigenen finanziellen Mittel machten eine Fürstin zur Auftraggeberin, Konsumentin, Stifterin, zur Schenkenden und damit zur sozial wie künstlerisch einflussreichen Akteurin. Neben dem Eigentum, das nach Belieben verkauft, verpfändet, verschenkt und vererbt werden konnte, bestand die materielle Welt hochadliger Frauen aus einer Fülle an Gegenständen, die ihnen zu Zwecken eines standesgemäßen Auftretens für die Dauer ihrer Ehe oder ihres Witwenstandes zugewiesen wurden, etwa Möbel, Silber, Schmuck und Immobilien. Die Appartements, in denen eine Frau Gäste empfing, der Körper, an dem sie Juwelen zur Schau trug, und die Feste, die ihr zu Ehren veranstaltet wurden, wurden von der Herkunftsfamilie wie der Familie, in die sie einheiratete, bewusst als Bühne für die eigene Selbstdarstellung genutzt.

Die folgende Studie versucht, sowohl die komplexe Struktur als auch die Semantik weiblicher materieller Kultur am Beispiel Brandenburg-Preußens besser zu verstehen.[1] Im Mittelpunkt steht dabei die Frage, woraus sich weiblicher Besitz zusammensetzte. Zudem sollen die Objekte, die eine Prinzessin, Regentin und Witwe umgaben, auf ihre identitäts- bzw. Identitäten stiftenden Qualitäten hin befragt werden, machten diese Dinge doch die Rolle einer Frau innerhalb eines Familienverbandes, als Bezugspunkt eines Netzwerkes oder als Fürstin sichtbar und konstruierten sie auf diese Weise auch mit.

Der Eintritt in die Welt der materiellen Identität erfolgte bei den meisten jungen Frauen mit dem Zusammenstellen der Objekte, die den gegenständlichen Teil der Mitgift ausmachen sollten. In der Regel waren es die Mütter der zukünftigen Bräute, die passende Objekte wählten und nicht selten eigene Mittel zum Erwerb beisteuerten.[2] Da es vor allem für protestantische Prinzessinnen kaum eine Alternative zur Verehelichung gab, begannen Mütter wie die mit fünf Töchtern gesegnete Maria Eleonore in Preußen vorausschauend schon früh mit dem Bestellen und Beiseitelegen von Silber, Textilien und Schmuck, die dem weiblichen Nachwuchs dereinst als Brautschatz mitgegeben werden sollten. Dabei spielten auch ökonomische Überlegungen eine Rolle.[3] Um Kosten zu sparen, griff man in manchen Familien darüber hinaus auch auf weit ältere Vorräte zurück. Im Mitgiftinventar Luise Henriettes von Oranien-Nassau findet sich unter anderem »Linnen, das [...] nicht mehr neu ist«, also offenbar noch aus der Aussteuer der Mutter stammte.[4] Selbst die höfischen Schatz- und Silberkammern wurden als Reservoire betrachtet, aus dem man sich beim Zusammenstellen des Brautschatzes bediente.[5]

Zusammen mit dem Ehegeld und den Paraphernalien (in die Ehe eingebrachtes, im Eigentum der Frau verbleibendes Vermögen) bildete dieser gegenständliche Brautschatz die Mitgift, die auch als Mitgabe, Aussteuer, Hei-

Abb. 1
Das Gemälde von Joseph Karl Stieler zeigt Elisabeth von Bayern als Braut. In der Hand hält sie einen diamantbesetzten Anhänger mit dem Porträt ihres Bräutigams, Friedrich Wilhelm (IV.) (Kat.-Nr. 65).

ratsgut, Dota oder Einbringung bezeichnet wurde. Die Mitgift war den Töchtern als Entschädigung dafür zugedacht, dass ihnen ihr Teil am Familienbesitz nach dem Tod des Vaters vorenthalten werden würde, um eben diesen Besitz ungeschmälert zu erhalten.[6] Der Erbverzicht, der der zukünftigen Braut abverlangt wurde, stellte eine endgültige Trennung vom Familienvermögen und damit einen *rite de passage* dar, der formell begangen wurde. Doch ging die Mitgift nicht in das Eigentum der jungen Ehefrau, sondern, »zur Erleichterung des mit der ehelichen Gesellschaft verbundenen Aufwandes«, in das ihres Mannes über.[7] Im Gegenzug erhielt die Frau von ihrem Mann ein sogenanntes Leibgeding, das auch als Widerlage oder Widerlegung bezeichnet wurde und dessen Höhe dem eingebrachten Ehegeld entsprach. Bei Doppelhochzeiten konnten die Ehegelder der ausheiratenden mit derjenigen der einheiratenden Prinzessin verrechnet werden.[8] Leibgeding und Heiratsgut wurden vom Ehemann verwaltet,

Abb. 2
Das gestickte brandenburgische Wappen war ursprünglich auf der Bettdecke des Brautbetts von Anna Katharina von Brandenburg angebracht. Als Teil der Aussteuer brachte sie es mit nach Dänemark, wo es bis heute in den königlichen Sammlungen aufbewahrt wird (Kat.-Nr. 51).

durften aber nicht ausgegeben werden. Sie wurden verzinslich angelegt, die Erträge bildeten gegebenenfalls den Grundstock der späteren Witwenrente, die sich durch die Einnahmen aus Strafgeldern, Frondiensten, Jagd- und Fischereirechten aus dem Wittum erhöhen ließ, falls diese Privilegien im Ehevertrag zugebilligt worden waren. Als Pfand für Ehegeld und Widerlage wurde der Frau ein Schloss samt Amt und Besitzungen verschrieben, das später als Witwensitz dienen sollte.[9]

Bei den Hohenzollern wurde die Höhe des Heiratsguts seit dem 15. Jahrhundert durch einen Hausvertrag geregelt.[10] De facto betrug es bis zum 19. Jahrhundert in der Regel zwischen 20 000 und 30 000 Reichstaler, die zusammen mit einer Widerlage in gleicher Höhe, zu den üblichen zehn Prozent verzinst, im Fall der Witwenschaft zu einer jährlichen Grundrente zwischen 4 000 und 6 000 Reichstalern verhalfen. Eine bemerkenswerte Ausnahme stellten die stattlichen Heiratsgüter Magdalena Sibyllas und Luise Henriettes dar, die den Frauen eine Witwenrente von 23 500 Gulden (15 670 Taler) bzw. 24 000 Talern sicherten und erst im 19. Jahrhundert, etwa von den je 40 000 Pfund Sterling (rund 180 000 Reichstaler) Mitgift und Widerlage für Victoria von Großbritannien und Irland, übertroffen werden sollten.[11] Am anderen Ende der Skala stehen die bescheidenen 2 400 Taler an Rentenansprüchen, die Dorothea von Holstein-Glücksburg zu erwarten hatte.[12] Verschrieb ein Ehemann seiner Frau ein oder mehrere besonders einträgliche Güter, erhöhte sich der finanzielle Spielraum der Witwe jedoch.[13] Die Aussteuer ihrer Töchter finanzierten die regierenden Fürsten Europas zumindest zum Teil durch eine als Prinzessinnen- oder Fräuleinsteuer bezeichnete Sondersteuer.[14] Diese entwickelte sich zu einer erheblichen Belastung für das Land, wenn in kurzer Zeit mehrere Prinzessinnen ausgestattet werden mussten.[15]

Prinzipiell wurde die Mitgift einer Prinzessin bei der Hochzeit Eigentum ihres Mannes. Ausgenommen waren lediglich Gegenstände einer gewissen Kategorie, die im sächsischen Recht, das in Preußen bis 1794 gültig war, als Gerade bezeichnet wurden: »Gerade heisset / oder [...] sein proprie Gaben / die den Weibern uber ihre Mitgifft gegeben werden / zu ihrem schmuck und gezierde dienstlich / zugehörig und gebreuchlich.«[16] Als einziger Teil der Mitgift waren diese Geradestücke Privateigentum der Frau. »Das vornehmste, und gleichsam wesentliche Haupt=Stücke der Natur, und Eigenschafft der Gerade, bestehet vornehmlich darinne, daß es solche Sachen seyn müssen,

Abb. 3
Der Spiegel aus einer Toilettengarnitur ist prominent mit dem preußisch-oldenburgischen Allianzwappen Auguste Victorias zu Schleswig-Holstein-Sonderburg-Augustenburg verziert. Er wurde anlässlich ihrer Vermählung 1881 von H. J. Wilm angefertigt (Kat.-Nr. 69).

so zum Putz, Zierde und weiblichen Gebrauch gehören.«[17] Zur Gerade gerechnet wurden daher Kleidung, alle zu Schmuck gefassten Perlen und Juwelen inklusive »Portraits, Contrefait-Büchsen, [...] Uhren, Balsam=Büchsen, welche also angerichtet, und zubereitet seynd, daß sie von Frauenzimmern vorgestecket, oder in andre Wege zur Zierde getragen werden können«[18] sowie Betten, Bettzeug und Bücher (Abb. 1 u. 2). Der Definition der Gerade entsprechend beinhaltete diese zudem alles, »was zur Sauberung und Reinlichkeit des Leibes gehörig«.[19] Der Aufstieg der Toilettengarnitur zum klassischen Gegenstand von Aussteuer und Morgengabe ist ohne diesen rechtshistorischen Hintergrund kaum zu verstehen und dauerte als Tradition auch nach Abschaffung der Gerade fort (Abb. 3).[20] Edelsteine und Perlen aus dem Besitz einer Frau, die nicht »aufgenehet, angereihet, angehefftet«, ein- oder umgeschmolzener Goldschmuck sowie Textilien, die nicht zu Kleidung verarbeitet worden waren, gehörten hingegen nicht zur Gerade, entbehrten sie doch deren Haupteigenschaft, nämlich unmittelbar auf den weiblichen Körper bezogen zu sein.

Die Gegenstände, die einer Prinzessin als Aussteuer mitgegeben wurden, machten die genealogische Identität, die Finanzkraft und den *bon goût* ihrer Herkunftsfamilie sichtbar. Das silberne Aussteuerservice Wilhelmines vergegenwärtigte die Macht Preußens am Bayreuther Hof beispielsweise in so demonstrativer Weise, dass ihr Schwiegervater, so Wilhelmine, »die Farbe wechselte, als er mein Silbergeschirr erblickte, das viel schöner und pompöser als das seine war«.[21] Die Alterität zwischen altem und neuem Familienverband ritualisierte auch die Kapelle, die die auf den Zarenthron gelangte Charlotte von Preußen 1844 ihrer jüngsten Tochter Alexandra Nikolajewna zum Einbau am hessischen Hof des reformierten Ehemanns mitschickte, führte sie doch vor Augen, dass die Prinzessin ihren orthodoxen Glauben auch nach der Hochzeit beibehalten durfte.[22]

Besonders im 18. Jahrhundert stellte die Aussteuer zudem unter Beweis, dass sich die Braut und ihre Familie auf der Höhe des internationalen Geschmacks bewegten, dessen Kenntnis inzwischen zum Distinktionsmerkmal avanciert war. Die modischen Bestandteile des Brautschatzes, allen voran die Kleidung, wurden deshalb nun in der Regel in Frankreich bestellt – was zur Folge hatte, dass sich der Hochzeitstermin immer öfter nach den Produktionskapazitäten der Pariser Modemacher richtete.[23]

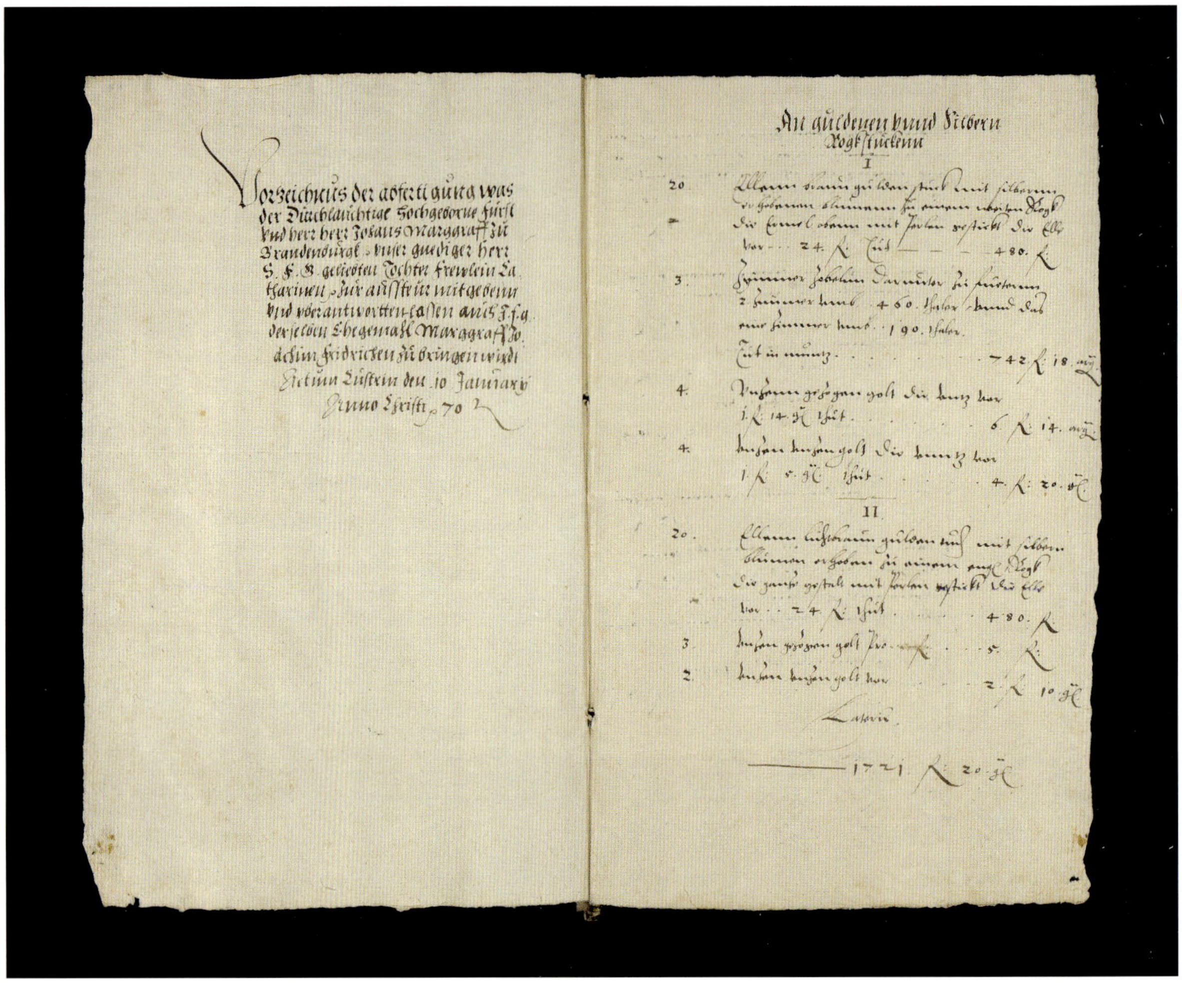

Abb. 4
Das 1570 erstellte Aussteuerverzeichnis Katharinas von Brandenburg-Küstrin listet detailliert die Gegenstände ihrer Mitgift auf. Die kostbarsten Objekte werden zuerst genannt, wobei noch vor Perlen und Schmuckstücken die Textilien aufgeführt werden (Kat.-Nr. 70).

Bezog man Teile des Brautschatzes im 18. Jahrhundert vor allem aus Frankreich und von der Leipziger Messe, so mutete die Aussteuer Alexandra Nikolajewnas, als sie im Winterpalais öffentlich präsentiert wurde, wie eine internationale Gewerbeausstellung an, bestand sie doch unter anderem aus russischem Porzellan, englischem Steingut, Silber aus Dresden, einem Tafelaufsatz aus Paris sowie Tischwäsche und Seidenstoffen aus Berlin.[24] Bald nahm jedoch auch bei der Zusammenstellung der Mitgift der Wunsch zu, »die heimische Industrie aufzumuntern und den Armen Beschäftigung zu geben«.[25]

Im 17. Jahrhundert und damit lange vor der oben erwähnten Mitgiftausstellung im Winterpalais war es üblich geworden, den Brautschatz einer Prinzessin kurz vor deren Abreise an den Hof des Ehemanns in der elterlichen Residenz öffentlich zur Schau zu stellen. Diese Brautschatzschau bot gleichermaßen Gelegenheit zur Repräsentation der elterlichen oder geschwisterlichen Fürsorge und der heimischen Wirtschaftskraft, wie sie die Neugier der Bevölkerung auf ausländische Luxusprodukte und aktuelle Modeströmungen stillte. Auch in Berlin wurden, etwa bevor Luise Ulrike als zukünftige Königin von Schweden 1744 ihre Brautfahrt antrat, »alle Kostbarkeiten, die zur Aussteuer der Prinzeßinn bestimmt waren, […] in einem Zimmer auf dem Schlosse drey Tage hinter einander jedermann gezeigt; und alle welche die Neugierde angetrieben hat, solche zu besehen, sagen, daß der König [Friedrich II.] nichts gespart habe, eine so geliebte Schwester auf eine ihrer hohen Geburt, und demjenigen Range, welchen sie dereinst in Schweden zu bekleiden hat, gemäße Art auszustatten«.[26]

Vom Umfang der Aussteuer zeugen detaillierte Verzeichnisse (Abb. 4). Der Transport dieser »Mitgaben« in die Residenz des Ehemanns gehörte zu den logistischen Meisterleistungen der frühneuzeitlichen höfischen Gesellschaft. Auf einen Tross von Rüstwagen verpackt, vermittelten sie entlang der zurückzulegenden Strecke einen ersten Eindruck von der Magnifizenz der zukünftigen Landesmutter und ihrer Familie.[27] Als sich die Eisenbahn im 19. Jahrhundert zum bevorzugten Transportmittel für Braut

Abb. 5
Hedwig Jagiellonica, Kurfürstin von Brandenburg, trägt auf dem Hans Krell zugeschriebenen Gemälde kostbaren Schmuck. Juwelen gehörten zum persönlichen Eigentum einer Frau und wurden gemeinsam mit den ebenso kostspieligen Textilien als Zeichen der Finanzstärke und fürstlichen Würde zur Schau gestellt (Kat.-Nr. 159).

und Brautschatz entwickelte, wurden für Letzteren Versicherungen abgeschlossen, die im Fall Alexandra Nikolajewnas, der jüngsten Tochter Zar Nikolaus' I. und Charlottes von Preußen, die stolzen Summen von 583 067 Rubel zuzüglich 340 480 Rubel für Pelze, Schals und Schmuck betrugen.[28]

Im Gegensatz zur Mitgift ging die Morgengabe, also »dasjenige Geschencke, so der Bräutigam seiner Braut, und nunmehrigen neuen Ehe=Frau, früh morgens, nach gehaltenem Beylager [...] gleichsam zur Vergeltung des mit ihm gehaltenen Nacht=Lagers [...] in Compensatio der genossenen Liebes=Vergnügung« übergab, vollständig in das Eigentum der Frau über – allerdings erst nach dem Ableben ihres Ehemanns.[29] Ausgenommen waren erneut die Juwelen und Perlen, die stets zur Morgengabe gehörten. Als Geradestücke waren sie persönliches Eigentum, das sofort und uneingeschränkt zur Verfügung stand. Dabei konnte es sich um erhebliche Reichtümer handeln, etwa im Fall Katharinas von Brandenburg, der Fürstin von Siebenbürgen, die als Morgengabe Kleinodien im Wert von 200 000 Reichstalern und damit das Zehnfache des bis zum 19. Jahrhundert üblichen Heiratsguts entgegennahm.[30] Neben dem Gegenständlichen bestand die Morgengabe in einer vom Ehemann festzulegenden Geldsumme, die verzinslich angelegt wurde. Aus diesen Zinserträgen und dem im Ehevertrag zugesagten, regelmäßig ausgezahlten sogenannten Nadel-, Spiel- oder Handgeld bestritt die Fürstin während der Ehe ihre laufenden Ausgaben. Weitere, zweckgebundene Zuwendungen konnten hinzukommen. So erhielt Luise Henriette von Oranien-Nassau für Kleidung jährlich weitere 2 000 Taler, zudem übernahm ihr Ehemann die Kosten für all die Hochzeits-, Tauf- und Neujahrsgeschenke, die von einer Fürstin erwartet und die von den meisten Frauen aus eigenen Mitteln bestritten wurden.[31]

Da Mitgift und Morgengabe, Verlobungs- und Hochzeitsgeschenke zu einem erheblichen Teil aus Schmuckstücken bestanden, nannte jede Prinzessin zu Beginn ihrer Ehe einen beträchtlichen Schatz an Juwelen, Gold und Perlen ihr Eigen, der im Laufe des Lebens durch wei-

Abb. 6
Das Rubincollier und die Brosche gelangten als Teil der Mitgift Elisabeths von Bayern nach Preußen (Kat.-Nr. 67).

Abb. 7 ▶
Collier und Brosche Elisabeths von Bayern gingen als Erbe in den Haus- bzw. Kronschatz über. Alle nachfolgenden Herrscherinnen trugen diesen Schmuck, bis hin zur letzten preußischen Kronprinzessin Cecilie (Kat.-Nr. 68).

tere Juwelengeschenke vermehrt und als persönliches Eigentum jederzeit verpfändet, verkauft und als Geschenk oder Mitgift weitergegeben werden konnte (Abb. 5).[32] Juwelen stellten im gesamten Untersuchungszeitraum die zentrale Form weiblichen Vermögens dar.[33] Neben den eigenen stellten verheiratete Frauen vor allem bei öffentlichen Auftritten regelmäßig auch einen Teil der Kronjuwelen ihrer neuen Familie am eigenen Leib zur Schau. Bei der Vermählung präsentierte sich die Braut erstmals »mit dem Haus=Schmuck, der bey manchen grossen Häusern fast unschätzbahren Werths ist«.[34] Die meisten Frauen schienen mit dem Regierungsantritt ihres Mannes Verfügungsgewalt über die Kronjuwelen erhalten zu haben. Starb der Gatte, wurde diese Verfügungsgewalt an die Schwiegertochter und Nachfolgerin auf dem Thron abgetreten. Starb die Fürstin hingegen vor ihrem Mann, war es nicht immer einfach, die auf ihren Wunsch hin neu gefassten Edelsteine und Perlen aus dem Kronschatz von denen zu trennen, die als Mitgift oder als Geschenke Eigentum der Frau gewesen waren. Letztere wurden, wie etwa der »Nachlaß der Königin Luise an Perlen und Juwelen, der nicht an den Kronschatz fällt«, separat erfasst, »sollen aber keineswegs als zum Kron- und Hausschatz gehörig angesehen, sondern dergestalt notiert werden, dass Seine Majestät der König zu jeder Zeit nach Wohlgefallen darüber disponieren, schalten und walten könne, weil diese Stücke Privat Eigenthum Seiner Majestät des Königs sind«.[35] Vererbte eine Frau ihrem Ehemann oder ihrem ältesten Sohn Schmuck aus ihrem Privatbesitz, gelangte er auf diesem Weg in der Regel in den Hausschatz (Abb. 6 u. 7). Das ließ sich auch forcieren. So versprach Friedrich II. seiner Frau Elisabeth Christine nur unter der Bedingung eine erhöhte Witwenrente, dass diese ihren Schmuck an den Thronfolger vererben würde.[36]

Dem Geld und Schmuck, den eine Frau an dem auf die Hochzeitsnacht folgenden Morgen als gleichnamige Gabe empfing, folgten im Laufe des Tages zahlreiche Hochzeitsgeschenke von Familienangehörigen, verbündeten Höfen, Ständen und Städten, die entweder dezidiert an einen der beiden Ehegatten oder an das Ehepaar gerichtet waren (Abb. 8 u. 9). Letztere wurden im Losverfahren unter den Partnern aufgeteilt. Da der Ehemann auf diese Weise auch

Abb. 9 ►
Auch Städte oder Bezirke steuerten prächtige Geschenke für die Braut bei. Diese turmartige Kristallschale gehört zum umfangreichen Nibelungen-Tafelaufsatz, der ein Geschenk der Stadt Augsburg zur Hochzeit von Prinzessin Marie von Preußen mit Kronprinz Maximilian (II.) von Bayern 1842 war (Kat.-Nr. 59).

Abb. 8
Bei dem Feuerbecken mit Räuchergefäß handelt es sich wohl um ein Hochzeitsgeschenk für Kurprinz Georg Wilhelm von Brandenburg und Elisabeth Charlotte von der Pfalz. Dafür sprechen das eingravierte brandenburgisch-pfälzische Allianzwappen und der bekrönende Adler (Kat.-Nr. 60).

in den Besitz typischer Geradestücke gelangen konnte, handelten Frauen nach zeitgenössischer Einschätzung »nicht unweisslich, wenn sie nach der Hochzeits=Geschenk=Theilung suchen, e. g. die [...] Ketten, und andere denen Ehemännern durchs Los, oder andere Theilung zugekommene Gerade=Stücke, nach und nach in ihren Beschluß, und Gebrauch in der Haushaltung, zu überkommen, damit, wann die Männer sterben, behalten sie die in ihrem Beschluß habende Gerade=Stücke«.[37] In Form von Bargeld, Schmuck und Hausrat wechselten mit den Hochzeitsgeschenken erhebliche Vermögenswerte den Besitzer bzw. die Besitzerin.[38]

Wie schon im Fall der Aussteuer, suchte man auch mit den Aufträgen für Hochzeitsgeschenke die heimische Konjunktur zu beleben und die Präsente als Werbemaßnahme für die eigenen Manufakturen zu instrumentalisieren. Seit 1767 bedachten die preußischen Könige ausheiratende Prinzessinnen und ihre Ehemänner daher regelmäßig mit einem umfangreichen Speiseservice aus der eigenen Königlichen Porzellan-Manufaktur (KPM). Mit Veduten prägnanter Bauten der Monarchie bemalt, zeugten diese Botschafter preußischer Wertarbeit nicht nur von den Leistungen der KPM, in Gestalt ihrer Bauwerke war die Dynastie der Braut am Hof des Ehemanns jetzt zumindest bei Tisch überdeutlich präsent (vgl. S. 185, Abb. 12).

Private und politische Ereignisse boten immer wieder Anlass für Geschenke, die die materielle Situation einer Frau zum Teil erheblich verbesserten.[39] Wertvolle Geschenke erhielten Fürstinnen vor allem von Familienangehörigen. Um Bündnisse zu pflegen oder solche anzubahnen, überreichten jedoch auch auswärtige Potentaten im Vorfeld politischer Annäherungen immer wieder Präsente von zum Teil beträchtlichem Wert. Neben einer auf 10 000 Reichstaler geschätzten Perlenkette[40] erhielt Luise Henriette 1666 von Ludwig XIV. Tapisserien, Silbermöbel und weitere Mobilien im Wert von 62 189 Livres (etwa 20 730 Reichstaler). Dorothea, die zweite Frau des Großen Kurfürsten, bedachte der französische König im Zusammenhang mit einem 1679 mit Brandenburg geschlossenen Geheimvertrag mit Diamantschmuck im Wert von 65 000 Reichstalern, denen er 1682 Gobelins und Silber im Wert von 100 000 Livres (etwa 33 300 Reichstalern) folgen ließ.[41] Da all diese Geschenke von der unverzichtbaren Rolle der Fürstinnen im politischen Netzwerk zeugten, verfügten die Beschenkten mit diesen in den Schlossräumen zur Schau gestellten Objekten nicht zuletzt auch über bedeutendes symbolisches Kapital.

Schon in den Städten, die eine Prinzessin während der Brautfahrt passierte, aber auch auf späteren Reisen erhielten Frauen Geschenke von Kommunen und Ständen. Bei

Abb. 10 u. 11
Die Strelitzie wurde 1773 nach der englischen Königin Charlotte Sophie, Prinzessin von Mecklenburg-Strelitz, benannt. Aus Stolz auf die Ehre, die ihrem Familiennamen zuteil wurde, ließ sie für ihre Nichte Luise von Mecklenburg-Strelitz, Königin von Preußen, bei der KPM die Strelitzien-Vase anfertigen (Kat.-Nr. 72).

Huldigungen wurden sie mit eigenen Huldigungsgeschenken bedacht. Nachdem beispielsweise 1680 Halle und das Erzstift Magdeburg an Brandenburg gefallen waren, fanden in beiden Städten Huldigungen statt, bei denen dem Großen Kurfürsten ein silberner Tafelaufsatz und *Guéridons*, Dorothea von Holstein-Glücksburg ein Kronleuchter und ein Tischblatt aus Silber überreicht wurden.[42]

Die Rolle der Fürstin als Schenkende harrt, abgesehen von wenigen Studien, noch einer systematischen Untersuchung.[43] Cordula Bischoff betont in diesem Zusammenhang die Bedeutung von Handarbeiten. Deutlich wurde weibliche Netzwerkpflege aber auch in Porträts, die Frauen von sich anfertigen ließen, um sie an Bezugspersonen zu verschicken. Porträts, die die Schenkende ihrerseits erhielt, präsentierten Frauen wie Sophie Charlotte in ihren Schlössern als Binnensammlungen und richteten damit einen »Showroom« der eigenen Vernetzung ein. Den gleichen Zweck erfüllte eine große, mit einer *Strelitzia Regina* bemalte Vase, die Charlotte Sophie, Königin von Großbritannien, an Königin Luise nach Preußen senden ließ (Abb. 10 u. 11). Nach ihrer Entdeckung war die Strelitzie nach der Familie der englischen Königin benannt worden und spielte in Berlin nun auf gelehrte Art auf die gemeinsame Herkunft beider Frauen aus dem Haus Mecklenburg-Strelitz an. Mit dem eigenen Wappen versehen, boten solche Geschenke Frauen zudem eine der wenigen Möglichkeiten, für die eigene Memoria zu sorgen (Abb. 12 u. 13).

Überlebte eine Frau ihren Ehemann, erhielt die Witwe ab jetzt die Rente, die ihr auf der Grundlage ihrer Mitgift zustand. Zudem standen sie und ihre Kinder vor der schwierigen Aufgabe, die Gegenstände, die ihr lediglich auf Zeit aus dem Familienfideikommiss oder dem Eigentum des Ehemanns überlassen worden waren, von denjenigen zu trennen, die ihr persönliches Eigentum darstellten und deswegen mit auf den Witwensitz genommen werden konnten. Dieses Eigentum bestand aus den Geradestücken ihrer Mitgift, ihrer Morgengabe und allem, was sie im Laufe ihrer Ehe gekauft, geschenkt bekommen oder geerbt hatten. Zudem konnten Frauen Anspruch auf die Ausstattung eines Schlosses erheben, das sie von ihrem Mann als Geschenk erhalten hatten.[44] Vielen Witwen wurden für die Dauer ihres Witwenstands zusätzlich zum eigenen Hausrat Möbel, Silber und Porzellan aus dem Familienbesitz überlassen.

Starb eine Fürstin vor ihrem Ehemann, erbte dieser in der Regel ihre Hinterlassenschaft. Witwen teilten ihr Eigentum hingegen testamentarisch unter den Kindern auf, nicht ohne auch Dienerschaft, Kirche und Stiftungen zu

Abb. 12 u. 13
Die Lavabogarnitur, eine Stiftung Sophies von Brandenburg an die Dresdner Sophienkirche, ist mit dem brandenburgisch-sächsischen Allianzwappen der Kurfürstin von Sachsen aus dem Haus Hohenzollern verziert. Fürstinnen nutzten häufig die Möglichkeit, Geschenke und Stiftungen mit ihrem Herkunftswappen zu versehen, um so für die eigene Memoria zu sorgen (Kat.-Nr. 55).

berücksichtigen. Die Verteilung des Erbes unter den Kindern konnte im Losverfahren oder durch persönliche Zuweisung geschehen. Besonderes Augenmerk lag erneut auf den Juwelen als wertvollstem und oft auch geschichtsträchtigstem Teil des weiblichen Erbes. Viele Frauen entschieden sich dazu, bedeutende Pretiosen auf ewig dem Kronschatz zu übergeben und auf diese Weise zu Denkmälern der Familiengeschichte zu machen.[45] Spuren von vererbbarem, nicht im Familienbesitz aufgegangenem weiblichem Eigentum lassen sich nur selten über mehrere Generationen hinweg nachverfolgen. Größtenteils zeugen heute daher vor allem Mitgiftverzeichnisse und Nachlassinventare vom einst so bedeutenden Anteil der Frauen an der materiellen höfischen Kultur.

Anmerkungen

1 Ausführlich vgl. Völkel 2015. **2** Von Magdalena Sibylla in Preußen haben sich beispielsweise Belegzettel für Aussteuerankäufe erhalten, die in der Rentkammer mit dem der Kurfürstin zur Verfügung stehenden Deputat verrechnet wurden. Vgl. Essegern 2007, S. 293. **3** Vgl. Völkel 2015, ‹5›. **4** Galland 1911, S. 256. **5** Vgl. Küchler 1965, S. 182. **6** Zu den juristischen Aspekten vgl. Stolleis 1985. – Stolleis 2001. **7** Allgemeines bürgerliches Gesetzbuch 1811, S. 349. **8** Verrechnungen konnten auch prospektiv erfolgen. So wurden die 20 000 Reichstaler Ehegeld, die Anna von Sachsen bei ihrer Hochzeit mit Albrecht Achilles von Brandenburg erhalten sollte, mit dem Ehegeld in gleicher Höhe verrechnet, das die damals achtjährige Tochter Albrecht Achilles' aus erster Ehe bei der vereinbarten Hochzeit mit Albrecht dem Beherzten von Sachsen erhalten sollte. Vgl. Kirchner 1866, S. 134. **9** Vgl. Spieß 2003, S. 92 f. **10** Vgl. Schönpflug 2013, S. 109. **11** Vgl. Essegern 2007, S. 398. – Vgl. Hammer 2001, S. 60. – [Anon.] 1858, S. 8. – Weitere Ausnahmen vgl. Völkel 2015, ‹7›. **12** Vgl. Kirchner 1867, S. 309. **13** Vgl. Völkel 2015, ‹8›. **14** Vgl. Stolleis 1985, S. 276. **15** Vgl. Völkel 2015, ‹9›. **16** Rotschitz 1604, S. 26r. **17** Barth 1721, S. 257. **18** Barth 1721, S. 198. **19** Barth 1721, S. 14. **20** Vgl. Seelig 1994, S. 37. **21** Kolb 1987, S. 257. **22** Vgl. Siemer 1997, S. 43–55. **23** Beispiele bei Völkel 2015, ‹13›. **24** Vgl. Pachomova-Göres 1997, S. 32. **25** Bandow 1858, S. 225. **26** Bielfeld 1765, S. 165. – Zum zusätzlichen Ausstellen eines zur Mitgift Sophie Dorotheas gehörenden Brautbetts am Hof des Ehemanns vgl. Völkel 2015, ‹15›. **27** Sophie Dorothea wurde auf ihrer Fahrt zur Hochzeit nach Berlin 1706 beispielsweise von zwölf Rüstwagen begleitet. Vgl. Kirchner 1870, S. 97. **28** Vgl. Pachomova-Göres 1997, S. 37. – Zu den enormen Kosten der Brautfahrten vgl. Völkel 2015, ‹17›. **29** Vgl. Barth 1721, S. 600 f. **30** Vgl. [Anon.] 1626. **31** Vgl. Hammer 2001, S. 60. **32** Zum Verhältnis von Hochzeitsgeschenken und Morgengabe in Form von Juwelen und Ehegeld vgl. auch Bischoff 2007/08, S. 24. **33** Vgl. Pointon 2007. **34** Moser 1754, S. 566. – Vgl. Völkel 2015, ‹20›. **35** Zit. bei Seidel 1913, S. 69. **36** Vgl. Seidel 1913, S. 40. **37** Barth 1721, S. 158. **38** Vgl. Völkel 2015, ‹22›. **39** Vgl. Völkel 2015, ‹26›. **40** Vgl. Kirchner 1867, S. 285. **41** Vgl. Seidel 1895, S. 4 f. – Falcke 2006, S. 131 f., 135–137. – Vgl. Völkel 2015, ‹27›. **42** Vgl. Lessing 1885, S. 136 f. – Brademann 2006, S. 57, 62, 138, Anm. 276. **43** Vgl. Bischoff 2007/08, S. 30–41. – Vgl. auch Eichberger 2005. **44** Vgl. Völkel 2015, ‹30›. **45** Vgl. Völkel 2015, ‹31›.

SPIELRÄUME

»… allzeit thun müssen, wass andere wollen«? Handlungsspielräume fürstlicher Frauen bei Hof

Cordula Bischoff

Nicht ohne Neid beschrieb die am französischen Hof lebende Liselotte von der Pfalz die Freiheiten, die ihre Cousine, die brandenburgische Kurfürstin Sophie Charlotte, genoss: »Wenn ich betrachte, daß I. L. die Churfürstin von Brandenburg hinreißt, wo es ihnen beliebt, heußer bawet, musicanten hatt, mit einem wort: thut waß ihr gefelt, finde ich, daß sie woll taußende und daußendtmahl glücklicher ist, Churfürstin in Brandenburg zu sein, alß wenn sie hir dauphine geweßen were, denn da hette sie allzeit thun müßen, waß andere wollen, nie ohne den König reißen, wenig gelt haben undt nimmermehr ihre verwanten sehen.«[1] Tatsächlich waren die politischen und sozialen Handlungsspielräume deutscher Fürstinnen in der Frühen Neuzeit weiter gesteckt als die ihrer französischen oder spanischen Standesgenossinnen.

Das Heilige Römische Reich deutscher Nation bestand aus weit über 300 konkurrierenden weltlichen und geistlichen, katholischen und protestantischen, großen und kleinen Höfen, an denen Frauen lebten und in unterschiedlichsten Positionen agierten. Im Zentrum jedes Fürstenhofs stand der Fürst, dessen Rang und Bedeutung Ausdruck verliehen wurde durch den ihn umgebenden Hofstaat und das höfische Zeremoniell. Eine wichtige Rolle spielten dabei die fürstliche Familie, allen voran die Ehefrau, aber auch andere weibliche Verwandte.

Ungeachtet der Tatsache, dass eine prinzipielle Geschlechterhierarchie dem Mann die eindeutige Vorherrschaft über die Frau einräumte, existierten durchaus weitreichende Handlungsspielräume für Frauen bei Hof.[2] Allerdings waren diese abhängig von der jeweiligen Lebensphase als Tochter, Schwiegertochter, Schwester, Ehefrau, regierende Fürstin, Fürstinmutter, Witwe, Regentin, usw. Dabei ist zu unterscheiden zwischen informeller Macht und politischem Amt. Durch ihre Nähe zum Regenten, durch ihre Funktion als Kommunikatorinnen und mithilfe eines eigenen Kreises von Günstlingen war es vielen Frauen – Ehefrauen, Mätressen,[3] Müttern – möglich, erheblichen Einfluss auszuüben und eigene Interessen durchzusetzen. Offizielle Herrschaftsfunktionen übten Frauen in ihren eigenen Territorien sowie zeitlich begrenzt als Statthalterin oder Regentin aus.[4] Große Selbstständigkeit erlangten auch diejenigen, die in ein Kloster oder ein Damenstift eintraten und verantwortlich waren für die Güterverwaltung oder die Rechtsprechung.

Die Heirat ist für eine Fürstentochter als erstrebenswerter Normalfall anzusehen. Adlige Eheschließungen beruhten in der Regel jedoch nicht auf Zuneigung, sondern auf dynastischer Bündnispolitik und sollten im Idealfall Machterhalt oder -zuwachs, Territorialgewinn oder Standeserhöhung nach sich ziehen. Das übergeordnete Ziel des Fürstenpaares war es, durch gemeinsame Kinder und vor allem durch einen männlichen Erben die Kontinuität der Dynastie zu sichern und damit »das Haus« zu stärken. Frauen verließen mit der Heirat ihre Herkunftsfamilie und ihre Heimat, oft auch ihren Sprachraum und mussten mit ihrer neuen Position als Ehefrau und Erbprin-

Abb. 1 ►
In Brandenburg-Preußen wurde keine Fürstin Regentin, auch nicht als Witwe. Elisabeth von Bayern wohnte zwar in Sanssouci, lebte dort aber nach dem Tod ihres Mannes Friedrich Wilhelm IV. zurückgezogen (Kat.-Nr. 136).

zessin oder regierende Fürstin zugleich eine andere familiäre, ja »nationale« Identität annehmen. Dennoch sollten sie ihre familiäre Herkunft und ihr Haus zeitlebens repräsentieren. Daher sahen sie sich häufig im Konflikt zwischen Geburts- und Ehefamilie und verfolgten in vielen Fällen ihre eigenen Interessen, etwa in Fragen der Religionsausübung oder der Heiratspolitik ihrer Kinder.

In einer guten Ehe sollten die Ehepartner einander »nicht ganz zuwider« sein;[5] ein relativ ungestörtes Nebeneinanderherleben galt als erstrebenswert. Erstaunlich viele Fürstinnen zogen jedoch eine eheliche Trennung dem Zusammenleben mit einem ungeliebten oder verhassten Mann vor. Eine räumliche Trennung ließ sich leicht bewerkstelligen, da jede Fürstin über ein eigenes Domizil verfügte. Eine offizielle Scheidung war nur in wenigen Fällen erlaubt und mit erheblichen Nachteilen verbunden. Auch der Ehebruch seitens einer Frau wurde stillschweigend toleriert, so lange nichts an die Öffentlichkeit drang. Da eine standesgemäße Versorgung garantiert werden musste, ließ sich so ein relativ selbstbestimmtes Leben führen.

Die Wirkungsmöglichkeiten unverheirateter adliger Frauen sind bislang wenig erforscht. Sie sind aber aufgrund finanzieller Abhängigkeiten als gering einzustufen. An vielen Höfen war es üblich, junge Frauen im Zuge der Ausbildung für eine befristete Zeit als Hofdame zu beschäftigen.[6] Ledige Schwestern oder Töchter des Potentaten verblieben meist im heimatlichen Schloss oder bei Verwandten. Nur selten residierten sie in einer eigenen Hofhaltung.[7] Bei verwitweten Regenten oder an Höfen der katholischen Geistlichkeit konnten sie mitunter die Rolle der Hausherrin und damit die unverzichtbaren Repräsentations- und Kommunikationsaufgaben übernehmen.

Generell waren es vor allem zwei Bereiche, in denen Fürstinnen ihre größten Einflussmöglichkeiten ausspielen konnten: zum einen als »Kulturpolitikerin« – dies betraf nahezu jede fürstliche Ehefrau –, zum anderen als Regentin im Falle der Verwitwung und Vormundschaft über unmündige Kinder. Im Alten Reich war es gängige Praxis und seit dem 18. Jahrhundert juristisch unstrittig, dass die Witwe eines verstorbenen Fürsten die bestgeeignete Person sei, die Regentschaft für ihren unmündigen Sohn in allen Belangen auszuüben. Dementsprechend lassen sich für den Zeitraum zwischen 1600 und 1800 über hundert Regentinnen nachweisen, die – unabhängig von Konfession, Größe des Territoriums oder Stellung innerhalb des Reiches – regentschaftliche Aufgaben erfüllten.[8] Vormundschaft bedeutete nicht nur, unmittelbar Einfluss zu nehmen auf die Erziehung eines Fürstensohnes, auf dessen Konfession und seine spätere dynastische Heirat, sondern sie stellte vor allem auch die unabdingbare Voraussetzung zur Wahrnehmung staatspolitischer Verwaltungs- und Regierungsaufgaben dar, deren Durchführung allein im Namen und zum Nutzen des Sohnes begründet lag. Während ihrer Regentschaft konnten Fürstinnen Bereiche kontrollieren, die im Zuge der »Arbeitsteilung« zwischen Mann und Frau[9] eher als männliche Aufgaben definiert waren: Finanzpolitik, etwa Überwachung und Sanierung des Staatshaushalts, Wirtschaftspolitik, Gesetzgebung und Rechtsprechung, Stadt- und Residenzplanung[10] oder in Ausnahmefällen die Leitung militärischer Operationen.[11]

Im Allgemeinen waren sich die Fürstinnen des Reiches sehr bewusst, dass sich ihnen durch die Übernahme einer Regentschaft die Möglichkeit zur Machtausübung eröffnete, und die meisten trachteten danach, dieses Amt zu übernehmen. So strebte die preußische Königin Sophie Dorothea, wie ihre Tochter Wilhelmine überliefert, nach größeren Einflussmöglichkeiten: »Obwohl aber der König seine Gemahlin leidenschaftlich liebte, konnte er nicht umhin, sie unbillig zu behandeln, und ließ ihr keinerlei Anteil an staatlichen Dingen. [...] Ihr Ehrgeiz ist maßlos [...] endlich strebte sie die Vormundschaft meines Bruders [Friedrich] an, für den Fall, daß der König sterben sollte.«[12] Als der König 1717 in Brandenburg an einer Nierenkolik erkrankte, ließ er die Königin aus Berlin zu sich holen und machte sein Testament. »Er setzte darin die Königin zur Regentin des Landes während der Minderjährigkeit meines Bruders ein und den Kaiser und den König von England zu Vormündern des jungen Fürsten. Die Königin erhielt eine Kopie davon, und das Original wurde in das Berliner Archiv gebracht«.[13] Zwar wurde keine Fürstin Regentin in Brandenburg-Preußen (Abb. 1). Wohl aber übten in andere Territorien einheiratende Hohenzollerinnen die Regentschaft aus, so Elisabeth in Braunschweig-Calenberg-Göttingen, Marie Eleonore in Simmern oder Hedwig Sophie in Hessen-Kassel.

In der europaweiten religiösen Umbruchphase des 16. Jahrhunderts spielten viele Fürstinnen eine entscheidende Rolle. Mit der lutherischen Aufwertung der Ehe und der damit einhergehenden sich ergänzenden Dualität von »Hausvater« und »Hausmutter«, respektive »Landesvater« und »Landesmutter«, sahen sich Frauen legitimiert, selbstbewusst und selbstbestimmt für eigene Überzeugungen einzutreten. Nachdem etwa die 15-jährige Elisabeth von Brandenburg den 40 Jahre älteren Herzog Erich von Braunschweig-Calenberg-Göttingen geheiratet und vier Kinder, darunter den ersehnten Thronfolger, geboren hatte, trat sie 1538 zum lutherischen Glauben über (Abb. 2 u. 3). Ihr katholischer Ehemann tolerierte den Religions-

Abb. 2
Dieses Exemplar der »Confessio Augustana«, eine der grundlegenden lutherischen Bekenntnisschriften, entstand im Auftrag von Elisabeth von Braunschweig-Calenberg-Göttingen. Der Ledereinband ist mit ihrem Porträt und Namen geprägt, bezeichnenderweise umgeben von mythologischen und biblischen Heldinnen (Kat.-Nr. 130).

Abb. 3
Elisabeth, Tochter des Brandenburger Kurfürsten Joachim I., gehört zu den Fürstinnen, die im 16. Jahrhundert »Politik« machten. Sie trat zum lutherischen Glauben über und setzte in ihrer neuen Heimat Braunschweig-Calenberg-Göttingen die Reformation durch (Kat.-Nr. 132).

Abb. 4
Zum Weihnachtsfest 1616 schenkte Sophie von Sachsen ihren Kindern diesen Golddukaten mit der Inschrift »WOL DEM DER FREVD AN SEIN KIND: ERLEBT«. Diese bringt den Stolz auf ihre Kinder ebenso zum Ausdruck wie die Mahnung an ihre Kinder, der Mutter doch am besten nur Freude zu bereiten (Kat.-Nr. 133).

Abb. 5 ►
Auch Sophie von Brandenburg, Kurfürstin von Sachsen, war eine überzeugte Lutheranerin und trat als Regentin Sachsens selbstbewusst für ihre religiöse Überzeugung ein. Die Beischrift auf einer zeitgenössischen Grafik von 1588 hebt ihren lutherischen Glauben hervor (Kat.-Nr. 134).

wechsel und duldete sogar die Erziehung der Kinder im evangelischen Glauben. Während ihrer fünfjährigen Regentschaft sorgte sie für die Sanierung des Staatshaushaltes und vor allem – gegen erhebliche Widerstände – für die Durchsetzung der Reformation. Sie verfasste zahlreiche Schriften, darunter neue Kirchen-, Kloster- und Hofgerichtsordnungen und für ihren Sohn zum Regierungsantritt einen Fürstenspiegel. Auch zahlreiche Kirchenlieder und ein umfangreicher Briefwechsel zeugen von ihrer Gelehrsamkeit. Aus ihrem »Widwen Handbüchlein« von 1556 wird jedoch die Enttäuschung über ihre letztlich gescheiterte Politik ersichtlich, denn durch die wankelmütigen Religionswechsel ihres Sohnes übernahmen katholische Gegner das Herzogtum.[14] Zugleich begründete sie mit dieser erfolgreichen, bis 1609 in fünf Auflagen erschienenen Publikation eine Tradition protestantischer fürstlicher Witwen, den mit dem Witwenstatus einhergehenden sozialen Bedeutungsverlust durch schriftstellerische Tätigkeit zu kompensieren.[15]

Auch Sophie von Brandenburg, Kurfürstin von Sachsen, setzte sich mit Nachdruck für ihre religiösen Überzeugungen ein. Während ihr Ehemann Christian I. von Sachsen vor dem Hintergrund der erstarkenden Gegenreformation eine von Toleranz geprägte Annäherung der verschiedenen protestantischen Glaubensrichtungen – insbesondere von Luthertum und Calvinismus – anstrebte, lehnte Sophie als orthodoxe Lutheranerin die eingeführten Neuerungen rigoros ab. Obwohl nach dem Tod ihres Mannes die Regentschaft für den achtjährigen Christian II. nicht ihr, sondern zwei männlichen Verwandten übertragen worden war, war sie die treibende Kraft bei der Ausmerzung aller »calvinistischen Unbräuche«.[16] Auf ihr Betreiben hin wurden zahlreiche Ratgeber und Getreue Christians verhaftet, allen voran der zehn Jahre später hingerichtete calvinistische Kanzler Nikolaus Krell, und die eingeführten Reformen wieder rückgängig gemacht. In einer zeitgenössischen Grafik von 1588 allerdings, die in einer Einheit mit dem Pendantbildnis ihres Gemahls zu sehen ist, wird sie im erläuternden Text ausdrücklich als Lutheranerin und als treue, gehorsame Ehefrau gefeiert (Abb. 5).

Unstrittig war der Erziehungsauftrag, den Witwen ihren unmündigen Kindern gegenüber ausübten. Jedoch handelte Sophie auch hier insofern eigenmächtig, als sie Hofmeister und Lehrer für ihre Söhne ohne Rücksprache mit den Vormündern entließ oder einstellte und schließlich sogar selbst die Leitung des prinzlichen Hofstaates übernahm. Auch hier achtete sie insbesondere auf religiöse Unterweisung. Zu Weihnachten 1616 schenkte sie ihrem zweiten Sohn Johann Georg, der dem 1611 verstorbenen älteren Bruder in der Regierung nachgefolgt war, und ihren weiteren Kindern einen Golddukaten mit ihrer Devise »HILF DV HEILIGE DREIFALTIGKEIT«, verbildlicht durch das Auge Gottes, das Christuskürzel IHS und die Taube des Heiligen Geistes. Die Umschrift der Vorderseite drückt ihren Stolz auf ihre Kinder aus: »WOL DEM DER FREVD AN SEIN KIND: ERLEBT«[17] (Abb. 4). Solche Medaillen sind nicht nur als private Geschenke zu werten. Sie dienten, so wie eigenhändig angefertigte kostbare Handarbeiten, Zeichnungen oder Texte, der familiären Memoria.

Unzweifelhaft genossen Regentinnen die weitestgehenden Handlungsspielräume. Die Regierungsgewalt auszuüben bedeutete, eine männliche Rolle auszufüllen und war daher in der Regel nur geduldet als zeitlich befristete Übergangslösung. Vielen Witwen fiel es schwer, sich nach Übergabe der Regierungsgewalt an den mündigen Sohn mit dem Verlust von Macht und Status abzufinden und sich den gesellschaftlichen Erwartungen an ein zurückgezogenes, auf Religion und Handarbeiten beschränktes

Der durchlauchtigsten / Hochgebornen Fürstin vnd Frawen /

Frawen *SOPHIA*, gebornen Marggräffin zu Brandenburg / Hertzogin vnd Churfürstin zu Sachssen / Landgräffin in Düringen / Marggräffin zu Meissen / vnd Burggräffin zu Magdeburg / etc. Bildnis.

ZV Brandenburg ein Marggräffin/
Durch Gottes gnad ich geboren bin.
Erzogen auch in GOttes furcht/
Vnd seinem lieben Wort gehorcht/
Geliebt die Göttlich Maiestat/
Drumb mir auch GOtt gegeben hat/
Ein frommen vnd Christlichen Herrn/
Den ich billich thue liebn vnd ehrn.
Vnd ruffe GOtt an zu aller zeit/
Das er durch sein Barmhertzigkeit.
Für aller noth vnd auch gefahr/
Mich vnd mein lieben Herrn bewahr/
Vnd helff das wir ein lange zeit/
Beinander lebn in fried vnd frewd / Amen.

Anno 1588.

Leben zu beugen. Es gibt zahlreiche Beispiele von Auseinandersetzungen um Geld, Einfluss und Mitbestimmung, und nicht wenige Frauen regierten auch noch über die Volljährigkeit des Sohnes hinaus.[18]

Macht und Einfluss von Fürstinnen waren jedoch nicht nur an das Regentschaftsamt gebunden.[19] Prinzipiell ist an ein gemeinschaftlich agierendes und sich ergänzendes Arbeitspaar zu denken.[20] In der zeitgenössischen Vorstellung wurde durchaus von einer beratenden Funktion der fürstlichen Ehefrau ausgegangen, deren Kompetenz keineswegs auf außerpolitische Fragen beschränkt sein sollte. Historisch belegte Beispiele für die massive Einflussnahme seitens fürstlicher Ehefrauen auf alle politischen Belange sind derart häufig, dass die absolut unpolitische Fürstin als Ausnahme angesehen werden muss.

Wilhelmine von Preußen, Ehefrau des Statthalters der Niederlande Wilhelm V. von Oranien-Nassau, veranlasste ihren Bruder, König Friedrich Wilhelm II. von Preußen, 1787 mit einem preußischen Heer in den Niederlanden einzumarschieren, um die Wiederherstellung der politischen Position ihres Gemahls zu erzwingen, der durch die »Patrioten-Partei« entmachtet worden war.[21] Willem Joseph Laquys Zeichnung feiert das Einvernehmen der königlichen Geschwister und stellt Wilhelmine deutlich als Handelnde in den Mittelpunkt. Bereits einige Jahre zuvor ließ sie sich selbstbewusst als Reiterin im Herrensitz porträtieren (Abb. 6 u. 7).[22] Die steigende Haltung des Pferdes (Levade) und das militärisch anmutende Reitkostüm erinnern an Feldherrendarstellungen.

Etliche Gemahlinnen übten, vergleichbar den offiziellen Mätressen, eine informelle Herrschaft aus und suchten den Potentaten dahingehend zu beeinflussen, dass dessen Entscheidungen ihren eigenen Vorstellungen entsprachen.[23] Als Wilhelmine in Preußen, die spätere

Abb. 6 u. 7
Wilhelmine von Oranien-Nassau mischte sich in die niederländische Politik ein. Ihr Anspruch kommt in Tethart Philipp Christian Haags Gemälde zum Ausdruck: Es zeigt die Gemahlin des Statthalters in Anlehnung an Feldherrendarstellungen zu Pferd – und im Herrensitz! Wilhelmines Handlungsmöglichkeiten waren jedoch Grenzen gesetzt: Der von ihr provozierte Aufstand in den Niederlanden kann am Ende nur mit Hilfe ihres Bruders, König Friedrich Wilhelm II. von Preußen, niedergeschlagen werden. Willem Joseph Laquy hält das Treffen der Geschwister fest (Kat.-Nr. 122 u. 121).

Markgräfin von Brandenburg-Bayreuth, mit dem Prinzen von Wales verheiratet werden sollte, versuchte die Mutter, ihr den Kandidaten mit der Aussicht auf Herrschaft schmackhaft zu machen: »›Er ist gutherzig‹, sagte sie, ›aber von sehr geringem Verstand, eher häßlich wie schön und sogar etwas verwachsen. Sofern Sie sich ihm nur gefällig zeigen und seine Ausschweifungen dulden, werden Sie ihn gänzlich beherrschen und nach dem Tode seines Vaters mehr König sein als er. Bedenken Sie nur, wie groß Ihre Macht sein wird, von Ihnen wird das Wohl und Wehe Europas abhängig sein, und Sie werden die Nation beherrschen‹«.[24] Die Kammerfrau Ramen, eine Vertraute der Königin, riet Wilhelmine, die eine Heirat aus Neigung vorzog, gar: »Muß man denn wegen einer Heirat ein solches Wesen machen? Es geschieht nur hier! Glauben Sie mir, ein Mann, den man kommandieren kann, ist ein guter Fang […].«[25]

Zu den Hauptaufgaben des Fürsten gehörten Staatsregierung und Außenpolitik. In komplementärer Ergänzung dazu unterstanden der Fürstin – im wörtlichen Sinn – Haus- und Innenpolitik. Völlig unabhängig davon, ob und in welchem Grad eine Fürstin tatsächlich politische Macht ausübte, gab es daher zentrale Bereiche, die in die Zuständigkeit der Fürstin fielen: soziale Interaktion, Familie und Dynastie, Geschichte und Memoria, Kommunikation und Gastfreundschaft. Visualisiert und publiziert wurden diese Themen durch Kunst und Architektur.

Der frühneuzeitliche Hof stellte im doppelten Sinn ein visuelles Medium dar: Sowohl die Hofanlage – die räumlich-architektonische Hülle des Herrschaftszentrums – als auch der Hofstaat – die personale Umgebung des Herrschers – dienten als Bedeutungsträger innerhalb einer nonverbalen Zeichen- und Symbolsprache. Architektonische Gestaltung, Innenraumdekoration, Gartenanlage,

◄ Abb. 8
In dem Juda Pinhas zugeschriebenen Gemälde ist die Personifikation der Musik, begleitet von Minerva, der Göttin der Weisheit und der Kunst, zu erkennen. Sie huldigen der Markgräfin Wilhelmine von Brandenburg-Bayreuth, die als Mäzenin und Künstlerin inszeniert wird (Kat.-Nr. 198).

Abb. 9
Wilhelmine haderte mit ihrer Rolle als Markgräfin des Kleinstaates Brandenburg-Bayreuth. Als Kompensation betätigte sie sich als Künstlerin. Bezeichnend ist, dass sie eine Serie von Pastellen schuf, die Frauen zum Bildthema haben, die sich für Ehre und Familie opfern, wie der hier gezeigte »Tod der Kleopatra«(Kat.-Nr. 129).

Kunstwerke und Möblierung waren ebenso wie Zeremoniell, Feste, Theater-, Tanz- und Musikinszenierungen und der Einsatz von Kleidung, Kostümierung oder Schmuck auf die *repraesentaio dignitatis* gerichtet. Kunstpolitik war notwendiger Bestandteil der höfischen Selbstdarstellung und bildete eine Kernkompetenz von Frauen. Durch ihre architektonische und künstlerische Auftraggeberschaft, verbunden mit der Entwicklung eigener künstlerischer Vorstellungen, erwiesen sie sich als Entwerferinnen des Repräsentationsmodus.

Eine besondere Bedeutung kam dabei den Paradeappartements der Fürstinnen und ihren Lustschlössern zu. Das höfische Zeremoniell definierte die Damen-Appartements als repräsentativ-gesellschaftlich ausgerichtete Kommunikationsräume, die einer breiteren höfischen Öffentlichkeit zugänglich waren als diejenigen der Fürsten. Die Hausherrin fungierte innerhalb des diplomatischen Zeremoniells als Gastgeberin. Fiel die Ehefrau des Fürsten als Gastgeberin aus, übernahmen Mütter, Töchter, Schwiegertöchter oder andere nahe weibliche und im Rang folgende Verwandte die unverzichtbaren Repräsentationsaufgaben der Hausherrin. Der Empfang von Gästen, die regelmäßigen informellen Tafeln sowie Tanz-, Musik- und Spieleabende fanden in ihren Räumen statt. Daher war ein erhöhter Repräsentationsaufwand in den »Frauenzimmern« notwendig, der sich in dem sichtbaren Bestreben nach Neuerung und Aktualität unter Verwendung äußerst aufwendiger und kostbarer Materialien niederschlug.[26]

Kennzeichnend für die Raumausstattung ist etwa die Ausgestaltung mit spezifisch weiblichen Bildprogrammen. Zu den immer wiederkehrenden Allegorien zählt vor allem die Figur der Minerva, die analog zu den männlichen Identifikationsfiguren Herkules oder Apoll ein großes Spektrum an fürstlichen erwünschten Eigenschaften wie Klugheit, Stärke oder Kunstverstand aufwies und deshalb modellhaft für jede Fürstin stehen konnte (Abb. 8). Bilder zumeist antiker Frauengestalten – Heldinnen, Amazonen, Herrscherinnen, die sogenannten »Starken Frauen«[27] – verwiesen plakativ auf bestimmte Regentinneneigenschaften oder dienten als historische Beispiele für Handlungszusammenhänge. Die preußische Königstochter Wilhelmine stilisierte zeitlebens ihre unstandesgemäße Heirat mit dem im Fürstenrang weit unter ihr stehenden Markgrafen von Brandenburg-Bayreuth als Opfer im Dienst Preußens. Ihre eigenhändig gezeichnete Serie von Pastellen – Cimon und Pero, Tod der Lukretia und Tod der Kleopatra – stellt opferbereite Frauen dar, in deren Tradition sie sich einreihte (Abb. 9).

Gemeinsamkeiten lassen sich auch in der Entwicklung der von den Fürstinnen präferierten Bildideen feststellen. Das Bestreben, hochkomplexe, intellektuell anspruchsvolle Sujets zu wählen, war bei Frauen besonders ausgeprägt. In vielen Fällen wurde auf wenig bekannte mythologische Historien zurückgegriffen oder es wurden Umdeutungen vorgenommen. Ein aufwendig in Applikationsstickerei gearbeiteter Kaminschirm aus dem Besitz von Wilhelmines Mutter Königin Sophie Dorothea zeigt Szenen aus dem Leben Alexanders des Großen (Abb. 10). Die mittlere Szene orientiert sich an dem Reproduktionsstich eines berühmten Gemäldes von Charles Le Brun. Nach der siegreichen Schlacht bei Issus gegen den Perserkönig Darius, dargestellt im rechten Flügel, trifft Alexander im erbeuteten persischen Lager auf die Familie des entflohenen Darius. Mutter und Ehefrau des Besiegten werfen sich Alexander zu Füßen und werden von ihm großmütig und ehrenvoll behandelt. Entgegen der üblichen Darstellungsweise tritt Alexander hier eine stolze und selbstbewusste Frau, wohl Darius' Mutter Sisygambis, stehend und somit auf Augenhöhe gegenüber. Die dritte Szene auf dem linken Seitenflügel stellt Alexanders Hochzeit mit der persischen Prinzessin Roxane dar, eine Begebenheit, die üblicherweise nicht in diesem Zusammenhang gezeigt wird. Zudem wird die Zeremonie des Brotbrechens als Zeichen der Vermählung durch eine Priesterin durchgeführt. Möglicherweise entstand der Kaminschirm 1706 anlässlich der Hochzeit Sophie Dorotheas mit Friedrich Wilhelm.[28] Die Zuspitzung auf die starke, königliche Frau verknüpft die traditionelle mit der individuellen Ikonografie.

Abb. 10
Der Kaminschirm Sophie Dorotheas von Hannover stellt den Anspruch einer »femme forte« dar: Entgegen der Bildtradition kniet die Mutter des besiegten Darius nicht vor Alexander dem Großen, der Milde walten lässt. Stattdessen wird Darius' Mutter als Fürstin gezeigt, die dem Sieger selbstbewusst gegenübertritt (Kat.-Nr. 123).

Abb. 11
Luise Henriette von Oranien-Nassau begründete in Brandenburg-Preußen nach dem Vorbild ihrer Mutter eine Porzellansammeltradition. Sowohl in Schloss Oranienburg und Schloss Monbijou als auch in Schloss Charlottenburg wurde ein Porzellankabinett eingerichtet, dessen ursprüngliches Erscheinungsbild durch einen Stich überliefert ist (S. 280).

Abb. 12 ►
Amalie, die unverheiratete Schwester Friedrichs II., war eine virtuose Organistin und Komponistin, wie die Partitur »Ich will mit Chloris mich vermählen« belegt. Zudem baute sie eine Musikaliensammlung auf, heute ein zentraler Teil der berühmten Autografen-Sammlung der Staatsbibliothek zu Berlin (Kat.-Nr. 124).

Neben eigenen Bildprogrammen entstanden ab Mitte des 17. Jahrhunderts auch speziell für Frauen eingerichtete Räume. So wurden insbesondere alle Porzellansammlungsräume – Porzellan- und Lackkabinett,[29] Prunkküche[30] und Prunkbad[31] – von Frauen des Hauses Oranien entwickelt und stiegen innerhalb kurzer Zeit europaweit zu den hochwertigsten Prunkräumen auf.[32] Durch Kurfürstin Luise Henriette, eine der vier in deutsche Fürstentümer einheiratenden Oraniertöchter, begründete sich vor allem im Haus Brandenburg-Preußen eine Porzellansammeltradition, der alle nachfolgenden Fürstinnen folgten. Die Einrichtung ganzer Schlösser – beispielsweise Oranienburg, Caputh, Charlottenburg, Monbijou – mit sämtlichen Spielarten von Porzellansammlungsräumen setzte innerhalb Deutschlands Standards hinsichtlich der Inneneinrichtung[33] (Abb. 11).

Die Erziehung adliger Mädchen war vor allem auf die Vermittlung von Pflichten, Werten und Standesbewusstsein gerichtet. Im Vordergrund standen gesellschaftliche und kommunikative Fähigkeiten wie Tanzen, Zeichnen, Musizieren, Briefe schreiben und Konversation betreiben. Künstlerische Tätigkeiten galten als angemessene Beschäftigungen für Frauen. Häufig beschränkte sich die eigene künstlerische Arbeit auf das Ausführen vorgegebener Muster – etwa in der Stickerei oder in der äußerst beliebten »lacca povera«, der Verzierung von Kleinmöbeln mit ausgeschnittenen Bildern und anschließender Lackierung. Solche Techniken stellten das Nachschöpfen, Dekorieren und Verzieren in den Vordergrund. Damit wiesen sie den ausführenden Frauen den eindeutigen Status einer Dilettantin zu und ordneten diese Tätigkeiten dem positiv besetzten Bereich des Frauenfleißes zu. Darüber hinaus jedoch müssen etliche Fürstinnen als hochgebildete Malerinnen, Schriftstellerinnen, Musikerinnen oder Komponistinnen, und oft in mehreren Bereichen beschlagen, angesehen werden (Abb. 12).

Duetto.

Berlin d. 2. Julius 1776.
Von Amelie.

Gleim 1. u. 2. Theil. pag: 116. Der Bruder und die Schwester.

Lustig, oder mässig geschwinde.

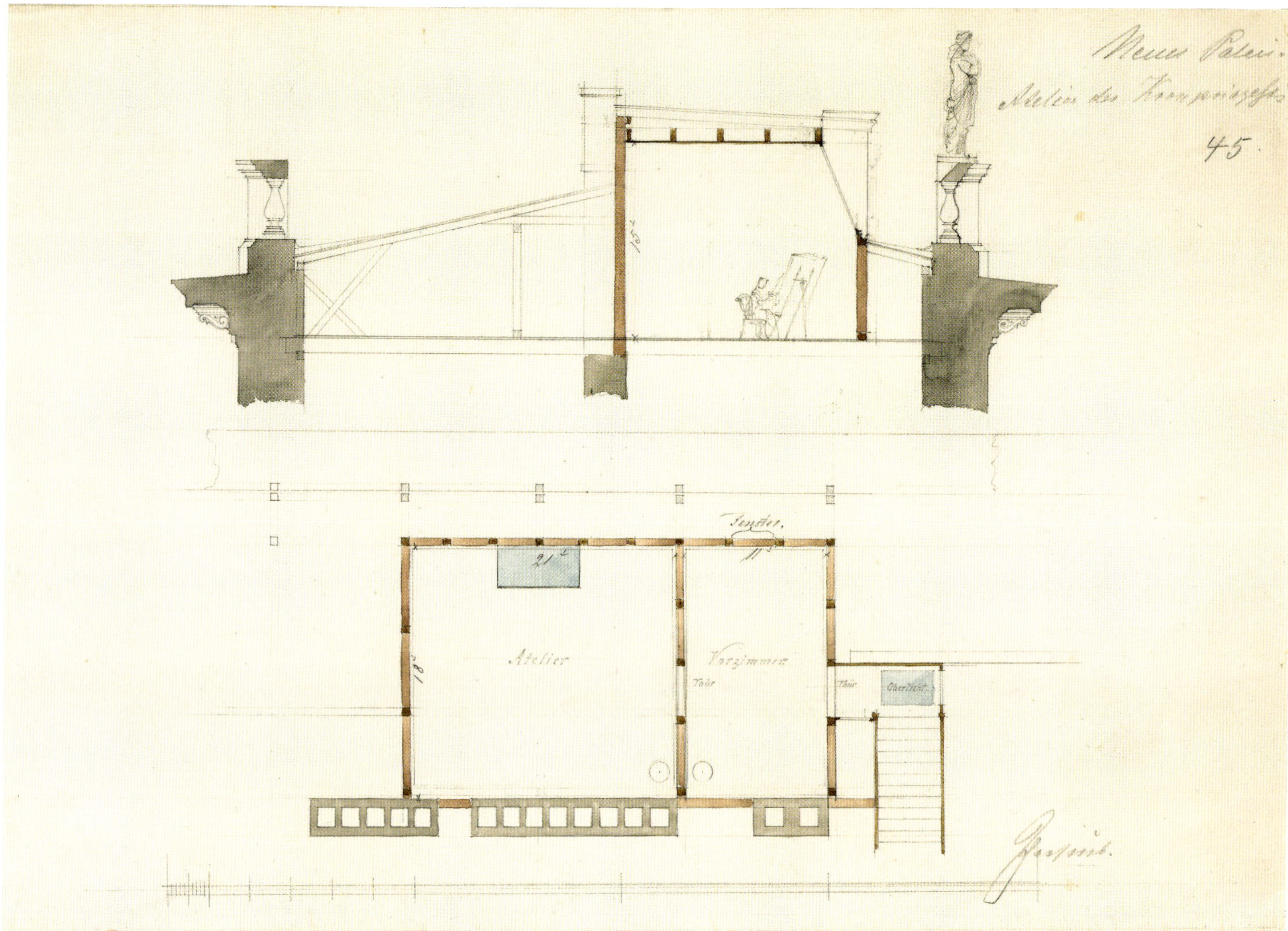

Abb. 13
Victoria von Großbritannien, die in politischer Hinsicht nicht die gewünschten Entfaltungsmöglichkeiten fand, wandte sich der Kunst zu. Der Entwurf für ein eigenes Atelier im Neuen Palais ist ein symptomatischer Ausdruck ihres Wunsches nach einem Ort selbstständiger und autonomer Betätigung (Kat.-Nr. 126).

Wilhelmine von Brandenburg-Bayreuth besaß einige Talente auf diesen Gebieten. Damit suchte sie ihre Enttäuschung über ihre niederrangige Ehe und die – wie sie es empfand – daraus resultierende Verbannung in die Provinz durch eigene künstlerische Tätigkeit und durch den Ausbau Bayreuths zu einem Musenhof zu kompensieren. Die kleine Zeichnung von Juda Pinhas »Musik und Weisheit huldigen der Markgräfin Wilhelmine von Bayreuth« verbildlicht in programmatischer Form die Selbststilisierung Wilhelmines als Künstlerin, Musikerin, Schriftstellerin und Kunstmäzenin[34] (Abb. 8).

Auch Victoria von Großbritannien und Irland, Deutsche Kaiserin, entwickelte einige Talente in der Bildhauerei, Aquarell- und Ölmalerei. 1860 wurde sie zum Ehrenmitglied der Akademie der Künste in Berlin ernannt.[35] Sie ließ sich sowohl im Kronprinzenpalais in Berlin als auch im Neuen Palais in Potsdam Atelierräume einrichten[36] (Abb. 13 u. 14). Unter dem Einfluss ihres Lehrers, des Porträtmalers Heinrich von Angeli, entstanden akademisch-realistische Werke, etwa eine Serie von Porträts ihrer Kinder in historisierenden Renaissance-Kostümen (Abb. 15).

Sich künstlerisch zu betätigen, einerlei in welcher Sparte, erfüllte mehrere Funktionen. Zum einen flossen Kreativität und Fantasie in einen Zeitvertreib, der ohne großen Aufwand in den Frauenräumen betrieben werden konnte, wo sich ein Großteil des alltäglichen Lebens abspielte. Viele Tätigkeiten ermöglichten einen kommunikativen Austausch – wie etwa das Musizieren oder das gemeinsame Handarbeiten im Kreis der Hofdamen. Zum anderen eigneten sich eigenhändig verfertigte Zeichnungen,

Abb. 14 ▼
Neben der Bildhauerei widmete sich Victoria auch der Aquarell- und Ölmalerei. Durch ihre künstlerische Tätigkeit stellte sie sich bewusst als Tochter von Prinz Albert dar, dem englischen Prinzgemahl. Er ist für sein Kunstengagement und die Initiierung der ersten Weltausstellung in London 1851 berühmt (Kat.-Nr. 127).

Stickereien, Gedichte oder Musikkompositionen als hochrangige Geschenke innerhalb eines auf Beziehungsnetzwerke ausgerichteten höfischen Sozialgefüges. Und nicht zuletzt erfüllten sie das Bedürfnis nach überdauernden Werken, um der Nachwelt ein »Stück von sich selbst« zu hinterlassen.

Anmerkungen

1 Liselotte von der Pfalz an Sophie von Hannover, 28. 11. 1694, zit. nach Helmolt 1908, Bd. 1, S. 149. **2** Vgl. Schraut 1998. – Hirschbiegel/Paravicini 2000. **3** Vgl. Oßwald-Bargende 2000. **4** Vgl. Walther 2015. **5** Liselotte von der Pfalz an ihre Halbschwester Amelise, 8. 1. 1702, zit. nach Menzel 1843, S. 65. **6** Vgl. Keller 2005. **7** So beispielsweise Anna Wilhelmine von Anhalt-Dessau, die von ihrem Vater Güter geschenkt bekam, auf denen sie 1753 bis 1757 Schloss Mosigkau errichtete. Vgl. Weiss 1998. **8** Vgl. Puppel 2004. – Für das 16. und 17. Jh. vgl. Schattkowsky 2003. **9** Wunder 1992. **10** Vgl. Bischoff 2015. **11** Vgl. Komaszynski 1982. **12** Weber-Kellermann 1990, S. 37. **13** Weber-Kellermann 1990, S. 48 f. **14** Wiesner 2000. – Klinger/Kuschel 2014. **15** Vgl. Bepler 2003. **16** Ulbricht 2010, S. 183 – 217. – Günther 2003, S. 79 – 82. **17** Der Dukat wurde bis 1872 mit veränderter Inschrift »WOHL DEM DER FREVD AN SEIN KIND ERLEBT« nachgeprägt und war ein beliebtes Patengeschenk. Vgl. Fengler/Gierow/Unger 1977, S. 363. **18** Z. B. Hedwig Sophie von Brandenburg, Landgräfin von Hessen-Kassel, Christine Charlotte von Württemberg, Fürstin von Ostfriesland, Gräfin Sophia Florentina zur Lippe, Sibylla Augusta von Baden-Baden, Charlotte Amalie von Sachsen-Meiningen. **19** Vgl. Kägler 2011. **20** Vgl. Wunder 1992. – Opitz 1997. **21** Friedrich Wilhelm II., Kat. 1997, S. 84 f., Kat.-Nr. I.86. – Vgl. Vanessa Krohn in diesem Band, S. 111. **22** Friedrich Wilhelm II., Kat. 1997, S. 61 f., Kat.-Nr. I.31. **23** Vgl. Sánchez 1998. – Daniel 1997. **24** Weber-Kellermann 1990, S. 128. **25** Weber-Kellermann 1990, S. 188. **26** Vgl. Bischoff 2004 Appartements. **27** Die Galerie der Starken Frauen, Kat. 1995. **28** Bergemann 2000, S. 38 – 44, Kat.-Nr. 9. **29** Bischoff 2004 Porzellankabinett. **30** Bischoff 2000. **31** Bischoff 2006. **32** Vgl. Bischoff 2014 Women collectors. **33** Bischoff 2002. **34** Vgl. Bischoff 2014 Kunstpolitik. **35** Victoria & Albert. Vicky & The Kaiser, Kat. 1997, S. 232. **36** Auf den Spuren der Kronprinzessin Victoria, Kat. 2001, S. 44 f.

Abb. 15 ▲
Victoria war Schülerin von Heinrich von Angeli, einem berühmten Porträtmaler. Unter seinem Einfluss entstand eine Serie von Porträts ihrer Kinder. Das hier gezeigte Gemälde stellt ihre Tochter Victoria in historisierendem Renaissance-Kostüm dar (Kat.-Nr. 128).

DIE KASEL

SUSANNE EVERS

Abb. 1
In dem Gemälde von Petrus Christus von 1449 ist eine Adlige in einem zeittypischen Kleid mit spitzem Ausschnitt dargestellt. Das Modell ähnelt in Schnitt und Muster der an der Kasel ablesbaren Erstverwendung des Gewebes als Festrobe Katharinas von Sachsen (S. 280).

Der grüne Brokatsamt des Messgewandes gehört zu den technisch aufwendigsten Geweben, die um die Mitte des 15. Jahrhunderts in italienischen Seidenwebereien hergestellt wurden.[1] Auf einem Goldgrund ist das Muster in unterschiedlich hoch geschnittenem Samt und mit Flächen von winzigen Ösen aus Goldfäden gebildet. Kleider aus Geweben dieser Art waren Fürsten vorbehalten. Als Festroben verarbeitet, zeigten sie Stand und Würde des Trägers an. Muster und Technik des Kaselbrokates sind vergleichbar mit Samtbrokaten aus der Prager Königsgruft, die für Krönungs- oder Verlobungsgewänder verwendet wurden.[2]

Die Kasel ist aus vielen verschiedenen Einzelstücken – nicht immer mustergemäß – zusammengesetzt. Spuren von Plissee-Falten und Schnittteile, die einen spitzen Ausschnitt erkennen lassen, weisen auf eine Erstverwendung als Frauenrobe hin. Weiterhin erkennt man zwei wieder eingesetzte mustergleiche Miederteile, die zwischenzeitlich für ein Kinderkleid herausgeschnitten waren.

Das ursprüngliche Damenkleid gehörte Katharina von Sachsen, die 1441 Kurfürst Friedrich II. von Brandenburg geheiratet hatte. Zu diesem Anlass könnte sie die Festrobe getragen haben. Ein Jahr zuvor hatte ihr Ehemann den Schwanenorden gegründet, eine Adelsbruderschaft für Männer und Frauen. Deren zentrales Anliegen waren die Seelenmessen für verstorbene Mitglieder. Um den Fürbitten Nachdruck zu verleihen, spendeten Ordensmitglieder Ornate, die zu ihrer Memoria vom Priester getragen wurden. Auch Friedrich II. ließ für das Totengedenken Messgewänder aus seiner kostbaren Kleidung anfertigen, von denen sich die sogenannte Schwanenordenskasel aus rotem Brokatsamt erhalten hat.[3] Dessen Muster und technische Ausführung zeigen engste Bezüge zu dem grünen Festgewand Katharinas. Die Roben wurden also wohl paarweise getragen. Wahrscheinlich wurden beide Prunkgewänder anlässlich des Todes des Kurfürsten 1471 umgearbeitet und dem Orden gestiftet. Katharinas Rolle als Witwe entsprach es vorzüglich, für das Seelenheil des Gatten die kostbarste Robe zu spenden. Die zwischenzeitliche Umarbeitung zu einem Kinderkleid wurde für diesen Zweck offenbar rückgängig gemacht. Das Kleidchen gehörte vermutlich einer der beiden Töchter des Kurfürstenpaares, Dorothea oder Margarete, könnte aber auch für einen der früh verstorbenen Söhne genäht worden sein, dessen Stellung als Stammhalter mit einem so kostbaren Kleid unterstrichen worden wäre.

Die Umarbeitungsspuren der Kasel lassen exemplarisch die Stationen des fürstlichen Frauenlebens erkennen: der kostbare Stoff kam vielleicht als Mitgift der Tochter in die Ehe, diente der Regentin als Festrobe an der Seite ihres Gemahls, bekräftigte als Kinderkleid ihren Erfolg in der Mutterrolle und markierte als fromme Stiftung an den Schwanenorden ihren Witwenstatus.

Anmerkungen

1 Vgl. Liturgische Gewänder 2005, Kat.-Nr. 41 (Jeitner). – Jeitner 1998.
2 Gollerová-Plachá 1937, S. 27, Nr. 17 (Abb.). 3 Liturgische Gewänder 2005, Kat.-Nr. 40 (Jeitner).

Abb. 2
Das Messgewand stiftete Katharina von Sachsen 1471 für das Seelenheil ihres verstorbenen Gatten, Kurfürst Friedrich II. von Brandenburg (Kat.-Nr. 135).

WEIBS-BILDER
DAS WEIBLICHE BILDNIS AM BRANDENBURG-PREUSSISCHEN HOF IN DER MALEREI DES 16. BIS 19. JAHRHUNDERTS

ALEXANDRA NINA BAUER

Bildnisse des 16. bis 19. Jahrhunderts geben nicht nur die Physiognomie und Kleidung einer Person wieder; sie sagen mehr über die Dargestellten und ihre Zeit aus, als heute auf den ersten Blick zu erkennen ist. Sie geben Auskunft über Herkunft, Stand und Rang, zum Teil über Bildung und Beruf der Dargestellten oder ihre diesbezüglichen Wunschvorstellungen. Sie offenbaren künstlerische Strömungen sowie gesellschaftliche Normen und Geschlechterrollen ihrer Zeit. Porträts können auf Weisung der Dargestellten, ihrer Familie oder aber öffentlicher Gremien entstanden sein. Gelegentlich wurden sie sogar vollständig unabhängig von den Dargestellten für den Kunstmarkt und eine breite Öffentlichkeit geschaffen. Bei den in der Ausstellung gezeigten Bildnissen handelt es sich in den meisten Fällen um Werke der höfischen Kunst eines regierenden Herrscherhauses – Kurbrandenburgs und Preußens –, die fast immer auf die Herkunft und den Stand der Dargestellten hinweisen.

Kinderbildnisse

Angesichts einer hohen Kindersterblichkeit gab es vom 16. bis zum 18. Jahrhundert sowohl in bürgerlichen als auch in fürstlichen Familien einen großen Bedarf an der bildlichen Wiedergabe von Kindern.[1] Porträtiert wurden jedoch meist nicht Kinder oder Jugendliche, sondern »kleine Erwachsene«, die bereits den vorgegebenen Geschlechterrollen entsprachen. Doch finden sich bisweilen Motive, die auf das Kinderleben hinweisen: Spielzeug etwa, Laufhilfen, Kinderschürzen, Fallhüte oder Gängelbänder sowie eine auf die Erziehung verweisende Symbolik. Bildnisse von brandenburgisch-preußischen Prinzen im Kindes- oder Jugendalter betonen meist deren zukünftige Rolle als Offizier durch die Wiedergabe kennzeichnenden Beiwerks wie Trommeln, Pferde oder Steckenpferde, militärisch anmutender Tressenschmuck, Orden, Schärpen, Waffen und Mützen.[2]

Das berühmte Doppelbildnis des zweijährigen Kronprinzen Friedrich (II.) und seiner fünfjährigen Schwester Wilhelmine aus dem Jahr 1714 zeigt deutlich die unterschiedlichen Rollen, die den Geschwistern zugedacht waren (Abb. 1). Friedrichs Mütze, seine Trommel, das Band des Schwarzen Adlerordens und seine mit Tressen besetzte Kleidung deuten auf seine spätere Laufbahn. Mädchen wurden im brandenburgisch-preußischen Bildnis dagegen mit Blumen, Früchten und Tieren, nur in Ausnahmefällen mit Spielzeug wiedergegeben. Neben Kleidung, Schmuck und Frisur entspricht auch Wilhelmines Haltung derjenigen des Frauenbildnisses. Sie ist passiver als die ihres Bruders, ihr Gebaren zurückhaltender und eleganter, während sie den Kronprinzen erzieherisch bändigend am Arm fasst. Ein Blumenkorb, die Juwelen in Wilhelmines Haar sowie die erzieherische Geste stehen für ihre Zukunft als Ehefrau und Mutter.

Wie wenig sich Mädchen- und Frauenbildnis teilweise unterschieden, zeigt eine 1596 von Andreas Riehl dem Jüngeren geschaffene Porträtserie der Familie des Kurfürs-

Abb. 1
Das Doppelporträt des späteren Königs Friedrich II. mit seiner älteren Schwester Wilhelmine von Antoine Pesne setzt nicht nur die Physiognomie der Kinder ins Bild, es offenbart in Kleidung und Haltung die unterschiedlichen Rollen, die Männern und Frauen bereits in jungen Jahren zugeordnet wurden (S. 281).

ten Johann Georg von Brandenburg und seiner dritten Ehefrau Elisabeth von Anhalt. Die Darstellung der sechsjährigen Tochter Dorothea Sibylla weist keinerlei Unterschiede zu den Darstellungen ihrer zwölf- und 15-jährigen Schwestern Agnes und Magdalena auf (vgl. S. 179, Abb. 1–3). Die Gemälde sind noch ganz der Porträtauffassung des 16. Jahrhunderts verpflichtet. Kindlichkeit und Persönlichkeit stehen nicht im Vordergrund – stattdessen das Prestige der Dynastie, wie an der prachtvollen Kleidung und dem kostbaren Schmuck der Dargestellten erkennbar. So werden die Mädchen bereits in ihrer zukünftigen Rolle als Ehefrau gezeigt.

Das um 1715 entstandene Kinderbildnis der Prinzessin Wilhelmine von Friedrich Wilhelm Weidemann zeigt die spätere Markgräfin von Brandenburg-Bayreuth an einem Orangenbäumchen stehend, dessen Blüte sie ergreift (Abb. 2). Vermutlich deutet dies auf die Abstammung der Dargestellten aus dem Haus Oranien bzw. auf den Anspruch auf das oranische Erbe, der seit dem späten 17. Jahrhundert von großer Bedeutung für das Haus Hohenzollern war.[3] Schließlich stand Wilhelmines Bruder Friedrich der Titel des Prinzen von Oranien zu. Einer Tradition der Bildnismalerei folgend, ist das Motiv des Orangenbaums jedoch gleichzeitig ein Symbol für die Frucht-

Abb. 2
Die Tochter Friedrich Wilhelms I. und zukünftige Markgräfin von Brandenburg-Bayreuth, Prinzessin Wilhelmine, ist auf diesem Porträt von Friedrich Wilhelm Weidemann zwar noch ein Kind, aber bereits wie eine erwachsene Frau inszeniert (Kat.-Nr. 81).

barkeit und Beständigkeit einer Familie. Die Kleidung der etwa sechsjährigen Wilhelmine im Bild entspricht derjenigen erwachsener Frauen. Ihrem eigenen Zeugnis zufolge trug sie Erwachsenenkleidung jedoch erst ab dem Alter von elf Jahren.[4] Den Unterschied zwischen Mädchen- und Frauenkleidung macht eine Ölskizze deutlich, die den Empfang Augusts des Starken im Berliner Schloss 1728 zeigt (vgl. S. 212 – 213, Abb. 7). Wilhelmines Mutter und die älteren Töchter sind modisch im Kleid mit Manteau, Rock und Korsett gekleidet, die kleineren Mädchen tragen dagegen einfachere Kleidung mit vorgebundener Schürze.

Brautbildnisse

In Herrscherfamilien waren Hochzeiten meist mit politisch-strategischen Überlegungen verbunden, auf Standeserhöhung, Gebietszuwachs oder den Erhalt des Territoriums ausgelegt. »Töchter von herrschaftlichen Linien [waren] vor allem Hochzeitsware.«[5] Weil sich die Verlobten vor der Hochzeit oftmals gar nicht oder selten begegneten, waren Informationen über Aussehen und Charakter begehrt. Daher ließ man sich »gemeiniglich vorher die Portraite des Printzen oder der Princessin [...] zuschicken«, und den Malern – meist vergeblich – befehlen, dass »sie ja nicht flattiren, oder die Copie schöner abschildern sollen, als das Original ist«.[6] Dies geschah in Form von Miniaturbildnissen, gelegentlich auch durch größere Bilder, je nach Stand, Anspruchsdenken und finanziellen Möglichkeiten.[7] Die Vermählung selbst wurde nur selten im Gemälde festgehalten. Eine der wenigen Ausnahmen ist die Darstellung der Hochzeit des Großen Kurfürsten Friedrich Wilhelm von Brandenburg mit der oranischen Prinzessin Luise Henriette im Dezember des Jahres 1646 (vgl. S. 111, Abb. 2).

Als Brautbildnis gilt auch das von Johann Georg Ziesenis geschaffene Porträt der Elisabeth Christine Ulrike von Braunschweig-Wolfenbüttel (Abb. 4). Das 1765 im Jahr der Hochzeit mit dem Prinzen von Preußen (Friedrich Wilhelm II.) geschaffene Porträt zeigt sie im Alter von 19 Jahren mit seinem diamantgeschmückten Brautwerbungsbildnis. Ein kurz nach der Hochzeit entstandenes Porträt nimmt mit dem Gestus der an die Brust geführten Hand ein traditionelles Liebesmotiv auf und zeigt sie mit Blumen, die auf ihre Schönheit und Jugend anspielen (vgl. S. 182, Abb. 8). Ein 1767 entstandenes Bildnis Prinzessin Wilhelmines, der Schwester Friedrich Wilhelms (II.), lässt die Bedeutung erkennen, die der Herkunft von

Abb. 3
Auguste Victoria zu Schleswig-Holstein-Sonderburg-Augustenburg, Verlobte des späteren Kaisers Wilhelm II., war zunächst am Hof als bieder verschrien und galt als politisch uninteressiert. Ihre Stärke war die bedingungslose Liebe und Anhänglichkeit, mit der sie ihrem Gatten während der 40-jährigen Ehe beistand (Kat.-Nr. 64).

Braut und Bräutigam beigemessen wurde (vgl. S. 110, Abb. 1). Der Adler Preußens als in Stein gemeißeltes Wappentier und die Orange des Hauses Oranien stehen für die dynastische Verbindung von Wilhelmine, »Preußens schönstem Kleinod«, mit dem Statthalter der Niederlande Wilhelm V., Oraniens »schönstem Blüthe«. Von dieser geschichtsträchtigen Allianz erwartete man nur »die edelsten Früchte«.[8]

Aus dem 19. Jahrhundert haben sich zwei Darstellungen preußischer Bräute erhalten. Ein 1823 entstandenes Gemälde Joseph Stielers zeigt die Ehefrau des preußischen Kronprinzen Friedrich Wilhelm (IV.), die bayerische Prinzessin Elisabeth, im Jahr ihrer Hochzeit mit einem Blumenkranz im Haar, wie sie jungen Mädchen in Bildnissen gewöhnlich bis zur Hochzeit vorbehalten waren (vgl. S. 133, Abb. 1).[9] Stieler verwendete den Rosenkranz im Bildnis Elisabeths als symbolisches Attribut. Tatsächlich war die Prinzessin bei ihrer Prokura-Hochzeit in München mit Juwelen und einem Myrthenkranz im Haar als Symbol der Jungfräulichkeit geschmückt, auf ihrer Kleidung war ein Strauß von Rosenknospen appliziert.[10] Das im Bild wiedergegebene Porträtmedaillon des Verlobten trug die Prinzessin dagegen tatsächlich während der Zeremonie.

Blumen als Attribute für die Schönheit und Jugend von Bräuten finden sich auch im Verlobungsbildnis der zukünftigen Kronprinzessin Auguste Victoria zu Schleswig-Holstein-Sonderburg-Augustenburg (Abb. 3). Heinrich von Angeli schuf das Bildnis 1880 als Pendant zu demjenigen ihres Verlobten Wilhelm (II.). Noch ganz der Frauenrolle des 19. Jahrhunderts verschrieben, ist Auguste Victoria in romantischer Verklärung sanft und duldsam und durch ihr scheues Abwenden vom Betrachter in völliger Hinwendung zum Pendantbildnis des Verlobten charakterisiert.

Bildnisse der Herrscherinnen

Im deutschen Porträt regierender Herrscherinnen des 16. Jahrhunderts sind die Hände der Dargestellten meist passiv vor den Körper gelegt oder gefaltet (vgl. S. 137, Abb. 5). Als geschlechtsspezifische Attribute sind Blumen oder Handschuhe üblich, der Hintergrund ist häufig undefiniert. Das Hauptaugenmerk gilt der prachtvollen Kleidung und dem Schmuck, gelegentlich auch der Herkunft der Frau – ihre Persönlichkeit tritt dahinter zurück (vgl. S. 231, Abb. 1). Als Ausnahme kann ein um 1602

◄ Abb. 4
Elisabeth Christine Ulrike von Braunschweig-Wolfenbüttel ist auf diesem Porträt von Johann Georg Ziesenis als Braut des zukünftigen Friedrich Wilhelm II. dargestellt, dessen diamantbesetztes Miniaturporträt sie in der Hand hält (S. 281).

Abb. 5
Luise Henriette von Oranien-Nassau steht auf diesem Doppelporträt von Mathias Czwiczek nicht nur gleichberechtigt neben ihrem Gemahl, dem Großen Kurfürsten Friedrich Wilhelm, sondern hält auch das Attribut seiner Herrschaft, den Kurhut, in ihren Händen (S. 281).

entstandenes Bildnis der Kurfürstin Katharina gelten, die als Stifterin der Berliner Schlossapotheke gewürdigt wird (vgl. S. 261, Abb. 2). Abweichend vom üblichen Darstellungsmodus brandenburgischer Herrscherinnen ist sie mit einem Buch wiedergegeben, als gebildete und im christlichen Sinne mildtätige Frau. Auf diese Weise wird das Engagement der Landesmutter für die Wissenschaften und das Wohlergehen der Untertanen zum Ausdruck gebracht. Mit ihrer Hand zeigt sie auf ein als Inschrift im Bild wiedergegebenes biblisches Zitat über christliche Nächstenliebe und Barmherzigkeit, während Kurhut, Kleidung und Juwelen ihren Status bezeichnen.[11]

Das Frauenbildnis des 17. Jahrhunderts ermöglichte eine große Bandbreite an Darstellungsvarianten. Die Porträtierten sind sitzend oder stehend, im definierten Innenraum oder vor Landschaftshintergrund gezeigt. Ihre Gestik erscheint im Vergleich zum Männerbildnis noch zurückgenommen. Fürstliche Frauen halten bis ins frühe 18. Jahrhundert Haarlocken oder den delikaten Stoff der Kleidung, Pflanzen oder Fächer in Händen. Es ist die Blütezeit des allegorischen Porträts, das durch die Verkörperung unterschiedlichster Rollen eine Vielzahl weiterer Möglichkeiten bot. Das Bildnis der preußischen Herrscherin aber war in dieser Zeit meist nach anderen Gesichtspunkten ausgerichtet. Die Frau ist hier nur selten Ehefrau und Mutter, sie ist die Stellvertreterin der Dynastie und somit ihrem herrschenden Gatten beigeordnet, oft in Form des lebensgroßen Staatsporträts oder in formatverkleinerten Varianten hiervon. Ihre Attribute sind daher die ihres Ranges und des Herrscherhauses.

Porträts der brandenburgischen Kurfürstinnen des 17. Jahrhunderts im monumentalen Doppelbildnis mit ihren Ehegatten bilden einen Sonderfall in der Entwicklungsgeschichte des preußischen Herrscherinnenbildnisses. Durch die gemeinsame Darstellung mit dem Gatten wird die Rolle der Frau als Kurfürstin betont. Im Doppelbildnis des Großen Kurfürsten und seiner ersten Ehefrau Luise Henriette von Mathias Czwiczek ist es sogar sie, die den Kurhut in Händen hält (Abb. 5). Porträts der zweiten Ehefrau des Kurfürsten, Dorothea von Holstein-Glücksburg, spiegeln noch mehr die stützende Rolle, die sie im Leben des Gatten einnahm: Häufig wird sie gemeinsam mit ihm gezeigt, im Familienbildnis (vgl. S. 196, Abb. 2) oder in allegorisch überhöhten Darstellungen.[12] Eine besondere

Abb. 6
Jacques Vaillants im Zweiten Weltkrieg zerstörte Allegorie auf die Eroberung Rügens durch den Großen Kurfürsten zeigt dessen zweite Gemahlin Dorothea wie eine antike Göttin über das Meer fahrend. Sie nahm aktiv an der Politik und den Feldzügen ihres Mannes teil (S. 281).

Stellung nimmt die »Eroberung Rügens durch den Großen Kurfürsten« von Jacques Vaillant ein, in der Dorothea Teil des allegorischen Bildprogramms ist (Abb. 6). Auch hat sich von ihr eine für die damalige Zeit höchst ungewöhnliche Darstellung als Reiterin im Herrensitz erhalten, die auf die handfeste und tatkräftige Persönlichkeit der Kurfürstin Bezug nimmt, die ihren Gatten unter anderem während der Kriegszeiten der 1670er Jahre ins Feld begleitete und ihm mit Rat und Tat zur Seite stand (vgl. S. 31, Abb. 1).[13]

Sophie Charlotte, die erste Königin in Preußen, wird dagegen von Gedeon Romandon oder Friedrich Wilhelm Weidemann meist im Einzelbildnis wiedergegeben. Entsprechend der englischen Porträtauffassung des frühen 18. Jahrhunderts in der Nachfolge Anton van Dycks ist sie meist *à l'antique* bzw. *en déshabillé* gekleidet, dem Wandel der Zeit und der Moden enthoben (Abb. 7).[14] Wie ihr Ehemann Friedrich I. wird Sophie Charlotte seit 1701 nur selten ohne Krone und Hermelinmantel, gelegentlich auch mit Zepter und Reichsapfel gezeigt, denn die Rangerhöhung zur Königin in Preußen 1701 sollte für den Betrachter deutlich herausgehoben werden.[15] Die Insignien berühren durfte im Bild jedoch meist nur ihr Gatte, der in seinen Porträts häufig das Zepter in Händen hält.

Seit Friedrich Wilhelm I. regierte in Preußen die Uniform, was auch teilweise Eingang in die Mode der preußischen Königinnen fand, unter anderem in der Verwendung militärischer Tressen am Frauenkleid (vgl. S. 242–243, Abb. 3 u. 4).[16] Porträts Sophie Dorotheas von Hannover, seit 1713 Königin in Preußen, zeichnen sich bis in die späten 1720er Jahre durch eine gewisse Nüchternheit aus. Sie heben sich in dieser Hinsicht von den Darstellungen gleichzeitig regierender Herrscherinnen ab, etwa der sächsischen Kurfürstin Christiane Eberhardine oder der Kaiserin Elisabeth Christine.[17] Deren opulente Porträtinszenierungen mit umfangreichem Beiwerk, Assistenzfiguren und der Skizzierung eines weiträumigen, herrschaftlichen Ambientes finden in Preußen nur ansatzweise eine Entsprechung (Abb. 8). Als Tochter des britischen Königs Georg I. und Schwester Georgs II. versuchte Sophie Dorothea, selbstbewusst neben ihrem Gemahl zu bestehen, und war sowohl bei der Erziehung der Kinder als auch in der Heiratspolitik bestrebt, eigene Vorstellungen umzusetzen. Wie hoch sie das eigene Bildnis bewertete und wie groß ihr Standesbewusstsein war, geht aus der Tatsache hervor, dass sie im Gegensatz zu ihrem Ehemann penibel darauf achtete, Origi-

Abb. 7
Sophie Charlotte von Hannover, zweite Ehefrau Friedrichs I., ist auf Friedrich Wilhelm Weidemanns Staatsporträt mit den Insignien der gerade erst errungenen Königswürde versehen (S. 281).

Abb. 8
Auch Sophie Dorothea von Hannover macht Friedrich Wilhelm Weidemann durch Hermelinmantel und Krone als preußische Königin kenntlich. Im Vergleich zu zeitgleichen deutschen Herrscherbildnissen anderer Höfe erscheint ihr Porträt schlichter – ebenso wie dasjenige ihres Gatten Friedrich Wilhelm I., der die üppigen Bildnisinszenierungen der französischen Malerei ablehnte (S. 281).

nale ihrer eigenen Bildnisse nur regierenden Fürsten zu schenken. Den preußischen Minister Friedrich Wilhelm von Grumbkow, der zur Ausstattung seines Hauses ein eigenhändiges Porträt der Königin von Antoine Pesne, dem vorrangigen Maler des weiblichen Bildnisses am Hof, im Original beanspruchte, wies sie mit harschen Worten zurück.[18]

Pesnes Bilder zeigen vor allem bei der Wiedergabe des Frauenkostüms große Eleganz und Pracht und kommen wahren »Kostümporträts« nahe. Sein um 1750 entstandenes Bildnis Elisabeth Christines von Braunschweig-Bevern zeigt die Gemahlin Friedrichs II. mit einem Orangenzweig in der Hand an einen bekrönten leeren Fauteuil mit Hermelinmantel gelehnt (vgl. S. 129, Abb. 8). Sie scheint damit die Abwesenheit ihres Gatten, des »Prinzen von Oranien«, zu betonen, den sie bei repräsentativen Anlässen im Berliner Schloss vertrat.

Ein Quantensprung ist es von den opulenten Bildnissen Pesnes bis zu den privater wirkenden und einem bürgerlichen, durch die Aufklärung geprägten Ideal nahekommenden Bildnissen der 1780er Jahre von Anton Graff. Die Porträts der preußischen Königin Friederike Luise, ihres Gemahls Friedrich Wilhelm II. und seiner Vertrauten Wilhelmine Enke vertreten einen Bildnistyp, der vom absolutistischen Herrscherdenken weit entfernt ist (vgl. S. 180, Abb. 4–6). Entsprechend folgen Bildnisse der Kronprinzessin und späteren Königin Luise einer romantischen Bildnisauffassung des ausgehenden 18. und frühen 19. Jahrhunderts. Porträts des Königspaares in idyllischer Landschaft und Doppel- wie auch Familienbildnisse reflektieren neue gesellschaftliche Strömungen (vgl. S. 218, Abb. 1).[19]

Erst in Zeiten des Rückgriffs auf »absolutistische« Herrschaftsideale und deren Darstellung finden sich um die Mitte des 19. Jahrhunderts erneut prunkvolle Staatsbildnisse preußischer Herrscherinnen. So zeigt beispielsweise ein von Franz Xaver Winterhalter angefertigtes Porträt Königin Augusta nach ihrer 1861 in Königsberg erfolgten Krönung. Sie ist im Krönungsmantel neben der Krone wiedergegeben, die für diese Gelegenheit neu angefertigt worden war.[20] Wie ihr Sohn Kronprinz Friedrich Wilhelm schrieb, hatte sie bei der Krönung »herrlich in Weiß und drap d'argent [ausgesehen], wundervolle Haltung, Bewegungen, Verbeugungen […]«[21] (Abb. 10).

Abb. 9
Antoine Pesnes monumentales Porträt der verwitweten Sophie Dorothea von 1748 reflektiert ihre spezifische Position als Königinmutter. Anders als andere preußische Königinwitwen spielte sie eine wichtige Rolle im Rahmen der höfischen Repräsentation, worauf die ihr beigegebene Krone hinweisen mag (S. 281).

Witwenbilder

Frauen waren vom 16. bis 19. Jahrhundert meist gesellschaftlich und finanziell von ihren männlichen Familienmitgliedern abhängig. So konnte der fürstliche Witwenstand ein Absinken in die Bedeutungslosigkeit, einen Rangverlust und finanzielle Einbußen mit sich bringen. Nicht selten wurde daher versucht, die eigene Position in der Hierarchie der Hofgesellschaft mittels eines Witwenbildnisses zum Ausdruck zu bringen. Es verdeutlichte in der Regel die emotionale Verbundenheit mit dem verstorbenen Gatten und erinnerte an dessen frühere Bedeutung. Oft trugen Witwen, die nicht erneut heirateten, auch in späteren Jahren Zeichen der Trauer im Bildnis – einen Schleier, vollständig oder anteilig schwarze Kleidung. Traditionell wurden Witwen sitzend dargestellt, in Trauerkleidung, im 17. und 18. Jahrhundert gelegentlich mit melancholischem Gestus. Häufig finden sich in ihren Porträts Motive und Symbole, die auf die Endlichkeit des Lebens deuten, so Sanduhr oder Totenschädel.

Im preußischen Witwenbildnis des 18. Jahrhunderts sind die Trauernden in ihrer Witwenrolle zurückhaltender wiedergegeben und nur durch die Kleidung gekennzeichnet. Bildnisse der Königinnenwitwen Sophie Dorothea und Elisabeth Christine zeigen sie Jahre nach dem Tod des Gatten, nachdem sie die »tiefe Trauer« abgelegt hatten (Abb. 9). So unterschiedlich das Leben der beiden preußischen Königinnen an der Seite der Ehegatten war, so verschieden waren ihre neuen Rollen als Witwen am Hof. Der selbstbewussten, lebensfrohen Sophie Dorothea hatte ihr Gatte einen Lebensabend in Ruhe und Abgeschiedenheit im Potsdamer Stadtschloss bestimmt.[22] Die Absicht des Vaters und die Position seiner Gemahlin Elisabeth Christine als regierende Königin ignorierend, übertrug Friedrich II. seiner Mutter einen Großteil der repräsentativen Aufgaben der »ersten Frau« im Staat im Berliner Schloss.[23] Auch wurde sie offiziell als »Königinmutter« und nicht als Königinwitwe bezeichnet. Ihr häufig kopiertes Witwenbildnis von 1748 zeigt sie in kostbarer violettfarbener Kleidung mit Hermelinbesatz und einem Schleier sowie mit einem Hündchen als Symbol der ehelichen Treue auf dem Schoß. Die Krone verweist auf ihren königlichen Rang.

Erst nach dem Tod der Schwiegermutter 1757 übernahm Elisabeth Christine die ihr zustehende Rolle. Ein Leben an der Seite des Königs blieb ihr zwar weitgehend versagt, doch trauerte sie als Witwe sehr um Friedrich. Die letzten elf Jahre ihres Lebens verbrachte sie dennoch zufrieden und finanziell besser gestellt als zuvor. Anton Graffs Bildnis aus dem Jahr 1789 zeigt die Königinwitwe drei Jahre nach

Abb. 10
Auf dem Porträt Augustas, der Gemahlin Wilhelms I., stehen wie auf Staatsporträts des 17. und 18. Jahrhunderts die königlichen Insignien im Vordergrund. Minna Pfüllers Kopie lässt die Wirkung des monumentalen, seit dem Zweiten Weltkrieg verlorenen Originals von Franz Xaver Winterhalter nur erahnen (Kat.-Nr. 91).

Abb. 11
Anton Graff zeigt Elisabeth Christine, die Witwe Friedrichs II., nicht mit einer Krone, sondern mit Büchern als Verweis auf ihre persönlichen Neigungen. Ihr Stand als königliche Witwe ist durch ihr hermelingefüttertes Witwenkleid zum Ausdruck gebracht (S. 281).

dem Tod des Gatten in kostbarer Kleidung aus schwarzem Samt mit Hermelinbesatz sowie einem schwarzen Häubchen mit Schleier (Abb. 11). Im Vergleich zum Witwenbildnis der Sophie Dorothea fällt hier das Fehlen der Krone als standesgemäßes Attribut auf. Stattdessen geben einige Bücher im Bildnis einen Hinweis auf ihre Neigungen: Seit den 1770er Jahren beschäftigte sie sich intensiv mit der Lektüre theologischer Werke, veröffentlichte eigene Texte und übersetzte französische Schriften.[24]

Postume Bildnisse

Seit dem 16. und vor allem im 17. Jahrhundert war es üblich, Bildnisse von Verstorbenen anfertigen zu lassen.[25] In Zeiten hoher Kindersterblichkeit, mangelnder Hygiene und einer unzureichenden medizinischen Versorgung gehörte der Tod zum Alltag. Traditionell wurden Verstorbene auf dem Totenbett liegend dargestellt – im fürstlichen Umfeld oft auf dem Paradebett oder im offenen Sarg. Verstorbene Mitglieder von Fürstenfamilien wurden kostbar gekleidet mit den Insignien ihrer Macht in ihren Residenzen aufgebahrt. Zwei Darstellungen der Aufbahrung von Mitgliedern der brandenburgischen Kurfürstenfamilie aus dem 17. Jahrhundert haben sich erhalten: die des Großen Kurfürsten aus dem Jahr 1688, im kurfürstlichen Habit auf einem Paradebett im Berliner Schloss liegend, und die seines Sohnes Karl Emil von 1674.[26] Auch das 1659 entstandene Bildnis der sächsischen Kurfürstin Magdalena Sibylla, Tochter Herzog Albrecht Friedrichs in Preußen, in einem offenen Sarg entspricht der im 17. Jahrhundert geläufigen Darstellungsweise (vgl. S. 195, Abb. 1).

Ebenso häufig wurden Verstorbene auch als »Porträt im Porträt« wiedergegeben.[27] Meist sind es Hinterbliebene, die dem Betrachter ein Bildnis präsentieren, so etwa im Witwenbildnis der Prinzessin Luise Charlotte Radziwiłł, die ein ovales Porträt ihres verstorbenen Gatten Markgraf Ludwig in Händen hält (Abb. 12). Der jüngste Sohn des Großen Kurfürsten aus erster Ehe hatte im Jahr 1681 im Alter von 14 Jahren die wohlhabende litauische Erbin in Königsberg geheiratet. Nach der Hochzeit frohlockte man, der Markgraf habe »die Radziwillischen Fürstentümer in Littauen bekommen. Und also das Haus um etliche Millionen bereichert«.[28] Als Ludwig nach nur sechs kinderlosen Ehejahren plötzlich starb, hielt Luise Charlotte in ihrer Korrespondenz nüchtern fest, viel zu früh in den Witwenstand geraten zu sein – eine Tatsache, die sie schnell zu ändern bereit war. Bereits drei Monate nach Ludwigs Tod spekulierte man in Hofkreisen über eine erneute Verheiratung der Witwe.

Abb. 12
Die verwitwete Markgräfin Luise Charlotte, geborene Prinzessin Radziwiłł, präsentiert auf diesem Porträt von Jacques Vaillant das Bildnis ihres 1687 verstorbenen Gatten Ludwig, eines Sohnes des Großen Kurfürsten. Ein Jahr nach dessen Tod heiratete die junge Witwe erneut (Kat.-Nr. 138).

Anstelle ihres Witwensitzes, dem weit entfernten Schloss in Labiau, bevorzugte sie ihre Gemächer im Berliner Schloss. Das Bildnis mit dem Porträt des verstorbenen Gatten entstand vermutlich in der Zeit nach Ablegen der Trauerkleidung und vor dem Tod des Großen Kurfürsten, also im April oder Mai 1688. Selbstbewusst blickt die Witwe in die Zukunft und scheint um ihren »Wert« auf dem fürstlichen Heiratsmarkt zu wissen. Nichts zeugt mehr von der Trauer um den Verblichenen – abgesehen von dessen Bildnis. Bewerber um die reiche Erbin hatte es schon vor der Eheschließung mit Markgraf Ludwig in Fülle gegeben.[29] Nun begehrte der polnische Prinz Jakob Sobieski sie zur Frau, und der Große Kurfürst wollte sie mit seinem ältesten Sohn aus zweiter Ehe, Philipp Wilhelm, oder seinem Neffen, dem Prinzen Ferdinand von Kurland, verheiraten. Luise Charlotte aber sorgte für einen Eklat am Brandenburger Hof, als sie sich im August 1688 selbstbewusst für die Ehe mit dem Prinzen von der Pfalz entschied, dem späteren Kurfürsten Karl III. Philipp. Die Hochzeit fand heimlich, und wie man bei Hofe befand, auf »fremdbe und gantz ungewöhnliche und unanständige […] Art und Weise« statt – ohne Benachrichtigung des Hofes und durch einen katholischen Priester.[30]

Anmerkungen

1 Vgl. Rauch 2007. **2** Vgl. Purrucker 1975. – Weber-Kellermann 1979, S. 28 f., 58. – Rauch in Auer/Rauch 2007, S. 178. **3** Vgl. Onder den Oranje boom, Kat. 1999, S. 421 f. **4** Vgl. Wilhelmine 1810, S. 55 f. **5** Noack 2001, S. 26. **6** Rohr 1733, S. 133. **7** Vgl. Kleine Prinzen, Kat. 2003, S. 9. **8** Genealogisch-Historische Nachrichten 1768, S. 20 f. **9** Vgl. Kinderen van alle tijden, Kat. 1997, S. 78 f. **10** Vgl. Förster 1824, S. 38. **11** Vgl. Julia Klein in diesem Band, S. 260 – 262. **12** Jacques Vaillant, Allegorie auf die Huldigung Pommerns vor dem Großen Kurfürsten, Öl auf Leinwand, 275 × 287 cm, SPSG, GK I 7344. **13** Die Zeichnung bereitet ein Gemälde vor, das sich heute auf Schloss Amerongen befindet. **14** Vgl. Groeneweg 1997. **15** Vgl. Sophie Charlotte und ihr Schloß, Kat. 1999. **16** Vgl. Thomas Weißbrich in diesem Band, S. 242 f. **17** Vgl. Junge 2011, S. 25 – 41. **18** Vgl. Wilhelmine 1810, S. 133 f. – Im Hause Grumbkows wurde jedoch nach seinem Tod ein ganzfiguriges Bildnis der Königin von Friedrich Wilhelm Weidemann aufgefunden, das als Original eingestuft wurde; GStA PK, BPH, Rep. 46, Nr. L5. **19** Vgl. Friedrich Wilhelm II., Kat. 1997, Kat.-Nr. I.101. **20** Franz Xaver Winterhalter, Königin Augusta, 1861, Öl auf Leinwand, 271 × 180 cm, SPSG, GK I 895, Kriegsverlust. **21** Zit. nach Gundermann 1998, S. 139. **22** Vgl. Caemmerer 1915, S. 355, 373. **23** Vgl. Biskup 2008, ‹11› f. – Hagemann 2009 König, ‹11› f. **24** Vgl. Hagemann 2009 Elisabeth Christine, S. 51. – Joepchen 1940. – Vgl. Jill Bepler in diesem Band, S. 130. **25** Vgl. Pigler 1956. – Siden 2001. – Bauer 2006, S. 59 – 62. **26** Unbekannter Künstler, Aufbahrung des Großen Kurfürsten, 1688, Öl auf Leinwand, SPSG, GK I 1077, Haus Hohenzollern, ehemals Hohenzollern-Museum. – Unbekannt (Bartsch?), Aufbahrung des Kurprinzen Karl Emil von Brandenburg, 1674, Öl auf Leinwand, SPSG, GK I 1767. Zudem existiert eine Darstellung der Aufbahrung Friedrichs II. im offenen Sarg von Friedrich Wilhelm Bock, Öl auf Leinwand, SPSG, GK I 10175, Haus Hohenzollern, ehemals Hohenzollern-Museum. **27** Vgl. Portret in portret, Kat. 2012. **28** Rentsch 1682, S. 576. – GStA PK, BPH, Rep. 35, Nr. V 67. Zum Leben des Markgrafen Ludwig von Brandenburg siehe zuletzt Bauer 2015. **29** Vgl. Opgenoorth 1978, S. 240 f. **30** GStA PK, BPH, Rep 35, Nr. V 65.

Abb. 1 ▶
Den roten Samtmantel trug Augusta von Sachsen-Weimar-Eisenach bei ihrer Krönung 1861 in Königsberg. Der ursprünglich mit Hermelinfell gefütterte Umhang passte sich dem schulterfreien Ausschnitt des Krönungskleids an (Kat.-Nr. 90).

Der Krönungsmantel zählte zusammen mit den königlichen Insignien Krone, Zepter und Reichsapfel zum Krönungsornat und symbolisierte wie kein anderes Kleidungsstück Macht und Würde der Fürstin. Den schweren, einst purpurroten Samt zieren preußische Kronen und Adler, ausgeführt in Reliefstickerei mit Fäden von Silber und Gold sowie von schwarzer und blauer Seide.[1] Ursprünglich war der Mantel sehr viel größer und mit einem Hermelinfutter versehen, das an den Seiten und am Rücken wirkungsvoll nach außen gekehrt war.

Der Umhang gehörte 1861 zum Krönungsornat Augustas von Sachsen-Weimar-Eisenach. Nachweislich trug ihr Gemahl König Wilhelm I. einen fast identischen Mantel, dessen Verbleib jedoch unbekannt ist.[2] Den feierlichen Akt der Krönung hat der Oberzeremonienmeister Graf Stillfried überliefert: Nach dem stillen Gebet der Königin legte ihr die Oberhofmeisterin den Krönungsmantel um. Darauf näherte sich der König mit dem Zepter in der linken und Augustas Krone in der rechten Hand, um der vor ihm knienden Königin die Krone auf das Haupt zu setzen.[3]

Die Krönungsfeierlichen im Oktober 1861 in Königsberg entsprachen in vielen Details der ersten preußischen Königskrönung von 1701, die ebenfalls dort stattgefunden hatte. Der Bericht des Oberzeremonienmeisters Johann von Besser bemüht sich um eine genaue Beschreibung der Kleidung, weil »[...] aus der Beschaffenheit des Aufputzes die Größe der Hoheit zu beurtheilen [...]« sei.[4] Seine Schilderung der Krönungsmäntel Friedrichs I. und Sophie Charlottes dienten für die Mäntel Wilhelms und Augustas als Vorbild. Der bewusste Rückgriff hatte wegen der seit 1850 geltenden preußischen Verfassung hohen Symbolcharakter: Die 1701 errungene erbliche Königswürde sollte bekräftigt und erneuert werden.

In der preußischen Geschichte hat es nur diese beiden Krönungen und damit nur vier Krönungsmäntel gegeben, da bei den Thronbesteigungen nach 1701 die Krönung durch Huldigungen des Volkes bzw. der Stände ersetzt wurden. Gleichwohl ist ein mit Hermelin gefütterter Samtmantel bis ins 19. Jahrhundert auf allen königlichen Staatsporträts zu sehen. Als Attribut der Königin symbolisiert der Mantel zusammen mit der Krone königliche Würde und kennzeichnet ihre Rolle als erste Frau im Staate. Der rote Umhang ist jedoch in fast allen Bildnissen nur mit Kronen bestickt, die Adler fehlen. Entweder standen die bei der Krönung genutzten Umhänge den Malern nicht zur Verfügung oder Besser hatte die Mäntel in seinem idealisierenden Bericht durch Hinzufügung von Adlern aufgewertet.[5]

Die Krönungsmäntel Wilhelms und Augustas wurden 1861 zwar nach historischem Muster gestaltet, mit der Ausführung betraute man aber nicht mehr Hofschneider und Hofgoldsticker, sondern das damals berühmte Berliner Modekaufhaus Herrmann Gerson.[6] Ab 1877 waren die Mäntel im Hohenzollern-Museum ausgestellt. Im Zweiten Weltkrieg ging ihre Spur verloren. Die stark beschnittenen Fragmente von Augustas Mantel dienten möglicherweise zwischenzeitlich als Film- oder Theaterkostüm, bevor man sie 1989 zur reduzierten ursprünglichen Form zusammenfügte und ergänzte.

Anmerkungen

1 Zum Krönungsmantel Bergemann 2000, S. 18–22, Kat.-Nr. 4. **2** Zur Krönung 1861 vgl. Gundermann 1998, S. 97–175. **3** Stillfried 1868, S. 31. **4** Hahn/Kiesant 2009, S. 199. **5** Vgl. Rasche 1998, S. 199. **6** Kessemeier 2013, S. 17.

Abb. 2
Victoria von Großbritannien kam der Bitte ihrer Schwiegermutter Augusta nach, ihre Krönungskleidung zu entwerfen. Sie fertigte Zeichnungen und eine nicht erhaltene Modellpuppe zur Veranschaulichung ihrer Entwürfe an (S. 281).

ZUR TOCHTERROLLE FÜRSTLICHER FRAUEN

ALFRED P. HAGEMANN

Die »Prinzessin« ist die Märchenfigur schlechthin. Sie besitzt bis heute ein hohes Identifikationspotenzial.[1] Der Reiz der Figur liegt in ihrer Rolle in den meisten Märchen. Sie verkörpert den glücklichen Abschluss der Geschichte: Der mutige Prinz, der gewitzte Müllersohn erhalten am Ende vom dankbaren König »die Tochter und das halbe Königreich«. »Königstöchter«, wie sie in den grimmschen Märcheneditionen stets unmissverständlich benannt sind, bündeln also hohes gesellschaftliches Potenzial. Das berührt den Kern der Rolle von Töchtern im dynastischen System zwischen Mittelalter und frühem 20. Jahrhundert: Töchter waren Bindeglied im Netzwerk fürstlicher Familien und somit zentrales Medium fürstlicher Außenpolitik. Die Verbindung mit der Tochter aus einer anderen Dynastie bot die Möglichkeit auf Erbansprüche und territoriale Erweiterung.[2]

Tochter

Die Fürstentochter war mehr als ein Individuum, sie war als Pars pro Toto die Verkörperung ihrer Familie. Entsprechend steht in zeitgenössischen Text- und Bildquellen zu fürstlichen Töchtern nicht Individualität im Vordergrund, sondern dynastische Zugehörigkeit. Der Beschreibung der Brautfahrt Elisabeth Christines von Braunschweig-Bevern nach Berlin im Jahr 1733 sind ausführliche Schilderungen ihrer Vorfahren und eine Auflistung der Ehen zwischen Welfen und Hohenzollern vorangestellt.[3] Selbst Charakterzüge wie die betonte »Güte« der Prinzessin werden als Eigenschaften der Familie beschrieben: »[...] und konnten Dieselbe Ihrer Natur nach nicht anders, sintemahl solches dem Durchl. Hause Braunschweig eine gantz eigene Tugend ist.«[4] Auch in der bildlichen Darstellung fürstlicher Töchter kam es nicht auf die Wiedergabe individueller Schönheit an. Attraktivität zeigte sich vielmehr in der Darstellung der Standeszugehörigkeit durch angemessene, reiche Kleidung und einer gesunden Physis als Ausweis von Gebärfähigkeit.[5]

Kurfürst Johann Georg von Brandenburg ließ in den 1590er Jahren eine Serie von Porträts seiner jüngsten Töchter anfertigen. Magdalena (15 Jahre), Agnes (zwölf Jahre), Elisabeth Sophia (sieben Jahre) und Dorothea Sibylla (sechs Jahre) sind trotz des Altersunterschieds kaum zu unterscheiden (Abb. 1–3). Der Maler Andreas Riehl der Jüngere legte sein Augenmerk vor allem auf die minutiöse Darstellung der Schmuckstücke und reichen Stoffe.[6] Die Kleidung der Mädchen ist darüber hinaus nahezu identisch wiedergegeben, die Gesichter wirken austauschbar. Die für den heutigen Betrachter befremdlich unpersönliche Darstellung erklärt sich aus der Funktion solcher Bilder. Für Familien war die standesgemäße Verheiratung einer solchen Töchterschar eine politische und finanzielle Herausforderung. Deshalb sollten die Bildnisse zwei zentrale Botschaften übermitteln: Die physische Ähnlichkeit sollte die Gleichwertigkeit der Töchter ausdrücken – alle seien gleich gesund, wohlgestalt und böten dieselbe Verbindung zum Netzwerk der Hohenzollern. Die Kostbarkeit von Kleidung und Schmuck war nicht nur Ausdruck der fürstlichen Herkunft der Mädchen, sondern auch ein deutlicher Verweis auf die – trotz der Konkurrenz – zu erwartende fürstliche Mitgift.[7]

Abb. 1–3
Andreas Riehl d. J. schuf 1596 eine Serie von Porträts der Töchter Kurfürst Johann Georgs, die deren fürstliche Abkunft betonen. Die insgesamt sieben Schwestern konnten angemessen verheiratet werden: Magdalena wurde Landgräfin von Hessen-Darmstadt, Agnes Herzogin von Pommern-Wolgast und Dorothea Sibylla Herzogin von Brieg (Kat.-Nr. 63).

Abb. 1
Magdalena von Brandenburg

Abb. 2
Agnes von Brandenburg

Abb. 3
Dorothea Sibylla von Brandenburg

Abb. 4–7
Anton Graff stellt mit diesen Porträts von 1788/89 Menschen sehr unterschiedlichen sozialen Hintergrunds zusammen, die alle durch ihr Verhältnis zu Friedrich Wilhelm II. verbunden waren: die Königin, Friederike Luise; seine bürgerliche Vertraute und Freundin Wilhelmine Enke verh. Ritz und die adlige Hofdame Julie Amalie von Voß, die Friedrich Wilhelm 1788 »zur linken Hand« heiratete.

Abb. 4
Friederike Luise von Preußen (Kat.-Nr. 100)

Abb. 5
Friedrich Wilhelm II. von Preußen (Kat.-Nr. 102)

Abb. 6
Wilhelmine Enke, verh. Ritz, Gräfin Lichtenau (Kat.-Nr. 101)

Abb. 7
Julie Amalie von Voß (Kat.-Nr. 103)

Die strategische Rolle der Töchter für ihre Familie wurde auch von den Betroffenen als integraler Bestandteil ihrer Identität wahrgenommen. Wilhelmine, die 1709 geborene älteste Tochter Friedrich Wilhelms I. in Preußen, reduziert in ihren Memoiren die eigene Kindheit auf die Abfolge heiratspolitischer Projekte. Seit dem sechsten Lebensjahr wurde sie nacheinander dem englischen Thronfolger, dem König von Schweden und dem König von Polen versprochen.[8] Auch wenn sie sich als Spielball politischer Interessen sah, war sie stolz auf die Bedeutung, die ihrer Zukunft beigemessen wurde. Fremdbestimmtheit und Selbstbewusstsein kommen gleichermaßen zum Ausdruck, wenn sie selbst sich mit den Worten zitiert: »Und was soll das dauernde Gerede über den Herzog von Gloucester und die Mühe, die ich mir geben soll, um ihm eines Tages zu gefallen? [...] Ich bin Königstochter und eine so große Ehre ist es nicht für mich, diesen Prinzen zu heiraten.«[9] Noch im 20. Jahrhundert begriff Victoria Luise, Tochter Wilhelms II., ihre Rolle ganz im Dienst der Staatsräson: »[Preußen] hat zwar sein Territorium durch Kriege vergrößert. Doch deren Wunden wurden durch Heiraten geheilt. [...] Die Tochter des Kaisers [Victoria Luise] vermählte sich mit dem Erben der hannoverschen Krone. Das Königreich Hannover war durch Annexion Preußen einverleibt worden.«[10]

Die Vorstellung von fürstlichen Ehen als »Zwangsheiraten« und Töchtern als »Opfer dynastischer Heiratspolitik« muss vor diesem Hintergrund relativiert werden.[11] Stets stand die Verheiratung einer fürstlichen Tochter im Spannungsfeld zwischen dynastischer Nützlichkeit und dem kirchenrechtlichen Gebot der Freiwilligkeit jeder Ehe. Gegen den ausgesprochenen Willen der Kandidaten konnte eine Ehe nicht rechtlich unanfechtbar geschlossen werden. Schon aus diesem Grund war dem Familienoberhaupt daran gelegen, Ehen im Konsens mit den Betroffenen auszuhandeln.[12] Die Notwendigkeit ihrer Einwilligung gab den Töchtern die Möglichkeit, gegenüber dem Familienoberhaupt ein Mitspracherecht einzufordern. Sie konnten an die väterliche Fürsorgepflicht und die Ehre der Familie appellieren und den Druck durch Unterstützung von Verwandten erhöhen. Ebenso war es möglich, die häufig unterschiedlichen dynastischen Perspektiven von Vater und Mutter gegeneinander auszuspielen, um Einfluss auf die Wahl des Ehekandidaten zu nehmen.[13]

Im Gegenzug hatte auch das Familienoberhaupt handfeste Druckmittel: Prinzipiell bestand zwar ein Erbanspruch aller Nachkommen gegenüber dem Vater. Doch wurde im Zuge der Durchsetzung der Primogenitur im Spätmittelalter das Erbe der Töchter mit der Mitgift verrechnet und mit einer Erbverzichtserklärung verbunden.[14] Die Mitgift wiederum gab die finanziellen Spielräume der Frau in der Ehe vor und sicherte eine auskömmliche Witwenschaft.[15] Da das Familienoberhaupt bei Ungehorsam an keine Zahlung gebunden war, bedeutete die Weigerung, eine Ehe einzugehen, oder gar die selbstbestimmte Eheschließung den Verlust jeglicher Zukunftssicherung.[16] Alternative Versorgungsformen zur Ehe wurden von den Hohenzollern für ihre Töchter wenig genutzt.[17] Wurden im 15. Jahrhundert etwa ein Drittel aller adligen Frauen Nonne oder Stiftsdame,[18] schlugen lediglich zwölf Prozent der Hohenzollerinnen zwischen 1400 und 1535 diesen Weg ein.[19] Nach der Reformation stieg die Verheiratungsquote der Töchter der Hohenzollern zwischen 1640 und 1900 sogar auf 93 Prozent.[20]

Der Mangel an Alternativen erklärt, warum schwere Konflikte um die Eheschließung eher selten waren.[21] In den Quellen wird der Widerstand der Töchter vor allem dann fassbar, wenn Eheprojekte nicht ihren Selbstansprüchen genügten, das heißt, wenn der Bräutigam nicht standesgemäß erschien oder die Mitgift unangemessen klein ausfiel.[22] Alles in allem wirkte die dynastische Familienordnung durch Konvention und Erziehung so identitätsbildend und durch wirtschaftliche Abhängigkeit so disziplinierend auf alle Akteure, dass Zwangsmaßnahmen eine Ausnahme blieben.[23]

Störfaktor Liebe

Welche Bedeutung kam vor diesem Hintergrund der Liebe zu? Emotionale Bindungen waren in Fürstenfamilien ein wichtiger Faktor, der das Funktionieren der Familienordnung förderte. In den Quellen der Frühen Neuzeit erscheint Liebe als ein Verhalten, das die im Rahmen der Familienordnung zu erwartende Solidarität ausdrückt und so Würde und Ehre des anderen respektiert und fördert. Für das Verhältnis zwischen Ehemann und Ehefrau ist es aufschlussreich, dass »Liebe« und »Freundschaft« syno-

Abb. 8
Preußen und Braunschweig waren über Generationen eng verknüpft. Durch die Doppelhochzeit ihrer Eltern waren Elisabeth Christine Ulrike und ihr Bräutigam Friedrich Wilhelm Cousin und Cousine. Nach der skandalträchtigen Scheidung aber endeten die engen Verflechtungen zwischen beiden Familien abrupt (Kat.-Nr. 99).

nym verwendete Begriffe waren. Verliebtsein und sexuelle Attraktion waren hingegen keine konstituierenden Bestandteile dieses Partnerschaftsmodells. Eine emotionale Bindung zwischen Ehepartnern galt nicht als Vorbedingung für eine Eheschließung, sondern als das zu erhoffende Ergebnis »einer Willensleistung« der Beteiligten.[24]

Erst im Verlauf des 18. Jahrhunderts setzte gesamtgesellschaftlich eine deutliche Abgrenzung der Eltern- und Freundesliebe von partnerschaftlicher Liebe in unserem heutigen Verständnis ein, die zunehmend auch im höfischen Umfeld Bedeutung erlangte.[25] Wie sehr die neuen Liebesnormen das höfische Beziehungssystem erschütterten, zeigt das Beispiel des preußischen Königs Friedrich Wilhelm II. (Abb. 5). Unter dem Eindruck der zeitgenössischen Philosophie und Literatur versuchte er, dynastische Pflichten und erfüllende Beziehungen nebeneinander zu leben.[26] Dabei stürzte er die involvierten Frauen in existenziellere Krisen als sich selbst. Während Männern zugestanden wurde, außereheliche Verbindungen zu pflegen, galten für Frauen striktere Regeln. Aufgrund ihrer entscheidenden Rolle für die Garantie der Erbfolge durfte es keinen Zweifel an der Vaterschaft eines Kindes geben. Friedrich Wilhelm war seine 1765 arrangierte Ehe mit seiner Cousine Elisabeth Christine Ulrike von Braunschweig-Wolfenbüttel zuwider (Abb. 8). Er unterhielt zur gleichen Zeit eine Beziehung zur bürgerlichen Wilhelmine Enke, die er, gerade weil sie sich über Standesgrenzen hinwegsetzte, als »wahre Liebe« begriff (Abb. 6). Auch seine Ehefrau tat ihrem Herzen keinen Zwang an, agierte aber so unvorsichtig, dass ihr Verhältnis zu einem italienischen Musiker öffentlich wurde. Der Skandal traf sie mit voller Wucht – die Ehe wurde 1769 geschieden und ihre Herkunftsfamilie war nicht gewillt, sie wieder aufzunehmen. So lebte Elisabeth Christine Ulrike bis zu ihrem Tod 1840 im Exil in Stettin. Sie sah weder ihre Familie noch ihre Tochter wieder. Friedrich Wilhelm wurde das Scheitern seiner Ehe vom König zwar angelastet, dessen einzige Konsequenz aber war die sofortige dynastische Wiederverheiratung mit Friederike Luise von Hessen-Darmstadt (Abb. 4).[27]

Die soziale Sprengkraft dieses Beziehungsgeflechts bildet sich auch in einer Gruppe von Porträts ab, die Anton Graff 1788 schuf. Die Darstellung ist ganz auf die Herausarbeitung der Individualität der Porträtierten fokussiert, wohingegen die beträchtlichen Standesunterschiede zwischen dem Königspaar und der bürgerlichen Wilhelmine Enke negiert werden. In diesem Bruch mit den tradierten Darstellungsnormen spiegelt sich der gleiche, in der Epoche virulente Anspruch auf Überwindung gesellschaftlicher Schranken, der auch Friedrich Wilhelms Beziehungsmodell zugrunde liegt.

Abb. 9
Das Relief Joseph von Kopfs zeigt Wilhelm I. und Augusta von Sachsen-Weimar-Eisenach im 58. Jahr ihrer Ehe. Die Hochzeit 1829 war aus seiner Sicht eine Notlösung. Zuvor hatte er jahrelang versucht, eine Ehe mit Fürstin Elisa Radziwiłł durchzusetzen. Doch sein Vater entschied, dass sie nicht ebenbürtig sei (Kat.-Nr. 108).

Abb. 10
Wilhelm versammelte auf seinem Schreibtisch in Schloss Babelsberg Objekte, die seine Sicht auf das eigene Leben spiegeln. Noch 50 Jahre nach dem frühen Tod Elisas ist sie mit einem Porträt und der Nachbildung ihrer Hand emotional präsent. Das Bild der Ehefrau hingegen bleibt hinter einem »Gartentor« verborgen (Kat.-Nrn. 105 – 107).

Braut

Die Eheschließung war der wohl markanteste Wendepunkt im Leben fürstlicher Frauen. Wenn aus der Tochter eine Ehefrau wurde, waren mit Namens- und Ortswechsel grundlegende Fragen der Identität betroffen. Die Eheschließung war daher von der Verlobung über die Hochzeitsfeierlichkeiten bis zum Einzug am neuen Hof von zahlreichen rituellen Handlungen begleitet, die diese Transformation zum Ausdruck bringen sollten.

Nach den meist mehrjährigen Eheverhandlungen zwischen den Familien erfolgte die Einverständniserklärung der Braut symbolisch meist durch das Anlegen eines Miniaturporträts des Bräutigams.[28] Eine solche Miniatur Friedrich Wilhelms (IV.) von Preußen trägt etwa Elisabeth von Bayern auf ihrem Brautbild von 1823 (vgl. S. 133, Abb. 1). Obwohl das Bild des bayerischen Hofmalers Karl Joseph Stieler noch in München entstanden ist, wurde Elisabeths neue familiäre Zugehörigkeit durch das Kreuz des preußischen Louisenordens an ihrer Brust bereits hervorgehoben.[29]

Der konkrete Akt der Eheschließung erfolgte durch die kirchliche Einsegnung. Zusätzlich war im höfischen Umfeld bis weit ins 18. Jahrhundert auch das Beilager ein integraler Bestandteil des zeremoniellen Ablaufs. Dabei wurde der entscheidende Moment, die Vermischung der beiden dynastischen Blutlinien, in symbolischer Form am Brautbett vollzogen.[30]

Das öffentlichkeitswirksamste Element der Hochzeitsfeierlichkeiten war die Brautfahrt. Der Zug der Braut in ihr neues Umfeld bedeutete häufig eine mehrwöchige Abfolge von Feierlichkeiten und bot den Bürgern Gelegenheit, entlang der Strecke ihre Loyalität zum Herrscherhaus zu demonstrieren.[31] Es ist daher nicht verwunderlich, dass

◄ Abb. 11
Der Einzug von Auguste Victoria, der Braut Wilhelms (II.), in Berlin 1881 fand im Staatswagen Friedrich Wilhelms II. statt. Dieser wurde für die Brautfahrt von Luise und Friederike von Mecklenburg-Strelitz 1793 bis zur Hochzeit Cecilies zu Mecklenburg-Schwerin 1905 genutzt (Kat.-Nr. 73).

Abb. 12
Die Identität der Eigentümerin ist auf dem Service der Königlichen Porzellan-Manufaktur auf vielfältige Weise präsent. Das Monogramm »PLP« von Prinzessin Luise von Preußen mit der preußischen Krone darüber benennt den königlichen Rang der Braut. Die Darstellung von Schloss Klein-Glienicke hingegen ist eher persönlich-biografisch geprägt (Kat.-Nr. 71).

Brautfahrten als ein Höhepunkt dynastischer Selbstdarstellung in schriftlicher wie bildlicher Form aufwendig publiziert wurden.[32] Seit dem späteren 19. Jahrhundert konnte man dazu auch die Fotografie einsetzen, wie ein koloriertes Foto des Einzugs Auguste Victorias zu Schleswig-Holstein-Sonderburg-Augustenburg, der späteren Kaiserin, in Berlin 1881 zeigt (Abb. 11). Da ihre Brautfahrt mit der Eisenbahn nur einen Tag in Anspruch genommen hatte, wurde die letzte Teilstrecke am folgenden Tag für die Öffentlichkeit in althergebrachter Weise inszeniert. Eine seit dem späten 18. Jahrhundert zu diesen Anlässen verwendete Galakutsche brachte die Braut von Schloss Bellevue über den prächtig geschmückten Boulevard Unter den Linden zum Berliner Schloss, wobei angeblich allein 40 000 Soldaten Spalier standen.[33] Dieses späte Beispiel verdeutlicht, welch staatstragende Anlässe dynastische Hochzeiten bis zum Ende der Monarchie waren. Obwohl ihre realpolitische Bedeutung im 19. Jahrhundert stetig geringer wurde, blieben sie in ihrer symbolischen Funktion als Ausdruck nationalen Zusammenhalts und Verbundenheit von Bevölkerung und Monarchie unerlässlich.[34]

Die Handlungsabläufe der Eheschließung dienten vor allem einem Zweck: die Braut als »familienfremdes Element« in die Dynastie des Ehemanns zu inkorporieren, das heißt, sie mit neuer Identität und Loyalität auszustatten.[35] Der betriebene Aufwand veranschaulicht, wie bedeutsam und heikel der Vorgang war. Im Widerspruch dazu stand der Anspruch der Herkunftsfamilie, die ursprüngliche Identität der Tochter zu betonen und weiterhin ihre Loyalität einfordern zu dürfen.[36] Vor allem der gegenständliche Teil der Mitgift war ein geeignetes Medium, an die Herkunft der Braut zu erinnern. Auf Brautwagen, Brautbett, Silbergeschirr oder Wäsche war prominent das Wappen der Brautfamilie als Ausdruck der eige-

Abb. 13
Karl Joseph Begas' Bildnis von Marie von Preußen zeigt die Nichte Friedrich Wilhelms IV. von Preußen als Braut. Ihr Bräutigam, Maximilian von Bayern, war wiederum der Neffe der preußischen Königin Elisabeth von Bayern (Kat.-Nr. 87).

Abb. 14 ►
Nachdem 1720 im Ural besonders reiche Malachit-Vorkommen entdeckt worden waren, entwickelte sich das intensiv grüne Mineral regelrecht zu einem Symbol Russlands. Auch diese Schale gelangte als Geschenk von Zarin Alexandra Feodorowna, einer geborenen Prinzessin von Preußen, nach Potsdam (Kat.-Nr. 54).

nen Herkunft angebracht (vgl. S. 135, Abb. 3). Dies bot die Möglichkeit, dem Haushalt den Stempel der eigenen Identität aufzuprägen.[37]

In diesen Zusammenhang gehört der Brauch der ersten Hälfte des 19. Jahrhunderts, den Töchtern des preußischen Königshauses ein Service der Königlichen Porzellan-Manufaktur Berlin als Hochzeitsgeschenk mitzugeben.[38] Die Malerei auf dem Dessert-Service zeigte dabei meist Ansichten Berlins und Potsdams. Dass die Auswahl dieser Ansichten nicht zufällig erfolgte, ist im Fall des Services für Luise von Preußen belegt. Als die Prinzessin 1854 Landgraf Alexis Wilhelm von Hessen-Philippsthal-Barchfeld heiratete, fragte man eine Vertraute der Prinzessin, welche Orte die »liebsten Erinnerungen bieten würden«. »Glinike als der langjährige Sommeraufenthalt und Charlottenburg als der Ort an welchem die Prinzessin getauft, confirmiert und getraut worden ist«[39] wurden zur Ausführung bestimmt. Diese Service sollten nicht nur die besondere Qualität der Berliner Porzellanmalerei vor Augen führen, sondern auch persönlicher Ausdruck der eigenen Herkunft sein (Abb. 12). Die Beispiele unterstreichen die ambivalente Identität fürstlicher Frauen als Töchter und Ehefrauen. Ihre Rolle als Bindeglied zwischen den Dynastien machte Frauen zu der Stelle im System, an der sich Spannungen konzentrierten und sich die Stärke der Verbindung letztendlich beweisen musste.

Exemplarisch für den Umgang mit den unterschiedlichen Erwartungen der Familien sei hier auf Elisabeth von Bayern und Marie von Preußen eingegangen. Die Wittelsbacherin Elisabeth heiratete 1823 Friedrich Wilhelm IV. von Preußen; die Hohenzollerin Marie 1842 Maximilian II. Joseph von Bayern (Abb. 13 u. 15). Elisabeth blieb kinderlos und konvertierte erst 1830 unter großem Druck zum Protestantismus, was ihre Integration in Preußen sehr erschwerte. Marie dagegen hatte nach der Geburt des späteren Königs Ludwig II. bereits nach einem Jahr alle Erwartungen erfüllt und trat trotzdem 1874 freiwillig zum Katholizismus über. Diese diametralen Entwicklungen spiegeln sich auch in der Art, in der sich beide inszenierten. Elisabeths Heimweh nach Bayern war keine Privatangelegenheit, sondern wurde regelrecht zelebriert. So schenkte ihr Friedrich Wilhelm ein kleines Haus im bayerischen Stil in der Potsdamer Pirschheide, das 1847 nach seinen Skizzen von Ludwig Ferdinand Hesse erbaut wurde (Abb. 17). Für ein eigens angefertigtes Service mit bayerischen Motiven entwarf Friedrich August Stüler eine Etagere in Anlehnung an alpenländische Tellerborde (Abb. 16). Als Bekrönung schlug er zwei Alternativen vor: eine Madonnenfigur (Abb. 18) oder einen Gamskopf. Obwohl die Madonna als Anspielung auf die Herrgottswinkel bayerischer Häuser authentischer erscheint, entschied sich Friedrich Wilhelm für die rein dekorative Gämse.[40]

Abb. 15
Elisabeth von Bayern wird von Christian Daniel Rauch als junge Frau in einfacher, ländlich anmutender Kleidung dargestellt. Der Lorbeerkranz hingegen und die Verweise auf ihre alte Heimat Bayern (Löwe) und die neue Heimat Preußen (Adler) verdeutlichen ihre offizielle Aufgabe als preußische Kronprinzessin (Kat.-Nr. 86).

◄ Abb. 16
Die Malerei auf dem Service für das Bayrische Haus zeigt neben Pflanzen und Tieren der Bergwelt auch bayerische Landschaften und bäuerliche Szenen. Dazu treten Dialektverse, die die Anmutung des Bayrischen Hauses als »Alm« noch unterstreichen sollen: »Auf d'Alma geh ma aufi / Un moacha groß i Kass [...]« (Kat.-Nrn. 83 u. 84).

Abb. 17
Ferdinand Marohns Ansicht des Bayrischen Hauses macht deutlich, dass das Gebäude ursprünglich frei auf einer Anhöhe stand. Im Gegensatz zu den modischen Schweizerhäusern der Zeit ist das Haus in seinen Details deutlich an den ländlichen Bautraditionen Oberbayerns orientiert (S. 281).

Abb. 18
Diese Variante des Entwurfs für die Etagere im Bayrischen Haus zeigt als Bekrönung eine Madonna. Die ausgeführte Etagere mit Gamskopf aus Palisanderholz hing im ebenfalls mit Palisander verkleideten Kabinett der Königin. Die Möbel für das Bayrische Haus waren Geschenke der Geschwister Friedrich Wilhelms IV. (Kat.-Nr. 85).

Bayerisches Brauchtum war erwünscht, die katholische Identität Bayerns aber ein Politikum. Die Öffentlichkeit war nach Elisabeths zögerlicher Konversion stets skeptisch geblieben, ob sie nicht doch pro-katholische Sympathien hegte.[41] Insofern durfte gerade das persönliche Refugium der Königin nicht als heimlicher Ort der Marienverehrung missverstanden werden. Dieses Detail führt die fragile Identität Elisabeths als Bayerin auf dem preußischen Thron vor Augen.

Ein Gemälde, das zur Originalausstattung des Bayrischen Hauses gehörte, erzählt vom entgegengesetzten Weg, den Marie von Preußen in Bayern ging. Sie schenkte ihrer Tante Elisabeth 1856 eine Ansicht der Landschaft um ihren Sommersitz Hohenschwangau von Lorenzo Quaglio (Abb. 20). Im Vordergrund erkennt man Marie mit ihren Söhnen, Ludwig und Otto.[42] Sie wirkt völlig zu Hause in dieser grandiosen Landschaft. Tatsächlich bestieg Marie als echte Pionierin des Alpinismus mehrfach den Watzmann (Abb. 19). Um angemessen gekleidet zu sein, entwarf sie eine an traditionellen Trachten orientierte Bergsteigertracht und wurde zu einer Wegbereiterin der Trachtenmode, die im 19. Jahrhundert auch den bay-

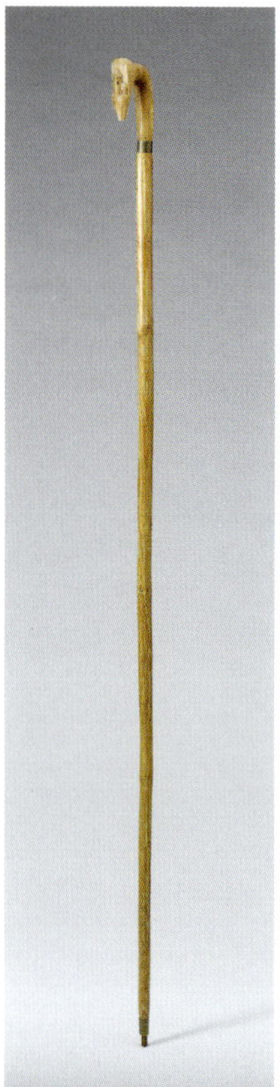

Abb. 19
Als begeisterte Bergsteigerin bestieg Königin Marie viele Gipfel der Umgebung, so den 2 047 Meter hohen Säuling (Kat.-Nr. 88).

Abb. 20
Lorenzo Quaglio zeigt einen Blick über den Alpsee und Schloss Hohenschwangau. Königin Marie und die Söhne Ludwig (II.) und Otto – im Vordergrund dargestellt – verbrachten ihre Sommer hier und lernten so die bayerische Bergwelt lieben (Kat.-Nr. 89).

erischen Hof erfasste.[43] Anstatt ihre Fremdheit zu betonen, tat Marie alles, um als Bayerin wahrgenommen zu werden. Sie nahm dabei vieles von dem, was sich in ihrer Zeit erst zur bayerischen Identität entwickeln sollte, vorweg. Ihre Anstrengungen fruchteten allerdings wenig. Ludwig II. hegte stets einen Widerwillen gegen Hohenschwangau, weil es »jährlich durch die Prosa meiner Mutter entweiht« wurde, die aus seiner Sicht immer eine »Preußin« blieb.[44]

Solche Loyalitätskonflikte ziehen sich wie ein roter Faden durch die Biografien der Hohenzollerinnen. Ob bei Elisabeth von Dänemark, Wilhelmine von Brandenburg-Bayreuth oder Victoria von Großbritannien und Irland, stets erweist sich die Frage nach dem Verhältnis zwischen Herkunfts- und Ehefamilie als biografische Konstante.[45] Das zeigt sich auch in der häufigen Verwendung des eigenen Wappens, das von den Hohenzollerinnen noch Jahrzehnte nach der Eheschließung an den unterschiedlichsten Stellen prominent angebracht wurde. Elisabeth von Dänemark stellte ihrer Gesangsordnung ein reich illuminiertes Wappen voran, in dem die brandenburgischen gegenüber den dänischen Komponenten eindeutig zurückgedrängt dargestellt werden (Abb. 21). In der Summe blieb – unabhängig davon, wie stark der Wille zur Anpassung war – die Erfahrung der Fremdheit in der neuen Umgebung offenbar stärker als das Zugehörigkeitsgefühl zur neuen Heimat. Fürstliche Frauen blieben ein Leben lang »Königstöchter«.

Abb. 21
Elisabeth ist eine dänische Königstochter und durch Heirat Brandenburger Kurfürstin. Ihr Wappen in der 1555 verfassten Gesangsordnung zeigt, dass diese Unterschiede bis zum Lebensende von großer Bedeutung sind: Die dänischen Elemente sind wesentlich prominenter als die brandenburgischen Anteile (Kat.-Nr. 154).

Anmerkungen

1 Als für ein Projekt der Erzählforschung Kinder Märchen malen sollten, zeigten die meisten der 12 000 Einsendungen eine »Prinzessin«. Vgl. Röhrich 1976. **2** Vgl. Daniel Schönpflug in diesem Band, S. 78–89. **3** Vgl. [Anon.] 1733, S. 1–4. **4** [Anon.] 1733, S. 22. **5** Zur Schönheit und Gesundheit fürstlicher Personen vgl. Nolte 2004, S. 48–50. **6** Vgl. Cranach, Kat. 2009, S. 230–232, Kat.-Nr. V.12–V.16 (Gerd Bartoschek). **7** Zur Rolle von Porträts bei der Eheanbahnung vgl. Coester 2008, S. 163. – Rohr 1733, S. 133. **8** Vgl. Berger 2007, S. 10–14, 64. **9** Berger 2007, S. 11. **10** Braunschweig-Lüneburg 1971, S. 36. **11** Vgl. Katrin Keller in diesem Band, S. 30–33. **12** Vgl. Spieß 1993, S. 28 f. **13** Vgl. Nolte 2005, S. 350–352. **14** Vgl. Spieß 1993, S. 327–333. – Schönpflug 2013, S. 37. **15** Vgl. Michaela Völkel in diesem Band, S. 132–143. **16** Vgl. Spieß 1993, S. 35, 163. **17** Vgl. Kleinjung 2004, S. 27–33. – Spieß 1993, S. 370–374. **18** Vgl. Spieß 1993, S. 370. **19** Zum geistlichen Stand bei den Hohenzollern vgl. Nolte 2005, S. 114–124. – Kleinjung 2004, S. 27–33. – Spieß 1993, S. 370–374. **20** Vgl. Schönpflug 2013, S. 52. **21** Vgl. Schönpflug 2013, S. 75. **22** Vgl. Spieß 1993, S. 30. – Schönpflug 2013, S. 81. **23** Beispiele für Konflikte vgl. Nolte 2005, S. 118 f. **24** Vgl. Schönpflug 2013, S. 75–81. – Nolte 2005, S. 63–67. **25** Vgl. Schönpflug 2013, S. 79. **26** Von großer Bedeutung war die Lektüre von Rousseaus »Emile«. Vgl. Hagemann 2005, S. 21–25. **27** Vgl. Hagemann 2012, S. 234–236. **28** Vgl. Rohr 1733, S. 136 f. **29** Vgl. Vanessa Krohn in diesem Band, S. 119 f. **30** Vgl. Susanne Evers in diesem Band, S. 90 f. – Vgl. Schröter 1991. **31** Vgl. Coester 2008. **32** Beschreibungen von Brautfahrten vgl. Förster 1824. – [Anon.] 1733. **33** Schilderung der Feierlichkeiten vgl. Braunschweig-Lüneburg 1971, S. 46–55. **34** Vgl. Schönpflug 2013, S. 64 f. **35** Vgl. Susanne Evers in diesem Band, S. 192 f. **36** Vgl. Coester 2008, S. 167 f. **37** Vgl. Michaela Völkel in diesem Band, S. 135, 140. **38** Vgl. Plötz-Peters 2010, S. 63. **39** Zit. nach Plötz-Peters 2010, S. 65. **40** Vgl. Meiner 2008, S. 472 f. **41** Zur Konfessionsfrage vgl. Minkels 2007, S. 51–56, 183–188. **42** Vgl. Bayern & Preußen, Kat. 1999, S. 398, Kat.-Nr. 10.13 (Gerd Bartoschek). **43** Vgl. Bayern & Preußen, Kat. 1999, S. 398, Kat.-Nr. 10.12 (Katharina Heinemann). **44** Haller 1982 Marie, S. 88. **45** Vgl. Ulrike Sträßner (S. 222–229), Cordula Bischoff (S. 146–161) und Frank Lorenz Müller (S. 252–259) in diesem Band.

DER BRÄUTIGAMSMANTEL

SUSANNE EVERS

Abb. 1
Auf dem eindrucksvollen Porträt Johann Georgs I. von Sachsen trägt der Kurfürst den Mantel, den er bereits zur Hochzeit trug. Es zeigt eine raffinierte Variante, wie zu Beginn des 17. Jahrhunderts ein spanischer Radmantel getragen werden konnte, um das kostbare Innenfutter zur Geltung zu bringen (S. 281).

Ein Porträt von 1617 zeigt den Kurfürsten Johann Georg I. von Sachsen in Hochzeitskleidern. Sein Bräutigamsmantel ist eigenwillig drapiert: Den Oberkörper und rechten Arm freilassend, liegt er über der linken Schulter und ist unter dem verhüllten linken Arm verschlungen. Das ursprüngliche Futter, laut Inventar kostbarer als der Oberstoff, ist an mehreren Stellen nach außen gekehrt.

Den reich bestickten Radmantel aus schwarzem Samt trug Johann Georg anlässlich seiner beiden Hochzeiten 1604 und 1607.[1] Angefertigt wurde der nach spanischer Mode geschnittene Überwurf für seine Trauung mit der württembergischen Prinzessin Sibylla Elisabeth. Nur zwei Jahre später verstarb die junge Herzogin, und Johann Georg ging erneut auf Brautschau. Diesmal erwählte er die preußische Prinzessin Magdalena Sibylla, die jüngste Schwester Annas von Preußen, Gattin des Brandenburger Kurfürsten Johann Sigismund – der engeren Bindungen an Kurbrandenburg wegen und ob der Anwartschaft auf deren mütterliches Erbe der Herzogtümer Preußen sowie Jülich, Kleve und Berg.[2] Die Hochzeit fand am 19. und 20. Juli 1607 in Torgau statt, weil in Dresden die Pest wütete.

Für die Festlichkeiten ließ Johann Georg sich zwei neue Prunkroben anfertigen, die beiden Mäntel der ersten Hochzeit benutzte er aber noch einmal. Die kurfürstlichen Kleider-Inventare und die erhaltenen Prunktextilien vermitteln ein anschauliches Bild dieser Festkleidung. Am ersten Tag der Vermählungsfeierlichkeiten trug der Bräutigam Wams und Hosen aus weiß-silberner Seide mit silbernen und goldenen Blumen mit dem darüber drapierten Radmantel. Auf schwarzem ziseliertem Seidensamt sind drei Schmuckbänder und weitere geschwungene Ornamente in reicher Gold- und Silberstickerei appliziert, im Ranken- und Blütendekor mehrfach Herzen eingeflochten. Insgesamt 27-mal erscheinen in diesen Bändern die Initialen des Brautpaares: »ISMG«. Hier drückt sich der Anspruch des Bräutigams auf die Abkehr seiner Braut von ihrer Herkunftsfamilie aus: So wie ihr Monogramm von seinen Initialen eingerahmt und mit diesen verschlungen ist, so soll sie in seiner Familie aufgehen. Dass ihr Namenszug überhaupt so häufig auf der Festrobe des Bräutigams erscheint, war damals nicht üblich und zeugt von einer gewissen Wertschätzung der zukünftigen Ehefrau.

Für die Wiederverwendung des Mantels musste man die Anfangsbuchstaben der ersten Gattin SE (Sibylla Elisabeth) in diejenigen der zweiten Gemahlin SM (Sibylla Magdalena) ändern. Um den enormen Aufwand etwas geringer zu halten, variierte man die Reihenfolge der Vornamen, denn die Braut hieß eigentlich Magdalena Sibylla.

Festrobe und Bräutigamsmantel wurden offensichtlich nicht exklusiv bei den Beilager-Feierlichkeiten getragen, sondern dienten, wie das Porträt von 1617 zeigt, auch weiterhin als festliche Kleidung.[3]

Anmerkungen

1 Vgl. Bäumel 1993. **2** Essegern 2007, S. 272–276. **3** Für die Zeit um 1500 konnte diese Praxis bereits nachgewiesen werden, vgl. Frieling 2013, S. 170–174.

Abb. 2
Der Bräutigamsmantel ist reich mit silbergestickten Bordüren verziert, in denen vielfach das Monogramm der Eheleute erscheint. Die Korrekturen anlässlich der zweiten Ehe Johann Georgs sind im Buchstaben M deutlich erkennbar (Kat.-Nr. 62).

DIE FÜRSTIN ALS MUTTER

SICHERUNG DER NACHKOMMENSCHAFT

CARSTEN DILBA

In der höfischen Gesellschaft hatten Fürstinnen und adlige Frauen Rollen zu erfüllen: als Tochter, Ehefrau und Mutter, als Witwe und gelegentlich auch als Regentin nach dem Tod des Landesherrn anstelle eines unmündigen Sohnes. Diese Rollen bedeuteten einerseits Handlungszwänge, eröffneten andererseits aber auch Handlungsfelder und Möglichkeiten des Agierens. Die den adligen Frauen vornehmlich zugewiesene Aufgabe war die der Nachwuchssicherung. Das Gebären eines männlichen Thronfolgers war entscheidend für den patrilinearen Erhalt der Dynastie und damit Zweck der Ehe, die vornehmlich nach politisch-dynastischen Erfordernissen geschlossen wurde. Die Mutterrolle war damit keinesfalls etwas »Privates« oder »Nicht-Öffentliches« im neuzeitlichen Sinne, im Gegenteil: Die Mutterschaft von Fürstinnen war in Zeiten hoher Kindersterblichkeit hoch politisch und von existenzieller Bedeutung für das Florieren der Familie und den Fortbestand der Dynastie.

Kurfürst Albrecht Achilles von Brandenburg beispielsweise untersagte seiner Tochter Ursula, sich einer Heirat durch den Eintritt ins Kloster zu entziehen, da sie kein »closter fleisch« an sich habe.[1] Die ihr zugedachte reproduktive Rolle erfüllte sie dann auch zur vollen Zufriedenheit mit der Geburt von acht Kindern. Entsprechendes gilt auch für Elisabeth von Anhalt, dritte Gemahlin des fast 40 Jahre älteren Kurfürsten Johann Georg von Brandenburg. Aus dieser Verbindung gingen sieben Söhne und vier Töchter hervor, die sämtlich das Kindesalter überlebten. Kurz nach dem Tod ihres Gemahls und der danach folgenden Geburt ihres jüngsten Sohnes zog sie ein Resümee ihrer 20-jährigen Ehe.[2] Aus der kurzen, ihr später ins Grab gegebenen Schrift wird deutlich, dass Elisabeth ihr ganzes Leben als Abfolge von Geburten wahrgenommen hat, unterbrochen lediglich von Zeiten des Unwohlseins und der Krankheit, und sie sich einzig als Ehefrau und Mutter gesehen hat. Andere Ereignisse werden mit keinem Wort erwähnt. Es war im adligen Familienmodell auch nicht vorgesehen, die Frau mit Schwangerschaften zu verschonen, selbst wenn sie durch vorangegangene Geburten gesundheitlich angegriffen war.[3] So stand das eheliche Beilager unter steter Beobachtung – wenigstens in der Zeit ungesicherter Erbfolge.[4]

Die Bedeutung der Fürstin für die Sicherung der Nachkommenschaft fand ihren Niederschlag auch in der Kunst, wie dem in der Bildtradition vergleichbarer sächsischer Darstellungen stehenden Totenbildnis der Magdalena Sibylla in Preußen, Kurfürstin von Sachsen (Abb. 1).[5] Dem gedruckten Bericht ihres Leichenbegängnisses zufolge wurde die Verstorbene bereits am Tag nach ihrem Tod auf Befehl ihres Sohnes Johann Georg II. porträtiert.[6] Eine gemalte Version des in dem Funeralwerk im Stich wiedergegebenen Totenbildnisses zeigt hinter dem geöffneten Sarg mit der aufgebahrten Kurfürstin anstelle des Engels eine Kartusche, deren unvollständig erhaltener Text lautet: »In diesem Sarg ruht [...] Magdalena / Sibilla Herzogin zu Sachsen Julich Cleve V. Berg [Churfürstin] / gebohrne Marggrefin zu Brandenburg [...] / Burggrafen zu Magdeburgen Herren Johann Georgen / den Ersten zu Dorgavw, Ehelich beÿgeleget worden, wie dann / Ihre Churf(ürst)l(iche) Durchl(aucht) aus Christ Fürstlich treu-

lichen Ehebette 7 junge / Herrlein V. 3 Fräuwlein erzeiget, wo von die allmacht gottes 3 herrenn […] Jahre V. haben 10 leibliche Kinder. 57 Kindes / Kinder. 26 Kindes-Kindes-Kinder also als Fraw Mutter groß V. / Elter-Fraw Mutter 93. Kinder erlebet, seind seelich verstorben zv / Dresden den 12. Februar 1659. V. haben ihr gantzes / alter bracht auf 72. Jahr vnd 6 Wochen.«[7] Die Inschrift verdeutlicht, dass Magdalena Sibylla alle Erwartungen erfüllt hat. Ihr Sterben und das Weiterleben der Familie in ihrer Nachkommenschaft werden in der Darstellung der aufgebahrten Kurfürstin unmittelbar aufeinander bezogen und damit die Kontinuität der Familie und Dynastie über den individuellen Tod hinaus bezeugt.

Die hohe Bedeutung eines männlichen Stammhalters ist eng mit der Biografie Magdalena Sibyllas verknüpft, war sie selbst doch das siebente und jüngste Kind des preußischen Herzogspaars Albrecht Friedrich und Maria Eleonore von Jülich-Kleve-Berg. Ihre beiden einzigen Brüder starben noch vor Erreichen des ersten Lebensjahrs, sodass das Aussterben der preußischen Linie der Brandenburger mit dem Tod ihres Vaters absehbar war. Ziel der von ihrer Mutter betriebenen Heiratspolitik war es dann auch, das preußische Erbe dem brandenburgischen Haus zu sichern, in das folglich drei ihrer älteren Schwestern einheirateten.

Abb. 1
Das Totenbildnis der 1659 im Alter von 72 Jahren verstorbenen Magdalena Sibylla in Preußen würdigt das erfüllte Leben der Kurfürstin: Als treue Ehefrau und zehnfache Mutter, 57-fache Großmutter und 26-fache Urgroßmutter hat sie ihre Rolle in der Sicherung der Dynastie vollauf erfüllt (Kat.-Nr. 77).

Kinder als Mittel familiärer Machtpolitik

Kinder und Ehe waren Mittel dynastischer Machtpolitik. Die Ehe wurde geschlossen zur Verbindung zweier Herrscherhäuser, der Festigung von Allianzen und zum allgemeinen Prestigegewinn. Die aus der Verbindung entspringenden Kinder waren für adlige Frauen ein Instrument, um die eigene Stellung am Fürstenhof zu stärken und im Fall einer vormundschaftlichen Herrschaft selbst politisch

handeln zu können. Kinder wurden zur Erziehung an befreundete Höfe geschickt, um ihre Karrierechancen zu befördern bzw. verwandtschaftliche oder auch freundschaftliche Bande zu stärken.[8] Auch wenn der Vater generell das letzte Wort bei der Eheschließung der Kinder hatte, ist die Einflussnahme der Fürstin nicht zu unterschätzen.

Entsprechend lag es auch im Interesse der Fürstin, ihren Kindern eine Vorrangstellung innerhalb der Herrschaftsnachfolge zu sichern oder wenigstens eine ökonomische Absicherung zu erreichen. Dies betrifft vorrangig die Fälle, in denen einer früheren Ehe des regierenden Fürsten Kinder entsprungen waren und die neue Gemahlin die Position des eigenen Nachwuchses gegenüber den Halbgeschwistern zu stärken suchte. So gingen aus der zweiten Ehe des Großen Kurfürsten Friedrich Wilhelm mit der 32-jährigen Dorothea von Holstein-Glücksburg noch sieben Kinder, darunter vier Söhne hervor, die mit der eigens errichteten Herrschaft Brandenburg-Schwedt abgefunden wurden.[9] Dorothea hatte zuvor versucht, ihren Gemahl dahingehend zu bewegen, die Kinder aus zweiter Ehe erbrechtlich zu bevorteilen. Nach dem Tod des 19-jährigen Kurprinzen Karl Emil und des mit 20 Jahren verstorbenen Ludwig schien es durchaus möglich, dass auch der körperlich schwächliche Friedrich III. sein Erbe nicht anträte und damit dem ältesten Sohn aus zweiter Ehe die Kurwürde zufiele, dem 1669 geborenen Philipp Wilhelm.

Ein um 1678 entstandenes Familienbildnis mag als Ausdruck der Ansprüche Dorotheas verstanden werden. Es zeigt den Großen Kurfürsten Friedrich Wilhelm mit seiner zweiten Frau und ihren gemeinsamen Kindern (Abb. 2).[10] Der thronende Kurfürst gibt mit Zepter, Prunkharnisch und hermelinverbrämtem Mantel das Bild eines machtbewussten Herrschers. Ihm zur Rechten sitzt seine Gemahlin, die Füße auf einem purpurfarbenen Kissen und durch Hermelin und Purpurmantel ebenfalls in ihrem fürstlichen Stand dargestellt. Auf ihrem Schoß hält sie ein unbekleidetes Kind, ihren jüngsten Sohn, dem die neben ihr stehende älteste Tochter ein Blumenkörbchen reicht. Dem Kurfürsten zur Seite steht ein halbwüchsiger Knabe im Prunkharnisch mit Marschallstab, der mit einem Zeigegestus fast an den väterlichen Arm rührt. Nur der älteste Sohn Philipp Wilhelm und seine Schwester Maria Emilie stehen der genealogischen Rangfolge gemäß auf dem mit einem Teppich bedeckten Thronpodest. Ihre drei jüngeren Geschwister sind am Rand, eine Stufe tiefer platziert. Vorn auf dem Absatz sitzen Karl Philipp und seine Schwester Elisabeth Sophie, die an den brandenburgischen Kurhut zwischen ihnen greift, während ihr Bruder mit unmissverständlichem Zeigegestus auf den Vater als Inhaber der Kurwürde weist. Über der Szene, die von einer Kulissenarchitektur mit in Nischen eingestellten Skulpturen, die als Allegorien der Herrschaftstugenden zu deuten sind, hinterfangen wird, schwebt die 1676 verstorbene Tochter Dorothea als Engel.

Schon im Bildaufbau kommt die dynastische Stellung der hier Porträtierten klar zum Ausdruck. So wird die linke Bildhälfte allein vom Kurfürsten und seinem ältesten Sohn aus zweiter Ehe bevölkert, nur begleitet von zwei Hunden als Symbol der Treue und Wachsamkeit, die rechte hingegen von der Kurfürstin und ihren jüngeren Kindern. Das Familienbild rekurriert auf ein 1666 entstandenes Familienbildnis des niederländischen Malers Jan Mijtens mit der Darstellung des Großen Kurfürsten, seiner ersten Gemahlin Luise Henriette und ihren gemeinsamen Kindern.[11] Es steht für den Anspruch seiner zweiten Frau, ihre Kinder erbrechtlich zu positionieren.[12]

Nach dem Tod ihres Gemahls schien Dorothea am Ziel ihrer Pläne für die eigenen Kinder angekommen zu sein: Die politischen Testamente Friedrich Wilhelms von 1680 und 1686 sahen die Abteilungen größerer Sekundogenituren vor. Damit wurde von der Unteilbarkeit des Fürstentums Abstand genommen, stattdessen sollten auch die Söhne aus zweiter Ehe mit landesherrlichen Territorien ausgestattet werden.[13] Eine derartige Erbteilung hätte zu einer deutlichen Schwächung des Landes führen können.

In einem Erbvergleich von 1692 schließlich setzte sich Friedrich III./I. unter Berufung auf das Hausrecht der Hohenzollern, nach dem das Kurfürstentum nicht geteilt werden dürfe und der älteste Sohn die Herrschaft übernehmen solle, über die väterliche Verfügung hinweg. Sein ältester Stiefbruder wurde mit den Grundherrschaften von Schwedt und Wildenbruch abgefunden, ohne freilich eine autonome landesfürstliche Stellung einzunehmen.

◄ Abb. 2
Auf dem Familienbild ist Friedrich Wilhelm mit seiner zweiten Frau Dorothea und ihren gemeinsamen Kindern dargestellt. Es fehlen die erbberechtigten Kinder aus erster Ehe. Obwohl der Kurhut im Bild demonstrativ erscheint, konnte Dorotheas Sohn nur mit der Herrschaft Brandenburg-Schwedt rechnen (Kat.-Nr. 78).

Die Mutter als Vormund und Erzieherin

Über ihre Kinder konnte die Mutter versuchen, Einfluss auszuüben und eigene Interessen zu verfolgen. Eigene Herrschaftsrechte wurden ihr jedoch nur ausnahmsweise zugestanden.[14] Insbesondere die mütterliche Vormundschaft diente der Sicherung der dynastischen Kontinuität und wurde im Allgemeinen akzeptiert. So schreibt der Jurist Johann Jacob Moser in seinem 1745 erschienenen »Teutschen Staats=Recht«, die Mutter sei an erster Stelle zur Vormundschaft berechtigt, da sie ein »natürliches Interesse« habe, die Herrschaftsnachfolge zu sichern,[15] was den Agnaten, den männlichen Blutsverwandten der männlichen Linie, nicht selbstverständlich unterstellt werden konnte. Fast gleichzeitig begründet Zedlers »Universal-Lexicon« dieses Recht der Mutter mit »der natürlichen eingepflanzten Liebe«.[16] Mit dem Verweis auf dieses natürliche Recht wurde die staatsrechtliche Kritik, die eine Ausübung von politischer Herrschaft durch Frauen als Gynäkokratie, das heißt als Weiberregiment,[17] disqualifizierte, entkräftet.

Eine mütterliche Regentschaft für einen unmündigen Sohn hat es in Brandenburg-Preußen nicht gegeben, eine Ausnahme bildete die Nebenlinie der fränkischen Hohenzollern mit den Markgrafen von Brandenburg-Ansbach. Nur gelegentlich wurden Fürstinnen mit Regierungsgeschäften betraut; so übertrug König Friedrich Wilhelm I. seiner Gemahlin Sophie Dorothea zweimal politische Entscheidungsgewalt: 1714/15 während seines schwedischen Feldzugs im Nordischen Krieg und 1720, als er durch Krankheit regierungsunfähig war.[18] Einfluss konnte auch die verwitwete Mutter eines regierenden Fürsten ausüben. Sophie Dorothea war auf gleich nach Regierungsantritt geäußerten ausdrücklichen Wunsch ihres Sohnes Friedrich II. nicht als Königinwitwe, sondern als Königinmutter anzusprechen und sollte am Hof einen Rang noch vor seiner Gemahlin Elisabeth Christine einnehmen, eine Stellung, die sich auch in den für ihre Hofhaltung zur Verfügung stehenden Geldern spiegelt.[19]

Auch in Erziehungsfragen konnten adlige Frauen aktiv werden. An den protestantischen Höfen in Mittel- und Nordeuropa verfassten Fürstinnen eigene – auch in den Druck gegebene und damit auf eine Öffentlichkeit abzielende – Schriften zur Erziehung, Belehrung und Erbauung des Nachwuchses.[20] Als früheste überlieferte Schrift dieser Art einer Fürstin aus dem Haus Brandenburg ist die 1545 von Herzogin Elisabeth von Braunschweig-Calenberg-Göttingen, zweite Tochter des Kurfürsten Joachim I., verfasste »Unterrichtung und Ordnung Unser, von Gottes Gnaden, Elisabeth, [...] so Wir aus ganz mütterlicher Wohlmeinung [...] Unserm freundlichen, herzlieben Sohne, zu künftiger und angehender Regierung in seinem Regiment, wie er sich in demselbigen [...] richten und schicken soll, zu freundlicher und nützlicher Unterrichtung und Gefallen gestellt haben« zu nennen.[21]

Ein besonderes Bemühen um die Ausbildung und Erziehung ihres Sohnes Friedrich Wilhelm legte Sophie Charlotte, die zweite Gemahlin Friedrichs III./I., an den Tag.[22] Die ersten drei Lebensjahre verbrachte Friedrich Wilhelm am Hof seiner Großmutter Sophie in Hannover, bei der auch die Kinder ihres ältesten Sohnes Georg Ludwig aufwuchsen: Georg August, der nachmalige Georg II. von Großbritannien, und seine Schwester Sophie Dorothea, die später ihren Cousin Friedrich Wilhelm heiraten sollte. Mit sieben Jahren hatte dieser das Alter erreicht, in dem die Hohenzollernprinzen aus der weiblichen Obhut entlassen und einem männlichen Erzieher übergeben wurden. 1695 setzte die Kurfürstin den von ihr favorisierten Alexander Burggraf zu Dohna-Schlobitten, Oberhofmeister bis 1704, als Erzieher des Kurprinzen durch. Dies war durchaus ungewöhnlich, da die Auswahl des Präzeptors ansonsten in den Aufgabenbereich des Vaters fiel. Von diesem wurden allerdings die Inhalte der Ausbildung in »Instructionen« niedergelegt, die das Ziel hatten, den Knaben zu einem gottesfürchtigen und redlichen Thronanwärter zu formen.[23]

Das von Sophie Charlotte für ihren Sohn angestrebte Persönlichkeitsideal war das des kultivierten und galanten Fürsten. So schrieb sie im Sommer 1702 an ihren 13-jährigen Sohn: »Vergessen Sie nicht [...] und glauben Sie mir, dass meine Zuneigung zu Ihnen in dem Maße wachsen wird, wie ich höre, dass Sie ein *honnête homme* werden.«[24] Um die moralische Urteilsfähigkeit ihres Sohnes zu befördern und ihn zu einem tugendreichen und gerechten Herrscher zu erziehen, wählte sie Fénelons »Telemach«, der dem jungen Prinzen als Lektüre für seine Ausbildung anempfohlen wurde (Abb. 3).

Auf Wunsch Sophie Charlottes wurde wohl von Antoine Teissier, einem am preußischen Hof tätigen Hugenotten, die »Conversation sur le livre de Télémaque. Entre la R[eine] & le P[rince] R[oyal]« verfasst, die vermutlich noch vor der Königskrönung 1701 im Druck erschien und 1703 und 1721 weitere Auflagen erlebte.[25] Bei dieser fiktiven fürstlichen Unterhaltung der Königin mit dem zwölfjährigen Kronprinzen im Garten des Schlosses Lietzenburg handelt es sich um einen Kommentar zum Werk des französischen Prinzenerziehers. Sophie Charlotte bestärkt ihren Sohn, dem Vorbild Telemachs nachzueifern und sich hierbei der Führung Mentors alias Minerva anzuvertrauen, bis er schließlich selbst durch das Beispiel seines Vaters

Abb. 3
Der sogenannte »Telemach« von Fénelon gehört zu den berühmtesten Schriften der Fürstenerziehung. Diese Ausgabe ist Karl von Brandenburg-Ansbach gewidmet. Seine Mutter Christiane Charlotte war seit 1723 Regentin und ist auf dem Frontispiz als die Erzieherin des Fürsten dargestellt (Kat.-Nr. 80).

in der Kunst einer gerechten Herrschaft unterwiesen sei. Der Text schließt mit einer Huldigung an die preußische Königin als Minerva. Diese Schrift kann als öffentlichkeitswirksame Selbstinszenierung Sophie Charlottes verstanden werden, die sich in der Rolle als Mutter und gebildete Prinzenerzieherin in die Rolle Minervas, der Göttin der Weisheit, einschreibt.

Der ausbleibende Nachwuchs

Erfüllte die Fürstin die ihr zugedachte Aufgabe und gebar einen Thronfolger, so konnte sich die Schwierigkeit ergeben, dass Söhne aus einer anderen Beziehung des Fürsten einen Anspruch auf das Erbe anmeldeten. Wesentlich dramatischer jedoch war es, wenn sich keine männliche Nachkommenschaft einstellen wollte oder mögliche Thronfolger im Kindesalter verstarben.

Der Tod des Erstgeborenen Sophie Dorotheas und die wohl auch auf eine unglückliche Ehe mit Friedrich Wilhelm (I.) zurückzuführende körperliche und seelische Verfassung der Kronprinzessin[26] ließen ernsthafte Zweifel daran aufkommen, dass diese noch einen Thronfolger gebären werde. Teile der Hofgesellschaft drängten den Kronprinzen zur Scheidung beziehungsweise bewegten den alternden König Friedrich I. zu einer erneuten Hochzeit, um selbst noch einen Thronfolger zu zeugen. Tatsächlich heiratete Friedrich I. im November 1708, dem Todesjahr seines Enkels, im Alter von über 50 Jahren die 28 Jahre jüngere Sophie Luise von Mecklenburg-Schwerin, ohne dass diese Verbindung mit Nachwuchs gesegnet wurde.

In dieser Zeit großer Sorge um den Fortbestand der Dynastie und hohen auf der Kronprinzessin lastenden Legitimationsdrucks – dem Mann wurde generell keine Zeugungsunfähigkeit unterstellt – entstanden einige der bemerkenswertesten Kunstzeugnisse des frühen 18. Jahrhunderts am brandenburgisch-preußischen Hof. Es sind dies die aus Wachs gefertigten lebensgroßen Bildnisse ihrer vier verstorbenen Kinder, des ältesten Sohnes Friedrich Ludwig (1707 – 1708), ihres zweitältesten Sohnes Friedrich

Abb. 5
Die Wachsfiguren wurden mit Herrschaftsinsignien präsentiert. Die Prinzen trugen den Schwarzen Adlerorden. Ihre Prunkvitrinen schmückte das oranische Wappen bzw. eine Krone. Die Hoheitszeichen verweisen auf die für sie bestimmte – und nicht eingelöste – Rolle und ihre Stellung als Prinzen königlichen Geblüts (S. 281).

Abb. 4
Vier jung verstorbene Kinder Sophie Dorotheas, darunter die beiden ältesten Söhne, wurden als lebensechte Wachsfiguren nachgebildet und in der Kunstkammer zur Schau gestellt. Die Figuren sollten demonstrieren, dass die Kronprinzessin gebärfähig und der Bestand der Dynastie nicht gefährdet war (S. 281).

Wilhelm (1710–1711), ihrer zweiten Tochter Charlotte Albertine (1713–1714) und dem achten Kind namens Ludwig Karl Wilhelm (1717–1719) (Abb. 4 u. 6).[27]

Die mit großer Wahrscheinlichkeit von der Mutter in Auftrag gegebenen und aus ihrer Schatulle bezahlten Bildnisse der drei älteren Geschwister wurden vom französischen Bildhauer Charles Claude Dubut, das des jüngsten Sohnes von einem unbekannten Künstler angefertigt.[28] Bemerkenswerterweise scheint von den beiden ältesten Söhnen jeweils ein doppelter Figurensatz hergestellt worden zu sein, wobei es sich bei den Pendants nicht um Kopien, sondern um unterschiedlich gestaltete Figuren handelte. Jeweils ein Bildnis Friedrich Ludwigs und Friedrich Wilhelms, der nach dem Tod seines älteren Bruders in der Thronfolge nachrückte, wurde in der Kunstkammer des Berliner Schlosses ausgestellt, die nach Anmeldung von jedermann besichtigt werden konnte.[29] Die anderen Figuren ihrer Kinder befanden sich bei der Mutter, bis sie von Sophie Dorothea 1743 an die Kunstkammer abgegeben wurden.[30] Wenigstens zwei der Figuren wurden dem Betrachter in aufwendigen Prunkvitrinen präsentiert, die als oberer Abschluss eine Krone bzw. das

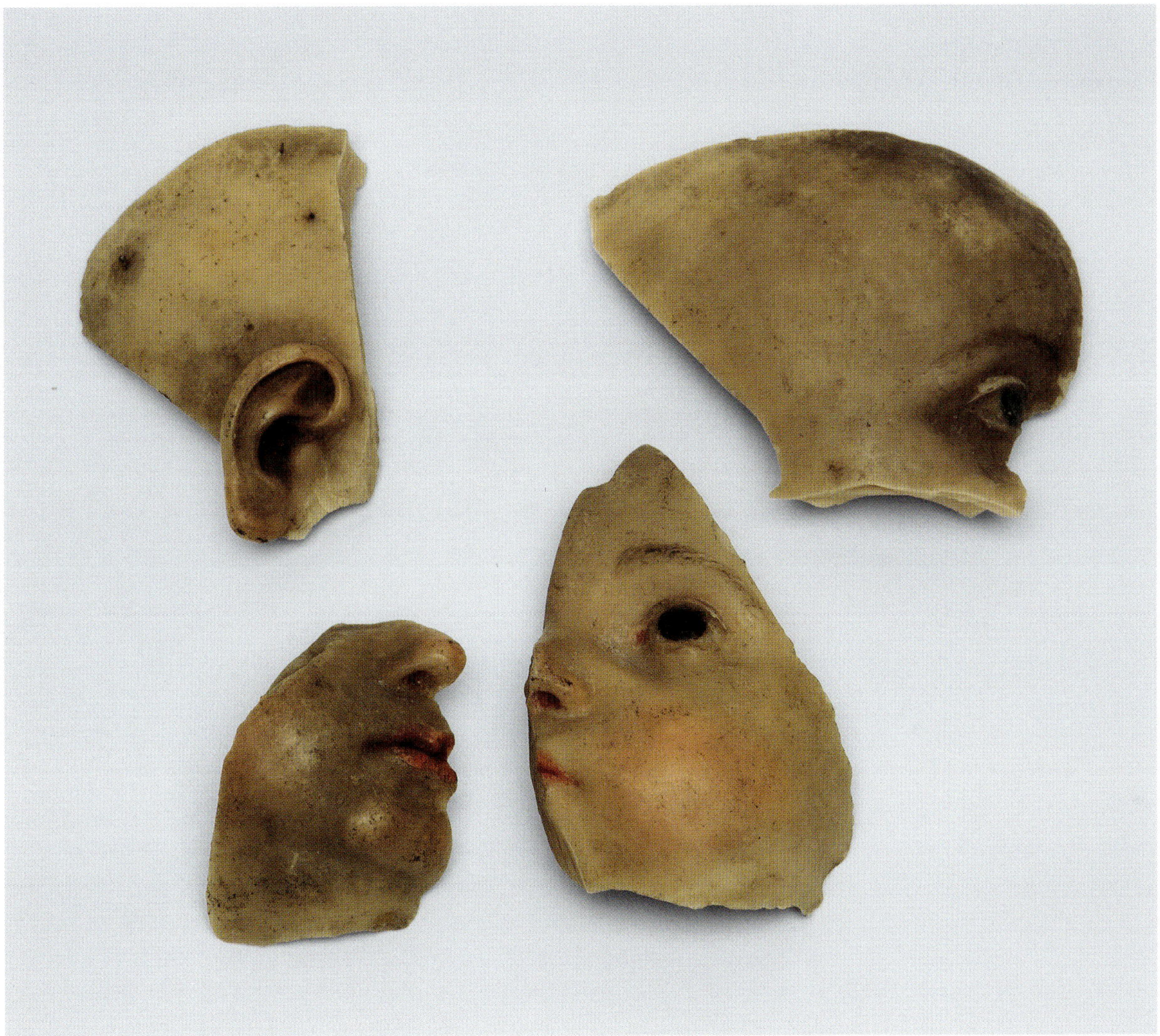

Abb. 6
Höchstwahrscheinlich gab Sophie Dorothea die Wachsfiguren ihrer Kinder, die heute nur noch als Fragmente überliefert sind, beim französischen Bildhauer Charles Claude Dubut und einem unbekannten Künstler in Auftrag (Kat.-Nr. 76).

oranische Wappen zierte (Abb. 5).[31] Allen Wachsbildnissen gemeinsam waren die ihnen beigegebenen Insignien; die Knaben trugen an der Kleidung den Stern des ihnen bei der Geburt verliehenen Schwarzen Adlerordens bzw. hielten eine Königskrone. Allein das auf einem purpurfarbenen Kissen sitzende Bildnis der Tochter verzichtete auf weitere Herrschaftszeichen, stattdessen war der in spielerischer Pose wiedergegebenen Prinzessin ein Papagei zugesellt. Die Art der Wiedergabe ist gemalten Kinderdarstellungen unmittelbar vergleichbar, so zum Beispiel dem Bildnis der älteren Schwester Wilhelmine, spätere Markgräfin von Brandenburg-Bayreuth (Abb. 7). Lebende und verstorbene Geschwister werden in ihren Bildnissen nicht unterschieden. Der Entstehung der Wachsbildnisse liegt sicher der Wunsch zugrunde, das Aussehen der vier jung verstorbenen Kinder so authentisch wie möglich zu bewahren. Ihnen waren Kleidungsstücke übergezogen, die die Kinder tatsächlich getragen hatten, der Figur des Prinzen Ludwig Karl Wilhelm lag zudem ein Haarzopf des Verstorbenen bei (vgl. S. 205, Abb. 2). Entsprechend hingen zu Lebzeiten Sophie Dorotheas Gemälde ihrer drei ältesten verstorbenen Kinder in Schloss Monbijou (Abb. 8).[32]

Abb. 8
Die Kleider der Wachsfiguren trugen die Kinder bereits zu Lebzeiten. Das Gemälde von Friedrich Wilhelm Weidemann zeigt den 1719 verstorbenen Prinzen Ludwig Karl Wilhelm in seinem Kinderkleid aus rotem Seidendamast mit reichem Posamentenbesatz, das gemeinsam mit den Schuhen erhalten ist (Kat.-Nr. 82).

Abb. 7
Der Darstellungsmodus lebender und verstorbener Geschwister unterscheidet sich nicht. So ähnelt das um 1711 von Antoine Pesne gemalte Kinderbild Wilhelmines dem Wachsbildnis ihrer jüngeren, 1714 verstorbenen Schwester Charlotte Albertine: Beide sind in spielerischer Pose wiedergegeben (S. 281).

Über diese memoriale Funktion hinaus dienten die Wachsfiguren noch einem weiteren Zweck. Mit ihren Insignien und den Hoheitszeichen an den Prunkvitrinen verwiesen die Bildnisse der Prinzen auf die für sie bestimmte, allerdings aufgrund ihres frühen Todes nicht eingelöste Rolle als zukünftige Herrscher Brandenburg-Preußens bzw. auf ihre Stellung als Prinzen königlichen Geblüts. Entsprechend war der aufgebahrte Friedrich Ludwig bei seiner Beisetzung »mit dem schwartzen Adlers=Orden angethan, und mit einer Diamantenen Printzen=Krone zu seinem Haubte«.[33]

Die Figuren der als Lebende dargestellten Kinder demonstrierten sinnfällig die Kontinuität der Hohenzollerndynastie. Sie zeigten, dass dem ersten Kronprinzen ein zweiter gefolgt war, der die Thronfolge hätte antreten können, und sind unwiderlegbares Zeichen, dass die Kronprinzessin gebärfähig war. Damit zerstreuten diese Figuren aufkommende Zweifel am Fortbestehen der direkten Linie des preußischen Königshauses – ein drohendes Unheil, das direkt der Mutter angelastet wurde. Im Rückblick erwiesen sich die Befürchtungen, Sophie Dorothea würde keinen Thronfolger gebären, als unbegründet. Dem letzten jung verstorbenen Sohn folgten noch drei Brüder, die das Erwachsenenalter erreichten. Und schließlich konnte das vierte Kind – Friedrich – die Herrschaftsnachfolge seines Vaters als König in Preußen antreten.

Während die Wachsfiguren der verstorbenen Kinder Sophie Dorotheas und Friedrich Wilhelms I. den Misserfolg in der Sicherung der Sukzession zu kompensieren hatten, zeugt eine Wöchnerinnen-Terrine mit Présentoir vom Gegenteil. Eine solche Terrine, die im 17. und 18. Jahrhundert traditionell der Mutter nach der Entbindung als Präsent überreicht wurde, machte Friedrich Wilhelm seiner Frau Anfang des Jahres 1730 zum Geschenk (Abb. 9).[34] Von der chinoisen Dekoration hebt sich das Hauptmotiv deutlich ab. Die Mitte des Untersatzes ziert ein großer sechszackiger Stern, der sich auf dem Deckel und der äußeren Wandung der Schüssel wiederfindet. In die Zacken sind von außen nach innen Komplimente eingeschrieben, deren Anfangsbuchstaben, im Kreis gelesen, den Namen der Königin SOPHIE bilden: »Sans pareille / Oracle du Pais / Plein de graces / Humaine / Jncomparable / Exemple de vertu«. Im Zentrum der Medaillons erscheint der preußische Adler, jedoch ohne Zepter und Kurschwert. Die Dekoration der Wöchnerinnen-Terrine macht deutlich, wie sehr Mutterschaft und Herrschaftssicherung miteinander verbunden waren.

Abb. 9
Eine Wöchnerinnen-Terrine machte Friedrich Wilhelm I. seiner Frau anlässlich der Geburt ihres Kindes zum Geschenk. Die aufgemalten Komplimente ergeben den Vornamen der Königin. Zusammen mit dem preußischen Adler erinnert das Dekor an den Schwarzen Adlerorden, der Sophie »verliehen« wurde (S. 281).

Schluss

Besonders am brandenburgisch-preußischen Hof waren einer politischen Herrschaft durch Frauen enge Grenzen gesetzt, nicht zuletzt durch die Unvereinbarkeit weiblicher Regentschaft und Kurwürde. Ihr Handeln hatte zugunsten ihrer Ehemänner und Kinder, gelegentlich auch naher Verwandter zu erfolgen, um standesgemäßen Regeln zu entsprechen und innerhalb des zeitgenössischen Normensystems legitimiert zu sein. Einfluss und weiterreichende Handlungsmöglichkeiten ergaben sich aus dem Ausspielen von Rollen, die positiv konnotiert waren. Eine dieser Rollen war die Mutterrolle. Die überkommenen Objekte zeigen exemplarisch, welche Erwartungen an die Fürstin herangetragen wurden und wie diese innerhalb eines komplexen höfischen Beziehungsgeflechts und Spannungsfelds reagieren konnte. Sie demonstrieren ein klares Bewusstsein der Frauen, welche Anforderungen Familie und Hofgesellschaft an sie stellten und zeugen davon, wie sie den Rahmen ihrer Handlungsoptionen ausschöpften und kontrolliert gestalteten.

Anmerkungen

1 GStA PK, BPH, Rep. 27 W 4, Bl. 122r–124r, Bl. 123r. – Vgl. Nolte 2004, S. 79, Anm. 189. **2** Vgl. Schuster 1898. **3** Vgl. Fouquet 2001, S. 28. **4** Vgl. Nolte 2004, S. 52. **5** Vgl. zuletzt Essegern 2007, S. 253–413. **6** Gleichmann 1663, o. S. – Vgl. Bepler 2002 Frauen, S. 147 f. **7** Zit. nach www.museum-digital.de/nat/index.php?t=objekt&oges=4250 (4. 2. 2015). **8** Vgl. Nolte 2005, S. 190–199. **9** Vgl. Wintzingerode 2011, S. 13–100. **10** Berlin, Stiftung Stadtmuseum, Inv.-Nr. GEM 66/36. – Vgl. Beneke/Gramlich 1994, S. 247 f., Kat.-Nr. 799, Abb. S. 236. **11** SPSG, Inv.-Nr. GK I 1019. – Vgl. Der Große Kurfürst, Kat. 1988, S. 31, Kat.-Nr. I.31, Abb. S. 21. – Onder den Oranje boom, Kat. 1999, S. 220, Kat.-Nr. 8/17, Abb. S. 221. **12** Vgl. Beneke/Gramlich 1994, S. 248. **13** Vgl. Caemmerer 1915, S. 246–262 (Abdruck), 273–279. **14** Vgl. Keller 2009. **15** Moser 1745, S. 284–286. **16** Zedler 1732–1754, Bd. 50, Sp. 937–946, 938. **17** Vgl. Wunder 2009. – Vgl. auch Zedler 1732–1754, Bd. 54, S. 106–108. **18** Vgl. Schmoller/Krauske/Loewe 1898, S. 28–30, 232 f. – Vgl. Droysen 1913, S. 226–228. **19** Vgl. GStA PK, I HA, Rep. 36 Geheimer Rat Hof- und Güterverwaltung, Nr. 377, fol. 7. – GStA PK, II HA (Generalkassendepartement), Titel 27, Nr. 21, fol. 52. Freundl. Mitteilung Ralf Zimmer. **20** Vgl. Niekus Moore 1981. **21** Vgl. Strombeck 1826, S. 55–131. – Tschackert 1899. – Wiesner 2000. **22** Vgl. Borkowski 1904. – Weinland 2001. **23** Vgl. Im Dienste Preußens, Kat. 2001, S. 65–68, Kat.-Nr. II.8. **24** Berner 1901, Nr. 726, S. 368 f. **25** Vgl. Kapp 1982, S. 223–229. – Bensiek 1972, S. 188 f. – Sophie Charlotte und ihr Schloß, Kat. 1999, S. 219 f., Kat.-Nr. I.81. **26** Vgl. GStA PK, BPH, Rep. 46, T. 25. – Droysen 1913, S. 210–243. – GStA PK, BPH, Rep. 46, T. 25, vol. I, fol. 88r. **27** Vgl. Dilba 2015. **28** Vgl. Ladendorf 1935, S. 78, Anm. 91. **29** Vgl. Nicolai 1769, S. 344, 348. – Nicolai 1786, Bd. 2, S. 796. **30** Vgl. Ledebur 1833, S. 313 f. **31** Vgl. Hohenzollern-Museum 1878, Taf. VI. – Brandenburgisch-Preußische Kunstkammer, Kat. 1981, S. 29, Abb. 10. **32** Vgl. Seidel 1911, S. 20 f., 24. **33** Vgl. Czech/Kürbis 2010, S. 209–219, Zitat S. 216. **34** Vgl. Wittwer 2007, S. 96.

DAS KINDERKLEID

SUSANNE EVERS

Abb. 1
Karl Emil Weidemanns Bildnis des preußischen Prinzen August Wilhelm mit seiner Schwester Anna Amalie von 1724/25 zeigt den Knaben ebenfalls in einem Kinderkleid aus roter Seide mit Posamentenriegeln (S. 281).

Das rote Damastkleid des Prinzen Ludwig Karl Wilhelm in Preußen (1717 – 1719) erscheint mit seiner geschnürten Korsage und dem langen Rock als verkleinertes Damenkleid. Auf karmesinrotem Seidendamast sitzen an den dreiviertellangen Ärmeln, am Rocksaum und am Gängelband doppelreihig angebrachte Silbertressen. Posamentenriegel aus einem übersponnenen Knopf, Gimpenkränzen und Quasten schmücken Vorder- und Rückseite.[1] Schnitt und Ausstattung entsprechen den damals üblichen und von französischen Vorbildern beeinflussten Kinderkleidern.[2]

Noch bis ins späte 18. Jahrhundert folgte die Kindergarderobe in Form und Dekoration der Erwachsenenmode. Nicht nur Mädchen, auch Knaben trugen bis etwa zu ihrem fünften Lebensjahr Kleider.[3] Erst danach zeigten sich die unterschiedlichen Geschlechterrollen auch in der Kleidung. Das am Rücken angenähte Gängelband deutet auf die Altersstufe des Kindes hin: An der langen Schlaufe geführt, sollte das Kleinkind gehen lernen. Der reiche Tressenbesatz lässt sich als Hinweis auf die Erziehung und Ausbildung fürstlicher Kinder lesen, denn die Querriegel mit abschließenden Quasten erinnern an Uniformröcke. Nicht zufällig zierte ein solcher Tressenbesatz fast ausschließlich Knabenkleider. Kinderbildnisse des späteren französischen Königs Ludwig XV. aus den Jahren 1712 bis 1715 zeigen ihn in Kleidern mit solchen Posamentenriegeln.[4] Prinz Ludwig Karl Wilhelm in Preußen trägt auf einem Bildnis von Friedrich Wilhelm Weidemann als ein- bis zweijähriger Knabe das hier gezeigte rote Kinderkleid – Trommel und Holzpferd weisen ebenfalls auf seine zukünftige Erziehung zum Heerführer und Herrscher hin (vgl. S. 202, Abb. 8). Das Kinderporträt Friedrichs (II.) mit seiner Schwester Wilhelmine von Antoine Pesne zeigt den späteren großen König in einem Kleid mit Posamentenriegeln und mit einer Trommel (vgl. S. 165, Abb. 1). Dem militärischen Spielzeug in den Prinzenporträts stand in den Bildnissen der Prinzessinnen oft ein Blütenzweig als Zeichen ihrer Bestimmung als Braut gegenüber.

Nach dem frühen Tod des Prinzen Ludwig Karl Wilhelm ließ seine Mutter Sophie Dorothea eine Wachsfigur nach dessen Konterfei anfertigen, der das Kinderkleid mit einem spitzenbesetzten Hemd, einem Unterrock, Strümpfen und Schuhen angezogen wurde (vgl. S. 200, Abb. 4). Diese Puppe gehörte zu einer Gruppe bekleideter Gedächtnisfiguren früh verstorbener Kinder, mit denen Königin Sophie Dorothea ihre für den Fortbestand der Dynastie unerlässliche Gebärfähigkeit unter Beweis stellen wollte.[5]

Anmerkungen

1 Evers 2014, S. 474 – 478, Kat.-Nr. 34, S. 648 – 656, Kat.-Nr. 79 – 81. **2** Vgl. Ludwig XV. als Kind in einem Kleid ähnlichen Schnitts auf dem französischen Gemälde »Madame de Ventadour und Ludwig XIV. mit seinen Erben«, französischer Meister, 1715 – 1720 (Wallace Collection, London, Inv.-Nr. P122). **3** Vgl. Purrucker 1975. **4** Z. B. ein Porträt von Pierre Gobert von 1714, vgl. Liselotte von der Pfalz, Kat. 1996, S. 138, Kat.-Nr. 50. **5** Vgl. Carsten Dilba in diesem Band, S. 119 – 202.

Abb. 2
Das Kinderkleidchen aus rotem Damast mit silbernen Tressen, Posamentenriegeln und Knöpfen gehörte einem früh verstorbenen Bruder Friedrichs II. und überdauerte die Zeiten als Bekleidung einer Gedächtnisfigurine, die seine Mutter Sophie Dorothea anfertigen ließ (Kat. Nr. 74).

DIE ERSTE FRAU IM STAAT
ZUR VORBILDHAFTIGKEIT VON FÜRSTINNEN

SARA SMART

Was die Erbfolge angeht, hatten die Hohenzollern über die Jahrhunderte Glück: Einen männlichen Thronfolger gab es immer, und die Probleme, die bei einer weiblichen Sukzession hätten entstehen können, blieben ihnen erspart. Zudem waren die Erben bei ihrem Regierungsantritt allesamt mündig, eine mütterliche Regentschaft kam nicht vor. Die brandenburgischen Kurfürstinnen und preußischen Königinnen waren daher eher Herrscherfrauen als Herrscherinnen oder Regentinnen. Dennoch hatten sie eine Schlüsselposition innerhalb des dynastischen, auf dem Primogenitur-Prinzip basierten Staates inne. Sie sicherten die Erbfolge, indem sie die ersehnten gesunden männlichen Erben gebaren, und sie verkörperten verschiedene traditionsverbundene Idealvorstellungen. Ihre Ehe bildete den Mittelpunkt des dynastischen Staates und hatte somit einen symbolischen Wert: Eheliche Harmonie stand für die Harmonie in der Dynastie und somit für die Stärke des Staates. Die Beziehung zum Ehemann symbolisierte beispielhaft die Ordnung zwischen den Geschlechtern.

Die von der Frau verkörperten Ideale entsprachen genauen Geschlechtsvorstellungen. Ebenso wie der Herrscher männliche Herrschertugenden *(fortitudo, justitia, sapientia, pietas)* verkörpern sollte, so fiel es seiner Frau zu, einen weiblichen Tugendkanon zu erfüllen, der mit ihrer Rolle als Mutter des Staates eng verbunden war. Zum Idealcharakter gehörte auch das Äußere der Herrscherfrau, das ein hohes Maß an Stilisierung aufwies. Ob im Staatsporträt oder bei Auftritten im streng choreografierten höfischen Zeremoniell: Ihre äußere Erscheinung hatte repräsentative Bedeutung. Kleidung, Gestik und Gesichtsausdruck brachten die impliziten und expliziten Werte sowie die Haltungen der Dynastie zum Ausdruck. Im Folgenden wird auf diese innere und äußere Vorbildhaftigkeit der Hohenzollernfrau als tugendhafte Landesmutter, Mutter und Repräsentantin dynastischen Ansehens eingegangen.

Die Reformation trug Wesentliches zur Darstellung der Fürstin als Landesmutter bei, was vor allem auf Luthers Obrigkeitsverständnis und Aufwertung der Ehe zurückgeht. Für den Reformator war der Hausvater für das Wohl seines Haushalts und dessen Angehörigen verantwortlich. Ihm stand die Hausmutter – allerdings in untergeordneter Stellung – zur Seite, die ihre eigenen, als weiblich geltenden Pflichten zu erfüllen hatte.

Dieses Haushaltsmodell wurde weiterentwickelt und auf den Staat übertragen. In Luthers »Der Große Katechismus« (1529) wurden die Parallelen zwischen der Autorität des Vaters im Haushalt und dem Fürsten im Staat herausgearbeitet: Der Fürst hatte, wie der gute Hausvater, für das Wohl seiner leiblichen Kinder, aber auch seiner Landeskinder zu sorgen.[1] Diese in antiker und biblischer Tradition verankerte Rolle des Herrschers als Vater eines Staates übersprang die sonst rigiden konfessionellen Grenzen der Zeit, und der Vatertitel wurde zum Bestandteil des frühmodernen Staates: In protestantischen wie katholischen Staaten verstand sich der Landesfürst als Landesvater; dies wirkte sich auch auf die Rolle der Landesfürstin aus, die so zur Landesmutter wurde. Zusammen mit ihrem Mann bekleidete sie »das Amt der Elternschaft«.[2] Ein gegenseitiges Verhältnis verband »die Obrigkeit im Elternstand« mit den Untertanen, den Landeskindern.[3] Letztere

Abb. 1
Kaiserin Augusta wurde von der Bevölkerung für ihr Engagement für das Deutsche Rote Kreuz hoch verehrt. Weil sie zudem den Neubau des Langenbeck-Virchow-Hauses, des Sitzes der Deutschen Chirurgischen Gesellschaft, ermöglichte, ehrte man sie mit dieser Büste von Theodor Litke (Kat.-Nr. 109).

waren Fürst und Fürstin, den Landeseltern, zu Gehorsam verpflichtet, wofür die Eltern die Sorgepflicht für ihre Untertanen, die Landeskinder, übernahmen. Die Fürstin zeichnete sich in dieser Konstellation als Landesmutter durch ihre karitative Fürsorge für die Allgemeinheit und ihre Frömmigkeit aus, genauso wie die gute Hausmutter für die moralische und religiöse Aufsicht über die Kinder und andere Mitglieder ihres Hauses verantwortlich war.

Dass dieses Gedankengut das Rollenverständnis der brandenburgischen Kurfürstinnen der Frühen Neuzeit entschieden prägte, lässt sich am Beispiel von Luise Henriette von Oranien-Nassau, der ersten Frau des Kurfürsten Friedrich Wilhelm, veranschaulichen. Die vielen Gelegenheitsgedichte, die von loyalen Untertanen zu Geburten, Hochzeiten, Geburtstagen wie auch Trauerfällen im Herrscherhaus geschrieben wurden, sogenannte Kasualia, spiegeln die Normen dieser Zeit wider. Auf die geschlechtsspezifische Arbeitsverteilung zwischen dem Landesvater und der Landesmutter wird anlässlich einer Geburt im Herrscherhaus eingegangen. Ein vom Pastor und Poeten Johann Rist zur Geburt des Prinzen Karl Emil 1655 geschriebenes Gedicht feiert das Kurfürstenpaar als Eltern sowohl ihres leiblichen Kindes als auch – und vor allem – ihrer Landeskinder. Zu den Obliegenheiten des Kurfürsten gehöre das Regieren des Staates, seine Pflichten als Reichsfürst und die Heeresführung. Der Arbeitsbereich der Kurfürstin liege dagegen im Bereich der Religion; sie kämpfe erfolgreich gegen »das Laster-Heer«.[4] Damit wurde sie zu einem Inbegriff der Tugend, der Gottesfurcht und der Demut stilisiert.

Luise Henriette war ohne Zweifel eine fromme Frau, aber die Bedeutung ihrer Frömmigkeit geht über die persönliche Sphäre hinaus. Diese für die Herrscherfrau der damaligen Zeit hervorstechendste Eigenschaft wurde – genauso wie die Fähigkeiten ihres Mannes als Staatsmann oder Feldherr – für das Wohl der Landeskinder eingesetzt.

Abb. 4 ▶
Das Relief von Johannes Boese zeigt Charlotte von Preußen, Erbprinzessin von Sachsen-Meiningen, in der Rolle der mildtätigen Krankenpflegerin. Im Kontrast zu diesem öffentlichen Bild steht ihre Verwicklung in einen Sexskandal im Jagdschloss Grunewald, der 1891 das kaiserzeitliche Berlin erschütterte (Kat.-Nr. 119).

Abb. 2 u. 3
In der Tradition ihrer Vorgängerinnen engagierte sich auch Kaiserin Auguste Victoria für das Deutsche Rote Kreuz. Während des Ersten Weltkriegs kümmerte sie sich öffentlichkeitswirksam um Verwundete (Kat.-Nrn. 111 u. 112).

Luise Henriettes Frömmigkeit als Landesmutter wird ausführlich in ihrem 1668 erschienenen Funeralwerk behandelt. Solche groß angelegten Werke, die Todesgedichte, Predigten sowie einen Lebenslauf beinhalten, dienten der dynastischen Selbstinszenierung, indem sie die Tugenden des oder der Verstorbenen verherrlichten.[5] Von Luise Henriette wird hier ein geradezu ideales Bild der fürsorglichen Landesmutter entworfen: Sie habe sich ausgezeichnet durch ihre »wahre ungefärbte Gottesfurcht / […] Sanfftmuht und Bescheidenheit / Ihr Gerecht- und Billigkeit liebendes Gemühte / […] Ihr Mitleyden mit den Betrübten«; ihr Gemach sei »ein[em] Tempel« gleichgekommen, in dem sie für das Wohl des Staates betete; dass sie »alle Di[e]nstage ihren Buß- und Fasttag« hielt, habe das Land vor großem Unglück bewahrt.[6]

Bei den Hohenzollernfrauen mündete diese landesmütterliche Liebe in einen christlichen Patriotismus, der vor allem in ihrer Anteilnahme am Leid und an der Hilfsbedürftigkeit ihrer Landeskinder, besonders in Kriegszeiten, Ausdruck fand. Luise Henriettes Leichenpredigt betont die Verbundenheit zu ihrer neuen Familie: Sie sei dazu geboren worden, »die Wollfahrt des Churhauses Brandenburg allenthalben [zu] bef[ö]rdern«.[7] Diese Eigenschaft habe sich in ihrer Bereitschaft gezeigt, trotz körperlicher Schwächen ihren Mann auf Kriegszügen zu begleiten. Sie nahm also die Folgen des Krieges aus erster Hand wahr. Auf ihre Reaktion geht die Leichenpredigt ausführlich ein. Von den Leiden ihrer Landeskinder tief erschüttert, habe sie für ihre Sicherheit und für den Erfolg ihres Mannes im Krieg gebetet. Dass Gott ihr Gebet erhört habe, wird mit Nachdruck hervorgehoben.

Die Fortdauer dieser Tradition der landesmütterlichen Fürsorge und des Einsatzes für den Frieden wird am Beispiel der Hohenzollernfrauen des 19. und 20. Jahrhunderts deutlich: Kaiserin Augusta förderte das Deutsche Rote Kreuz und unterstützte Preußens Beteiligung an der Genfer Konvention (Abb. 1). Auguste Victoria pflegte verwundete Soldaten; diese plakative Handlung wie überhaupt ihr karitatives Engagement wurde in populären Bildmedien verbreitet (Abb. 2 u. 3). Menschliche Fehler oder Schwächen wurden dagegen ausgeblendet. Vor dem Hintergrund der Vorbildrolle konnte selbst vermeintliches Fehlverhalten zum Skandal werden, wie im Fall der Erbprinzessin von Meiningen, die man wegen einer angeblichen »Sexparty« im Jagdschloss Grunewald 1891 als Nymphomanin verunglimpfte (Abb. 4).

Ihrer Königlichen Hoheit Charlotte,
Erbprinzessin von Sachsen-Meiningen,
Prinzessin von Preussen,
dem leuchtenden Vorbild aufopfernder und werkthatiger Barmherzigkeit
in höchster Verehrung und grösster Dankbarkeit mit ehrfurchtsvollsten
Glückwünschen zum 24. Juli 1901
gewidmet von den Damen der Unterrichtscurse in der Krankenpflege
aus den Jahren 1900 und 1901
J. Boese

Spitta. arch.

◄ Abb. 5
Kaiserin Auguste Victoria war Schirmherrin des 1890 gegründeten Evangelischen Kirchenbauvereins. Ein Projekt des Vereins war die nach dem Entwurf Max Spittas errichtete Gnadenkirche am Invalidenpark, die dem Andenken Kaiserin Augustas gewidmet war (Kat.-Nr. 117).

Abb. 6
Das Relief der Königin Sophie Luise in Preußen stammt aus der von ihr 1713 gegründeten Sophienkirche in Berlin (Kat.-Nr. 118).

Frömmigkeit offenbarte sich auch in einer anderen, über die Jahrhunderte anhaltenden Tradition: der christlichen Bautätigkeit. Für die Fürsorge und religiöse Erziehung elternloser Kinder stiftete Luise Henriette 1665 ein Waisenhaus in der Nähe ihres Schlosses in Oranienburg. Aus der Stiftungsurkunde geht hervor, mit welcher Genauigkeit sie die Versorgung und Erziehungsmaßnahmen im Waisenhaus regelte, zu dessen Unterhalt sie jährlich 1 200 Reichstaler zur Verfügung stellte. Dass eine Kurfürstin ein Waisenhaus gründete, war damals im Reich ungewöhnlich.[8] Doch war karitative Bautätigkeit für die Herrscherfrau der damaligen Zeit ein geeignetes Mittel, innerhalb des patriarchalischen Fürstenstaats Wirkung zu entfalten. Solche Stiftungen zeugten nicht nur von der Frömmigkeit der Herrscherfrau, sondern dienten auch dazu, die Bande zwischen der Landesmutter und ihren Untertanen sichtbar zu machen. So stiftete Königin Sophie Luise, dritte Frau Friedrichs III./I., des ersten Königs in Preußen, die Sophienkirche (Abb. 6). In ihrem Fall stand jedoch das Ideal der in der Familie des Staates integrierten Landesmutter im Gegensatz zur Wirklichkeit. Im Alter von 23 Jahren heiratete sie 1708 ihren 30 Jahre älteren Mann. Die Ehe war in jeder Hinsicht ein Misserfolg und blieb kinderlos. Die junge Königin war in wichtigen Kreisen am Hof unbeliebt, litt an psychischen Störungen und wurde 1713, kurz vor dem Tod Friedrichs, in ihre Heimat nach Mecklenburg zurückgeschickt.[9] Der Weihe der Sophienkirche im selben Jahr hatte sie wohl nicht beigewohnt. Die Tradition des Kirchenbaus erreichte ihren Höhepunkt mit Kaiserin Auguste Victoria, die als Vorsitzende des Evangelischen Kirchenbauvereins für den Bau von über 70 Kirchen in Berlin verantwortlich war (Abb. 5).

Die Aufgabe, die allen Hohenzollernmüttern oblag, war die Absicherung der Nachfolge. Erst nach neun Jahren Ehe gelang es Luise Henriette 1655, einen gesunden Erben zur Welt zur bringen. Die auf ihr lastende Bürde spricht auch das oben erwähnte Gedicht von Rist zur Geburt ihres Sohnes an. Die Jahre der Kinderlosigkeit werden als eine Zeit der »lange[n] Furcht« bezeichnet, die erst mit dem »Wunderwechsel« der Geburt geendet habe.[10]

Abb. 7
Antoine Pesne zeigt Königin Sophie Dorothea in Preußen hier in ihrer Rolle als »First Lady«: Bei dem berühmten Staatsbesuch 1728 empfängt sie August den Starken, König August II. von Polen (Kat.-Nr. 95).

Sophie Dorothea, die Gemahlin König Friedrich Wilhelms I., empfängt auf Antoine Pesnes, den Besuch Augusts des Starken in Berlin im Jahr 1728 darstellendem Gemälde den König von Polen und dessen Sohn im Kreis ihrer Kinder (Abb. 7). Die Königin nimmt die Mitte des Bildes ein und steht vor dem Thron mit Baldachin; dies sowie ihre monumentale Darstellung durch eine leichte Untersicht bringen die zentrale Rolle Sophie Dorotheas im Herrscherhaus eindeutig zum Ausdruck. Pesnes farbliche Abstimmung der Kleider hebt die Verbindung zwischen Mutter und Kindern hervor. Die Stärke ihres Körpers, der bis 1728 neun gesunde Kinder, darunter Friedrich II. und zwei weitere Söhne, geboren hatte, steht in engem Zusammenhang mit der Stabilität und Macht der Dynastie sowie deren Einflusspotenzial. Die Schar von Prinzessinnen deutet auf die zukünftige Möglichkeit hin, Allianzen durch Ehen zu verfestigen. Es geht also bei diesem Bild auch um das Ideal dynastischer Fruchtbarkeit. Der Körper der Königin – ihre majestätische Erscheinung im Thronsaal – zeugt schließlich vom königlichen Rang der Hohenzollern. Im prächtigen Kleid steht Königin Sophie Dorothea in Preußen König August gleichrangig gegenüber. In den letzten Jahren ist die Vielschichtigkeit des Körpers der Königin, und wie dieser Körper politisch eingesetzt wurde, zum Gegenstand der Forschung geworden.[11] In diesem Bild ist die Aussage eindeutig.

Die Betonung der äußerlichen Pracht als Ausdruck dynastischer Größe ist bei der Darstellung der ersten preußischen Königin Sophie Charlotte besonders auffallend. Die Erlangung der preußischen Krone war das Ergebnis langjähriger Verhandlungen und die größte Leistung ihres Mannes Friedrich III./I. In der Königsberger Krönung 1701

Abb. 8
Karkasse der Krone von 1701 für die preußische Königin Sophie Charlotte: Der Edelsteinbesatz der Krone wurde sofort nach der Krönung entfernt und von der Königin und ihren Nachfolgerinnen als Schmuck getragen (Kat.-Nr. 94).

verwirklichten sich Friedrichs dynastischer Ehrgeiz und sein Ziel, mit den zu dieser Zeit aufstrebenden Herrscherhäusern, wie zum Beispiel den Wettinern in Polen oder den Hannoveranern in Großbritannien, Schritt halten zu können. Um seine Alleinmacht zu demonstrieren, krönte er sich selbst zum König und Sophie Charlotte zur Königin (Abb. 8). Danach schritt das neue Königspaar, von seinem Hofstaat begleitet, zur Salbung in der Königsberger Schlosskapelle (Abb. 9 u. 10).

Sophie Charlotte, gekrönt und im Hermelinmantel, ist eine Verkörperung der neuen dynastischen Majestät. Wie sehr die Pracht der Kleidung und des Ornats als Anzeiger des Ranges verstanden wurde, spricht aus ihrer detaillierten Schilderung in der offiziellen Beschreibung der Krönung: »Die Kleidung der Königin bestand aus einem güldenen Brocat mit Ponso-Bluhmen / und aus einem Demant-Schmucke / der alle Nähte des Kleides / und die gantze Brust / zwischen den Broderien / bedeckte. Ihr Mantel und Krone waren wie des Königes; nur daß Ihr die Krone auf

Ihrem blossen Haupte saß / und unter den dicken Buckeln Ihres natürlich gekrollten pechschwartzen Haares / desto heller hervor schimmerte. Auf der rechten Seite der Brust hatte Sie noch einen Strauß oder Aigrette von lauter Birn-Perlen; unter denen fürnehmlich die Eine wol unvergleichlich seyn muß / weilen man keine dergleichen / in dem Laufe so mancher Jahre / hat aufzubringen wissen.«[12]

Dass die anwesenden Höflinge »bey dem ersten Anblick [des Königspaars] / alsofort von einer rechten Bestürtzung gerühret« gewesen sein sollen, unterstreicht die Ehrfurcht gebietende Wirkung des königlichen Glanzes.[13] Er war Ausdruck der Herrschertugend der Magnifizenz; als Gottesgesalbte sollten König und Königin die Macht Gottes auf Erden erahnen lassen. Die Gleichsetzung von Sophie Charlottes Idealcharakter – sie wird häufig als König der Frauen gepriesen – mit ihrem Äußeren illustriert die Bedeutung des königlichen Körpers und seine Fähigkeit, der Erhabenheit des neuen europäischen Königshauses Ausdruck zu geben.

Der in einem französischen Modejournal erschienene Kupferstich »La Reine de Prusse« thematisiert eine andere Rolle der Königin, die auch zu ihrem Ansehen beitrug (Abb. 12). Unter dem Einfluss Ludwigs XIV. und Colberts wurde Frankreich in der zweiten Hälfte des 17. Jahrhunderts zum Modezentrum Europas. Die dargestellte preußische Königin, mit *fontange*, dem damals beliebten Kopfschmuck, nach französischer Mode gekleidet, betont ihren feinen Geschmack, ihre Eleganz und Weltgewandtheit und zeigt sie als eine der ersten Damen Europas.

Ganz andere Wertvorstellungen prägten Caroline Barduas Familienbildnis von Marianne von Hessen-Homburg und ihrem Mann Wilhelm von Preußen, dem jüngsten Bruder Friedrich Wilhelms III. (Abb. 13). Nach dem Tod ihrer Schwägerin Königin Luise 1810 wurde Marianne zur »Ersten Frau« am Hof. Ein Vergleich mit Pesnes Darstellung der königlichen Familie ist aufschlussreich. In dem späteren Bild ist das strenge Zeremoniell einer intimen Stimmung gewichen. Die enge Gruppierung der Eltern und

Abb. 9 u. 10
Der Krönungszug 1701 in Königsberg wurde in allen Details aufgezeichnet und zur Erhöhung des herrscherlichen Ansehens grafisch festgehalten. Die Blätter zeigen, wie sich König Friedrich I. und Königin Sophie Charlotte nach dem feierlichen Krönungsakt der Öffentlichkeit präsentierten (Nrn. 93 u. 92).

Abb. 12
Der Kupferstich weist keineswegs Porträtähnlichkeit mit Königin Sophie Charlotte in Preußen auf. Das Pariser Modejournal, in dem das Kupferblatt erschien, nutzte die Zuschreibung aber, um Sophie Charlotte zum Modevorbild zu erheben (Kat.-Nr. 115).

Abb. 11
Sophie von Hannover erhielt von ihrer Nichte Liselotte von der Pfalz in Paris regelmäßig Darstellungen der neuesten Mode zugesandt. Diese Informationen ließ sie ihrer Tochter in Berlin zukommen, wie dieses von Sophie beschriftete Blatt mit einer zu diesem Zeitpunkt in Versailles aktuellen Haartracht (Kat.-Nr. 114).

der glücklich spielenden Kinder betont ihre affektiven Bindungen und deutet auf ein ganz anderes Gefühlsverständnis hin. Mariannes schlichtes Kleid und ausgesprochen einfaches Kreuz stehen im Gegensatz zu Sophie Dorotheas Auftreten als Königin. Trotz dieser Unterschiede vermittelt das Bild ein traditionsbewusstes Selbstverständnis des Herrscherhauses. Dass Wilhelm Uniform trägt und der Sohn mit einer Kinderarmbrust spielt, spiegelt den militärischen Charakter der männlichen Hohenzollern wider, der gerade in der Zeit der Befreiungskriege eine wichtige Aussagekraft hatte. Die Darstellung Mariannes stellt eine Variante der christlichen Landesmutter dar. Ihre mütterliche Liebe zu ihren eigenen Kindern findet durch ihre Gestik besonderen Ausdruck. Die Liebe und Fürsorge zu den Landeskindern sowie ihren Patriotismus veranschaulicht der Louisenorden an der rechten Schulter, der während der Freiheitskriege gegen Napoleon verliehen wurde. Marianne unterstützte zudem den Kampf um die Freiheit ihres Landes mit ihrem berühmten Aufruf, Gold- gegen Eisenschmuck zu tauschen (Abb. 14 u. 15).

Die oben skizzierte Vorbildrolle der ersten Frau bzw. der ersten Frauen im Staat hat sich bis heute erhalten. Die Gemahlinnen der amerikanischen Präsidenten oder der deutschen Bundespräsidenten zum Beispiel nehmen die gleichen oder ähnliche Aufgaben und Funktionen wahr wie ehemals die Fürstinnen, allerdings mit einem eindeutigen Schwerpunkt auf dem karitativen Sektor. Dies wird heute von der Öffentlichkeit geradezu erwartet. Schaut man aber genau hin, so wird deutlich, dass in dieser Vorbildrolle die Frauen heute weniger unabhängig von ihren Männern auftreten, als es die Fürstinnen vergangener Epochen oftmals taten. Die mit den Pflichten der Landesmutter verbundenen Ideale verschafften den damaligen Herrscherfrauen einen eigenen Einflussbereich innerhalb des dynastischen Systems.

Anmerkungen

1 Vgl. Münch 1982, S. 23. **2** Opitz 1997, S. 357. **3** Wunder 1997, S. 37. **4** Rist 1655, A4r. **5** Vgl. Bepler 2002 Fürstin, S. 135–161. **6** [Anon.] 1668, S. 96–99. **7** [Anon.] 1668, S. 87. **8** Vgl. Hammer 2001, S. 103–109. **9** Vgl. Göse 2012, S. 335–337. **10** Rist 1655, A2r. **11** Vgl. Schulte 2002, S. 11–23. **12** Besser 1702, S. 24. **13** Besser 1702, S. 25.

Abb. 13
Nach dem Tod von Königin Luise übernahm Maria Anna (Marianne) von Preußen, die Gattin des jüngsten Bruders Friedrich Wilhelm III., die Rolle der ersten Frau in Preußen. Caroline Bardua stellt die Familie Mariannes in dieser Zeit als patriotische Preußen dar (Kat.-Nr. 98).

Abb. 14 u. 15
Als erste Frau des Staates sah sich Marianne von Preußen in der Pflicht, den Kampf gegen die französische Besatzung zu unterstützen. Sie rief die Frauen Preußens 1813 auf, ihren Gold- gegen Eisenschmuck einzutauschen. Eisenschmuck aus Berlin wurde in der Folge große Mode (Kat.-Nrn. 96 u. 97).

DAS LUISENKLEID

SUSANNE EVERS

Abb. 1
In diesem allegorischen Gemälde bekränzen Kronprinzessin Luise und ihre Schwester Friederike die Büste des Königs. Sie tragen hochgegürtete Chemisenkleider in griechischem Stil, die in Paris zeitgleich in Mode gekommen waren. So verkörpern sie in Verhalten und Aussehen das Frauenideal der Zeit (Kat.-Nr. 104).

Die Damenkleidung des 18. Jahrhunderts brach nach der Französischen Revolution radikal mit höfischen Repräsentationsformen. Die nach wie vor tonangebende französische Kleidermode hatte sich von der üblichen Prachtentfaltung des Ancien Régime abgewandt und propagierte mit Schlichtheit und Natürlichkeit die bürgerlichen Ideale der Republik. Diese Modeströmung war zuvor in England entstanden, wo man sich vom höfischen Prunk in Frankreich distanziert hatte. Die Ideale der Aufklärung und die gleichzeitig vorherrschende Antikenmode in der Kunst führten 1794 im republikanischen Frankreich zur Entstehung der sogenannten »Nuditäten-Mode«.[1] Hemdkleider mit hoher Taille wurden aus transparenten Stoffen gefertigt, die oft lasziv geschürzt die Nacktheit zum Thema machten. Diese Mode *à la Grecque* breitete sich durch die populären neuen Modezeitschriften sofort über ganz Europa aus.

Prinzessin Luise von Mecklenburg-Strelitz, seit 1793 Kronprinzessin von Preußen, war durch ein weitgespanntes dynastisches Netzwerk stets über die jüngsten Trends aus den Metropolen informiert, die sie umgehend in ihre Garderobe integrierte. Mit der Übernahme der antikisierenden Mode löste Luise nicht nur Begeisterung aus, sondern stieß auch auf Kritik.[2] Denn in der transparenten Gewandung sah man nicht nur ein revolutionäres Statement für Freiheit und Gleichheit, sondern auch für sexuelle Freizügigkeit, was der dynastischen Bedeutung und Funktion der Königin in einer Monarchie grundlegend widersprach.

Das weiße Chemisenkleid aus hauchdünner Baumwollgaze mit Schleppe und schlichten, antikisch anmutenden Stickereien im Stil *à la Grecque* galt als Gesellschaftskleid und war im ersten Jahrzehnt des 19. Jahrhunderts hochmodern.[3] Oberteil und Rock sind separat geschnitten und an der Taille zusammengenäht, gestickte Blattornamente, geometrische Muster und Pünktchendekor zieren das ansonsten schmucklose Kleid.

Getragen wurde es von der Königin nicht nur im Kreis der Familie, sondern auch zu offiziellen Anlässen. Zusammen mit ihrer ebenfalls modebewussten Schwester Friederike ließ Luise sich in antikischen Chemisenkleidern porträtieren. Als Wegbereiterin gilt die französische Königin Marie Antoinette, die sich bereits 1783 *en chemise* von Elisabeth Vigée Le Brun malen ließ. Dieses Porträt hatte zunächst wegen Verstoß gegen die Repräsentationspflichten einen Skandal produziert, schließlich aber den Wandel initiiert.[4] Die ursprünglich »antihöfische« Mode war um 1800 europaweit in den höfischen Dresscode integriert. In Preußen verhalf ihr Luise zum Durchbruch, denn was diese Königin trug, wurde hier sofort nachgeahmt. Die durchscheinenden Gaze-Kleider enthüllten den Menschen hinter der Königin und erlaubten einen Blick auf die Schönheit des Individuums.

Anmerkungen

1 Wolter 2010. **2** Wolter 2010. – Bombek 2005, S. 299, 304. **3** Hedinger 2010, S. 144 f., Kat.-Nr. 18. **4** Schneider 2010.

Abb. 2
Mit diesem weißen Gesellschaftskleid mit Schleppe und Stickereien aus indischer Baumwollgaze war Königin Luise prominentes »Aushängeschild« der französischen Mode in Preußen. Die Flügelärmel wurden vermutlich mit Schleifen oder Armreifen gerafft (Kat.-Nr. 116).

WEICHEN STELLUNGEN

ELISABETH VON DÄNEMARK UND DIE REFORMATION IN BRANDENBURG

ULRIKE STRÄSSNER

Die Hohenzollernfürstin Elisabeth von Dänemark ist heute kaum bekannt. In den Werken des 19. Jahrhunderts zur brandenburgisch-preußischen Geschichte wird sie dagegen oft thematisiert und meist als eine Art Lichtgestalt dargestellt: »Ausgezeichnet durch Klarheit des Geistes, Märthyrermuth und gediegene Frömmigkeit glänzte die hohe Frau [...] als ein hellleuchtendes Gestirn am Himmel der Reformation.«[1] Elisabeth gilt seither als reformatorische Glaubenspionierin und erhielt in der brandenburgisch-preußischen »Heilsgeschichte«, die im Protestantismus die Hauptbedingung für Preußens spätere Größe sah, eine Schlüsselposition.[2] Die Fürstin, »von dem starken, belebenden evangelischen Geiste angeweht«,[3] wird insbesondere dann herangezogen, wenn es gilt, den vermeintlichen Makel der vergleichsweise späten Reformation in Brandenburg zu kaschieren: »So viel ist gewiß, daß ohne Elisabeth [...] die Verbreitung der evangelischen Wahrheit in der Kur- und Neumark einen ganz anderen, viel stürmischeren und gefährlicheren, keineswegs so sicheren Gang würde genommen haben.«[4] Das sprachliche Pathos in den Lebensbeschreibungen lässt eine Überhöhung der Fürstin vermuten, die es im Sinne einer weitgehend säkularisierten, geschlechtergerechten und ergebnisoffenen historischen Forschung ratsam erscheinen lässt, erneut nach dem Verhältnis Elisabeths zur brandenburgischen Reformation zu fragen.

Die 1485 geborene Elisabeth war die Tochter des Königspaares Johann I. von Dänemark und Christina von Sachsen (Abb. 1). Über ihre Kindheit und Jugend ist wenig bekannt. Mit knapp 17 Jahren heiratete sie am 10. April 1502 den nur unwesentlich älteren Brandenburger Kurfürsten Joachim I. (Abb. 2). Aus ihren weit gespannten Korrespondenzen geht hervor, dass Elisabeth sich in ihrer neuen Heimat am Berliner Hof integrierte und die an sie herangetragenen Rollenerwartungen erfüllte. Gemeinsam mit ihrem Mann setzte sie sich für die Interessen des an die Reichsspitze strebenden Hauses Hohenzollern ein und trug als Mittlerin Anliegen von Verwandten und Untertanen an ihren Mann heran.[5] Auch ihren dynastischen Pflichten kam Elisabeth nach und gebar im Zeitraum zwischen 1505 und 1513 ihre fünf Kinder Joachim, Anna, Elisabeth, Margaretha und Johann.[6] Bis Anfang der 1520er Jahre trat sie auch als fromme katholische Fürstin in Erscheinung. Sie stiftete beispielsweise 1514 für das Dominikanerkloster in Berlin einen Flügelaltar, der von ihrem Selbstverständnis als dänische Königstochter und brandenburgische Kur-

Abb. 1
Das Heinrich Bollandt zugeschriebene Gemälde ist bislang das einzig bekannte zeitgenössische Porträt von Elisabeth von Dänemark, Kurfürstin von Brandenburg (Kat.-Nr. 153).

Abb. 2
Im Gegensatz zu seiner Frau war Kurfürst Joachim I., hier in einem Porträt von Lucas Cranach d. Ä., der Lehre Luthers nicht zugeneigt. Mit ihrem Bekenntnis zu Luther untergräbt Elisabeth die Politik ihres Mannes, was zu großen Spannungen und schließlich zu ihrer Flucht führt (Kat.-Nr. 151).

Abb. 3
Elisabeth erfüllte zunächst die Rolle einer frommen katholischen Fürstin: Sie stiftete für das Dominikanerkloster in Berlin einen Altar, der heute in Mittenwalde steht. Die Wappen Dänemarks, Norwegens und Schwedens sowie Brandenburgs zeugen von ihrem Selbstverständnis als Königstochter und Stifterin (S. 281).

fürstin zeugt,[7] und tauschte regelmäßig Bibeln, Gebetsbücher, Heiligenbilder und Reliquien mit Verwandten aus, um dauerhaftes Gebetsgedenken für ihr eigenes Seelenheil und das ihrer Familie zu sichern (Abb. 3).[8]

Dass sie sich Mitte der 1520er Jahre vom Glauben ihrer Kindheit ab- und dem Luthertum zuwandte, lag vor allem an ihrem familiären Umfeld. Elisabeth pflegte intensiven Kontakt zu ihrem Bruder, König Christian II. von Dänemark. Dieser war nach einer Auseinandersetzung mit dem dänischen Adel aus seinem Land geflohen, lebte zeitweilig mit seiner Familie am Berliner Hof und bekannte sich seit 1524 zur lutherischen Lehre. Auch andere Verwandte, mit denen Elisabeth in engem Kontakt stand, wie zum Beispiel ihr Onkel Johann von Sachsen und ihr Cousin Herzog Albrecht in Preußen, wandten sich der Reformation zu.[9] Ihr Mann Joachim I. dagegen war ein konsequenter Gegner Martin Luthers und ließ dessen Schriften in Brandenburg verbieten. Die Verbote wurden stetig erneuert und verschärft, ein Hinweis darauf, dass das Einsickern reformatorischen Gedankenguts aus den Nachbarterritorien kaum zu verhindern war.[10]

Joachims I. Feindschaft gegenüber Luther beruhte unter anderem darauf, dass die Kritik des Reformators sich nicht allein gegen die Papstkirche, sondern insbesondere gegen Kardinal Albrecht von Brandenburg, den Bruder des Kurfürsten, richtete, und somit gegen die ex-

Abb. 4
Die Porträts von Kardinal Albrecht (links) und Christian II. von Dänemark (rechts) auf einer Doppelseite der sogenannten Plock-Bibel führen Elisabeths familiäre Situation vor Augen: Sie stand zwischen ihrem lutherischen Bruder und dem mächtigen katholischen Schwager (Kat.-Nr. 156).

klusive Position der Hohenzollern in Reich und Kirche (Abb. 4).[11] Joachim I. selbst wurde von Luther wegen seiner Affäre zu Katharina Hornung öffentlich angeklagt und unter Druck gesetzt.[12] Das eheliche Verhältnis zwischen Elisabeth und Joachim I., der zuvor schon außereheliche Beziehungen unterhalten hatte, litt unter dieser Affäre in besonderem Maße. Der Kurfürst verkehrte öffentlich mit seiner Mätresse, verwies deren Ehemann des Landes und zollte seiner eigenen Frau nicht den ihrer Stellung und ihrem Stand entsprechenden Respekt.[13] Elisabeth, deren Verpflichtungen als Mutter weniger wurden und die auch mit gesundheitlichen Einschränkungen zu kämpfen hatte, sah sich dadurch zunehmend aus dem höfischen Zentrum verdrängt.[14]

Diese Veränderungen und Spannungen in ihrem unmittelbaren Umfeld machten Elisabeth aufgeschlossen für Neues. Durch ihren Bruder kam sie in Kontakt mit den Wittenberger Reformatoren und fand im Studium der neuen Lehre eine Sinn gebende und anregende Beschäftigung. Die unmittelbare Beziehung zu Gott ohne priesterliche Vermittlung kam ihrem Selbstverständnis als Königstochter entgegen, eröffnete ihr neue Aufgabenfelder und ermöglichte ihr, den Einfluss auf ihren Ehemann und das höfische Umfeld wiederzugewinnen.[15]

Ostern 1527 nahm Elisabeth schließlich das Abendmahl in beiderlei Gestalt zu sich. Damit wandte sie sich eindeutig ihrer Herkunftsfamilie zu und unterlief die Hausmachtpolitik ihres Mannes. Ob Joachim I. den Sinneswandel seiner Frau nicht wahrnahm oder nicht wahrnehmen wollte, bleibt unklar. Seine folgende Reaktion auf Elisabeths Bekenntnis zum Luthertum zeigt jedoch, dass er sich fest auf ihre Loyalität verlassen hatte und ernsthaft überrascht war. Sein unbarmherziges Vorgehen gegen Elisabeth zeugt von seinem Verständnis als Landesherr und Ehemann und von der desolaten Beziehung des Paares zueinander. Er fasste ihr Bekenntnis zum Luthertum als weiteren Angriff auf seine Person und seine Politik auf, den es abzuwehren galt.[16] Er war nicht bereit, mit Elisabeth religiöse Spielräume auszuhandeln. Zwar gewährte er ihr bis Ostern 1528 eine Bedenkzeit, an deren Ende sollte jedoch ein Besuch der Messe in althergebrachter Form stehen. Um den Druck auf seine Gattin noch zu erhöhen, berief er zeitgleich eine Kommission aus Bischöfen, Äbten und Rechtsgelehrten ein, die darüber beriet, was im Fall des Festhaltens der Kurfürstin am Luthertum zu tun sei. Die Kommission kam zu dem Schluss, dass sowohl Scheidung als auch Hinrichtung nicht infrage kämen und riet zu einer dauerhaften Arretierung.[17]

Elisabeth mobilisierte währenddessen ihre Verwandten, um ihren Mann zum Einlenken zu bewegen.[18] Fraglich ist, ob sie Joachim I. durch ihr Bekenntnis von seinem harten Kurs gegen die Lutheraner abbringen und Brandenburg mit ihm gemeinsam der Reformation zuführen wollte oder ob sie es bewusst auf eine Eskalation der Situation anlegte. Fest steht, dass ihr standhaftes Bekenntnis vor der dargebotenen Drohkulisse ohne den zuverlässigen Rückhalt und Schutz ihrer Herkunftsfamilie undenkbar gewesen wäre. Freilich standen hinter dem Einsatz der protestantischen Verwandten für die brandenburgische Kurfürstin nicht nur familiäre und religiöse Solidarität, sondern auch reichspolitische Interessen.[19]

Noch vor Ablauf der Bedenkzeit floh Elisabeth im März 1528 in Abwesenheit ihres Mannes mithilfe ihres Bruders nach Torgau zu ihrem Onkel Kurfürst Johann von Sachsen. Dieser hatte ihr zuvor Zuflucht angeboten.[20] Mit der entflohenen Kurfürstin gewann die lutherische Seite ein wichtiges Druckmittel gegenüber Joachim I. und machte sich das Unvermögen der Eheleute, miteinander zu kommunizieren und Kompromisse auszuhandeln, zunutze. Dass Elisabeth sich weitgehend ungestraft ihrem Gatten entziehen konnte, verdankte sie ihrer hohen Herkunft und ihrem gut funktionierenden familiären Netzwerk. Joachim I. forderte unmittelbar darauf von Johann, dass er ihm seine Frau umgehend zurückschicken möge. Zudem versuchten zahlreiche hochrangige Personen von katholischer und lutherischer Seite, zwischen den Eheleuten zu vermitteln. Allerdings stellten beide Seiten – jeweils gestärkt durch das nähere eigene konfessionelle Umfeld – Forderungen, auf die die jeweils andere Seite ohne Gesichtsverlust nicht eingehen konnte. Elisabeth verlangte unter anderem freie Religionsausübung, Joachim I. bestand auf ihrer Rückkehr zum katholischen Glauben.[21] Die Verhandlungen scheiterten, und Elisabeth blieb in Sachsen. Joachim »bestrafte« deshalb ihren Ungehorsam und verweigerte die Auszahlung ihres Jahrgeldes, wodurch sie spätestens nach dem Tod ihres Onkels 1532 in arge finanzielle Bedrängnis kam.[22]

Dass Elisabeth trotz ihrer prekären Finanzlage 1535 nach dem Tod ihres Mannes nicht umgehend nach Brandenburg zurückkehrte, deutet auf ein kompliziertes Verhältnis zu ihren Söhnen hin. Mit dem Tod Joachims I. war der Loyalitätskonflikt zwischen den Eltern für Joachim II. und Johann von Brandenburg-Küstrin nicht automatisch beendet. Joachim I. hatte in seinem Testament verfügt, dass seine Territorien katholisch und seine Söhne den von ihm geschlossenen Bündnissen treu bleiben sollten. Dies mussten die Söhne auch gegenüber Kaiser Karl V. und König Ferdinand I. zusichern. Letzterer war zudem mit anderen katholischen Fürsten bemüht, die Rückkehr Elisabeths nach Brandenburg an die Bedingung ihrer Rückkehr zur römischen Kirche zu koppeln.[23]

Elisabeth blieb jedoch bei ihrem Bekenntnis und verständigte sich mit den Söhnen auf Unterhaltszahlungen. Diese ermöglichten es ihr, in Lichtenberg einen eigenen Hof zu halten, an dem Luther und andere Reformatoren häufig gesehene Gäste waren.[24] Von Lichtenberg aus forderte Elisabeth ihre Söhne immer wieder auf, sich zum Luthertum zu bekennen.[25] Der jüngere Sohn Johann, der den kleineren Landesteil Brandenburg-Küstrin geerbt hatte, tat dies schon 1537 und reformierte sein Territorium zügig. Inwiefern das Drängen seiner Mutter den Schritt begünstigte, ist schwer zu ermitteln. Anhand von Quellen belegbar ist jedoch, dass Elisabeth sich sehr darüber freute, den Kontakt zu Luther herstellte und dem Sohn geeignete Prediger vermittelte.[26]

Abb. 5
Elisabeths Sohn Joachim (II.) wurde zum katholischen Fürsten erzogen. Lucas Cranach d. Ä. zeigt ihn um 1520 als frommen, christlichen Ritter mit Madonnenmedaillon (Kat.-Nr. 152).

Abb. 6
Das um 1570 entstandene Gemälde Lucas Cranachs d. J. zeigt Joachim II. mit der Pelzmütze des polnischen Adels. Als Ehemann der polnischen Königstochter Hedwig betonte er seinen Anspruch auf die Krone Polens. Diese Hoffnungen erklären, warum er einen Übertritt zur Reformation zunächst ablehnte (Kat.-Nr. 158).

Weitaus schwieriger war es für Elisabeth, Einfluss auf ihren ältesten Sohn Joachim II. zu nehmen (Abb. 5). Als Kurfürst war er stärker vom Wohlwollen des Kaisers und seiner katholischen Verbündeten abhängig. Durch die Ehe mit Hedwig Jagiellonica hoffte er, einen Sukzessionsanspruch auf den polnischen Thron sowie die Belehnung mit dem Herzogtum Preußen zu erlangen (Abb. 6). In Religionsfragen wirkte er auf Reichsebene vermittelnd und wurde für seine offene Haltung als Vermittler geschätzt.[27] Im eigenen Kurfürstentum gab er schrittweise dem Druck von Ständen und Teilen des Adels nach und begann 1539, mit großer diplomatischer Umsicht und Rücksicht auf seinen Schwiegervater Sigismund I. von Polen die Reformation einzuführen.[28] Elisabeth verschwieg ihrem Sohn ihre Unzufriedenheit darüber nicht und betonte, dass er ihr bei der Einführung der Reformation nicht konsequent genug sei und sie nicht eher zurückkäme, ehe er sein Land nicht ihren Anforderungen entsprechend umgestaltet hätte.[29]

Sie kritisierte beispielsweise den Entwurf einer bereits von Luther abgesegneten Kirchenordnung: »Zum andern befinden wir gleichwoll aus E. l. gestalter Kirchordnung vorscheiden am Ende, das bey E. l. In der Kirchen, etzliche ubrige geprenge, Spectacula, procession und festor daran godt kein gefallen hat die auch in godlichem wort nicht gegrundet, besonder demselben zugege[n] sein, welliche ane ergernis der Christhenheit und ane sondern nachteill des heilige godlichen worts nicht mogen gehalten, darumb sie auch billich vormiden und abgeschafft werden solten, wie wir dan als zuvorn auch, aus Mutterlicher trew, E. l. selbst zum pesten gantz freundtlich bitten.«[30] Joachim II., der sich in der Regel unbeeindruckt von der Kritik der Mutter und den Vergleichen mit dem Bruder zeigte, entgegnete, dass die Ordnung so von Luther akzeptiert sei und mit einer totalen Abschaffung katholischer Traditionen in Brandenburg nichts gewonnen wäre.[31]

Als Elisabeth nach 17 Jahren im sächsischen Exil und langen Verhandlungen mit beiden Söhnen über ihre Versorgung und Unterbringung 1545 nach Brandenburg zurückkehrte, war der Prozess der Umwandlung in ein lutherisches Territorium in vollem Gange. In ihrem Wittum Spandau hatte sie allerdings aufgrund der Verwaltungsstrukturen nur sehr begrenzte Handlungsspielräume, um ihre reformatorischen Vorstellungen umzusetzen.[32] Die letzten Lebensjahre Elisabeths in Brandenburg waren von Krankheiten und chronischem Geldmangel geprägt. In ihren Briefen aus dieser Zeit erscheint sie als vereinsamte, gealterte Fürstin mit pessimistischer und stark jenseitsorientierter Weltsicht.[33]

Wie lässt sich das Verhältnis Elisabeths von Dänemark zur Reformation in Brandenburg auf den Punkt bringen? Elisabeth war eine Fürstin, die sich im Spannungsfeld zwischen ihrer Herkunftsfamilie und der Dynastie ihres Mannes unter Einfluss ihres hochkarätigen Verwandtschaftsnetzwerks durch ihr Bekenntnis zum Luthertum eindeutig verortete. Ihre religiös interpretierte Flucht stärkte die Position der Lutheraner gegenüber dem katholischen Bollwerk Brandenburg. Elisabeth vollzog die sich andeutende Spaltung der Kirche innerhalb ihrer Familie und nötigte diese zu einer Positionierung.

Zweifelsohne war Elisabeth eine theologisch hochgebildete Frau, die jedoch anders als ihre Tochter Elisabeth – abgesehen von ihren Korrespondenzen – keine religiös motivierten Schriften hinterlassen hat.[34] Ihre neu eingenommenen Glaubensperspektiven verfestigten sich im Laufe der Zeit durch entsprechende Lektüre und Gespräche mit Luther und reformatorischen Predigern; in einigen Dingen war sie sogar »lutherischer« als der Reformator selbst.[35] Ihre Festigkeit im Glauben beeindruckte viele Zeitgenossinnen und Zeitgenossen.[36] In dieser Hinsicht erscheint ihr Ruf als »Lichtgestalt« in der späteren Geschichtsschreibung nachvollziehbar. Der ihr unterstellte enorme Einfluss auf ihre Söhne[37] – insbesondere auf Joachim II. – lässt sich anhand der Quellen allerdings schwerlich bemessen. Als aktives und konstruktives Wirken im Sinne der Einführung der Reformation in Brandenburg ist ihre Vermittlungstätigkeit zwischen ihrem Sohn Johann und den Wittenberger Reformatoren hervorzuheben, die zur Berufung und Bestallung von Predigern führte. In ähnlicher Weise aktiv war sie für ihre Tochter Elisabeth, Herzogin von Braunschweig-Calenberg-Göttingen, die bei einem Besuch der Mutter in Lichtenberg den Reformator kennenlernte, sich bald darauf zum Luthertum bekannte, als Witwe ihr Fürstentum reformierte und zu einer der bekanntesten Reformationsfürstinnen überhaupt wurde.[38]

Elisabeth selbst hatte durch ihre Flucht und ihre späte Rückkehr mehr oder weniger freiwillig darauf verzichtet, ihren Glauben in der Rolle und in den Handlungsspielräumen einer Landesmutter aktiv auszuleben und ihre Maßstäbe mit der Realität abzugleichen. Sie blieb zeitlebens eine Idealistin, die sich bei ihrem Mann und ältesten Sohn oft für die Extreme in ihrem Handlungsspektrum entschied, wenig Verständnis für diplomatische und realpolitische Erwägungen übrig hatte und Kompromisslösungen mied. Sie machte die »Luthersache« zu ihrem Lebensthema, zur Prämisse für ihre Lebensentscheidungen und konfrontierte ihre Familie unnachgiebig mit der Glaubensfrage. Elisabeths Anteil an der Einführung der Reformation in Brandenburg ist somit vordergründig mentaler Art und weniger auf der handlungspolitischen Ebene zu suchen.

Anmerkungen

1 Czilsky 1859, S. III. **2** Vgl. Liebusch 1873, S. 3. – Gadow 1873, S. 17. **3** Liebusch 1873, S. 22. **4** Czilsky 1859, S. III. **5** Vgl. GStA PK, I. HA GR, Rep. 11, Nr. 10017. – Elisabeth setzte sich für die Ernennung ihres Schwagers Albrecht von Brandenburg zum Erzbischof von Magdeburg ein. **6** Vgl. Kirchner 1866, S. 223. **7** Vgl. Cárdenas/Schumann 2004, S. 28. **8** Vgl. z. B. mit Margarethe von Münsterberg (LHASA, DE, Z 6, Nr. 199) und Albrecht von Brandenburg (GStA PK, BPH, Rep. 28, V 5a). **9** Vgl. Escher 1995, S. 259. – Kirchner 1866, S. 228. – Marheinecke 1831, S. 160. **10** Vgl. Vossmeyer 2014, S. 78 f. – Stupperich 1988, S. 15 f. – Die Anfangsphase der brandenburgischen Reformation wird daher auch als »heimlich« charakterisiert. **11** Vgl. Liebusch 1873, S. 25 f. – Stupperich 1988, S. 16. **12** Vgl. Ebeling 1997, S. 143 f. – Escher 1995, S. 260. **13** Vgl. Vossmeyer 2014, S. 81. **14** 1524/25 heirateten der älteste Sohn Joachim und die beiden Töchter Elisabeth und Anna, sodass nur noch Margaretha im Frauenzimmer verblieb. Der jüngste Sohn Johann war mit elf Jahren überwiegend in der Obhut eines Erziehers. **15** Vgl. Domröse 2010, S. 8. – Die Reformation wies anfangs enormes emanzipatorisches Potenzial für Frauen auf. **16** Vgl. Kirchner 1866, S. 234, 242. – Vossmeyer 2014, S. 80, 83. **17** Vgl. Jacobi 1909, S. 163 f. – Riedel 1865, S. 72. **18** Vgl. Breest 1889, S. 33. – Vossmeyer 2014, S. 83 f. **19** Vgl. Heinrich 1989, S. 78. – Riedel 1865, S. 89. **20** Vgl. Bainton 1995, S. 123. – Vossmeyer 2014, S. 85. **21** Vgl. Jacobi 1909, S. 171 f. – SächsHStA Dresden, 10 024 GR, Loc. 7235/1. **22** Vgl. Kirchner 1866, S. 249. – Liebusch 1873, S. 43. **23** Vgl. Kirchner 1866, S. 258. – Liebusch 1873, S. 52 f. – LHASA, MD, A2, Nr. 502 b. **24** Vgl. Bainton 1995, S. 127. – Freybe 2010, S. 15. – Jacobi 1909, S. 179. – Kirchner 1866, S. 251, 266. – Elisabeth stand in engem Kontakt zu Luther und wohnte 1537 während einer Krankheit mehrere Monate bei ihm. **25** Vgl. Müller 1839, S. 136. – Stjerna 2009, S. 93. **26** Vgl. Escher 1995, S. 264 f. – GStA PK, BPH, Rep. 29, T 1, Vol. I: (17. 5. 1537): »Nachdem uns Euer Lieb Jungst zu Torgau angelanget, unnd gebetenn, das wir E. L. wegen denn Erwirdigenn und hochgelartenn Ern Martinum Luther der heyligen schrift doctor. Umb einen gutenn Evangelischen Prediger dem E. L. in derselb[en] Landenn auch zu anrichtung gotlicher Ceremonyen gebrauchenn wolt[en] anzulangenn, unnd zubittenn. […]«. **27** Vgl. Escher 1995, S. 270. **28** Vgl. Escher 1995, S. 268 f. – Vossmeyer 2014, S. 115 f. **29** Vgl. Jacobi 1909, S. 180 f. – Kirchner 1866, S. 258. – Liebusch 1873, S. 54. **30** GStA PK, BPH, Rep. 29, T 1, Vol. II. **31** Vgl. GStA PK, BPH, Rep. 29, T 1, Vol. II. **32** Vgl. Müller 1839, S. 273. – Das Patronatsrecht in Spandau hatte seit 1541 der Magistrat. **33** Vgl. GStA PK, BPH, Rep. 29, T 1, Vol. II, z. B. Brief an den Sohn Johann vom 14. 7. 1547. **34** Vgl. Tacke 1988, S. 37 f. – Das brandenburgisch-dänische Allianzwappen weist Elisabeth als Besitzerin einer von Johan Tewber von Liebenwerde illustrierten Handschrift von 1555 aus, die eine von ihr 1554 erlassene Gesangsordnung enthält (vgl. S. 191, Abb. 21). – Vgl. Alfred Hagemann in diesem Band, S. 190. **35** Vgl. Jacobi 1909, S. 178. – Riedel 1865, S. 84. **36** Vgl. Vossmeyer 2014, S. 86. **37** Vgl. Helwing 1834, S. 619. – Kirchner 1866, S. 266. – Breest 1889, S. 34. – Riedel 1865, S. 89 f. **38** Vgl. Mager 1992, S. 23 f. – Vgl. Domröse 2010, S. 101 f. – Vgl. Stjerna 2009, S. 96 f.

Anna von Preussen und der Kampf um das Jülicher Erbe

Michael Kaiser

Erbanspruch

»Von Gottes Gnaden Anna, geborne vnd vermählete Marggräuin auch Churfurstin zue Brandenburgk, Jn Preußenn, zue Gülich, Cleue, vnnd Berge etc. herzogin«,[1] lautete die Intitulatio, mit der Anna von Preußen ihre Korrespondenzen eröffnete. Die Titulatur war eine Formalie im Schriftverkehr, die nicht beliebig kombiniert werden konnte, sondern in hierarchisch absteigender Folge aus den Titeln, den Funktionen und dem Rang der Ausstellerin zusammengestellt war. Dabei bezogen sich die aufgeführten Titel nicht nur auf Territorien, die tatsächlich beherrscht wurden. Hier wurden auch nicht realisierte Herrschaftsansprüche aufgeführt. Solche Rechte mussten stets neu reklamiert werden, die Nennung an sich war ein rechtlicher Akt, der immer aufs Neue die Legitimität dieser Prätentionen betonte. Gleichzeitig schlug sich in der Aufreihung solcher Herrschaftstitel ein biografisches Programm nieder, das das Leben der betroffenen Person maßgeblich prägte. Auch bei Anna war dies der Fall.

Geboren als Herzogin in Preußen und aus dem Geschlecht der Hohenzollern stammend, führte sie von Geburt an den Titel einer Markgräfin. Da sie mit dem in der Mark Brandenburg herrschenden Hohenzollern Johann Sigismund verheiratet war, kam ihr der Titel gleich doppelt zu: Sie war geborene und vermählte Markgräfin (Abb. 1). Vor allem aber wurde sie Kurfürstin von Brandenburg (Abb. 2 u. 3). Anna von Preußen, wie sie uns vor allem bekannt ist, war eine Bezeichnung, die ihr den vornehmsten Titel vorenthielt – eine solche Anrede hätte ihr vermutlich nicht gefallen.

Abb. 1 ►
Dieses um 1605 entstandene Gemälde zeigt Anna von Preußen und stammt aus dem Ahnensaal des Königsberger Schlosses. Lange als Kriegsverlust beklagt, konnte es erst 2014 zurückerworben werden (Kat.-Nr. 160).

Der Bezug zu Preußen war dennoch immens wichtig. Denn ihre Heirat mit Johann Sigismund verstärkte die Bindungen zwischen den beiden Hohenzollernlinien und ließ die Vereinigung Brandenburgs mit dem Herzogtum Preußen – es gab keinen männlichen Erbfolger in Königsberg – in realistische Nähe rücken. Vor allem brachte Anna Ansprüche auf die niederrheinischen Fürstentümer mit: Ihre Mutter Maria Eleonore war eine Tochter Wilhelms des Reichen, Herzog von Jülich, Kleve und Berg (Abb. 4 u. 5).[2] Als dessen Sohn Johann Wilhelm im Jahr 1609 verstarb, gab es in dieser Dynastie keinen männlichen Vertreter mehr. Nun griff eine Regelung, die auch die weibliche Erbfolge berücksichtigte. Dieser Erbgang war allerdings höchst umstritten – andere Dynastien im Reich, die sächsischen Wettiner, aber auch die pfälzischen Wittelsbacher, machten ihrerseits Ansprüche geltend (Abb. 6–8).

Deswegen taucht in obiger Titulatur Annas der Herzogstitel für Jülich, Kleve und Berg auf. Es war das Jahr 1611, und die Ansprüche auf diese Herrschaften waren weit von einer Realisierung entfernt. In einem Brief an den Statthalter in der Mark war es sicher nicht nötig, alle Herrschaftstitel zu nennen. Anna hat in diesem Fall eine gekürzte Titulatur gebraucht, bei der sich hinter dem »etc.« die Ansprüche auf das Herzogtum Pommern, die schlesischen Herzogtümer Crossen und Jägerndorf, die Grafschaft Mark sowie kleinere Teile des Jülicher Erbes wie Ravensberg und Ravenstein verbargen. Auf die Nennung der drei Herzogtümer Jülich, Kleve und Berg wollte und konnte sie selbst in der Korrespondenz mit Vertrauten nicht verzichten. Der Kampf um das niederrheinische Erbe wurde für Anna das lebensbeherrschende Thema.

V. G. G.
Anna Geborne Und
Vermehlte Margreffin zu
Brandenburgk. Hertzogin In
Preüssen.

Die politische Kurfürstin

Wie kam es dazu, dass Anna sich dieser Sache verschrieb? War das überhaupt ihre Aufgabe? Kannte der dynastisch geprägte Fürstenstaat der Vormoderne gegenüber Frauen der Herrscherhäuser nicht nur eine zentrale Anforderung: legitime und vornehmlich männliche Nachkommen zu gebären? Immerhin sicherten sie so den Fortbestand der Dynastie und sorgten für Kontinuität der Herrschaft, mithin für politische Stabilität. Anna hat übrigens diesen dynastischen Pflichten durchaus genügt: Nach ihrer Verheiratung im Jahr 1594 brachte sie bis 1609 acht Kinder auf die Welt. Von denen verstarben drei als Säuglinge, doch drei Töchter und zwei Söhne, darunter der Thronfolger Georg Wilhelm, erreichten das Erwachsenenalter.

Diese reduzierte Sichtweise verkennt allerdings das deutlich erweiterte Aufgabenspektrum, dem sich eine Fürstin zu stellen hatte. Mit den Stichworten der Kindererziehung und der Repräsentation bei Hof sind nur auf den ersten Blick »weiche« oder traditionell weibliche Handlungsfelder angesprochen; vielmehr bargen beide Bereiche erhebliche politische Einflussmöglichkeiten. Im Fall Annas sollte etwa der Einfluss auf die Kinder und vornehmlich auf den Kurprinzen Georg Wilhelm von großer Bedeutung sein, weil sie in vielen Fragen mit ihrem Mann uneins war. Die Landesverwaltung gehörte eher zur Domäne des Fürsten. Doch auch in der klassischen Sphäre herrscherlichen Handelns konnte die Ehefrau mitregieren. Anna hat sich gerade hier besonders stark engagiert; zumindest gibt es viele Beispiele, die ihre Beteiligung an den Regierungsgeschäften zeigen. Bezeichnend war Annas Hinweis, dass, wenn der Kurfürst abwesend sei, die Mitglieder des Geheimen Rates alles in ihrem Beisein beraten müssten.[3] Das historische Urteil über sie ist wegen ihrer politischen Einflussnahme nicht besonders günstig ausgefallen. Die Kurfürstin wird als »harte, eigenwillige und herrschsüchtige Natur« charakterisiert,[4] immer wieder berichtet die Literatur über Streitereien zwischen Anna und Johann Sigismund, bei denen sie schon einmal Geschirr zu Bruch gehen ließ.[5]

Wie lassen sich die negativ konnotierten Urteile erklären: Strebte Anna tatsächlich danach, die Herrschaft im Haus Brandenburg an sich zu bringen?[6] Ein Teil der Antwort liegt auch im Wesen Kurfürst Johann Sigismunds begründet, der seinerseits keine herausragende historiografische Wertschätzung erfährt. Als wenig energisch wird er charak-

◀ Abb. 2
Das Schwert Albrechts, des ersten Herzogs in Preußen, wurde später als Reichsschwert Teil der preußischen Kroninsignien. Es symbolisiert die Bedeutung Preußens für das Werden des Gesamtstaates (Kat.-Nr. 161).

Abb. 3
Ein unbekannter Goldschmied fertigte für Kurfürst Johann Sigismund die reich gestaltete Ehrentafel, die Brandenburgs Belehnung mit dem Herzogtum Preußen am 2. Dezember 1611 durch den polnischen Reichstag feiert (Kat.-Nr. 162).

terisiert, entscheidungsschwach und mit mangelndem Interesse am politischen Geschäft – Defizite, die er durch den Genuss von Alkohol und fetten Speisen vergrößerte.

Diese Disposition des Kurfürsten muss gespiegelt werden vor den politischen Herausforderungen, denen sich die brandenburgischen Hohenzollern zu Beginn des 17. Jahrhunderts gegenübersahen. Hier galt es, die Herrschaft in Preußen zu übernehmen und zu sichern, dazu die Ansprüche am Niederrhein zu realisieren, schließlich auch die Landesherrschaft im Kernterritorium Brandenburg zu stabilisieren – all dies unter katastrophalen finanziellen Rahmenbedingungen. Es war nicht ungewöhnlich, dass eine Fürstin als Regentin einsprang, wenn der Fürst verstorben oder regierungsunfähig war und die Kinder noch unmündig. Johann Sigismund war sicherlich prinzipiell fähig, die Regierungsgeschäfte zu führen. Doch war er auch den großen Aufgaben gewachsen? Hier hatte Anna offenkundig Zweifel. Wenn sie deshalb einschritt, tat sie dies nicht aus Herrschsucht, sondern aus Pflichtbewusstsein – sie tat, was sie ihrer Rolle als Kurfürstin von Brandenburg, als Erbtochter des Herzogtums Preußen und Prätendentin auf das Jülicher Erbe schuldig war. Dass sie es mit großem Selbstbewusstsein tat, kann man ihr nicht vorwerfen.

Ein schwacher Herrscher

Johann Sigismund kränkelte bereits in jungen Jahren, entsprechend frühzeitig kümmerte sich Anna um seine Gesundheit. Sie besorgte und verabreichte ihm Medikamente oder schickte Lebensmittel.[7] Vor allem sein starker und stetiger Alkoholkonsum alarmierte sie. Wenn Anna sich in diesen Fällen warnend und sorgend zu Wort meldete oder im Briefschluss »gute Gesundheit« wünschte,[8] greift man zu kurz, darin nur persönliche Anteilnahme zu sehen. Ohne ihr diese menschliche Seite abzusprechen, hatten ihre Nachfragen auch immer eine politische Komponente. In der hochadligen Welt, in der eine Trennung zwischen Privatem und Politischem nicht möglich war, konnte dies nicht anders sein.

Johann Sigismund trank auch bei politischen Verhandlungen mit anderen Fürsten. So stockten Beratungen mit dem dänischen König im Mai 1610, weil der Kurfürst im Vollrausch nicht mehr entscheiden konnte.[9] Immerhin beteuerte er während der Verhandlungen mit Sachsen 1611 gegenüber Anna, er habe »keinen einigen Rausch gehabt oder Exzeß im Drinken geben«.[10] Aber Anfang 1618 musste sie ihn bitten, in den Gesprächen mit dem König von Polen

Abb. 4
Annas Vater, Albrecht Friedrich, regierte seit 1568 im Herzogtum Preußen. Er starb 1618 in geistiger Verwirrtheit; sein Herzogtum fiel durch Annas Anspruch an die Brandenburger Linie der Hohenzollern (Kat.-Nr. 163).

»sich doch vorm Trunk und anderen [zu] hüten«. In all solchen Fällen schwang die Frage mit, wie ernsthaft der Kurfürst angesichts der »Liederlichkeit seiner Lebensführung« die ihm gestellten Aufgaben verantwortlich wahrnehmen konnte.[11] Anna zweifelte schon sehr früh daran.

Zudem zeigte sich, dass sie und Johann Sigismund in ihren politischen Ansichten und Zielsetzungen unterschiedlicher Meinung waren. So hielt sie es für einen Fehler, Kursachsen in die Verhandlungen um das niederrheinische Erbe einzubeziehen.[12] Dass Johann Sigismund seinerseits die Teilung der westlichen Territorien vorschlug, muss für sie ein Schock gewesen sein.[13] Aber solche Erlebnisse rüttelten Anna auf und veranlassten sie zu eigenständigem politischen Handeln. Die Sorge vor einer brandenburgischen Politik, deren Konsequenzen sie als verheerend ansah, ließ Anna endgültig zu einer politisch aktiven Kurfürstin werden.

Das Netzwerk der Kurfürstin

Was konnte Anna tun? Zuerst das, was alle machten, die in diesen Zeiten politisch aktiv waren – Briefe schreiben. Mag heutzutage Briefeschreiben auch etwas Privates, Vergnügliches sein, so war dies in vormodernen Zeiten anders. Auch in einem sich Anfang des 17. Jahrhunderts rasant entwickelnden Postwesen stellten Briefe immer noch einen Kostenfaktor dar: Wer Briefe schrieb, viele zumal, musste sich das leisten können.[14] Dabei waren diese Kontakte häufig politisch motiviert. Wenn zwei Fürsten gutes Einvernehmen suchten, vereinbarten sie, »gute Korrespondenz« zu pflegen. Entwickelte sich der Briefwechsel gut, bezeichneten die Fürsten sich als »Korrespondierende« – im 16. und noch im 17. Jahrhundert nannten sich so auch Verbündete.

Die politische Dimension des Briefeschreibens wird deutlicher, wenn man Schlüsselwörter der modernen Medien an seine Stelle setzt: Informationsaustausch und Netzwerkarbeit. Beides wurde in der Frühmoderne durch Korrespondenzen befördert; gleichzeitig ist und war beides eine Grundlage politischen Handelns. Anna hat sehr bewusst Briefe geschrieben, um Kontakte zu knüpfen, um mit ihren Ansichten und Einschätzungen präsent zu sein, um Informationen zu streuen und selbst welche zu erhalten, um äußerst konkret Einfluss zu nehmen. Der weite Kreis ihrer Korrespondenten zeigt, dass sie sehr zielgerichtet und geradezu systematisch ein Netzwerk aufgebaut hat, um für ihre Belange einzutreten.[15]

Natürlich korrespondierte Anna im Familienkreis. Doch selbst der familiär vertraute Briefwechsel mit ihrer Mutter Maria Eleonore enthielt Passagen über die Situation im heimatlichen Preußen.[16] Ihr Sohn Georg Wilhelm wuchs als Kurprinz rasch in die Rolle eines politischen Korrespondenzpartners, was in den Berichten, die er im Umkreis der Verhandlungen des Xantener Vertrags an seine Mutter schickte, sehr deutlich wird.[17] Der Kurprinz war sich damals genau bewusst, wie heikel die Materie war und welch dezidierte Ansichten seine Mutter vertrat. Die Schlussfor-

Abb. 5
Annas Mutter, Maria Eleonore, Herzogin in Preußen, war die älteste Tochter Herzog Wilhelms des Reichen von Jülich, Kleve und Berg. Da ihr Bruder kinderlos blieb, war sie der Schlüssel zum Erbe der niederrheinischen Territorien ihrer Familie (Kat.-Nr. 168).

Abb. 6–8
Drei Dynastien erheben aufgrund ihrer Ehen mit den Töchtern des letzten Herzogs Ansprüche auf Jülich, Kleve und Berg: die Hohenzollern, die Wettiner und die Wittelsbacher. Die drei Fürsten drückten ihre Ansprüche bei jeder Gelegenheit durch die Präsentation des klevischen Wappens auf Münzen, Medaillen und Schmuckstücken aus.

Abb. 6
Anhänger mit dem Porträt des Brandenburger Kurfürsten Johann Sigismund (Vorderseite) und Wappenschild (Rückseite) (Kat.-Nr. 165).

mulierung, er wolle von ihr als »getrewer vndt gehorsamer Sohn vermittelst göttlichen beystandts Jederzeit nach allem vermögen erfunden werden«, war daher weniger floskelhaft, als es zunächst den Anschein haben mochte.[18] Vor dem Hintergrund stets virulenter Finanzprobleme äußerte Georg Wilhelm die Hoffnung, »das E G [= Euer Gnaden, gemeint ist Anna] ein gnediges genügen an mier haben vndt keine vrsache, einigen zorren vndt vnwillen wieder mich zu fassen«: Tatsächlich hatte die Kurfürstin Grund genug, mit ihrem Sohn ärgerlich zu sein![19]

Einbezogen in Annas Korrespondenz waren auch die brandenburgischen Geheimen Räte. Als Kurfürstin beanspruchte sie auch von ihnen fortwährend Informationen. Das war in einer Herrschaft, die mehrere, weit auseinander liegende Territorien umfasste, höchst wichtig. Dabei ging es nicht nur um die laufenden Angelegenheiten des Landes; auch aktuelle Verhandlungen, etwa in der Jülicher Erbfolgefrage, kamen hier zur Sprache: etwa, als der Kurfürst in Jüterbog 1611 mit der kursächsischen Seite verhandelte und Anna parallel dazu auf dem Laufenden sein wollte – um den Fortgang der Gespräche in ihrem Sinn zu beeinflussen. Schließlich erhielt Anna auch von weit entfernten Posten Nachrichten: Der in Den Haag tätige brandenburgische Agent Christoph Aicken, ein niedrigrangiger Diplomat, versorgte die Kurfürstin mit Informationen über den wichtigsten Verbündeten Kurbrandenburgs in dieser Region.[20]

Teil des Netzwerks waren auch Verwandte wie das dänische Königshaus, in das Anna Katharina, eine Schwester Johann Sigismunds, eingeheiratet hatte. Deutlich heikler waren Kontakte nach Sachsen, da Annas jüngste Schwester Magdalena Sibylla den sächsischen Kurfürsten geheiratet hatte, aus Annas Sicht den gefährlichsten Konkurrenten um das Jülicher Erbe. Intensiv waren auch die Korrespondenzen mit Vertretern Pfalz-Neuburgs, nicht nur mit Philipp Ludwig und dessen Sohn Wolfgang Wilhelm, sondern auch mit Pfalzgräfin Anna.[21] Präsent durch ihre Schreiben war Anna ebenso in den Territorien am Niederrhein; belegt sind direkte Kontakte zu den Landständen.[22]

Schließlich knüpfte Anna Kontakte zum Kaiserhof. Als Matthias zum Kaiser gekrönt wurde, gratulierte Anna und erinnerte ihn »in allen vnsern Rechtmessigen insonderheit aber meiner Gulichschen sachen«.[23] Indem sie zeitgleich auch Kaiserin Anna zur Krönung gratulierte, nahm sie ganz klassisch den Kontakt von Frauenzimmer zu Frauenzimmer auf.[24] Doch beschränkte sie sich keineswegs darauf, mit der Kaiserin zu korrespondieren und einen Briefwechsel analog dem zwischen Kurfürst und Kaiser aufrechtzuerhal-

Abb. 7
Ländermedaille mit dem Reiterporträt des Kurfürsten Johann Georg I. von Sachsen (Vorderseite) und seinem Porträt mit umgebenden Wappen (Rückseite) (Kat.-Nr. 166).

Abb. 8
Gnadenpfennig als Anhänger mit Porträt Wolfgang Wilhelms von Pfalz-Neuburg (Vorderseite) und Wappenschild (Rückseite) (Kat.-Nr. 164).

ten. Vielmehr schrieb sie auch weiterhin an Matthias selbst, so im März 1613, als sie noch einmal Kurfürst Johann Sigismunds Fehlen bei dem nach Erfurt ausgeschriebenen Kommissionstag zu Verhandlungen über die Jülicher Erbschaft entschuldigte.[25] Anna wirkte in dieser Angelegenheit schadenbegrenzend, indem sie das Handeln ihres Mannes zu rechtfertigen suchte.[26]

Entschuldigend schrieb sie auch im September 1613, als sie gegenüber Kaiser und Kaiserin die mangelnde Kommunikation und eine aufgeschobene Reise zu erläutern suchte, auf der sie dem Kaiserpaar ihre persönliche Aufwartung hätte machen können.[27] All dies sind Hinweise auf ihr Bemühen, regelmäßigen Kontakt zum Kaiserhof zu halten, um dort ihre Interessen, insbesondere bezüglich des niederrheinischen Erbes, verfechten zu können. Ende 1615 und im Verlauf des Jahres 1616, zu einer Zeit also, als mit dem Xantener Vertrag längst eine – wenn auch provisorische – Lösung für die Erbfolgefrage gefunden worden war, wandte sich Anna auch an Kardinal Khlesl, den eigentlichen Lenker der kaiserlichen Politik. Ihre Schreiben und Denkschriften an den Kaiserhof zeugen von der Hartnäckigkeit, mit der Anna in der Jülichschen Sache aktiv blieb und für die brandenburgischen Interessen agierte.[28]

Neben ihrer brieflichen betrieb Anna eine rege Reisediplomatie. Sie setzte enge Vertraute wie Philipp Egerer ein, den sie an den Kaiserhof nach Prag sandte.[29] Auch sie selbst wurde dorthin eingeladen, lehnte aber das Kommen ab. Dahinter standen möglicherweise grundsätzliche Bedenken: Es war ihr in dieser Situation wohl politisch zu heikel, in eigener Person zu erscheinen und sich derart zu exponieren.[30] An ihrer mangelnden Reiselust kann es kaum gelegen haben, denn die Kurfürstin war sehr mobil. Vielfach sind Reisen zwischen Brandenburg und Preußen bezeugt, auch solche nach Sachsen zu ihrer Schwester Magdalena Sibylla.[31]

Gleichwohl waren Korrespondenzen in dieser Zeit die erste Wahl einer Persönlichkeit, um politisch zu agieren. Genau deswegen waren Zweifel über abgefangene oder nicht zugestellte Briefe alarmierend – umso schwerer wog, wenn diese Verdachtsmomente im Umgang mit brandenburgischen Bediensteten und Familienmitgliedern auftraten.[32] Die Dimension des Problems wird im Verhalten ihres Mannes Johann Sigismund deutlich, der sich nur höchst nachlässig mit Anna austauschte, ihr Informationen geradezu verweigerte.[33] Es musste deshalb wie Hohn wirken, wenn Kurprinz Georg Wilhelm im Umfeld der Verhandlungen des Xantener Vertrags seine Mutter darauf verwies, sie könne weitergehende Angaben zur aktuellen Situation am Niederrhein »aus den schreiben so an meinen gnedigen vielgeliebten herrn vatter gethan der lenge nach vernehmen«.[34] Sie erhielt keine. Anna drohte der Ausschluss von den politischen Vorgängen in Brandenburg.

Erfolg und Misserfolg

Schnell zeigte sich, dass Annas gefährlichste Gegner auf ihrer eigenen Seite standen. Misstrauen prägte die Atmosphäre am brandenburgischen Hof. Betrieb Anna deswegen ein eigenes diplomatisches Netzwerk und verfolgte eine eigene Außenpolitik?[35] Trifft die negativ gemeinte Charakterisierung einer dominanten, machtbewussten Kurfürstin zu? Anna, so viel dürfte klar geworden sein, baute sich eigene politische Strukturen aus purer Not auf. Eigeninteresse hätte sie stets von sich gewiesen und darauf insistiert, nur im Sinne der Dynastie und im Interesse der Kinder zu handeln. Das war die Ratio ihres Tuns.[36] Doch war sie grundsätzlich anderer Ansicht als der Kurfürst, welches die brandenburgischen Interessen waren und wie man sie am besten verfolgen konnte.[37]

Dies betraf die Jülicher Erbfrage und die Heiratspolitik – in Letzterer setzte sich Anna weitgehend durch – sowie die Religionspolitik, in der sie fast komplett scheiterte. Ihr Widerstand gegen den Calvinismus brachte ihr Sympathien in Brandenburg selbst, entfremdete sie aber nachhaltig ihrer Familie und weiten Teilen des Hofes und der Beamtenschaft, die sich der neu angenommenen Konfession zuwandten, und bescherte ihr den bösen Beinamen einer »Madame la diablesse«.[38] Wie verbittert alle Beteiligten waren, zeigt das damals umgehende Gerücht, Anna habe sich aufgrund des konfessionellen Zwistes gegen Georg Wilhelm als Nachfolger im Kurfürstenamt ausgesprochen.[39]

Kurz vor den Verhandlungen in Xanten 1614 ließ Anna sich von ihrem Mann noch einmal bestätigen, dass sie die Herrin über die Jülicher Lande sei, selbst wenn Johann Sigismund durch die Heirat ebenfalls in die Rechte gelangt sei (Abb. 9).[40] Dass es dieser Klarstellung nochmals bedurfte, zeigt das herrschende Misstrauen. Derartige Dissonanzen machten es den Hohenzollern schwer, ihre Interessen wirkungsvoll nach außen zu vertreten. Wie wirkte es am Kaiserhof oder bei den großen Kontrahenten Kursachsen und Pfalz-Neuburg, wenn Unstimmigkeiten in der brandenburgischen Politik derart deutlich zutage traten?

Vor diesem Hintergrund ist die Bewertung von Annas politischem Wirken schwierig. Denn welche brandenburgischen Erfolge lassen sich überhaupt ihrem Einwirken zuschreiben? Oder war ihr Agieren auch im Sinn der Dynastie kontraproduktiv – etwa wenn sie starr auf die Einheit des Jülicher Erbes pochte, dazu über ihre Gesandten und Korrespondenzen eigene Netzwerke unterhielt? Fernab dieser Einschätzungen bleibt zunächst festzuhalten, dass Anna sich höchst engagiert für die politischen Belange eingesetzt hat, und zwar aus einer ihrerseits empfunden Notsituation des Hauses Brandenburg, dessen Haupt eben keine sachgerechte Interessenpolitik zu verfolgen imstande war. Das Unvermögen Kurfürst Johann Sigismunds ließ Anna aktiv werden. Für sie kam offenbar nicht infrage, das Feld der dynastischen Politik den Geheimen Räten, Landständen oder gar Vormündern zu überlassen; sie hat mit großer Entschiedenheit und Unerbittlichkeit als Kurfürstin agiert. Ihre selbstständige Interpretation und aktive Auffassung der Rolle als Fürstin und Dynastin ist bemerkenswert – und deswegen hat man sie jüngst zu Recht als »die respekteinflößende Anna von Preußen« bezeichnet.[41]

Anmerkungen

1 Kurfürstin Anna an Adam Gans Edler zu Putlitz, Cölln an der Spree 5.2.1611, GStA PK, I. HA Geheimer Rat, Rep.35, Jülichische Sukzession, Nr. 60, fol. 1, Ausf. **2** Vgl. Preuss 1984. – Zu Maria Eleonore vgl. Preuss 1984, S. 138–140. **3** Vgl. Kirchner 1867, S. 168. Sie sagte allerdings, dass sie ihrerseits nichts ohne Ratschlag der Räte und auch nicht ohne Rückmeldung an den Kurfürsten entscheiden wolle. **4** Hintze 1915, S. 158. **5** Vgl. Hintze 1915, S. 158. – Zum Charakter Annas und Johann Sigismunds auch Gautschi/Suter 2005, S. 375–397. **6** Vgl. Hintze 1915, S. 158. **7** Saring 1941, S. 252, 282. **8** Vgl. Kirchner 1867, S. 152, 154. – Bornhak 1889, S. 215 f. **9** Vgl. Saring 1941, S. 257. **10** Saring 1941, S. 263. **11** Zitate bei Saring 1941, S. 282. **12** Vgl. Saring 1941, S. 256. – Vgl. auch Bornhak 1889, S. 211–213. **13** Vgl. Saring 1941, S. 254. **14** Vgl. Armstedt 1898, S. 220–222. **15** Vgl. zu Korrespondenzen Keller 2010 Anna, S. 72–77. – Keller 2012, S. 160–165. **16** Vgl. Kirchner 1867, S. 139 f. – Scheller 1966, S. 110–112. **17** Vgl. GStA PK, BPH, Rep. 34, Nr. 47. – Vgl. Pons 2013, der sich allerdings auf Material aus GStA PK, I. HA, Rep. 11 und vor allem Rep. 34 stützt. **18** Kurprinz Georg Wilhelm an Kurfürstin Anna, Cleve, 6./16. 7. 1614, BPH, Rep. 34, Nr. 47, unfol. Ausf. **19** Kurprinz Georg Wilhelm an Kurfürstin Anna, Rees 4./14. 10. 1614, GStA PK, BPH, Rep. 34, Nr. 47, unfol. Ausf. **20** Vgl. Saring 1941, S. 263. **21** Vgl. Füchtner/Preuss 1994. – Die Pfalzgräfin war eine Tochter Wilhelms V. von Jülich und damit Annas Tante. **22** Vgl. z. B. das Anschreiben Kurfürstin Annas an die Ritterschaft und Städte der Fürstentümer Jülich und Berg, in dem sie eigens auf ihre Erbrechte verweist, Cölln an der Spree, 4. 5. 1610, a. St., LA Rheinland, Kleve-Mark Akten, Nr. 108, fol. 44–45, Kopie. **23** Kurfürstin Anna an Kaiser Matthias, Königsberg in Preußen, 5./15. 7. 1612, GStA PK, I. HA Geheimer Rat, Rep. 34, Nr. 4630, fol. 10–10', Entwurf mit Verb. **24** Kurfürstin Anna an die Kaiserin, Königsberg, 6./16. 7. 1612, GStA PK, I. HA Geheimer Rat, Rep. 34, Nr. 4630, fol. 11–11', Konz. mit Verb. **25** Vgl. Kurfürstin Anna an Kaiser Matthias, Cölln an der Spree, 18. 3. 1613, GStA PK, I. HA Geheimer Rat, Rep. 34, Nr. 4630, fol. 12, Kopie. – Vgl. auch Roggendorf 1968, S. 161 f.,

Abb. 9
Johann Sigismund bestätigte für sich und sein Land den mit Pfalz-Neuburg am 2./12. November 1614 zu Xanten geschlossenen Vertrag über die Teilung des Jülich-Klevischen Erbes. Das neben seinem Siegel angebrachte persönliche Siegel Annas unterstreicht ihre Bedeutung als die Trägerin des Anspruchs (Kat.-Nr. 167).

169 f. **26** Dies übrigens auch gegenüber dem Pfalzgrafen, vgl. Chroust 1909, S. 94, Anm. 2. **27** Vgl. Kurfürstin Anna an den Kaiser, Cölln an der Spree, 1. 9. 1613, GStA PK, I. HA Geheimer Rat, Rep. 34, Nr. 4630, fol. 14–14', Kopie. – An die Kaiserin, fol. 14'–15', Kopie, und ebenso an beide am 16. und 17. 9. 1613, fol. 16–16' und 17–17', Kopie. **28** Vgl. Kurfürstin Anna an Kardinal Khlesl, Cölln an der Spree, 24. 1. 1616, GStA PK, I. HA Geheimer Rat, Rep. 34, Nr. 4630, fol. 60–61, Konzept. – Zeitgleich sandte Anna auch an den Kaiser eine Schrift, um ihren Standpunkt in der Jülicher Erbfrage darzulegen: fol. 58–59, Konzept. – Die Korrespondenz mit Khlesl lässt sich bis Oktober 1616 nachverfolgen. **29** Vgl. etwa Kurfürstin Anna an Philipp Egerer, Cölln an der Spree, 30. 9. 1616, GStA PK, I. HA Geheimer Rat, Rep. 34, Nr. 4630, unfol. Konzept. – Vgl. zum Gesandten 1612 Saring 1941, S. 258. **30** Vgl. Kurfürstin Anna an Kaiser Matthias, Cölln an der Spree, 5. 6. 1615, GStA PK, I. HA Geheimer Rat, Rep. 34, Nr. 4630, fol. 32–34, Konzeptkopie mit Verb. – Zum Vorgang auch Saring 1941, S. 259. **31** Vgl. Kirchner 1867, S. 169. – Saring 1941, S. 261. **32** Vgl. Saring 1941, S. 252, 254, 256, 283, 285. – Kirchner 1867, S. 148, 150. **33** Vgl. Kirchner 1867, S. 150. – Saring 1941, S. 254. **34** Kurprinz Georg Wilhelm an Kurfürstin Anna, Rees 7./17. 9. 1614, GStA PK, BPH, Rep. 34, Nr. 47, unfol. Ausf. **35** Vgl. Clark 2007, S. 103. – Vgl. Hintze 1915, S. 158. **36** Vgl. Kirchner 1867, S. 149. **37** Vgl. Saring 1941, S. 252, 274, 282. **38** So Fürst Janusz Radziwiłł an Christoph von Dohna am 21. 2. 1613, zit. nach Chroust 1896, S. 7. **39** Vgl. Kirchner 1867, S. 180. – Kober 2004, S. 45, Anm. 84, S. 97, Anm. 65. **40** Vgl. Kurfürst Johann Sigismund an Kurfürstin Anna, Cölln an der Spree, 20. 6. 1614, a. St., GStA PK, I. HA Geheimer Rat, Rep. 34, Nr. 4630, fol. 18–18' u. 21, Kopie. **41** Clark 2007, S. 149.

DIE KÖNIGIN IN UNIFORM
PREUSSENS WEIBLICHE REGIMENTSCHEFS 1806 BIS 1919

THOMAS WEISSBRICH

Im kollektiven Gedächtnis gilt Preußen, ebenso wie das von ihm später dominierte Deutsche Kaiserreich, als Militärstaat. Zu dieser Wahrnehmung haben markante historische Akteure wie König Friedrich II. und Kaiser Wilhelm II. wesentlich beigetragen, und zweifellos waren die preußisch-deutsche Armee, ihre Einsätze im Siebenjährigen Krieg, in den Befreiungs- und Einigungskriegen sowie im Weltkrieg entscheidende Faktoren der politischen Staatsbildung.[1]

Das Militär beeinflusste auch wesentlich die kulturelle Identität und Konstruktion von Geschlechterrollen. Dem Mann wurden hierbei vor allem kriegerisch-aktive Eigenschaften zugeschrieben.[2] Dies gab nicht zuletzt die Uniform zu erkennen. Sie galt als Ausdruck männlicher Stärke und sogenannter preußischer Tugenden wie Tapferkeit, Gehorsam und Pflichtbewusstsein.[3] Die zivil gekleidete Frau sollte hingegen eine liebend-passive gesellschaftliche Rolle spielen.

Doch war das Tragen von Uniformen in Preußen nicht nur Männer-, sondern gelegentlich auch Frauensache.[4] Eine besondere Art höfisch-militärischer Repräsentation – Chef eines Regiments zu sein – band preußische Königinnen, Prinzessinnen und Herzoginnen eng an die Armee.[5] Im Folgenden soll der Frage nachgegangen werden, was hinter dieser mehr als 100 Jahre lang gepflegten Tradition steckte: Eröffnete die Stellung den Herrscherinnen neue Handlungsräume, oder verbarg sich hinter ihrem Schein die etablierte Frauenrolle?

Schon im späten 17. Jahrhundert, noch bevor aus dem Kurfürstentum Brandenburg das Königreich Preußen wurde, rückte eine Frau für damalige Verhältnisse in ungewöhnliche Nähe zur Armee: Dorothea von Holstein-Glücksburg, seit 1668 Gemahlin des Brandenburger Kurfürstens Friedrich Wilhelm. Sie begleitete ihren Mann nicht nur auf seinen diplomatischen Reisen, sondern auch auf seinen militärischen Unternehmungen (Abb. 1). Dorothea habe sich, so fasst es ein zeitgenössischer Chronist zusammen, weder durch »die Weite noch die Unbequemlichkeit des Weges so wol zu Lande als zu Wasser / noch auch die strengeste Winters-Zeit [...] abhalten lassen / Sr. Churfürstl. Durchl. welcher aller Heer-Züge Führer gewesen / in dero Expeditionen [...] und [...] Belägerungen zu folgen / und gemeine Gefahr / Mühe und Ungelegenheit mit deroselben auszustehen« – ein Verhalten, das man als Beweis für besondere Liebe und Treue deutete.[6] 1676, im Niederländisch-Französischen Krieg, ernannte der Kurfürst seine Frau zur Inhaberin des neu aufgestellten »Leib-Regiment zu Fuß«.

Chef eines Regiments zu sein, war eine Ehrenstellung.[7] Verliehen wurde diese stets vom Herrscher, der dadurch zum einen seine Gunst ausdrückte, den Beliehenen aber auch in die Pflicht nahm – was männliche Familienmitglieder, Verwandte und dem Herrscherhaus Nahestehende für diese Position prädestinierte. Die Aufgaben des Regimentsinhabers waren vornehmlich repräsentativer Natur, die tatsächliche Führung der Truppe oblag einem Kommandeur.

Abb. 1
Dorothea von Holstein-Glücksburg nahm als Kurfürstin die Geschützstellungen selbst in Augenschein.

Abb. 4 ►
Das Kleid Königin Elisabeth Christines nimmt durch seine silbernen Stickereischleifen und die roten Schleifen auf dem Ärmel die Uniformgestaltung des als Garde fungierenden »Infanterie-Regiments No. 15« auf, dessen Chef ihr Mann Friedrich II. war (Kat.-Nr. 176).

◄ Abb. 3
Der junge Herzog Ferdinand von Braunschweig-Wolfenbüttel, der Bruder Königin Elisabeth Christines, ist in der preußischen Uniform als Kommandeur des »Infanterie-Regiments No. 15, I. Bataillon Leibgarde« porträtiert (Kat.-Nr. 175).

Abb. 2
Königin Sophie Dorothea trägt ein Kleid, dessen goldene Stickerei- und Schnurschleifen an Uniformen preußischer Infanterie-Regimenter erinnern (Kat.-Nr. 174).

Eine Herrscherin als Regimentschef war im Europa des ausgehenden 17. Jahrhunderts einmalig.[8] Möglicherweise beabsichtigte der Große Kurfürst jedoch gar nicht, seine zweite Frau auf diese besondere Art auszuzeichnen, sondern sie lediglich als »Platzhalterin« für ihre gemeinsamen Söhne einzusetzen. Friedrich Wilhelms Söhne aus erster Ehe waren zu dieser Zeit bereits Regimentschefs. Für öffentlichkeitswirksame Zwecke wurde Dorotheas Sonderstellung nicht genutzt – anders als später.

Im jungen Königreich Preußen baute Friedrich Wilhelm I., der militäraffine, doch kriegsscheue »Soldatenkönig«, eine große Armee auf und schuf damit eine der Grundlagen für die spätere Machtstellung des Landes. Unter seiner Regierung wurde es gängig, am Hof Uniform zu tragen. Der Sohn und Thronfolger Friedrich II. nutzte schon bald die geerbte Militärmacht und führte Kriege. In der von ihm bevorzugten Rolle des *roi-connétable*, des Feldherrn-Königs, ließ er sich auf Herrscherporträts immer wieder in seinem dunkelblauen, mit roten Aufschlägen versehenen Offiziersrock malen, und auch im Kreis der Generäle und Offiziere verbreitete sich das Porträt in Uniform (Abb. 2).[9]

Das höfische Publikum dürfte es als besonders enge Verbindung des gesamten Hauses Hohenzollern zur Armee verstanden haben, wenn sich auch Friedrichs Mutter, Königin Sophie Dorothea, und seine Frau, Königin Elisabeth Christine, von den Hofmalern in dunkelblauen Kleidern, deren schmückende gestickte Schleifen und Stickereien preußischen Offiziersuniformen ähneln, porträtieren ließen (Abb. 3 u. 4).[10]

Zu Beginn des 19. Jahrhunderts – während des krisenhaften Übergangs alter, ständisch geprägter Staatlichkeit zu moderner, nationalbewusster – wurde die Verbindung von Königin und Armee eng gezogen. Seit mehreren Jahren war Europa damals durch die vom revolutionären, dann vom napoleonischen Frankreich ausgelösten Kriege zerrissen. Während der seit 1797 regierende Friedrich Wilhelm III. sich außenpolitisch um preußische Neutralität bemühte, bezog seine Gattin Luise am Hof klare Position: gegen den französischen Kaiser Napoleon I. (Abb. 6).

Im März 1806 hatte sich die Lage so zugespitzt, dass eine neutrale Position unmöglich wurde. Als während einer Parade in Berlin das Dragoner-Regiment Nr. 5 die Aufmerksamkeit des königlichen Paares auf sich zog, ernannte Friedrich Wilhelm III. seine Gattin Luise kurzerhand zum Chef dieser Einheit, die kurz darauf per allerhöchster Kabinettsorder in »Dragoner-Regiment der Königin« umbe-

Elisabeth Christine

Abb. 5
Die Rolle als Regimentschef nahm Luise ernst. Sie ließ sich ein Kleid mit Spenzer schneidern, das eng an die Uniform ihres Regiments angelehnt war, und kreierte dadurch eine preußische Mode (S. 281).

Abb. 6 ►
Das Gemälde zeigt Königin Luise als antike Göttin Hebe. Hebes Aufgabe war es, dem Göttervater Zeus bei Tisch zu dienen. In Gestalt des schwarzen Adlers wird Zeus zugleich zum Symbol Preußens, dem Luise-Hebe in der französischen Besatzungszeit neue Kraft schenkt (Kat.-Nr. 171).

nannt wurde.[11] Hinter dem schnell gefassten Entschluss, Luise die durch den Tod des alten Inhabers freigewordene Stelle zu geben, steckte vermutlich Friedrich Wilhelms Versuch, das anti-napoleonische Engagement seiner Frau zu unterstützen.

Der Handlungsraum, der sich Königin Luise eröffnete, war begrenzt. Sie wurde zwar über alle wichtigen Regimentsangelegenheiten regelmäßig informiert, hatte jedoch keine Befehlsgewalt. Das Prestige ihrer Stelle war indes groß: Zu den repräsentativen Aufgaben gehörte die öffentlichkeitswirksame Demonstration militärischer Macht, das Abnehmen der Parade. Zu diesem Zweck trug die Königin zum ersten Mal eine Uniform. Luise ließ sich ein Kleid im Stil der Offiziersuniform ihres Regiments schneidern, in der sich ihr Modebewusstsein und der »Uniformtick« ihres Mannes niederschlugen (Abb. 5).[12] Es bestand aus einem eng geschnittenen blauen Spenzer mit karmesinroten Rabatten und Aufschlägen, silbernen Litzen sowie einem farblich dazu passenden Reitrock. Anstelle des von den Offizieren vorschriftsmäßig getragenen Zweispitzes trug Luise einen schwarzen Hut. So gekleidet, fuhr sie am 18. September 1806 vor dem in den Krieg ziehenden Regiment durch Berlin und ließ es hinter dem Brandenburger Tor schließlich an sich vorbeiziehen. Einen knappen Monat später nahm die Königin ein zweites Mal die Parade ab. »Die Truppen«, schrieb sie, »sind von schönstem Eifer beseelt, sie brennen darauf, sich zu schlagen und vorzugehen; [...]. Die Beweise von Hingebung und Vaterlandsliebe sind wirklich ergreifend und geben Mut für die Zukunft.«[13]

de Vinck

L'HEROÏNE DE BERLIN HARANGUANT SES TROUPES.

à Paris chéz Martinet.

◄ Abb. 7
Über das militärische Auftreten der preußischen Königin Luise spottete ein französisches Flugblatt: »Die Heldin von Berlin feuert ihre Truppen an.« (S. 281).

Abb. 8
Eines der wirkmächtigsten Elemente des Luisen-Kultes ist der Bittgang der Königin, die versuchte, von Napoleon eine Erleichterung der Besatzungsbedingungen für Preußen zu erreichen. Die Szene wurde in vielen Medien von Gemälden bis Porzellan dargestellt (Kat.-Nr. 170).

Ein weiblicher Regimentschef rief in der Truppe nicht nur Begeisterung hervor, sondern auch den Spott des alten Offizierkorps. Für Friedrich August Ludwig von der Marwitz war die Angelegenheit eine »harmlose Weiberfreude«.[14] Vor allem überzog die französische Presse die Königin mit Hohn. Die napoleonische Propaganda publizierte verschiedene Flugblätter, darunter eines, auf dem sie ihre Truppen mit Worten in den Kampf schickt, die ihr der Teufel ins Ohr flüstert (Abb. 7).[15]

Eine nähere Beziehung zwischen dem Regiment und seinem neuen Chef vermochte sich nicht zu entwickeln, denn nur wenige Monate nach der Verleihung wurde die Einheit in der Schlacht bei Jena und Auerstedt am 14. Oktober 1806 fast vollständig aufgerieben. Nicht mehr in Uniform, sondern in einem modischen Kleid traf Königin Luise im Juli des darauffolgenden Jahres Kaiser Napoleon in Tilsit und bat ihn um milde Friedensbedingungen.

Nach dem frühen Tod Luises 1810 durfte das Regiment den Namen der Königin weiterhin führen. »Der Eindruck«, heißt es in der Regimentsgeschichte dazu, »welchen diese Allerhöchste Gnade damals auf das ganze Regiment machte, war ungemein erhebend, und in dieser Stimmung ward der Entschluß feierlich erneuert, unter allen Verhältnissen durch unerschütterliche Treue und, wo sie gefordert werden möchte, auch mit völliger Hingebung, dieses höchsten Namens sich überall würdig zu bezeigen.«[16] In dieser Reaktion zeigt sich die offenbar enge, emotional und moralisch verpflichtend empfundene Beziehung der Soldaten zur Königin. Der vergebliche Tilsiter Bittgang wurde später zu einem Grundstein des nationalen Luisenmythos, und auch ihre Rolle als Regimentschef wurde immer wieder in Erinnerung gerufen (Abb. 8).[17] Und mehr noch: Seit Luise galten alle Königinnen von Preußen als Chef des »Regiments der Königin«.[18]

In der Gesellschaft bewirkte die 1813/14 eingeführte allgemeine Wehrpflicht, die den Dienst an der Waffe mit bürgerlichen Rechten koppelte, einen weitgehenden Ausschluss der Frauen aus dem politischen Leben.[19] Nachdem der Posten des weiblichen Regimentschefs nach Luises Tod 30 Jahre lang vakant geblieben war, nahm ihn im August 1840 die frisch gekrönte Elisabeth wieder ein. Zur Besichtigung des inzwischen zu Kürassieren gewordenen »Königin«-Regiments in Pasewalk trug die Königin ein weißes Kleid mit karmesinrotem Besatz, die neuen Uniformfarben des Regiments (Abb. 9 u. 10). Als Inhaberin dieser Einheit zeichnete sie sich in den folgenden Jahren durch soziales und finanzielles Engagement aus, was nicht nur Ausweis klassischer Herrschertugenden war, sondern seit den Befreiungskriegen auch als Beleg patriotischer Gesinnung galt.[20]

Während die Verleihung des »Königin«-Regiments an Elisabeth von Bayern Teil der dynastischen Traditions-

Abb. 9
Von Königin Elisabeth hat sich keine Daguerreotypie in der Uniform der Pasewalker Kürassiere, »Kürassier-Regiment Königin (Pommersches) No. 2«, erhalten; Kaiserin Auguste Victoria, die auf dem Foto dargestellt ist, war ihre Nachfolgerin (Kat.-Nr. 180).

Abb. 10
In der Uniform ihres Kürassier-Regiments »Königin (Pommersches) No. 2« nimmt Auguste Victoria die Parade ab. Das Regiment stand in der Tradition der berühmten »Bayreuth-Dragoner« (S. 281).

pflege war, kam es in der Mitte des 19. Jahrhunderts zu weiteren Regimentsverleihungen, die nunmehr vor allem innenpolitisch motiviert waren. Am 18. Oktober 1861, dem Tag der Krönung Wilhelms und Augustas zum neuen preußischen Königspaar, wurde Augusta nicht nur folgerichtig nächster Chef des »Königin«-Regiments, sondern zugleich Chef des neu aufgestellten »Königin Augusta Garde-Grenadier-Regiment Nr. 4«. Zudem bekam die Königinwitwe Elisabeth das »Königin Elisabeth Garde-Grenadier-Regiment Nr. 3« und Kronprinzessin Victoria das »2. Leibhusaren-Regiment« verliehen.[21] Diese vier Verleihungen fanden vor dem Hintergrund des sogenannten preußischen Verfassungskonfliktes statt, in dem es um die Finanzierung einer Heeresreform und Heeresvergrößerung ging, die zwischen König und Parlament äußerst strittig war.[22] Dass die Verleihungen eine Art Bestandsschutz der neuen Einheiten waren, erklärt die Regimentsgeschichte des »Königin Elisabeth Garde-Grenadier-Regiments«: »Wer wollte es nun wagen«, lautet die dort aufgeworfene rhetorische Frage, »Regimenter aufzulösen, die einen Königlichen Namen an ihrer Spitze führten?«[23] Niederschlag fand die enge Verbindung zum Königshaus auf den Schulterklappen und Epauletten, die die Initiale der Herrscherin trugen (Abb. 11).

Die Königin und spätere Kaiserin Augusta nahm nicht nur pflichtgemäß die Parade ab; sie engagierte sich für ihre »Augustaner« in der Weise, wie es Königin Elisabeth für ihr Regiment getan hatte. Sie war bei der Rekrutenvereidigung anwesend, ließ eine Bibliothek im Unteroffizierskasino einrichten und sorgte während des Deutsch-Französischen Krieges (1870/71) für die Familien der in Gefangenschaft geratenen Soldaten.

Im letzten Drittel des 19. Jahrhunderts nahmen die Ernennungen von Prinzessinnen und Großherzoginnen zum Chef von Infanterie-, Kavallerie- und Artillerie-Regimentern stark zu – nicht nur im Königreich Preußen, sondern inzwischen auch in den Königreichen Sachsen und Württemberg sowie in den Großherzogtümern Baden, Hessen und Mecklenburg-Schwerin.[24] Dass die Vergabe von Regimentern mitunter auch außenpolitisch-dynastischem Kalkül entsprang, lassen die als Chefs deutscher Regimenter fungierenden Königinnen von Großbritannien und Irland, Schweden, den Niederlanden, Griechenland, Italien und Russland erkennen.[25] Als Kaiser Wilhelm II. im Jahr 1889 das »1. Garde-Dragoner-Regiment« an Queen Victoria verlieh, rief diese preußische Ehre außerhalb des Kontinents allerdings nicht nur Anerkennung hervor. Unter der Über-

Abb. 11
Diese Epauletten (Schulterstücke) für einen Leutnant des »Königin Augusta Garde-Grenadier-Regiments Nr. 4« tragen die Initiale »A« des Regimentschefs Augusta (Kat.-Nr. 178).

schrift »Queen Victoria ist deutscher Oberst« spottete ein Journalist der neuseeländischen Zeitung »Nelson Evening Mail«: »Stellen Sie sich nur die Evolutionen der preußischen Knall-Korps vor, angeführt von einer Dame in der schicken weißen Uniform der Garde-Dragoner. Kein französischer Soldat wäre fähig, einem solchen Anblick auch nur eine Sekunde lang standzuhalten.«[26]

Unter der Herrschaft Kaiser Wilhelms II. nahm nicht nur die Militarisierung der Gesellschaft bislang ungekannte Ausmaße an. Seit dem Ende des 19. Jahrhunderts stellte auch die sich allmählich formierende Frauenrechtsbewegung die überkommenen Geschlechterrollen infrage und kämpfte für politische Gleichberechtigung und Bildungschancen.[27] Der Hohenzollernkaiser interessierte sich indes wenig für diese Diskurse und hielt an den monarchischen Traditionen fest. Bei Kronprinzessin Cecilie, die 1908 Chef des »Dragoner-Regiments König Friedrich III. (2. Schlesisches) Nr. 8« wurde, scheinen die Regimentsbesuche, bei denen sie sich mehrfach mit Dragonerhelm und in Uniform ablichten ließ, keinen nachhaltigen Eindruck hinterlassen zu haben (Abb. 12).[28]

Hingegen hielt Prinzessin Victoria Luise, die einzige Tochter des Kaisers, ihre im Jahr 1909 erfolgte Ernennung zum Chef des »2. Leibhusaren-Regiment Kaiserin« als äußerst prägendes Erlebnis, als klassische *rite de passage*, fest. Wenige Tage nach ihrer Konfirmation überraschte sie, wie sie in ihren Erinnerungen schrieb, der väterliche Befehl: »›Geh hinauf und zieh Dir Deine Uniform an, das Offizierkorps Deines Regiments wird sich gleich bei Dir melden […].‹ Vorschriftsmäßig angezogen und ausstaffiert meldete ich mich bei meinem Vater, der mir den berühmten blauen Brief übergab, die Kabinettsorder mit meiner Ernennung. Meine Mutter meinte, sie wisse nicht, wer bei dieser Handlung stolzer dreingeschaut habe, mein Vater oder ich.«[29]

Die »stolze Uniform« der Prinzessin war eine feminine Variante der als besonders männlich geltenden Husarenuniform: Sie bestand aus einer Pelzmütze, einer schwarzen, mit weißen geflochtenen Schnüren versehenen Jacke, Attila genannt, einem mit Pelz besetzten Dolman und einem schwarzen Rock (Abb. 13). Die damals 18-jährige Victoria Luise begriff ihre neue Position als Chance – jedoch nicht im emanzipatorischen Sinn, sondern zur Bestätigung der strengen männlichen Herrschaftsordnung. Bevor sie ihr Regiment im August 1910 in Danzig ihrem Vater vorführen sollte, schrieb sie ihm: »Wenn ich

Abb. 12
Die enge Verbundenheit der Hohenzollernfürstinnen zur Armee wurde durch Fotopostkarten für jedermann sichtbar. Kronprinzessin Cecilie ließ sich als Chef ihres »Dragoner-Regiments König Friedrich III. (2. Schlesisches No. 8)« ablichten (Kat.-Nr. 180).

Abb. 14
Die jungen Frauen der Dynastie in den Uniformen ihrer Regimenter: »Unsere Kronprinzessin Cecilie und Herzogin Viktoria Luise von Braunschweig und Lüneburg« (Kat.-Nr. 180).

Abb. 13
Kaiser Wilhelm II. begrüßt auf dem Paradeplatz seine sichtlich erfreute Tochter Victoria Luise, die stolz die Uniform des »2. Leibhusaren-Regiments No. 2« trägt (Kat.-Nr. 180).

abends im Bett liege, klopft mein Herz vor freudiger Erregung im Gedanken, daß ich in 4 Wochen mein Regiment vor Dir vorbeiführen darf. Und nie genug kann ich Dir dankend die Hand küssen für diese große Liebe. Immer bedauerte ich, kein Junge zu sein, um in Deine schöne Armee eintreten zu können, und nun bin ich dafür so getröstet worden«[30] (Abb. 14). Die Stellung betrachtete die junge Prinzessin als Gelegenheit, sich vor ihrem Vater und ihren sechs Brüdern, allesamt Chefs eines Regiments oder sogar mehrerer, beweisen und sich mit ihnen gleichstellen zu können.

In diesem Zusammenhang ist auch die mediale Präsenz Victoria Luises bemerkenswert: Zwischen 1910 und 1913 erschienen zahlreiche Postkarten, die sie in ihrer Husaren-Uniform zeigen (Abb. 15). Wenngleich sie die Uniform nur zu wenigen offiziellen Anlässen, zu Regimentsbesuchen und Paraden, trug, wurden gerade diese Auftritte im Bild festgehalten und verbreitet. Mit der Fotografie nutzte die Prinzessin schließlich das Medium, dessen sich auch der uniformliebende Kaiser immer wieder bediente, um sich in Szene zu setzen.[31]

Zum letzten Mal wurde eine preußische Prinzessin im Mai 1912 Chef eines Regiments: Alexandra Victoria, seit 1908 Gattin von August Wilhelm, Prinz von Preußen, bekam das »Kurmärkische Dragoner-Regiment Nr. 14« verliehen.[32] Im zwei Jahre später ausgebrochenen Weltkrieg beschränkte sich das Engagement der weiblichen Regimentschefs – wie der adligen Damen generell – weitgehend auf karitative Tätigkeiten. Mit dem Ende des Krieges und der Monarchie brach nach über 100 Jahren die preußische Tradition des weiblichen Regimentschefs ab.[33]

Von Königin Luise bis Kaiserin Auguste Victoria, von 1806 bis 1919, gab es in Preußen 28 weibliche Regimentschefs – eine europaweit einzigartige Erscheinung. Die prestigeträchtige Chef-Stelle von Königinnen, Prinzessinnen und Herzoginnen diente nicht nur zur engen Bindung der Armee an das Haus Hohenzollern. Instrumentalisiert wurde sie auch zur Intensivierung dynastischer Kontakte und zur Herrschaftsfestigung in Krisensituationen. Die Ehrenstellung eröffnete den Fürstinnen zwar neue, repräsentative Handlungsräume. Ihr überwiegend soziales, karitatives Engagement bestätigte indes die bestehende preußisch-hohenzollerische Geschlechterordnung und Rollenverteilung.

Abb. 15
Die Husarenuniform des »2. Leibhusaren-Regiments No. 2« von Prinzessin Victoria Luise, dessen Chef sie 1909 wurde (Kat.-Nr. 179).

Anmerkungen

1 Vgl. Wette 2011. **2** Vgl. Hagemann 1997, S. 196–199. **3** Vgl. Hackspiel-Mikosch 2002, S. 20–22. **4** Im Folgenden geht es nicht um das Phänomen von Frauen, die als Männer verkleidet zum Militär gingen. Vgl. dazu Dekker/van de Pol 2012. – Hagemann 1997. **5** Abgesehen vom Deutschen Kaiserreich gab es in Europa am Ende des 19. und zu Beginn des 20. Jahrhunderts weibliche Regimentschefs im russischen Zarenreich und im Königreich Rumänien. Zu den weiblichen Regimentschefs in Deutschland vgl. Klepzig 2014/15. – Redlin-Fluri 1976. – Schlegel 1968. **6** Brunsen 1690, S. 72. **7** Vgl. Transfeldt 1986, S. 142 f. **8** Vgl. Lange 1853, S. 44. **9** Vgl. Bleckwenn 2000. – Börsch-Supan 1987. **10** Zur Zeit Friedrichs II. war eine Frau Regimentschef: Maria Augusta, Herzogin von Württemberg. Seit 1734 Inhaberin eines Dragoner-Regiments, blieb sie in dieser Stellung, nachdem sie die Einheit 1741 an den Preußenkönig verkauft hatte. Eine bildliche Darstellung der Herzogin in Uniform ist nicht bekannt. **11** Vgl. Ravenstein 1827, S. 60 f. **12** Vgl. Hedinger 2010. – Hagemann 2002, S. 430. **13** Rothkirch 1985, S. 286, Nr. 220. **14** Hedinger 2010, S. 172, Kat.-Nr. 32. **15** Vgl. Hedinger 2010, S. 172–175, Kat.-Nr. 32. **16** Ravenstein 1827, S. 92 f. **17** Vgl. de Bruyn 2001. **18** Die Königinnen wurden allerdings nicht in der Rangliste des Heeres geführt. **19** Vgl. Frevert 2001, S. 18–62. **20** Vgl. Schlegel 1968, S. 112. – Hagemann 1997, S. 190. **21** Vgl. Redlin-Fluri 1976. **22** Vgl. Walter 2003, S. 390–469. **23** Altrock 1897, S. 12 f. **24** Vgl. Redlin-Fluri 1976. **25** Vgl. Redlin-Fluri 1976. **26** Nelson Evening Mail, Nr. 287, 9. 11. 1889, S. 4. **27** Vgl. Frevert 2001. **28** Vgl. Preußen 1930. **29** Braunschweig-Lüneburg 1965, S. 61. **30** Braunschweig-Lüneburg 1965, S. 62. **31** Vgl. Windt/Luh/Dilba 2005. **32** Die letzte Ernennung eines weiblichen Regimentschefs erfolgte am 26. 10. 1917: Großherzogin Luise von Baden erhielt das »Infanterie-Regiment Nr. 114«. **33** Zu diesem Zeitpunkt gab es 15 Regimentsinhaberinnen, vgl. Redlin-Fluri 1976.

»Frauenpolitik« Augusta, Vicky und die liberale Mission

Frank Lorenz Müller

Abb. 1 ►
1883 schuf Reinhold Begas die Marmorbüste Kronprinzessin Victorias von Preußen. Diese besonders qualitätvolle Marmorversion stammt aus ihrem eigenen Besitz (Kat.-Nr. 185).

Das Deutsche Reich wäre gegen Ende der 1880er Jahre beinahe einer internationalen Frauenverschwörung zum Opfer gefallen. Das zumindest könnte man meinen, wenn man der Polemik des bismarcktreuen, konservativ-nationalliberalen Parteienkartells Glauben schenkte. 1886 erschien die anonyme Brandschrift »Mitregenten und fremde Hände in Deutschland«, deren Autor durchaus prominent war: Ernst II., Herzog von Sachsen-Coburg und Gotha, Bruder des verstorbenen Prinzgemahls Albert von Großbritannien und Onkel der deutschen Kronprinzessin. »Die Bedeutung der Frauen in der Weltgeschichte wird bekanntlich nie genug gewürdigt«, konstatierte der ins anti-liberale Lager abgedriftete Herzog, um auf die »günstige Lage vielfach verschlungener Bundesgenossenschaften in Deutschland« hinzuweisen, in der sich Königin Victoria befände. Aufgrund dieser »Frauenpolitik« dominiere in Deutschland »die englische Macht heute in Privat- und fürstlichen Angelegenheiten«, und es sei zu fragen, ob sich nicht diese »als eine feindliche und den Deutschen schädliche deutlich genug erwiesen hat«. Man hätte erwarten können, so der Autor, »daß es in dem wiedererstandenen deutschen Reiche mit aller politischen Thätigkeit des Frauengeschlechts ein Ende haben werde«. Nichtsdestoweniger wiegten angesichts des bevorstehenden Thronwechsels »große Partheien sich in der Idee, daß durch den englischen Einfluß eine neue Richtung in nicht zu ferner Zeit an's Ruder kommen müßte«.[1]

Offensichtlich war diese Attacke vor allem gegen die deutsche Kronprinzessin Victoria, die Tochter der britischen Monarchin, sowie die angeblich von ihr protegierte Freisinnige Partei gerichtet (Abb. 1). Der Abgeordnete Ludwig Bamberger, der Victoria während der 99-tägigen Herrschaft ihres Mannes diskret beriet, ließ ihr daher im April 1888 ein Exemplar der Schrift zukommen. Er tat dies, um sie davon abzubringen, ihre Tochter »Moretta« mit Alexander von Battenberg zu verheiraten.[2] Dieser als englandfreundlich wahrgenommene Plan beschädige nämlich das Ansehen des neuen Herrscherpaares. Unter der Überschrift »Keine Frauenzimmerpolitik!« veröffentlichten die konservativen »Dresdener Nachrichten« einen geradezu unverschämten Angriff auf die Kaiserin, und in den »Grenzboten« attackierte der von Bismarck instruierte Journalist Moritz Busch Victoria, die »bis heute eine Engländerin [...] geblieben« sei. Die »Verheiratung des Battenbergers mit der Tochter unseres Kaisers«, erinnerte er seine Leser, »ist von dessen Schwiegermutter angeregt worden und wird von dessen Gemahlin lebhaft gewünscht«.[3]

Die Phalanx aus den Kartellparteien, ihrer Presse, dem Reichskanzler und dem Kronprinzen Wilhelm war übermächtig. Ihr gegenüber sollten Victoria und ihre freisinnigen Anhänger chancenlos bleiben, wenn auch ihre vagen Pläne wenig mit den überzogenen Anschuldigungen ihrer Gegner zu tun hatten. Zudem schwand mit jedem Tag das Fundament ihrer Hoffnungen. Nach qualvoller Krankheit

Abb. 3 ▶
Reinhold Begas' Büste Wilhelms I. aus den Jahren 1880/81 zeigt das Idealbild des gealterten Kaisers, wie ihn die Öffentlichkeit in Erinnerung behalten sollte. Es handelt sich um eines der wenigen erhalten Originalmodelle von der Hand Begas' (Kat.-Nr. 182).

Abb. 2
Reinhold Begas fertigte zwischen 1883 und 1885 die Büste Kronprinz Friedrich Wilhelms, des späteren 99-Tage-Kaisers Friedrich III. Dieser Originalabguss der Büste war ein Geschenk Kaiser Wilhelms I. an seine Tochter, die Großherzogin Luise von Baden (Kat.-Nr. 184).

verstarb Kaiser Friedrich am 15. Juni 1888. Damit stand Victoria vor den Trümmern ihrer politischen Ambitionen. »Wir hatten eine Mission, wir fühlten und wir wussten es«, schrieb die trauernde Kaiserin an ihre Mutter. »Wir waren Papas und Deine Kinder! Wir blieben dem treu, woran wir glaubten und was wir für richtig hielten. Wir liebten Deutschland – wir wollten es stark und groß sehen, nicht nur mit dem Schwert, sondern in allem, was rechtschaffen war, in der Kultur, im Fortschritt und in der Freiheit.«[4]

Kaiserin Victoria betrauerte also das Scheitern eines Auftrags, der zur britischen Königin und zu Albert, dem 1861 verstorbenen Prinzgemahl, zurückreichte. Das mag erklären, wie Herzog Ernst II. dazu gekommen war, seine feminin-liberale Verschwörungstheorie zusammenzuzimmern. Es gab nämlich durchaus einen von langer Hand geplanten Versuch, die politische Kultur Preußen-Deutschlands – und vor allem des Hohenzollernhauses – in liberaler Richtung zu verändern. Dabei ging es gewiss nicht darum, »die gegenwärtige Ordnung der Dinge in Deutschland zu zerstören« und den »Landesverrath programmäßig« zu betreiben, wie Ernst in einem noch schrilleren Pamphlet behauptete. Aber im Zentrum des Vorhabens standen in der Tat drei fürstliche Frauen.[5]

Der Dreh- und Angelpunkt dieses Versuchs, liberalen Vorstellungen einen festeren Platz im Hohenzollernhaus einzuräumen, war der künftige Thronerbe: Prinz Friedrich Wilhelm, der spätere Kaiser Friedrich III. (Abb. 2). Der Sohn des Prinzen Wilhelm von Preußen und seiner Gemahlin Augusta von Sachsen-Weimar-Eisenach wurde am 18. Oktober 1831 in Potsdam geboren (Abb. 3 u. 4). Augusta, der im Weimar der Goethe-Zeit aufgewachsenen intelligenten, etwas überspannten Gemahlin eines hölzern-militärischen Mannes, war Friedrich Wilhelms Ausbildung ein echtes Anliegen. »Ihre Lebensfrage ist die Erziehung ihres Sohnes«, berichtete dessen Lehrer Ernst Curtius im August 1844. »Daß er stark an Geist und Leib aufwachse, um den ungeheuren Aufgaben der Zeit entgegentreten zu können, das ist der Gegenstand ihrer Gedanken unablässig.« Besonders wichtig war der Prinzessin dabei, den künftigen Monarchen zeitgemäß zu erziehen. »Er gehört der Gegenwart und der Zukunft«, erklärte sie ihre pädagogischen Ziele im Jahr 1848, »er muß daher die neuen Ideen in sich aufnehmen und daselbst verarbeiten, damit er das klare und lebendige Bewußtsein seiner Zeit gewinne, und nicht außerhalb derselben, sondern in ihr und mit ihr lebe.« Die

Abb. 4
Diese ungewöhnliche Darstellung Augustas von Sachsen-Weimar-Eisenach zeigt die spätere Kaiserin noch als Kronprinzessin. Möglicherweise war das Modell der Büste ein Werk ihrer Schwiegertochter Victoria von Großbritannien (Kat.-Nr. 183).

militärische Ausbildung des jungen Prinzen wurde daher durch einen sorgfältig ausgearbeiteten Lehrplan ergänzt, der auf den Idealen eines bürgerlichen Neohumanismus beruhte.[6]

Die Bemühungen Augustas, ihrem Sohn eine progressivere Weltanschauung zu vermitteln, blieben nicht ohne Erfolg. So verblüffte der junge Prinz im Mai 1849 den General Leopold von Gerlach, einen ultrakonservativen Berater König Friedrich Wilhelms IV. Als Gerlach über den neuerdings eingeführten »absurden Constitutionalismus« schimpfte, erwiderte Friedrich Wilhelm, dass eine Vertretung des Volkes notwendig sei. Die liberale »Deutsche Zeitung« pries den Prinzen anlässlich seines 18. Geburtstags als milde, mitfühlend und darauf bedacht, Gutes zu tun. Vor allem aber, so das Blatt, entfalteten seine Neigungen »sich eher im Einklang mit denen der Mutter, als denen des Vaters«.[7] Die Bedeutung Augustas für die Entwicklung ihres Sohnes wurde auch andernorts gewürdigt. »Fritz wäre nie geworden, was er ist, wenn sie nicht über ihn gewacht und ihre Pflicht an ihm getan hätte«, schrieb Königin Victoria 1868 an ihre Tochter, die zu diesem Zeitpunkt seit einem Jahrzehnt mit dem preußischen Thronfolger verheiratet war.[8]

Damals kannten sich die britische Königin und Augusta bereits seit mehr als 20 Jahren. Im Sommer 1845 reiste das junge britische Herrscherpaar nach Berlin. Im nächsten Jahr folgte ein vergnügter Gegenbesuch, bei dem die preußische Prinzessin einen guten Eindruck hinterließ. »Ich finde sie so schlau, so liebenswert, so wohl informiert und so gut«, berichtete Victoria ihrem Onkel, dem belgischen König Leopold, im September 1846. Zwar sei ihre Lage nicht ganz einfach: »Sie ist zu aufgeklärt und zu liberal, um am preußischen Hof keine Feinde zu haben«, schrieb sie, »aber ich glaube, dass ich in ihr einen Freund gefunden habe, der uns sehr nützlich sein kann.«[9] In der Folge entspann sich ein die Jahrzehnte überdauernder Briefwechsel der beiden Fürstinnen.

Auf solchen Grundlagen ließen sich Ehepläne aufbauen: 1851 besuchte die preußische Prinzenfamilie – Wilhelm und Augusta reisten zusammen mit dem 19-jährigen Friedrich Wilhelm und seiner jüngeren Schwester Luise – die »Great Exhibition« in London. Die Visite erwies sich als voller Erfolg. Königin Victoria und Prinz Albert mochten den jungen Prinzen, und ihm waren seine künftigen Schwiegereltern sofort sympathisch. Später erinnerte sich Friedrich Wilhelm, wie entzückend Prinzessin

QUI

Victoria damals gewesen sei. Es ist allerdings unwahrscheinlich, dass ihm die Zehnjährige als mehr als ein liebenswertes Kind erschienen war. Ihre Mutter plante jedoch schon weiter. Sie informierte König Leopold am 27. Mai 1851, dass ihre Tochter »eine erstaunliche Freundschaft« mit dem preußischen Prinzen geschlossen habe. »Möge dies eines Tages zu einer Verbindung führen!«[10]

Die mit solchem Bedacht geplante Eheanbahnung wurde noch nicht einmal unterbrochen, als die preußisch-britischen Beziehungen während des Krimkriegs einen Tiefpunkt erreichten. Im Januar 1855 lud Königin Victoria Friedrich Wilhelm ein, sie im schottischen Balmoral zu besuchen, und versicherte, dass sich alle Kinder seit 1851 sehr verändert hätten. Im Herbst 1855 fand die sorgfältig geplante Reise des Prinzen endlich statt. Nach mehreren Tagen sehnsuchtsvollen Schmachtens wurde die Verlobung zwischen dem preußischen Prinzen und der damals noch nicht einmal 15-jährigen Prinzessin Victoria vereinbart.[11]

Die Ehe wurde 1858 geschlossen und sollte sich als glücklich erweisen. Dies mag umso erstaunlicher erscheinen, als sie das Ergebnis ausgeklügelter, politisch-dynastischer Planungen war. Augusta sah in der Verbindung zum britischen Herrscherhaus eine Möglichkeit, das zarte Bäumchen des prinzlichen Liberalismus zu stärken, das sie selbst angepflanzt und gehegt hatte. In den 1850er Jahren durchlief auch ihr Gemahl, Prinz Wilhelm, eine vergleichsweise liberale Phase, während der er sich von der konservativ-rigiden Politik des Manteuffel-Kabinetts in Berlin absetzen wollte. Augustas und Wilhelms Kritik am Kurs der Regierung in Berlin war Musik in britischen Ohren. Darüber hinaus suchte Prinz Albert nach einer Möglichkeit, mit Preußen die künftige Führungsmacht eines modernisierten und geeinten Deutschlands zu beeinflussen. Das Interesse an der Umgestaltung seiner Heimat war angesichts seiner Herkunft als Sohn eines regierenden deutschen Fürsten nicht verwunderlich und hatte ihn schon 1848/49 diplomatisch aktiv werden lassen.[12] Eine Ehe zwischen Friedrich Wilhelm und der britischen Prinzessin bot die Möglichkeit, all diese Ambitionen zu verwirklichen.

Mit der Verlobung entfaltete sich eine intensive Beeinflussungsinitiative, in deren Mittelpunkt allerdings nicht die von Herzog Ernst attackierten Frauen – Augusta und die beiden Victorias – standen, sondern Albert. Dieser widmete sich zunächst der Aufgabe, seine energische, intelligente und etwas altkluge Tochter für die ihr zugedachte Mission auszubilden. »Sie kommt nun alle Abende von sechs bis sieben zu mir, wo ich eine Art allgemeiner Katechisierung vornehme«, erklärte er seinem zukünftigen Schwiegersohn im November 1855.[13] Auch als die Prinzessin England verlassen hatte, ließen diese Bemühungen nicht nach. »Du kannst ja Vicky alles sagen, und wirst von ihr verstanden und soweit es möglich ist unterstützt werden«, schrieb Albert an Augusta, um zu erklären, wie ihr Sohn von nun an beraten werden sollte, »und durch sie wird Fritz all den Rat, den es nötig ist zu erfahren, in einer Form gereicht erhalten, die sein Herz nicht gegen denselben zuschließt. Soweit über die Methode; doch in der Materie selbst möchte ich Dich recht bitten, die liberalsten Grundsätze festzuhalten.«[14]

Während der vier Jahre zwischen Victorias Übersiedlung nach Preußen und Alberts Tod schickten sich Vater und Tochter Hunderte von Briefen. Der Prinzgemahl sorgte dafür, dass es zu jedem politischen Thema einen Kommentar gab. Diese ständigen Anweisungen waren, so glaubte er, von Erfolg gekrönt. »Mit Fritz bin ich sehr zufrieden«, schrieb Albert seinem Bruder im Juli 1861. »Es ist nicht möglich, sich von einem politischen Standpunkt aus beständiger und besser zu entwickeln, als er es in der letzten Zeit, oder besser gesagt, seit seiner Hochzeit getan hat. Vicky ist so klug wie immer.«[15] (Abb. 5)

Der Tod ihres Vaters im Dezember 1861 war ein schwerer Schlag für Vicky, änderte aber nichts an ihrer Entschlossenheit, Preußen und Deutschland in seinem Sinne zu verändern. Im März 1862, inmitten des Konflikts zwischen der preußischen Krone und der Landtagsmehrheit, beschwor Vicky ihren Gatten, standhaft und liberal zu bleiben. Dies sollte der Grundton aller Ratschläge sein, die sie – wie auch ihre Mutter – dem Kronprinzen im darauffolgenden Vierteljahrhundert rastlos erteilte. Als König Wilhelm I. im September 1862 erwog, zugunsten seines

Abb. 5 ◄
Königin Victoria von Großbritannien und Prinzgemahl Albert schenkten ihrem Enkel Wilhelm, dem späteren Kaiser Wilhelm II., zur Taufe am 5. März 1859 einen Pokal, der die Wappen Englands und Coburgs trägt. Das Geschenk unterstreicht die engen familiären Bindungen Victorias zu ihrem ältesten Enkel (Kat.-Nr. 56).

Abb. 6 ►
1886 entstand Reinhold Begas' Marmorbüste Ottos von Bismarck. Der Reichskanzler war ein politischer Gegner der Kronprinzessin (Kat.-Nr. 181).

Sohnes abzudanken, ermutigte Vicky ihren Mann, die Zügel zu übernehmen. Im folgenden Jahr drängte sie ihn, sich öffentlich gegen Bismarcks reaktionären Kurs auszusprechen. Sie tat ihr Bestes, Fritz mit einem geeigneten Beraterkreis zu versehen. »Willst Du nicht ab und zu ein kleines tête-à-tête mit irgend einem netten und interessanten Mann arrangieren?«, regte die Kronprinzessin im Dezember 1879 an und spulte sogleich eine Liste führender Linksliberaler herunter: Eduard Lasker, Max von Forckenbeck, Georg von Bunsen, Franz Schenk von Stauffenberg und Karl Schrader. »Die Garantie für Deutschlands innere Kraft u. Gesundheit für die Entwickelung seiner Prosperität wie seiner Cultur liegt allein in den gesunden liberalen Prinzipien wie wir sie vertreten finden bei den Männern der deutschen freisinnigen Parthei!«, erinnerte Victoria den Kronprinzen im Oktober 1884.[16]

Aber gerade darin lag die Tragik der Mission, die Vicky mit auf den Weg gegeben worden war: Weil gerade sie – die ihren Mann dominierende, weiterhin sichtlich britisch fühlende und allgemein unbeliebte »Engländerin« – es war, die sich für die liberale Sache stark machte, sabotierte die Prinzessin ihre eigenen Pläne. Der künftige Herrscher, der für diesen Wandel einstehen sollte, wurde als Pantoffelheld verhöhnt. »Man muß nur sehen, was sie aus ihm gemacht hat«, klagte sein Privatsekretär Gustav von Sommerfeld 1885 dem Geheimrat von Holstein: »Er hat keine Gedanken, wenn sie ihm dieselben nicht erlaubt. Er ist gar nichts.« Für den Marine-Minister Albrecht von Stosch war der »künftige Herrscher [...] ein steuerloses Schiff im Schlepptau der Gattin und ihrer Laune«. Bismarck fand die Situation unerträglich; ihm erschien Kaiser Friedrich »in einer Art und Weise unterwürfig, die nicht zu glauben ist, wie ein Hund«[17] (Abb. 6).

Zudem haftete der liberalen Mission ein coburgisch-britischer Geschmack an, der es ihren Gegnern leicht machte, sie als undeutsch zu verwerfen. Diese Skepsis war nicht nur auf der rechten politischen Seite zu finden. Schon 1883 stichelte der Sozialdemokrat, dass es sich lediglich um »den in England üblichen liberal-konservativ-parlamentarischen Firniß« handelte, mit dem seine dominante Frau den Kronprinzen angemalt habe. Während der 99 Tage wurde die Sprache rauer. Die »Dresdener Zeitung« hatte im April 1888 neben ihrer Ablehnung jedweder »Frauenzimmerpolitik« einen zweiten Schlachtruf gedruckt: »Auch keine englische Politik in Deutschland!« So hoch schlugen damals die anti-englischen Wogen, dass die britische Regierung Königin Victoria warnte, sie müsse sich bei ihrem Besuch am Krankenlager Kaiser Friedrichs auf »respektlose Demonstrationen« gefasst machen.[18]

Am deutlichsten aber entfaltete sich die selbstzerstörerische Wirkung der liberalen »Frauenpolitik« beim künftigen Kaiser Wilhelm II. – Vickys ältestem Sohn. Dessen Verhältnis zur Mutter war durch biografische Faktoren – nicht zuletzt die unsensible Reaktion Vickys auf seinen verkrüppelten Arm – schwer belastet. Aber durch die Kombination der mütterlichen Dominanz über den schwachen Vater mit Vickys Bevorzugung alles Britischen und ihrer hartnäckigen Befürwortung liberaler Veränderungen gewann der Hass zwischen Mutter und Sohn eine politische Richtung. Anders als Augusta vor ihr, war es Vicky nicht gelungen, dafür zu sorgen, dass sich die Neigungen des Sohnes »eher im Einklang mit denen der Mutter« entwickelten. So endete die liberale Mission mit der Thronbesteigung des letzten Hohenzollernherrschers.

Als Bismarck 1856 von der Verlobung Vickys mit dem preußischen Thronfolger hörte, prophezeite er, diese Ehe könne nur dann ein Segen für das Land werden, wenn es der Prinzessin gelänge, »die Engländerin zu Hause zu lassen und Preußin zu werden«. Andernfalls wäre die Einheirat einer Ausländerin problematisch, weil dies stets der Brautfamilie zu Einfluss verhelfe – zumal wenn die Prinzessin einer Dynastie entstamme, die mächtiger sei als die ihres Gemahls.[19] So gesehen scheiterten die Bemühungen, die mit Augusta begannen und dann von Albert, Königin Victoria und ihrer ältesten Tochter weitergeführt wurden, an den Widerständen, die sie beinahe zwangsläufig herbeiführten. Dass niemand bewaffnete Missionare liebt, hatte schon Robespierre erkannt. Im Preußen-Deutschland des 19. Jahrhunderts, so scheint es, fielen auch die Waffen einer britisch-coburgisch-liberalen Frau unter diese Regel.

Anmerkungen

1 [Anon.] 1886, S. 7 f., 11, 19, 25, 27. **2** Vgl. Feder 1933, S. 345–347. **3** Wippermann 1889, S. 164. – Die Grenzboten (12. u. 19. 4. 1888), S. 147, 160. **4** Ponsonby 1928, S. 320. **5** [Anon.] 1889, S. 25, 31. **6** Wagner 1995, S. 74, 77. **7** Poschinger 1899, S. 73, 79. **8** Fulford 1971, S. 199. **9** Benson/Esher 1908, S. 106. **10** Pakula 1997, S. 30 f. **11** Vgl. Müller 2013, S. 47–52. **12** Vgl. Fischer-Aue 1953. **13** Jagow 1937, S. 313. **14** Jagow 1937, S. 376 f., 382. **15** Bolitho 1933, S. 214. **16** Kollander 1995, S. 28. – Pakula 1997, S. 168. – Fulford 1968, S. 227. – AHH, 7/2, XVI, Victoria an Friedrich Wilhelm, 8. 12. 1879. – AHH, 7/2, XXV, Victoria an Friedrich Wilhelm, 7. 11. 1884. **17** Rich/Fisher 1957, S. 211. – Baumgart 2014, S. 314. – Vierhaus 1960, S. 248 f. **18** Der Sozialdemokrat, 2. 8. 1883. – Wippermann 1889, S. 164. – Müller 2013, S. 297. **19** Rein 1963, S. 96 f.

FUERST BISMARCK
KANZLER
DES DEUTSCHEN REICHES

Kulturelle Mittlerinnen
Katharina von Brandenburg-Küstrin und Sophie Charlotte von Hannover

Julia Klein

Es waren zuerst fürstliche Frauen, welche die Landesgrenzen und oft auch kulturellen Grenzen – der Religion, Sprache, Lebensweise, der Hofkultur und des Rechtssystems – überschritten. Mit der häufig politisch motivierten Vermählung und dem Umzug an den Hof des Ehemanns ging meist auch ein Austausch von Personen, unter anderem Bedienstete, Künstler und Wissenschaftler, Waren und Ideen einher. Zudem erhielten die Frauen von ihrer Herkunftsfamilie, mit der sie durch Korrespondenz und Besuche Kontakt hielten, Anregungen für ihr eigenes Handeln. Die eingeheirateten Frauen wurden so zu »kulturellen Mittlerinnen«, von denen ihre neue Umgebung häufig in hohem Maße profitierte.[1]

Die Kulturtransferforschung hat daher vermehrt Frauen in den Fokus genommen – der Überlieferung und ihrer Bedeutung geschuldet vor allem Fürstinnen.[2] Das europäische Forschungsprojekt »Marrying Cultures: Queens Consort and European Identities, 1500–1800« beispielsweise hat sich zum Ziel gesetzt, die Parameter ihrer Handlungsmöglichkeiten herauszuarbeiten.[3] Ein Schwerpunkt liegt dabei auf der Rolle der eingeheirateten Frauen als kulturelle Mittlerinnen. Diese Frauen handelten, wie Elise Dermineur für das Forschungsnetzwerk kategorisierend feststellt, als »active agent«, »instrument« oder »cultural catalyst«.[4] Sie agierten also aktiv, indem sie beispielsweise Künstler beriefen, wurden als »Werkzeug« verwendet oder nutzten ihre persönlichen Netzwerke, um Dinge anzustoßen und Vorhaben umzusetzen.

Ausgehend von diesem Ansatz fragt der vorliegende Beitrag nach der Förderung von Wissenschaft und Kultur am Beispiel zweier Frauen, die in die Hohenzollernfamilie eingeheiratet haben und deren Wirken das Spektrum der verschiedenen individuellen Möglichkeiten umreißt: Katharina von Brandenburg-Küstrin, Kurfürstin von Brandenburg, und Sophie Charlotte von Hannover, Kurfürstin von Brandenburg und Königin in Preußen. Welchen Spielraum besaßen beide Frauen? Hatten sie einen persönlichen Anteil an der kulturellen und wissenschaftlichen Entwicklung des brandenburgisch-preußischen Gesamtstaats, und wenn ja, wie groß war er?

Katharina von Brandenburg-Küstrin und die Stiftung der Berliner Hofapotheke

»Pharmacopolia instituit instructissima, ut inde in morbis subditi, imprimi segeni, remedia peterent (Eine vorzüglich ausgestattete Apotheke hat sie eingerichtet, damit darin bei Krankheiten die Untergebenen, besonders die Armen, Arznei erbitten konnten)«[5], lautet die Inschrift auf dem Sarkophag der 1602 verstorbenen brandenburgischen Kurfürstin Katharina. Es ist das Resümee ihrer Lebensleistung, festgehalten für die Nachwelt. Bis es so weit war, war allerdings ein langer Weg zurückzulegen.

Katharina wurde 1549 als zweite Tochter des Markgrafen Johann von Brandenburg-Küstrin und seiner Ehefrau

Abb. 1
Die Stiftung Katharinas von Brandenburg-Küstrin legte den Grundstock für die erfolgreiche Zukunft der Berliner Hofapotheke. Zu den wenigen erhaltenen Ausstattungsstücken aus der Frühzeit gehört dieser Mörser von 1700 (Kat.-Nr. 190).

Katharina von Braunschweig-Wolfenbüttel in Küstrin geboren, heute Kostrzyn in Polen. Sie wuchs dort im Renaissanceschloss auf, das ihr Vater 1535 im Zuge von Küstrins Ausbau zur Residenzstadt hatte errichten lassen. Betrachtet man ihr Leben, war Katharina entscheidend von der Mutter geprägt. Von ihr, die sich wie viele andere fürstliche Frauen des 16. Jahrhunderts mit der Wirkung von Heilkräutern beschäftigte, stammte auch Katharinas Neigung, sich mit Naturwissenschaften, Heilkunde und Alchemie auseinanderzusetzen. 1570 heiratete sie den brandenburgischen Kurprinzen Joachim Friedrich. Das Ehepaar wohnte zunächst auf der Moritzburg in Halle. Vom Vorbild der Mutter angeregt, die in ihrem Witwensitz in Crossen eine Apotheke eingerichtet hatte, ließ Katharina in Halle 1577 ein Destillierhaus und ein Laboratorium erbauen.[6]

Unklar ist, ob sie tatsächlich den berühmten, aus Basel stammenden Leonhard Thurneisser zum Thurn mit der Ausstattung des Ortes betraute. Sicher hingegen ist, dass Thurneisser 1571 bis 1584 als Leibarzt im Dienst des brandenburgischen Kurfürsten Johann Georg, Katharinas Schwiegervater, stand. Sicher ist auch, dass er eine schillernde Persönlichkeit war, Alchemist, Astrologe, Arzt und Drucker, Geologe, Mineraloge und Metallurg.[7] Man kann sich gut vorstellen, dass auch Katharina von Thurneisser und seinen alchemistischen Arbeiten fasziniert war – und neugierig. Die Alchemie – weit mehr als der Versuch, Edelsteine und Gold künstlich herzustellen – scheint sie vorrangig im Kontext ihres pharmazeutisch-medizinischen Wirkens interessiert zu haben. Unterstützt von ihrem Apotheker Crispinus Haubenschmidt hat sie Arzneimittel

Abb. 2 ▲
Nach dem Vorbild ihrer Mutter stiftete Katharina von Brandenburg-Küstrin 1598 eine Apotheke in Berlin. Das Nathan Mau zugeschriebene Gemälde zeigt sie als selbstbewusste Stifterin und fromme Landesmutter (Kat.-Nr. 189).

Abb. 3–5
Über Luise Henriette von Oranien-Nassau erhält Brandenburg im 17. Jahrhundert künstlerische Impulse aus ihrer Heimat. Im Zuge dessen werden von niederländischen Einwanderern Manufakturen gegründet, deren Fayencen asiatische Porzellandekore imitieren.

Abb. 3
Birnkrug aus der Manufaktur Gerhard Wolbeer (Kat.-Nr. 186).

Abb. 4
Balustervase (ohne Deckel) aus der Manufaktur Menicus (Kat.-Nr. 188).

selbst zubereitet. Die dafür notwendigen Heilkräuter und fertigen Arzneien tauschte sie vermutlich auch mit anderen Fürstinnen.[8]

Als Joachim Friedrich 1598 Kurfürst von Brandenburg wurde, ging Katharina mit nach Berlin. Ihre Apotheke nahm sie mit sich und richtete sie in nächster Nähe ein: an der Lustgartenseite des Berliner Schlosses in dem bereits 1585 unter ihrem Schwiegervater für Laboratorien, Münze und Druckerei längs der Spree errichteten Gebäudeflügel.[9] Wie wichtig ihr die Apotheke war, erkennt man an einer Übereinkunft, die sie mit ihrem Gatten noch vor dessen Regierungsantritt traf. Die Urkunde vom 11. Februar 1598, die Zuständigkeiten und Unterhalt der Apotheke regelt, hat sich erhalten. Darin überantwortet Joachim Friedrich seiner Gemahlin die Nutzung der Apotheke, und Katharina verpflichtet sich, »die hoffapotheken ohne mangel zu halten und zu verlegen«.[10] In ihrer Verantwortung für die Apotheke erweiterte sie Bau und Ausstattung aus eigenen Mitteln beträchtlich.[11] Dem Vorbild ihrer Mutter folgend, deren Apotheke in Crossen für Hofbedienstete, Geistliche und Arme bestimmt war, öffnete auch Katharina die Berliner Hofapotheke für die Allgemeinheit. Das war im Kampf gegen die 1598 in Berlin wütende Pest ein wichtiger, wirksamer Beitrag.

Die Stiftungsurkunde der Apotheke ist nicht mehr erhalten.[12] Dem zeitgenössischen, Nathan Mau zugeschriebenen Porträt Katharinas kommt daher eine große Bedeutung zu (Abb. 2). Es zeigt Katharina in kostbaren Kleidern, stolz und selbstbewusst an einem Tisch sitzend und ein Buch mit der Aufschrift »Praxis pietatis« (Tat der Barmherzigkeit) in den Händen haltend. Auf dem Sockel am rechten Bildrand ist, gut lesbar, folgende Inschrift angebracht: »Catharina [...] stiftete Anno 1598 diese Hofapotheke vor [für] die Chfl: Hofbediente, Geistliche und Arme aus ihren eigenthümlichen Mittel.« Inschrift und Darstellungsmodus zielen darauf ab, die Porträtierte als eine barmherzige Stifterin, als eine um das Wohl des Hofes, vor allem aber auch der Bevölkerung besorgte Landesmutter zu zeigen, die mit eigenen finanziellen Mitteln die Hofapotheke ausstattete.[13] Dieses offizielle Stifterporträt, das bis 1885 in der Hofapotheke im Berliner Schloss und nach deren Verlagerung bis 1943 im Schloss Monbijou hing, und die eingangs erwähnte Grabinschrift beschreiben in aller Deutlichkeit Katharinas Verdienst für Brandenburg und seine Bevölkerung.

Abb. 5
Anbietplatte der Magdeburger Manufaktur Guischard (Kat.-Nr. 187).

Sophie Charlotte von Hannover, die Gründung der Kurfürstlich Brandenburgischen Sozietät der Wissenschaften und die Musik um 1700

Sophie Charlotte von Hannover wurde 1668 in Iburg bei Osnabrück geboren. Elf Jahre später, 1679, erlangte ihr Vater Ernst August die hannoverische Herzogswürde. Zusammen mit seiner ehrgeizigen Frau Sophie, der Mutter Sophie Charlottes, war er fortan bestrebt, in der Hierarchie des Heiligen Römischen Reiches aufzusteigen (vgl. S. 126, Abb. 5). Auch Sophie Charlotte sollte beitragen, dieses Ziel zu erreichen: durch Heirat. Sie erhielt daher eine umfassende Erziehung. Sie wurde in Sprachen, Musik, Oper, Literatur und den Schönen Künsten unterrichtet. Ein Aufenthalt am französischen Hof, vermittelt durch Liselotte von der Pfalz, die Nichte der Mutter, rundete ihre Erziehung ab. Es galt Unterstützer für die angestrebte hannoverische Kurwürde zu gewinnen.

Weil die ambitionierten Heiratsprojekte der Eltern mit Frankreich und Bayern scheiterten, heiratete Sophie Charlotte 1684 den brandenburgischen Kurprinzen Friedrich, den nachmaligen Kurfürsten Friedrich III., ab 1701 König Friedrich I. in Preußen. Treibende Kraft dieser Eheschließung war die Mutter.

Auch ihr zukünftiger Ehemann handelte aus politischem Kalkül. Gerade verwitwet und noch um seine geliebte, jung verstorbene Gemahlin trauernd, entschied er sich für Sophie Charlotte, um die traditionsarme Ahnenreihe der Hohenzollern mit der Welfenprinzessin – mütterlicherseits königlichen Geblüts, väterlicherseits eine Nachfahrin Heinrichs des Löwen – zu veredeln.[14]

So kam Sophie Charlotte nach Berlin. Dort fühlte sie sich allerdings von Beginn an nicht heimisch. Zu sehr unterschied sich der Berliner Hof von dem heimatlichen in Hannover, auch von allem, was sie am französischen Hof kennengelernt hatte. Das Tafelzeremoniell in Berlin empfand sie als altmodisch und seltsam. Versuche der Mutter, ihr die Vorzüge Berlins schmackhaft zu machen, scheiterten.[15] Noch im Jahr 1702 bezeichnet sie in einem Brief an Hans Caspar Freiherr von Bothmer den Berliner Hof als »une cour la plus étrange du monde«[16], als einen der merkwürdigsten Orte der Welt.

Die Fremdheitsgefühle wurden nicht nur durch kulturelle Unterschiede genährt, sondern auch durch die

Churfürstlicher Brandenburgischer Verbesserter
CONTOIR-Kalender/
Auf das Jahr 1701. nach Christi Geburt/
Herausgegeben unter Approbation
Der Churfürstl. Brandenburg. Societät der Wissenschafften.

Januarius.	Februar.	Martius.	Aprilis.	Majus.	Junius.	Julius.	Augustus.	September.	October.	November.	December.

Abb. 6
Die Gründung der Akademie wurde durch die Kalenderreform von 1699 begünstigt, die astronomische Neuberechnungen nötig machte. Die Akademie erhielt das Privileg, die Kalender – wie diesen »Contoir-Kalender« von 1701 – in Brandenburg-Preußen zu vertreiben. Dieses Privileg war die finanzielle Basis der Akademie (Kat.-Nr. 194).

Abb. 7
Das Brustbild zeigt Lorenz Beger, Bibliothekar des Kurfürsten von der Pfalz. 1685 überbrachte er dem Brandenburger Kurfürsten Friedrich Wilhelm die bedeutende pfälzische Münzsammlung, die durch Erbvertrag an Berlin gefallen war. 1686 übernahm der Kurfürst den Heidelberger zunächst als Bibliothekar in seine Dienste (Kat.-Nr. 191).

THESAURI
REGII ET ELECTORALIS
BRANDENBURGICI
VOLUMEN TERTIUM:
CONTINENS
ANTIQUORUM
NUMISMATUM
ET
GEMMARUM,
Quæ
Cimeliarchio Regio - Electorali Brandenburgico
nuper accessere,
RARIORA:
Ut &
SUPELLECTILEM ANTIQUARIAM
UBERRIMAM,
id est
Statuas, Thoraces, Clypeos, Imagines tam Deorum quam Regum & Illustrium: Item Vasa & Instrumenta varia, eaque inter fibulas, Lampades, Urnas: quorum pleraque cum MUSEO BELLORIANO, quædam & aliunde coëmta fuere,
Dialogo illustrata
a
LAURENTIO BEGERO,
Serenissimi & Potentissimi REGIS PRUSSIÆ & ELECTORIS BRANDENBURGICI
Consiliario ab Antiquitatibus & Bibliotheca.

COLONIÆ MARCHICÆ.

Abb. 8
Als Leiter der kurfürstlichen Kunstkammer publizierte Lorenz Beger 1696 bis 1701 eine Auswahl der durch ihn erweiterten Berliner Antikensammlung. Sein »Thesaurus Brandenburgicus Selectus« wurde zu einem bedeutenden Sammlungskatalog. Eine Ansicht der Berliner Kunstkammer ziert das Titelblatt (Kat.-Nr. 192).

Abb. 9
Für die Gründung der Akademie der Wissenschaften wirkte Sophie Charlotte im Hintergrund. Sie vermittelte den Kontakt von Gottfried Wilhelm Leibniz nach Berlin, der an ihrem Elternhof in Hannover als Bibliothekar tätig war. Das Porträt Johann Friedrich Wentzels d. Ä. von Leibniz war für die Akademie bestimmt (Kat.-Nr. 193).

Abb. 10
Sophie Charlotte nutzte ihre verwandtschaftlichen Beziehungen, um italienische Künstler wie Giovanni Battista Bononcini, hier in einem Porträt von Anthoni Schoonjans, für ihren »Musenhof« in Schloss Lietzenburg zu gewinnen (Kat.-Nr. 195).

Beziehung zu ihrem Mann. Unterschiedliche Temperamente und Lebensgewohnheiten kennzeichneten ihre Beziehung. Eine Liebesheirat, wie Friedrichs erste Hochzeit, war die Ehe nicht. Beide fanden nie zueinander, blieben sich zeitlebens fremd. Dies war zu verwinden. Folgenreicher mag gewesen sein, dass Sophie Charlotte die Teilhabe am höfisch-politischen Geschehen erschwert, sogar verwehrt wurde, woran auch ihr oft impulsives, undiplomatisches, manchmal nicht leicht erträgliches Wesen schuld war. Friedrich beriet sich lieber mit ihrer Mutter als mit ihr.[17]

Auch das Verhältnis zu ihrer Mutter, mit der sie zeitlebens in Kontakt blieb, war nicht unproblematisch. Der Großteil ihres Briefwechsels ist nach Sophie Charlottes frühem Tod 1705 zwar vernichtet worden. Die erhaltene Korrespondenz zeichnet jedoch in Umrissen ein Bild des Mutter-Tochter-Verhältnisses. Besonders aussagekräftig ist der Brief vom 1./11. Dezember 1697, in dem Sophie von Hannover ihre Tochter ermutigt, nach dem Sturz des brandenburgischen Ministers Danckelman endlich mehr politisches Engagement zu zeigen: »Gott sei gelobt, daß Sie nun den Vormund [= Danckelman] los sind und selber das Herz Ihres Gemahls besitzen! Sie werden diesen Platz, hoff ich, gegen alle Angriffe behaupten, und werden in Zukunft zeigen, daß Sie mehr können als Klavierspielen.«[18] Es ist ein vordergründig wohlwollender, motivierender Rat. Doch zwischen den Zeilen kommen die Zweifel der Mutter gegenüber der eigenen Tochter zum Ausdruck, der sie im Grunde nicht viel zutraute, die in ihren Augen Richtung und Leitung brauchte.

Dieses Koordinatensystem bestimmte Sophie Charlottes Gestaltungsmöglichkeiten: auf der einen Seite die ehrgeizige, übermächtige Mutter, die unaufhörlich – stets im Sinn der welfischen Hauspolitik – auf sie einzuwirken suchte, auf der anderen Seite der ungeliebte Ehemann, der sie vom höfisch-politischen Leben ausschloss.[19] Ihrem Einfluss waren daher Grenzen gesetzt. Deutlich wird dies am Beispiel der Gründung der Kurfürstlich Brandenburgischen Sozietät der Wissenschaften, der späteren Königlich Preußischen Akademie der Wissenschaften zu Berlin.

Die Gründung der Sozietät im Juli 1700 gilt als Meilenstein in der Wissenschaftsgeschichte Brandenburg-Preußens. Ihre Entstehungsgeschichte ist gut erforscht und ebenso der Anteil, den Sophie Charlotte daran hatte. Demnach war sie diejenige, die für den Bau einer Sternwarte – einem Vorläuferprojekt der Akademie – Interesse zeigte und ihren Hofprediger Daniel Ernst Jablonski beauftragte, ein Konzept zur Realisierung zu erarbeiten. Sie war es auch, die ihn immer wieder ermutigte, weiterzumachen und nicht aufzugeben. Doch letztlich war ihr Einfluss am Hof zu klein – und möglicherweise auch ihr Interesse an der Sache zu gering –, um ein Projekt solcher Größe voranzutreiben. Sie fungierte, wie sich zeigte, im Hintergrund als Impuls- und Motivationsgeberin und nutzte ihre Kontakte zum hannoverischen Hof, um die Verbindung zu Leibniz, dem großen Förderer der Akademieidee, herzustellen (Abb. 6 u. 9).[20] Sie forderte Jablonski sogar auf, »mit Selbtem [Leibniz] in correspondence [s]ich einzulassen«, und wollte »Selbst für der brieffebestellung sorge tragen«.[21] Leibniz' Absprachen mit Friedrich III./I. führten schließlich zur Akademiegründung.

Ganz anders sah die Sache auf dem Gebiet der Musik aus, die ihr sehr am Herzen lag. Hier konnte und wollte sie ihre Gestaltungsmöglichkeiten wahrnehmen. Für die musisch erzogene Frau, die nicht nur sang und Cembalo spielte, sondern auch dirigierte und vermutlich auch komponierte,[22] stellte die Musik mehr dar als nur Zeitvertreib, es war eine Überlebensstrategie. Sie zog sich immer mehr aus dem politischen Leben am Hof zurück in ihr ab 1699 vollendetes Schloss Lietzenburg, ihren »Musenhof«. Dem hannoverischen Diplomaten Hans Caspar Freiherr von Bothmer vertraute Sophie Charlotte an, dass neben ihrem Schloss die Musik ihre einzige Beschäftigung sei.[23] Allerdings musste sich Sophie Charlotte das Musikleben nach ihren Vorstellungen in Berlin erst mühsam aufbauen, denn ihre musikalische Auffassung unterschied sich von der ihres Mannes bzw. den Gepflogenheiten am Berliner Hof. Sie war mit italienischer Musik und Oper aufgewachsen und davon fasziniert. Der elterliche Hof in Hannover verfügte über eines der prachtvollsten Opernhäuser dieser Zeit und die italienische Musik erlebte unter der Leitung des Hofkapellmeisters Agostino Steffani eine Blüte. Ihre Liebe zur Musik Italiens und zur Oper teilte ihr Mann nicht. In seiner »Ermahnung an seinen Nachfolger« von 1698 sprach er sich nachdrücklich gegen die Oper aus.[24]

Erst allmählich gelang es Sophie Charlotte, eigene musikalische Akzente zu setzen und die italienische Musik, die bereits an vielen europäischen Höfen gepflegt wurde, in Brandenburg zu etablieren. Hierfür standen ihr jedoch kaum finanzielle Mittel zur Verfügung. Also nutzte sie ihre familiären Verbindungen, um ein Theater und eine klein besetzte Oper einzurichten. Sie beauftragte den in Hannover tätigen Hortensio Mauro damit, Textbücher zu verfassen; Tommaso Giusti, der ebenfalls in Hannover arbeitete, fertigte für ihre Aufführungen die Bühnenarchitektur und -malerei. Von ihrer nachmals als Briefeschreiberin bekannten Cousine Liselotte von der Pfalz erhielt sie ein Reisecembalo (Clavecin brisé), das um 1700 in Paris gefertigt worden war und auf dem sie wohl selbst auch gespielt hat.

Von großer Bedeutung waren jedoch italienische Musiker. Da die brandenburgische Hofkapelle über keine verfügte, baute sich Sophie Charlotte mithilfe ihrer familiären Verbindungen ein »Leihmusikernetzwerk« auf. Markgraf Georg Friedrich von Brandenburg-Ansbach, wie sie ein Musikliebhaber, »lieh« ihr seinen begabten Kapellmeister Francesco Antonio Pistocchi und Konzertmeister Giuseppe Torelli. Geschickt nutzte sie auch die verwandtschaftlichen Verbindungen zu Herzog Karl IV. von Mantua. 1697 kam Attilio Ariosti von Mantua nach Berlin. Bis zu seiner Abreise 1703 war er als Instrumentalist (Viola da gamba), Librettist, Komponist und Sänger tätig. Von großer Bedeutung für das Musikleben in Lietzenburg war noch ein weiterer italienischer Künstler, den sie für ihren Musenhof gewinnen konnte: Von 1702 bis 1703 weilte der aus Modena stammende, vom Wiener Hof kommende Komponist Giovanni Battista Bononcini in Berlin (Abb. 10). Zwei erfolgreiche Opern, »Polifemo« und »Cefalo e Procride«, stammen aus seiner Feder. Sein kurzer, aber ertragreicher Aufenthalt markiert den Höhepunkt des Musiklebens in Lietzenburg. Es ist der Beginn der italienischen Oper in Berlin.[25] Ohne Sophie Charlotte, ohne ihr Engagement, ihre Liebe zur Musik und ihre Hartnäckigkeit, aber auch ohne ihre verwandtschaftlichen Beziehungen wäre es jedoch nicht dazu gekommen.

Abb. 11
Erste Pläne für ein öffentliches Museum in Berlin gingen auf den Archäologen und Kunstkritiker Aloys Hirt zurück. Wilhelmine von Lichtenau, Beraterin Friedrich Wilhelms II., holte Hirt schon 1796 nach Berlin und unterstützte das Museumsprojekt. Es dauerte aber schließlich bis 1830, dass das Museum öffnete (Kat.-Nr. 197).

Zwei Frauen, zwei Wege

Eigene finanzielle Mittel und rechtliche Grundlagen eröffneten Katharina Handlungsspielräume, die sie als »active agent« für ihr »Projekt«, die Stiftung der Hofapotheke, geschickt zu nutzen wusste. Sie legte damit den Grundstock für die – damals freilich noch nicht absehbare – folgenreiche und erfolgreiche Zukunft dieser Berliner Einrichtung (Abb. 1). Die Hofapotheke übernahm gemeinsam mit dem 1685 bzw. 1723/24 gegründeten Collegium medico-chirurgicum bis zur Universitätsgründung 1810 die Ausbildung und praktische Unterweisung von Medizinern, Chirurgen und Pharmazeuten. Sie gilt als Keimzelle des 1902 eröffneten Pharmazeutischen Instituts.[26]

Sophie Charlottes Rolle beschränkte sich bei der Akademiegründung darauf, den Kontakt zu Leibniz herzustellen, das heißt gemäß der eingangs aufgeführten Kategorisierung »cultural catalyst« zu sein. Auf dem Gebiet der Musik dagegen verfolgte sie eigene Ideen. Sie wollte die italienische Musik bei Hof etablieren – trotz ihrer Vorliebe für die französische Kultur im Allgemeinen. Sie sprach Französisch, unterrichtete sich über die neueste Pariser Mode und holte über ihre Cousine Liselotte am Versailler Hof Rat bei führenden französischen Künstlern ein, so bei André Le Nôtre für die Planung ihrer Gartenanlage. Durch Sophie Charlotte wurden Aufführungen italienischer Opern ein wichtiger Bestandteil des Musiklebens und der Festivitäten am preußischen Hof.[27] Von ihr stammte Friedrichs des Großen Liebe zur italienischen Oper wie die zur französischen Sprache und Kultur. In seinen »Mémoires pour servir à l'histoire de la maison de Brandebourg«, der Geschichte des Hauses Brandenburg, hat er ihr ein Denkmal gesetzt: »In Preußen«, schrieb darin Friedrich für die Nachwelt, »führte die Fürstin [...] die Liebe zu Kunst und Wissenschaft [ein].«[28]

Abb. 12
Die »Schachpartie« von Johann Erdmann Hummel zeigt wichtige Akteure der Berliner Kunstwelt um 1820 wie Aloys Hirt, Friedrich Wilhelm von Brandenburg und Gustav Adolf von Ingenheim. Was die Männer miteinander verbindet, ist ihre enge Beziehung zu Wilhelmine von Lichtenau. (Kat.-Nr. 196).

Anmerkungen

1 Ich danke Frau Dr. Katrin Keller (Universität Wien), Frau Dr. Elise M. Dermineur (Universität Lund), Frau Dr. Lena van der Hoven (Berlin) und dem Projektteam FRAUENSACHE herzlich für zahlreiche Hinweise. – Vgl. Keller 2003, S. 275f. – Schönpflug 2008, S. 17. – Stedman/Zimmermann 2007, S. 9f. **2** Nolde/Opitz 2008. – Stedman/Zimmermann 2007. **3** Vgl. www.marryingcultures.eu. – Skogh 2013. **4** Dermineur 2014, S. 250. **5** Zit. nach Heilmeyer 2004, S. 75. **6** Vgl. Keller 2010 Anna. – Hörmann 1898, S. 208–210. – Heilmeyer 2004, S. 73. **7** Die Forschung zu Thurneisser erwähnt keine Verbindung zu Katharina. Er war wohl weder Goldmacher, noch hat er den hochverschuldeten Kurfürsten mit diesem Versprechen hintergangen (Spitzer 1996, S. 14. – Müller-Jahnke 1998). – Vgl. dagegen Heilmeyer 2004, S. 73. **8** Vgl. Hörmann 1898, S. 211. – Wacker 2013, S. 63. – Heilmeyer 2004, S. 73f. **9** Vgl. Geyer 1898, S. 227f. **10** Hörmann 1898, S. 214. – Heilmeyer 2004, S. 71. **11** Vgl. Müller-Jahnke 2005, S. 158. – Heilmeyer gibt fälschlicherweise an, dass dieses Geld aus Katharinas Mitgift stamme (Heilmeyer 2004, S. 71). – Zur Mitgift vgl. Michaela Völkel in diesem Band, S. 132–143. **12** Vgl. Hörmann 1898, S. 208, 210, 212. – Heilmeyer 2004, S. 70, 73. **13** Vgl. Keller 2010 Anna, S. 165. **14** Vgl. Elsner 2001, S. 81. – Joos 2012, S. 125. – Zu Sophie von Hannover vgl. Jill Bepler in diesem Band, S. 126f. **15** Vgl. Sophie von Hannover an Sophie Charlotte, 12./23. 5. 1688, in: Berner 1901, S. 403–404. – Sophie von Hannover an Sophie Charlotte, 9./19. 5. 1688, in: Schnath 1927, S. 9. – Elsner 2001, S. 82. – Joos 2012, S. 126. **16** Sophie Charlotte an Bothmer, 24. 2. 1702, in: Doebner 1905, S. 4. **17** Vgl. Schnath 1927. – Berner 1901.– Elsner 2001, S. 82. **18** Sophie von Hannover an Sophie Charlotte, 1./11. 12. 1697, in: Schnath 1927, S. 26. **19** Zum Loyalitätskonflikt vgl. Alfred Hagemann in diesem Band, S. 184–190. **20** Vgl. Joos 2012, S. 11–13. **21** Jablonski an Leibniz, 5./15. 3. 1698, in: Leibniz 1998, S. 411. **22** Vgl. Wagner 1987, S. 24–26. – Pegah 1999, S. 84, 88f. **23** »[…] quoi que je n'aie nulle occupation que la musique et mon bâtiment«, Sophie Charlotte an Bothmer, 18. 4. 1702, in: Doebner 1905, S. 7. – Vgl. auch Doebner 1905, S. 38. **24** Vgl. van der Hoven 2015, S. 73f., 76. **25** Vgl. Wagner 1987, S. 16f., 20, 22. – Pegah 1999, S. 85. – Koldau 2005, S. 148. – Hahn 1999, S. 39. – Senn 2002, S. 100f. – Van der Hoven 2015, S. 79. **26** Vgl. Maier 2004, S. 3f., 6. – Jüttner 1990, S. 188. – www.pharmazeutische-zeitung.de/index.php?id=pharm1_42_2002. **27** Vgl. Terne 2009, ‹2›. **28** Volz 1913, S. 108.

ANHANG

EXPONATE

Maßangaben:
Höhe × Breite bzw.
Höhe × Breite × Tiefe

WEGMARKEN

1
Graf Otto von Zollern (angebl. um 930 gelebt), Franken (?) 17. Jh., Öl auf Leinwand, 222 × 112 cm, SPSG, GK I 1125 | Abb. S. 49

2
König Ruprecht I. mit seiner Gemahlin Elisabeth von Nürnberg-Zollern, 17. Jh. nach einer Vorlage des 15. Jh., Öl auf Leinwand, 84,8 × 73,5 cm, BSGS – Alte Pinakothek, 4478 | Abb. S. 32

3
Urkunde Kaiser Sigismunds auf die erbliche Überlassung der Mark Brandenburg an Friedrich VI./I., Konstanz 30. 4. 1415, Tinte auf Pergament, Wachssiegel, 34 × 61 cm, GStA PK, BPH, Urkunden, VI Nr. 38 | Abb. S. 48

4
Totenschild des Kurfürsten Albrecht Achilles von Brandenburg, nach 1486, Lindenholz, geschnitzt, farbig gefasst, Pfauenfedern, Dm. 174 cm, Luth. Pfarramt St. Gumbertus/St. Johannis Ansbach | Abb. S. 50

5
Kurfürst Joachim Friedrich von Brandenburg, 17. Jh., Öl auf Leinwand, 210 × 99 cm, SPSG, GK I 1116 | ohne Abb.

6
Ringbahnrennen vor dem Stechbahnflügel des Berliner Schlosses, Philipp Uffenbach nach Georg Keller, 1592/93, Radierung, 23 × 29,2 cm, SPSG, GK II (1) Mappe 139 b 2 | Abb. S. 51

7
Schädel eines Opfers der Schlacht von Wittstock, 1636, ALB, 2007:17/1/7 | ohne Abb.

8
Statuette nach dem Reiterstandbild des Kurfürsten Friedrich Wilhelm von Brandenburg, wohl August Kiss nach Andreas Schlüter, nach 1828, Eisen, lackiert, 69 × 46 × 42,5 cm, SPSG, Skulpt.slg. 4133 | ohne Abb.

9
Großes Staatswappen des Königreichs Preußen, vor 1707, Öl auf Leinwand, 83,5 × 69 cm, GStA PK, IX. HA Bilder, SPAE, I Nr. 2081 | Abb. S. 15

10
Futteral der preußischen Königskrone, um 1700, Holz, Maroquinleder, gefärbt, teilw. vergoldet, Samt, 20,5 × 23 cm, SPSG, HM 3027, Eigentum Haus Hohenzollern, SKH Georg Friedrich Prinz von Preußen, ehemals Hohenzollern-Museum | ohne Abb.

11
Verherrlichung Friedrichs I. als Prinz von Oranien, Samuel Theodor Gericke, um 1713, Öl auf Leinwand, 67 × 86 cm, SPSG, GK I 9009, Eigentum Haus Hohenzollern, SKH Georg Friedrich Prinz von Preußen, ehemals Hohenzollern-Museum | Abb. S. 52

12
Medaille auf die Huldigung Neuenburgs an Friedrich I., Johann Christian Koch, 1707, Silber, teilw. vergoldet, Email, Dm. 5,9 cm, SMB PK – Münzkabinett, 18214277 | Abb. S. 53

13
Kavalleriegeneral Friedrich Wilhelm von Seydlitz in der Schlacht bei Roßbach, Johann Christoph Frisch, Öl auf Pappe, 44,5 × 62 cm, SPSG, GK I 9037, Eigentum Haus Hohenzollern, SKH Georg Friedrich Prinz von Preußen, ehemals Hohenzollern-Museum | ohne Abb.

14
Der Sturz des Obelisken von Roßbach durch die Truppen Napoleons, Pierre-Nolasque Bergeret, 1807, Feder, Aquarell, 19,2 × 76,7 cm, Nantes, Musée Dobrée – Grand patrimoine de Loire-Atlantique, RF 37077 | Abb. S. 54 f.

15
Bekanntmachung an die Einwohner Berlins nach der Schlacht von Jena u. Auerstedt, 17. 10. 1806, 17,2 × 21,5 cm, LAB, F Rep. 240, Acc. 371 Nr. 2 | ohne Abb.

16
Der Triumphbogen, Karl Friedrich Schinkel, 1817, Öl auf Holz, 104 × 77 cm, SPSG, GK I 702 | Abb. S. 57

17
Skizzenbuch aus den Befreiungskriegen, Franz Krüger, 1813, Stift, Feder, Tusche, Aquarell, 24 × 32,5 cm, SMB PK – Kupferstichkabinett, NG 15/63, f. 12r | Abb. S. 56

18
Grabkreuz vom Friedhof der Märzgefallenen, 1848, Eisenguss, 166 × 94 × 3 cm, Paul Singer Verein, Berlin | ohne Abb.

19
Etui mit Kugel u. Granatensplitter von der Schlacht bei Düppel, nach 1864, Holz, Leder, Samt, Eisen, SPSG, XI 28 | Abb. S. 60 o.

20
Briefbeschwerer mit Stück einer Granate von der Schlacht bei Königgrätz u. Wappen Österreichs, nach 1866, Marmor, Eisenguss, Blei, Messing, teilw. vergoldet, geöffnet 15 × 9,5 × 18,5 cm, SPSG, X 372 | Abb. S. 60 o.

21
Erstes Wappenzeichen des Deutschen Reiches zur Kaiserproklamation in Versailles, 1871, Seidensamt, Gold-Lamé, Glasperlen, Pailletten, Holzrahmen, vergoldet, 89 × 74 × 13 cm, SPSG, IX 7696 | Abb. S. 60 u.

22
Kisten zum Transport von Schlossinventar nach Huis Doorn, vor 1918, Holz, Wollfilz, Eisenbeschläge, 45 × 87 × 82 cm, 74 × 73 × 40 cm, 38,5 × 76 × 44 cm, SPSG, IV 3898, 3899, 3900 | Abb. S. 61 r.

23
Kennungsbogen der französischen Militärregierung für Wilhelm Prinz von Preußen, 1947, 25,5 × 18 cm, Eigentum Haus Hohenzollern, SKH Georg Friedrich Prinz von Preußen – Hausarchiv Burg Hohenzollern | Abb. S. 61 l.

NETZWERKE

24
Europa auf dem Stier aus dem Tafelaufsatz »Brautzug«, Entwurf Adolf Amberg 1909/Ausführung KPM Berlin 1912, Porzellan, Unterglasurmalerei, teilw. vergoldet, 41 × 13,5 × 43 cm, Land Berlin – KPM-Porzellansammlung, B 71/432 | Abb. S. 79

25
Bodenfliesen aus dem Palazzo Ducale in Mantua, Pesaro um 1494, Fayence, 53,2 × 78,5 × 5,5 cm, SMB PK – Kunstgewerbemuseum, 1888, 392 a–f | Abb. S. 109

26
Relief von einer Brauttruhe Paola Gonzagas, Gräfin von Görz, Umkreis Andrea Mantegna (Entwurf), Mantua 1476/78, Pappelholz, Pastiglia, bemalt, teilw. vergoldet, 67 × 212 × 13 cm, Klagenfurt, Landesmuseum Kärnten, K 90b | Abb. S. 107 u.

27
Verherrlichung der Elisabeth Charlotte von der Pfalz, Kurfürstin von Brandenburg, Mathias Czwiczek, um 1649, Öl auf Holz, 33 × 44,5 cm, SPSG, GK I 3408, Eigentum Haus Hohenzollern, SKH Georg Friedrich Prinz von Preußen, ehemals Hohenzollern-Museum | Abb. S. 116 f.

28
Pferderennen auf dem Münchner Oktoberfest 1823, Heinrich Adam, 1823, Öl auf Kupfer, 35 × 52 cm, SPSG, GK I 713 | Abb. S. 119

29
Ehrenpforte für den Einzug der Elisabeth von Bayern, später Königin von Preußen, in Berlin am 28. 11. 1823, Berlin 1823, Radierung, koloriert, 32,9 × 42,6 cm, SPSG, GK II (1) Berlin, Mappe 169 | Abb. S. 120

30
Kartenspiel mit Darstellungen preußischer Könige u. bayerischer Kurfürstinnen, entstanden anlässl. der Heirat Elisabeths von Bayern mit Friedrich Wilhelm IV., Friedrich u. Moritz Henschel, 1823, Kupferstich, 8,6 × 5,9 cm, Leinfelden-Echterdingen, Deutsches Spielkartenmuseum, B 560 | Abb. S. 121

31
Wappen Elisabeths von Bayern-Landshut, Burggräfin von Nürnberg, Kurfürstin von Brandenburg, vom Turm der St.-Laurentius-Kirche in Roßtal, Original zw. 1415 u. 1442, Abguss 2014, 141 × 98,8 × 3,5 cm, Hartgips, SPSG | Abb. S. 118

32
Die Trauung des Kurfürsten Friedrich Wilhelm von Brandenburg mit Luise Henriette von Oranien-Nassau am 7. 12. 1646, Jan Mijtens, 1647, Öl auf Holz, 58 × 74 cm, Musée des Beaux-Arts Rennes, 801.1.15 | Abb. S. 111

33
Oranierband mit den Porträts von Wilhelmine von Preußen u. Wilhelm V., Statthalterpaar der Niederlande, Mathias de Sallieth (Porträts), 1787/88, Seide, Papier, bemalt, Kupferstich, koloriert, 15 × 19,5 cm, Amsterdam, Rijksmuseum, NG-695-32 | Abb. S. 114

34
Allegorie zu Ehren der Erlöser der Vereinigten Niederlande, Jan Gerritsz. Visser (Radierung) nach Johannes le Francq van Berkhey (Konzept)/Nicolas Rode (Zeichnung), 1789, Radierung, 59 × 72,6 cm, Amsterdam, Rijksmuseum, RP-P-OB-77.674 | Abb. S. 112 f.

35
Wilhelmine d. J. von Preußen, Gemahlin des Statthalters der Niederlande, u. Auguste von Preußen, Kurfürstin von Hessen-Kassel, Friedrich Bury, 1808–1810, Öl auf Leinwand, 238 × 177 cm, Kulturstiftung Meiningen-Eisenach, Meininger Museen, M.M. VI 799 | Abb. S. 115

36
Hochmeisterharnisch Albrechts von Brandenburg-Ansbach, 1510/11, Eisen, getrieben, geätzt, poliert, teilw. vergoldet, Leder, 165 × 65 cm, Dm. 50 cm, SKD – Rüstkammer, M 0142 | Abb. S. 82 r.

37
Albrecht von Brandenburg-Ansbach, Hochmeister des Deutschen Ordens, Herzog in Preußen, Jakob Binck, 1546, Öl auf Kupfer, Dm. 18 cm, Klassik Stiftung Weimar, G 337 | Abb. S. 82 l.

38
Dorothea von Dänemark u. Norwegen, Herzogin in Preußen, Jakob Binck, 1546, Öl auf Kupfer, Dm. 18 cm, Klassik Stiftung Weimar, G 338 | Abb. S. 83 r.

39
Urkunde über die Belehnung Albrechts von Brandenburg-Ansbach mit dem Ordensland Preußen, Krakau, 10. 4. 1525, Tinte auf Pergament, Wachssiegel, 52 × 78 cm, GStA PK, XX. HA, Hist. StA Königsberg, Urkunden, Schieblade LXV Nr. 2 | Abb. S. 83 l.

40
Stammtafel Georg Friedrichs I. von Brandenburg-Ansbach-Kulmbach u. seiner Frau Elisabeth von Brandenburg-Küstrin, um 1560 (?), Öl auf Leinwand, 113 × 84 cm, SBB PK, Handschriftenabteilung, Kunstsammlung, K 216 | Abb. S. 81

41
Teile des Beilagerbetts aus Schloss Charlottenburg, 1705 (Holzkonstruktion)/1763 (Silbertressenbesatz)/1888 (Damastbehang), SPSG, IX 4523, 4524, 4526, 4538, 1727, 1728, 1730 | Abb. S. 91

42
Sänfte für die Hochzeit von Elisabeth Christine Ulrike von Braunschweig-Wolfenbüttel mit Friedrich Wilhelm (II.) von Preußen, Friedrich Wilhelm Henckel zugeschr., 1760/65, Holz, teilw. vergoldet, Ölmalerei auf Goldgrund, Messing, Leder, Samt, Metallborten, 162 × 77 × 102 cm, SPSG XVII 6 | Abb. S. 130 l.

43
Stammbaum des Hauses Braunschweig-Lüneburg, Georg Scharffenberg (Formschnitt)/Konrad Horn (Druck), Wolfenbüttel 1584, Holzschnitt, 180 × 65 cm (Gesamtblattmaß zusammengelegt), SMB PK – Kupferstichkabinett, S-AM 1-2014/1-4 | Abb. S. 124 f.

44
Sophie von der Pfalz, Herzogin von Braunschweig-Lüneburg, Kurfürstin von Hannover, Andreas Scheits, um 1705, Öl auf Leinwand, 119 × 97 cm, SPSG, GK I 3290 | Abb. S. 126

45
Ehrenpforte für den Einzug der brandenburgischen Kurfürstenfamilie in Wesel, Daniel van Beughem, 1696, Kupferstich, 42,9 × 32,3 cm, StadtA Wesel, A1 Magistraten Capsel 12, Nr. 1, f. 66r | Abb. S. 127

46
Friedrich Ludwig, Prinz von Wales, musiziert mit seinen Schwestern, Philippe Mercier, 1733, Öl auf Leinwand, 45,1 × 57,8 cm, London, National Portrait Gallery, NPG 1556 | Abb. S. 128

47
Geschenk Kaiser Wilhelms I. an seine Frau Augusta von Sachsen-Weimar-Eisenach zur Goldenen Hochzeit, Victoria von Großbritannien u. Irland, später Deutsche Kaiserin/Königin von Preußen (Entwurf) / Johann Paul Wilm (Ausführung), 1879, Gold, Email, Schmucksteine, 10,8 × 5,2 cm (Anhänger), Stockholm, Kungliga Hovstaterna, O II St MR 1020 | Abb. S. 85

48
Augusta von Sachsen-Weimar-Eisenach mit ihrem zukünftigen Mann Wilhelm (I.) von Preußen bei Johann Wolfgang von Goethe 1829, nach Carl Röhling, Chromolithografie, 1895 (?), 34,6 × 24 cm, Privatbesitz Berlin | ohne Abb.

EXPONATE

49
Tric-Trac-Spiel (Backgammon) mit Fürstenporträts u. a. aus Brandenburg, Sachsen, Dänemark u. Pommern, Heinrich Rappost, 1590/91, Holz, gefasst, Silber, geätzt, Messing, vergoldet, Perlen- u. Schmucksteinbesatz, Glas, Spielsteine mit Wachsreliefs, geöffnet 5,6 × 78 × 39 cm, SKD – Rüstkammer, P 0132 | Abb. S. 84

50
Serie von Bildnissen dänischer Könige u. ihrer Gemahlinnen des 15. bis 18. Jh.: Christian I. u. Dorothea von Brandenburg-Kulmbach, Friedrich I. u. Anna von Brandenburg, Christian IV. u. Anna Katharina von Brandenburg, Christian VI. u. Sophie Magdalena von Brandenburg-Kulmbach, Andreas Thornborg, um 1770, Aquarell, Pergament, Holz, Bleirahmen, vergoldet, 11,2 × 8 cm, DHM, KG 98/2 u. 98/3, 98/9 u. 98/8, 98/15 u. 98/16, 98/24 u. 98/25 | Abb. S. 86 f.

51
Wappen vom Brautbett Anna Katharinas von Brandenburg, Königin von Dänemark u. Norwegen, Berlin 1597, Brokatstickerei mit Perlen- u. Edelsteinbesatz, ca. 36,4 × 31 cm, København, Kongernes Samling, 1.149 | Abb. S. 134

52
Reiterstatuette der Charlotte von Preußen als Alexandra Feodorowna, Zarin von Russland, Gustav Blaeser, 1836, Bronzeguss, Silbertauschierungen, 46 × 38 × 16,8 cm, SPSG, Skulpt.slg. 4177 | Abb. S. 89

53
Die Taufe des preußischen Thronfolgers Wilhelm in der Marmorgalerie des Neuen Palais am 11. 6. 1882, Anton von Werner, 1883, Aquarell, 72,2 × 90,2 cm, SPSG,GK II (5) 3627a | Abb. S. 80

54
Palmenfuß-Schale mit Jünglingsfigur, Steinschleiffabrik Peterhof, 1825/30, Malachit, Bronze, vergoldet, H. 32,5 cm, Dm. 18 cm, SPSG, XI 240 | Abb. S. 187 l.

55
Kanne u. Becken mit den Wappen Sachsens u. Brandenburgs, Martin Rehlein, Anfang 17. Jh., Silber, vergoldet, Perlmutt, Email, H. 29,5 cm, Dm. 62,5 cm, SKD – Kunstgewerbemuseum, Dlg. des Ev.-Luther. Landeskirchenamts Sachsen, Lg. 710 u. 710a | Abb. S. 143

56
Taufpokal Wilhelms (II.) von Preußen, Robert II. Garrard, London 1859/60, Silber, gegossen, getrieben, vergoldet, Email, Edelsteine, H. 60 cm, Dm. 40 cm, Eigentum Haus Hohenzollern, SKH Georg Friedrich Prinz von Preußen | Abb. S. 256

57
Kaminuhr mit Darstellung der Aussöhnung zw. Hohenzollern u. Welfen, Wilhelm Conrad Josef Lameyer Hannover (Uhrengehäuse)/ Oscar Garvens Berlin (Reitergruppe), Silber, teilw. vergoldet, Lapislazuli, 79 × 33 × 19 cm, Richard Borek Stiftung Braunschweig, HA 00590-00 | Abb. S. 131

58
Münzhumpen zur Geburt des Kurprinzen Karl Emil von Brandenburg, Berlin 1655, Silber, getrieben, graviert, Silbermünzen, geprägt, 59,5 × 30 cm, SPSG, X 2811 | ohne Abb.

59
Fußschale aus dem Nibelungen-Tafelaufsatz, Ludwig Michael von Schwanthaler, 1842, Bronze, gegossen, getrieben, feuervergoldet, Kristall, H. 98 cm, Dm. 52 cm, WAF, S II a 122 | Abb. S. 141

60
Räuchergefäß mit dem Allianzwappen Elisabeth Charlottes von der Pfalz u. Georg Wilhelms von Brandenburg, 1616, Silber, durchbrochen, punziert, vergoldet, 44 × 36,5 × 29 cm, Oberpfarr- u. Domkirche zu Berlin, 16.40 | Abb. S. 140

61
Kurschwert Brandenburgs aus dem Besitz des Kurfürsten Albrecht Achilles, Simone di Giovanni di Giovanni Ghini, um 1459/verändert 1539, Silber, gegossen, getrieben, vergoldet, Stahl, graviert, L. 121 cm, SPSG, HM 6460, Eigentum Haus Hohenzollern, SKH Georg Friedrich Prinz von Preußen | Abb. S. 106

SPIELRÄUME

62
Bräutigamsmantel Johann Georgs (I.) von Sachsen, 1604/verändert 1607, Seide, Samt, Goldgespinst, Silberstickerei, Kantillen, Taftfutter, Dm. ca. 200 cm, SKD – Rüstkammer, i. 0014 | Abb. S. 193

63
Töchter des Kurfürsten Johann Georg von Brandenburg: Magdalena (15 Jahre), Agnes (12 Jahre) u. Dorothea Sibylla (6 Jahre), Andreas Riehl d. J., 1596, Öl auf Leinwand, 101 × 83 cm, 103 × 85 cm, 100 × 82 cm, SPSG, GK I 1094, 1098, 1097 | Abb. S. 179

64
Auguste Victoria zu Schleswig-Holstein-Sonderburg-Augustenburg als Braut, später Deutsche Kaiserin/Königin von Preußen, Heinrich von Angeli, 1880, 132 × 189 cm, Öl auf Leinwand, SPSG, GK I 8899 | Abb. S. 167

65
Elisabeth von Bayern als Braut, später Königin von Preußen, Joseph Karl Stieler, 1823, Öl auf Leinwand, 69 × 58 cm, SPSG, GK I 2942 | Abb. S. 133

66
Wilhelmine d. Ä. von Preußen als Braut, später Gemahlin des Statthalters der Niederlande, Charles-Amédée van Loo, 1767, Öl auf Leinwand, 146 × 111 cm, SPSG, GK I 7528 | Abb. S. 110

67
Collier u. Brosche der Elisabeth von Bayern, später Königin von Preußen, Caspar Rieländer (?), 1823, Gold, Silber, Rubine, Diamanten, L. 45,5 cm (Collier)/3,5 × 3,8 cm (Brosche), Eigentum Haus Hohenzollern, SKH Georg Friedrich Prinz von Preußen | Abb. S. 138

68
Postkarte Cecilie zu Mecklenburg-Schwerin, Kronprinzessin von Preußen, mit dem Rubinschmuck Elisabeths von Bayern, Felix Ehrlich, 1908, 13,9 × 9 cm, Sammlung Jörg Kirschstein, Potsdam | Abb. S. 139

69
Tischspiegel mit dem Allianzwappen Auguste Victorias zu Schleswig-Holstein-Sonderburg-Augustenburg u. Wilhelms (II.) von Preußen, Hermann Julius Wilm, 1881, Silber, gegossen, getrieben, Glas, 64,6 × 73 × 35,5 cm, SPSG, X 2197 | Abb. S. 135

70
Aussteuerverzeichnis der Katharina von Brandenburg-Küstrin, später Kurfürstin von Brandenburg, 1570, Feder auf Papier, Wachssiegel, 55 × 42 cm (geöffnet, mit Siegel), GStA PK, BPH, Rep. 32, N1, Nr. 8 | Abb. S. 136

71
Teller aus dem Hochzeits-Service für Luise Marie von Preußen, Landgräfin von Hessen-Philippsthal-Barchfeld, mit Ansichten der Schlösser Berlin, Monbijou, Glienicke u. Stolzenfels, KPM Berlin (Ausführung), 1854, Porzellan, Aufglasurmalerei, teilw. vergoldet, Dm. 25,5 cm, SPSG, XII 2909, 2907, 2908, 2977 | Abb. S. 185 (X 2908)

72
Vase mit Darstellung einer Strelitzia Reginae, KPM Berlin (Ausführung), 1805–1810, Porzellan, Aufglasurmalerei, vergoldet, H. 57,5 cm, Dm. 44 cm, SPSG, XII 11364 | Abb. S. 142

73
Einzug der Auguste Victoria zu Schleswig-Holstein-Sonderburg-Augustenburg, später Deutsche Kaiserin/Königin von Preußen, Unter den Linden am 26. 2. 1881, H. Schnaebeli, 1881, Chromolithografie, Pastell, Aquarell, 83 × 102 cm, HuD, 3378 | Abb. S. 184

74
Kleid, Strümpfe u. Schuhe des Prinzen Ludwig Karl Wilhelm in Preußen, um 1718, Seide, Damast, Posamente mit Silberfäden, Strümpfe: Seide, Schuhe: Leder, Seide, H. 66 cm (Kleid), SPSG, IX 1367, 1372, 1373 | Abb. S. 205

75
Fragmente einer Figurine von Ludwig Karl Wilhelm in Preußen (ehemals mit Wachsbildnis), nach 1719, Holz, Metall, teilw. vergoldet, ca. 95 cm (Gesamthöhe mit zusammengebauten Einzelteilen einschließlich Platte), SPSG, GK III 3875 | ohne Abb.

76
Fragmente des Wachsporträts von Friedrich Wilhelm in Preußen, Charles-Claude Dubut, nach 1708, Wachs, gegossen, bemalt, 22 × 15 × 17 cm, SMB PK – Kunstgewerbemuseum, HM 3260 (GK III 3872) | Abb. S. 201

77
Totenbildnis der Magdalena Sibylla in Preußen, Kurfürstin von Sachsen, Sachsen 1659 (?), Öl auf Leinwand, 49 × 65 cm, Museum Schloss Moritzburg Zeitz, VI/a 59-134 | Abb. S. 195

78
Familienbildnis von Dorothea von Holstein-Glücksburg, Kurfürstin von Brandenburg, um 1678, Öl auf Leinwand, 192 × 178 cm (mit Rahmen), SSB, GEM 66/36 | Abb. S. 196

79
Elisabeth Christine von Braunschweig-Bevern, Königin von Preußen, Antoine Pesne, um 1750, Öl auf Leinwand, 141 × 104 cm, SPSG, GK I 50411 | Abb. S. 129

80
Frontispiz des »Telemach«, Teil 1, François de Salignac de La Mothe-Fénelon (Text)/Benjamin Neukirch (Übersetzung), Ansbach 1727, 35 × 50 cm (geöffnet), SBB PK, Historische Drucke, 4" Xx 7490 <a> (R) | Abb. S. 199

81
Wilhelmine in Preußen, später Markgräfin von Brandenburg-Bayreuth, als Kind, Friedrich Wilhelm Weidemann, um 1715, Öl auf Leinwand, 141 × 109 cm, SPSG, GK I 2981 | Abb. S. 166

82
Ludwig Karl Wilhelm in Preußen als Kind, Friedrich Wilhelm Weidemann, um 1720 (?), 143 × 106 cm, SPSG, GK I 2975 | Abb. S. 202 r.

83
Etagere aus dem Bayrischen Haus, Friedrich August Stüler (Entwurf), 1851, Kiefern- u. Palisanderholz, furniert, 298 × 159 × 40,5 cm, SPSG, IV 2470 | Abb. S. 188

84
Service für das Bayrische Haus mit alpenländischen Motiven, 1849/50, KPM Berlin (Ausführung), Porzellan, Aufglasurmalerei, teilw. vergoldet, SPSG | Abb. S. 188

85
Entwurfsvariante für eine Etagere im Bayrischen Haus, Friedrich August Stüler, 1850, Feder in Schwarz, Bleistift, 28,2 × 36 cm, SPSG, GK II (1) 5732 | Abb. S. 189 u.

86
Reliefbildnis der Elisabeth von Bayern als Kronprinzessin, später Königin von Preußen, Christian Daniel Rauch, 1834/35 u. 1842 (Gestaltung der Rückseite), Marmor, 54 × 34 × 22 cm, SPSG, Skulpt.slg. 5658 | Abb. S. 187 r.

87
Marie von Preußen, später Königin von Bayern, Karl Begas, 1842, Öl auf Leinwand, H. 70 cm, Dm. 42 cm, Museen Schloss Aschach, Graf-Luxburg-Museum, 2021 | Abb. S. 186

88
Bergstock der Marie von Preußen, Königin von Bayern, Hohenschwangau 1842/64, Kiefernholz, Messing, L. 156,5 cm, WAF, W X 2 | Abb. S. 190 l.

89
Ansicht von Hohenschwangau, Lorenzo Quaglio, 1856, Öl auf Leinwand, 74,7 × 90 cm, SPSG, GK I 6017 | Abb. S. 190 r.

90
Fragmente des Krönungsmantels von Augusta von Sachsen-Weimar-Eisenach, Königin von Preußen/später Deutsche Kaiserin, Konfektionshaus Hermann Gerson, 1861, Seidensamt, reliefierte Gold- u. Seidenstickerei, verschiedene Metallfäden (Lahn, Gespinst, Draht, Kantillen), Pailletten, L. 450 cm (zusammengefügt aus Einzelteilen), SPSG, IX 974-979 | Abb. S. 177 l.

91
Augusta von Sachsen-Weimar-Eisenach, Königin von Preußen/später Deutsche Kaiserin im Krönungsornat, Minna Pfüller, 1864, nach Franz Xaver Winterhalter 1861, Öl auf Leinwand, 64 × 43 cm, SPSG, GK I 9084 | Abb. S. 173

92
Krönungszug in Königsberg 1701, Suite der Sophie Charlotte von Hannover, Königin in Preußen, Johann Georg Wolfgang (Stich)/Ulrich Liebpert (Druck)/Johann Friedrich Wentzel d. Ä. (Entwurf), 1712, Kupferstich, 46,6 × 62,8 cm, SPSG, GK II (10) 1543 | Abb. S. 215

93
Krönungszug in Königsberg 1701, Suite Friedrichs I. in Preußen, Johann Georg Wolfgang (Stich)/Ulrich Liebpert (Druck)/Johann Friedrich Wentzel d. Ä. (Entwurf), 1712, Kupferstich, 45,8 × 63 cm, SPSG, GK II (10) 1542 | Abb. S. 214 o.

94
Karkasse der preußischen Königinnenkrone, Berlin 1700, Gold, getrieben, Email, H. 15 cm, Dm. 18,5 cm, SPSG, HM 6454, Eigentum Haus Hohenzollern, SKH Georg Friedrich Prinz von Preußen | Abb. S. 214 u.

EXPONATE

95
Sophie Dorothea von Hannover, Königin in Preußen, empfängt König August II. von Polen, Antoine Pesne, um 1728, Öl auf Leinwand, 46,5 × 62 cm, SPSG, GK I 968, Eigentum Haus Hohenzollern, SKH Georg Friedrich Prinz von Preußen, ehemals Hohenzollern-Museum | Abb. S. 212 f.

96
Schmuckstücke aus »Berliner Eisen«, Johann Conrad Geiss, um 1820/30, Eisen, gegossen, Stahl, Golddraht, L. 7,4 cm (Ohrgehänge)/ 15 × 17,2 cm (Kamm)/L. 45 cm (Kette), SPSG, X 1784, 1788 – 1790 | Abb. S. 217 u.

97
Ring aus »Berliner Eisen«, Königliche Eisengießereien, 1813, Eisen, gegossen, schwarz gebrannt, graviert, Dm. 21 cm, SPSG, X 3183 | Abb. S. 217 u.

98
Familienbildnis von Marianne von Hessen-Homburg, Prinzessin von Preußen, Caroline Bardua, 1820, Öl auf Leinwand, 247 × 190 cm (mit Rahmen), Hessische Hausstiftung, Schlossmuseum Darmstadt, DA B 21703 | Abb. S. 217 o.

99
Elisabeth Christine Ulrike von Braunschweig-Wolfenbüttel, Prinzessin von Preußen, 1765/69, Öl auf Leinwand, 91 × 71 cm (oval), SPSG, GK I 1154 | Abb. S. 182

100
Friederike Luise von Hessen-Darmstadt, Königin von Preußen, Anton Graff, 1789, Öl auf Leinwand, 71,5 × 56,5 cm, Bundesrepublik Deutschland, Mü 8774 | Abb. S. 180 o. l.

101
Wilhelmine Ritz, später Gräfin Lichtenau, Anton Graff, 1787/88, Öl auf Leinwand, 73 × 56,5 cm, SSB, GEM 65/10 | Abb. S. 180 u. l.

102
Friedrich Wilhelm II. von Preußen, Anton Graff, um/nach 1788, Öl auf Leinwand, 71,4 × 55,7 cm, SPSG, GK I 30374 | Abb. S. 180 o. r.

103
Julie Amalie von Voß, Gräfin Ingenheim, Anton Graff, 1787, Öl auf Leinwand, 70 × 55 cm, SPSG, GK I 2236, Eigentum Haus Hohenzollern, SKH Georg Friedrich Prinz von Preußen, ehemals Hohenzollern-Museum | Abb. S. 180 u. r.

104
Luise von Mecklenburg-Strelitz, Kronprinzessin von Preußen, u. ihre Schwester Friederike bekränzen die Büste Friedrich Wilhelms II., Friedrich Georg Weitsch, 1795, Öl auf Leinwand, 284 × 206 cm, SPSG, GK I 5192 | Abb. S. 218

105
Briefbeschwerer in Form der Hand Elisa Radziwills, Johann von Halbig, 1867, Marmor, 11,5 × 25,5 × 13,6 cm, SPSG, Skulpt.slg. 3437 | Abb. S. 183 u.

106
Porträt der Elisa Radziwiłł, Julius Ludwig Sebbers, 1821/31, Aquarell im orig. Holzklapprahmen, 23,3 × 17,5 cm (Aquarell)/26 × 38,5 cm (Klapprahmen, geöffnet), SPSG, GK II (5) 3194a, GK I 40768 | Abb. S. 183 u.

107
Porträt der Augusta von Sachsen-Weimar-Eisenach, später Deutsche Kaiserin/Königin von Preußen, um 1850, im orig. Rahmen »The Garden Gate«, Fotografie, Messing, vergoldet, 12 × 22,5 cm (geöffnet), SPSG, XI 49 | Abb. S. 183 u.

108
Doppelporträt von Augusta von Sachsen-Weimar-Eisenach, Deutsche Kaiserin/Königin von Preußen u. Wilhelm I., Joseph von Kopf, 1887, Gipsrelief, 85,5 × 117,5 × 8 cm, SMB PK – Alte Nationalgalerie, G 445 | Abb. S. 183 o.

109
Büste der Augusta von Sachsen-Weimar-Eisenach, Deutsche Kaiserin/Königin von Preußen, Theodor Litke, 1892, Marmor, 74 × 53 × 32 cm, Deutsche Gesellschaft für Chirurgie e.V. | Abb. S. 207

110
Postkarte mit Denkmal der Augusta von Sachsen-Weimar-Eisenach, Deutsche Kaiserin/Königin von Preußen, am Kaiser-Wilhelm-Ring in Köln, nach 1903, 14,1 × 9 cm, Privatbesitz Berlin | ohne Abb.

111
Postkarte »Des Volkes Dank ist Euch Gewiss«, Auguste Victoria zu Schleswig-Holstein-Sonderburg-Augustenburg, Deutsche Kaiserin/Königin von Preußen, im Lazarett der Großen Orangerie von Sanssouci, 1914, 13,9 × 9 cm, Sammlung Jörg Kirschstein, Potsdam | Abb. S. 208 l.

112
Postkarte »Unsere Landesmutter«, Auguste Victoria zu Schleswig-Holstein-Sonderburg-Augustenburg, Deutsche Kaiserin/Königin von Preußen, 1914/15, 14 × 9 cm, Sammlung Jörg Kirschstein, Potsdam | Abb. S. 208 r.

113
Postkarte »Cecilienhilfe« mit dem Porträt der Cecilie zu Mecklenburg-Schwerin, Kronprinzessin von Preußen, 1913, 14,1 × 9 cm, Privatbesitz | ohne Abb.

114
Zeichnung eines modischen Kopfschmucks, beschriftet von Sophie von der Pfalz, Kurfürstin von Hannover, für ihre Tochter, um 1700, Feder, Aquarell, 19,4 × 13,7 cm, Niedersächsisches Landesarchiv Hannover, Hann. 91 Sophie Nr. 55 | Abb. S. 216 l.

115
»Die Königin von Preußen«, Antoine Trouvain, nach 1701, Kupferstich, 36,3 × 24,1 cm, SPSG, GK II (10) 218 | Abb. S. 216 r.

116
Kleid der Luise von Mecklenburg-Strelitz, Königin von Preußen, 1800/05, Baumwollgaze, Weißstickerei, L. 230 cm (mit Schleppe), Warszawa, Muzeum Narodowe w Warszawie, SZT 2639 (192564 MNW) | Abb. S. 219

117
Perspektivansicht der Gnadenkirche in Berlin, Ausführungsprojekt, Max Spitta, 1890, Tusche, Aquarell, 105,3 × 76 cm, AMTU, 16838 | Abb. S. 210

118
Sophie Luise von Mecklenburg-Schwerin, Königin in Preußen, Gipsabguss nach dem Original in Bronze vom Ostgiebel der Sophienkirche von 1892, 150 × 115 cm (oval), Berlin, Sophienkirche/Ev. Kirchengemeinde am Weinberg | Abb. S. 211

119
Ehrentafel für Charlotte von Preußen, Herzogin von Sachsen-Meiningen, als Vorsitzende der Kriegsversehrten, Johannes Boese, 1901, Bronzerelief, patiniert, 63,5 × 45,5 × 2,5 cm (mit Rahmen), Privatbesitz | Abb. S. 209

120
Dorothea von Holstein-Glücksburg, Kurfürstin von Brandenburg, als Jägerin, Rutger van Langerfeld, um 1680, Pinsel über Graphitstift, Tusche, weiß gehöht, 44,8 × 39,4 cm, SPSG, GK II (6) 52 | Abb. S. 31

121
Wilhelmine d. Ä. von Preußen, Gemahlin des Statthalters der Niederlande, zu Pferde, Tethard Philipp Christian Haag, 1778, Öl auf Holz, 49 × 41 cm (mit Rahmen), SPSG, GK I 8451 | Abb. S. 153

122
Das Treffen Wilhelmines d. Ä. von Preußen, Gemahlin des Statthalters der Niederlande, mit ihrem Bruder Friedrich Wilhelm II. in Kleve, Willem Joseph Laquy, um 1788, Aquarell, 44 × 59,8 cm, Amsterdam, Rijksmuseum, RP-T-1967-74 | Abb. S. 152

123
Kaminschirm mit Szenen aus dem Leben Alexanders des Großen, Berlin (?), um 1706, Applikationsstickerei mit versch. Textilien, Metallfäden, Pergament, Papier, Holz, lackiert, 163 × 196 × 58 cm (geöffnet), SPSG, HM 2726/2 | Abb. S. 156 f.

124
Partitur »Ich will mit Chloris mich vermählen« S (2), bc, A-Dur, Anna Amalie in Preußen, Äbtissin von Quedlinburg (Komposition), 1776, 37 × 48,5 cm, SBB PK, Mus.ms.autogr. Friedrich d. Gr. 1, f. 12v–13r | Abb. S. 159

125
Anna Amalie in Preußen, Äbtissin von Quedlinburg, Johann Heinrich Schmidt, um 1780, Öl auf Holz, 29,5 × 23,5 cm (oval), SPSG, GK I 5702 | ohne Abb.

126
Entwurf für ein Atelier der Victoria von Großbritannien u. Irland, später Deutsche Kaiserin/Königin von Preußen, im Neuen Palais in Potsdam, Reinhold Persius, um 1880, Bleistift, farbig laviert, 33,5 × 48 cm, SPSG, GK II (1) 1071 | Abb. S. 160

127
Malkasten der Victoria von Großbritannien u. Irland, Deutsche Kaiserin/Königin von Preußen, P. & F. Schäfer London, ca. 1868, Holz, Leder, Seide, Messingbeschläge, Horn, 40 × 35,5 × 29 cm (geöffnet), Kulturstiftung des Hauses Hessen, HHA FRDH X 3001 | Abb. S. 161 l.

128
Porträt der Victoria von Preußen, später Prinzessin von Schaumburg-Lippe, Victoria von Großbritannien u. Irland, später Deutsche Kaiserin/Königin von Preußen, 1878, Öl auf Leinwand, 105 × 77,5 cm, Kulturstiftung des Hauses Hessen, Schloss Friedrichshof, Kronberg, FRDH B 3120 | Abb. S. 161 r.

129
Tod der Kleopatra, Wilhelmine in Preußen, Markgräfin von Brandenburg-Bayreuth, 1748, Pastell auf Pergament, 95 × 75 cm, BVSSGS, Bayreuth, Neues Schloss, BAYNS G0057 | Abb. S. 155

130
»Confessio Augustana« mit dem Porträt der Elisabeth von Brandenburg, Herzogin von Braunschweig-Calenberg-Göttingen, Gräfin von Henneberg-Schleusingen, Wittenberg 1542, Leder, geprägt, Messing, 21 × 16,5 × 5,2 cm, Allgemeiner Hannoverscher Klosterfonds, vertreten durch die Klosterkammer Hannover, AHK Kb 1 | Abb. S. 149 l.

131
Patene, gestiftet von Elisabeth von Brandenburg, Herzogin von Braunschweig-Calenberg-Göttingen, Gräfin von Henneberg-Schleusingen, 1555, Silber, graviert, vergoldet, Dm. 24 cm, Marktkirche Hannover | Abb. S. 123

132
Elisabeth von Brandenburg, Herzogin von Braunschweig-Calenberg-Göttingen, Gräfin von Henneberg-Schleusingen, 1550, Tempera auf Holz, 26,2 × 17,8 cm (mit Rahmen), Historisches Museum Hannover, VM 49433 | Abb. S. 149 r.

133
Sophiendukat, Münzstätte Dresden, nach 1616, Gold, geprägt, Dm. 2,3 cm, SMB PK – Münzkabinett, 18224405 | Abb. S. 150

134
Stammbuch der sächsischen Fürsten mit Darstellung der Sophie von Brandenburg, Kurfürstin von Sachsen, M. Balthasar Metzen von Nimeck, Wittenberg 1592, Holzschnitt 1588, 32,7 × 40 × 3 cm (geöffnet; Darstellung 21,1 × 14,2 cm), koloriert, SKD – Kupferstichkabinett, B 374,2 | Abb. S. 151

135
Kasel aus dem Stift Marienberg a. d. Havel, um 1440 (Stoff), Brokatsamt, Leinen, 140 × 98 cm, Domstift Brandenburg, Dommuseum, C 11 | Abb. S. 163

136
Elisabeth von Bayern, Königin von Preußen, Paul Bülow, um 1865/70 (?), Öl auf Leinwand, 157 × 122 cm, SPSG, GK I 10801 | Abb. S. 147

137
Elisabeth Christine von Braunschweig-Bevern, Königin von Preußen, Friedrich Wilhelm Bock (Kupferstich)/Anton Graff (Vorlage), 1789, Mezzotinto, 76 × 60,5 cm (mit Rahmen), SPSG, GK II (10) 1477 | ohne Abb., vgl. S. 174

138
Luise Charlotte Radziwiłł, Markgräfin von Brandenburg mit dem Bildnis ihres Gemahls Ludwig, Jacques Vaillant, um 1688, Öl auf Leinwand, 122 × 98 cm, SPSG, GK I 1040 | Abb. S. 175

GESCHICHTSBILDER

139
Friedrich (II.) in Preußen als Kronprinz mit seinen Brüdern Heinrich, August Wilhelm u. Ferdinand, Carlo Francesco Rusca, 1737, Öl auf Leinwand, 144 × 133 cm, SPSG, GK I 2982 | Abb. S. 67 u. r.

140
Medaille auf die Geburt des Prinzen Heinrich, 1726, Silber, geprägt, Dm. 2,8 cm, SPSG, X 3877 | ohne Abb.

141
Medaille »Hurrah! Vier Kaiser«, wohl zur Geburt des Kronprinzen Wilhelm, 1882 (?), Bronze, geprägt, Dm. 3 cm, Privatbesitz Berlin | ohne Abb.

142
Postkarte »Drei Generationen«, Gustav Liersch (Verlag), 1908, 13,8 × 8,6 cm, Privatbesitz Berlin | ohne Abb.

143
Postkarte zur vierten Generation Hohenzollern, Hermann Selle (Fotografie), 4. 6. 1882, 13,8 × 8,85 cm, Sammlung Jörg Kirschstein, Potsdam | Abb. S. 67 o.

144
Postkarte »Fünf Generationen«, Rotophot Berlin (Verlag), 1906, 13,9 × 8,6 cm, Privatbesitz Berlin | Abb. S. 67 u. l.

145
Tafelaufsatz mit Darstellung der Begegnung König Wilhelms I. mit seinem Sohn Friedrich Wilhelm auf dem Schlachtfeld von Königgrätz am 3. 7. 1866, Julius Franz (Modell)/Sy u. Wagner (Goldschmiede), 1872, Silber, gegossen, getrieben, ziseliert, 69 × 61 × 54 cm, SPSG, Skulpt.slg. 1687 | Abb. S. 62

146
Kopffragment eines zerstörten Denkmals Wilhelms I. in Wesel, Reinhold Begas, 1906/07, Marmor, 46,4 × 24,9 cm, Städtisches Museum Wesel, SMW 85/786 | Abb. S. 66

147
Medaille auf Kurfürst Joachim II., seine Söhne u. Enkel, Hans Schenk, 1564, Silber, gegossen, geglättet, Dm. 7,62 cm, SKD – Münzkabinett, BRB 2432 | Abb. S. 74

148
Ansicht des Schlosses Oranienburg, Johann Wilhelm Schleuen, 1760, Radierung, 20,9 × 33 cm, SPSG, GK II (1) 14429 | Abb. S. 75

149
Elisabeth von Dänemark, Norwegen u. Schweden, Kurfürstin von Brandenburg, unterrichtet ihren Sohn Joachim (II.), Erdmann Encke, 1885–1890, Bronzeguss, 90 × 57 × 62 cm, SMB PK – Alte Nationalgalerie, B I 86 | Abb. S. 73 r.

150
Luise von Mecklenburg-Strelitz, Königin von Preußen, mit ihrem Sohn Wilhelm (I.), Fritz Schaper, 1901, Bronzeguss, 41 × 13,5 × 13 cm, Zürich, Privatsammlung eines Nachfahren Fritz Schapers | Abb. S. 70

WEICHENSTELLUNGEN

151
Kurfürst Joachim I. von Brandenburg, Lucas Cranach d. Ä., 1529, Öl auf Buchenholz, 52 × 35,5 cm, SPSG, GK I 9377, Eigentum Haus Hohenzollern, SKH Georg Friedrich Prinz von Preußen, ehemals Hohenzollern-Museum | Abb. S. 223 l.

152
Joachim (II.) von Brandenburg als Kurprinz, Lucas Cranach d. Ä., um 1520, Öl auf Buchenholz, 61,5 × 43,2 cm, SPSG, GK I 10809 | Abb. S. 228 l.

153
Elisabeth von Dänemark, Norwegen u. Schweden, Kurfürstin von Brandenburg, Heinrich Bollandt zugeschr., um 1620, Öl auf Holz, 20,8 × 14,8 cm, Bayreuth, Universitätsbibliothek, Pict. 26 | Abb. S. 223 r.

154
»Ordnung der Gesenge«, erlassen 1554 von Elisabeth von Dänemark, Norwegen u. Schweden, Johan Tewber von Liebenwerde (Text), Cölln a. d. Spree 1555, Pergamenthandschrift, 26,5 × 41 cm (geöffnet), Erlangen, Universitätsbibliothek, Ms. B 43 | Abb. S. 191

155
Martin Luther, Lucas Cranach d. Ä., um 1530, Öl auf Lindenholz, 38 × 23,5 cm, SPSG, GK I 50476 | ohne Abb.

156
Bibel mit persönlichen Notizen u. Einklebungen von Hans Plock, Hans Lufft (Drucker), 1541, Bd. 2, Bl. 421v/422r, SSB, XIII 387, als Dlg. im Kupferstichkabinett der SMB PK, dort: LG 20-1953 | Abb. S. 226

157
Rothirschgeweih, Horn, Holz, Metall, gefasst, 88 × 122 × 84 cm, SPSG, Lfd. Nr. 230 | ohne Abb.

158
Kurfürst Joachim II. von Brandenburg, Lucas Cranach d. J., um 1570, Öl auf Lindenholz, 112,2 × 88 cm, SPSG, GK I 1113 | Abb. S. 228 r.

159
Hedwig Jagiellonica, Kurfürstin von Brandenburg, Hans Krell (?), 1535/40, Öl auf Lindenholz, 47,7 × 35 cm, SPSG, GK I 2152, Eigentum Haus Hohenzollern, SKH Georg Friedrich Prinz von Preußen, ehemals Hohenzollern-Museum | Abb. S. 137

160
Anna von Preußen, später Kurfürstin von Brandenburg, Daniel Rose zugeschr., um 1605, Öl auf Leinwand, 137,8 × 88 cm, SPSG, GK I 51244 | Abb. S. 231

161
Schwert des Albrecht von Brandenburg-Ansbach, Hochmeister d. Deutschen Ordens, Herzog in Preußen/Reichsschwert von Preußen, Jobst Freudener (Goldschmied), 1540/41, Silber, gegossen, getrieben, graviert, vergoldet, Stahl, Scheide: Holz, Leder, L. 94 cm/74 cm (Schwertscheide), SPSG, HM 6459, Eigentum Haus Hohenzollern, SKH Georg Friedrich Prinz von Preußen | Abb. S. 232

162
Ehrentafel für Johann Sigismund von Brandenburg auf die Belehnung mit dem Herzogtum Preußen durch den polnischen Reichstag am 2. 12. 1611, Süddeutschland (Nürnberg?), 1611, Silber, getrieben, graviert, 59,5 × 43 × 4 cm, Leipzig, GRASSI Museum für Angewandte Kunst, 1946.101 | Abb. S. 233

163
Albrecht Friedrich, Herzog in Preußen, 1612, Öl auf Leinwand, 93 × 79 cm, SPSG, GK I 1103 | Abb. S. 234

164
Gnadenpfennig als Porträtanhänger Wolfgang Wilhelms, Herzog von Pfalz-Neuburg u. Herzog v. Jülich-Berg, 1. Hälfte 17. Jh., Gold, gegossen, Email, Diamanten, Rubine, 7,4 × 5,2 × 0,9 cm, GNM, T3612 | Abb. S. 237 r.

165
Anhänger mit dem Porträt Johann Sigismunds, Kurfürst von Brandenburg, u. dem Wappen von Kleve (Rückseite), Carl Matthäus (?), 1608–1619, Gold, Email, Diamanten, Rubine, Amethyste, Perlen, 10,3 × 4,7 cm, SMB PK – Münzkabinett, BM-084/18 Barock, 18200717 | Abb. S. 236 l.

166
Ländermedaille Johann Georgs I., Kurfürst von Sachsen, Christian Maler, 1614, Gold, geprägt, Dm. 4,6 cm, SKD – Münzkabinett, BGA 3713 | Abb. S. 236 r. u. 237 l.

167
Kurbrandenburgische Erklärung u. Bestätigung des mit Pfalz-Neuburg am 2./12. 11. 1614 geschlossenen Vertrags von Xanten, Tinte auf Pergament, Wachssiegel, 39,9 × 62,8 cm, GStA PK, I HA Geh. Rat, Rep. 11 Ausw. Bez., Staatsverträge Nr. 576 | Abb. S. 239

168
Maria Eleonore von Jülich-Kleve-Berg, Herzogin in Preußen, um 1600, Öl auf Leinwand, 131 × 77 cm, SPSG, GK I 1093 | Abb. S. 235

169
Entwurf zum Wandgemälde »Die Wiedererstehung des Deutschen Reiches 1871« im Reichssaal der Kaiserpfalz in Goslar, Hermann Wislicenus, 1876–1882, Stiftzeichnung, 128 × 103 cm, SMB PK – Kupferstichkabinett, SZ Wislicenus 9 | Abb. S. 71

170
Die Begegnung der Luise von Mecklenburg-Strelitz, Königin von Preußen, mit Napoleon, Nicolas Louis François Gosse (Entwurf)/KPM Berlin (Ausführung), um 1840, Porzellan, Aufglasurmalerei, teilw. vergoldet, Dm. 17,3 cm, Land Berlin – KPM-Porzellansammlung, B 2009/87 | Abb. S. 247

171
Luise von Mecklenburg-Strelitz, Königin von Preußen, als Hebe vor dem Brandenburger Tor, Wilhelm Wach nach Eduard Ströhling, 1806–1812, Öl auf Kupfer, 73 × 57,5 cm, SSB, GEM 94/3 | Abb. S. 245

172
Kopfreplik von der Grabmalskulptur der Luise von Mecklenburg-Strelitz, Königin von Preußen, Christian Daniel Rauch, 1811, 40 × 43 × 55 cm, SMB PK – Alte Nationalgalerie, B II 148 | ohne Abb.

173
Wilhelm I. am Grab seiner Eltern im Mausoleum bei Schloss Charlottenburg am 19. 7. 1870, Anton von Werner, 1881, Öl auf Leinwand, 165 × 218 cm, Wrocław, Muzeum Narodowe we Wrocławiu, VIII-2997 | Abb. S. 68 f.

174
Sophie Dorothea von Hannover, Königin in Preußen, Georg Wenzeslaus von Knobelsdorff, um 1737, Öl auf Leinwand, 142 × 109,5 cm, SPSG, GK I 5237 | Abb. S. 242 l.

175
Ferdinand von Braunschweig-Wolfenbüttel in Uniform, Joachim Martin Falbe zugeschr., um 1755/60, Öl auf Leinwand, 188 × 144 cm, SPSG, GK I 1157 | Abb. S. 242 r.

176
Elisabeth Christine von Braunschweig-Bevern, Königin von Preußen, Antoine Pesne, 1740/41, Öl auf Leinwand, 140 × 107 cm, SPSG, GK I 1027, Eigentum Haus Hohenzollern, SKH Georg Friedrich Prinz von Preußen, ehemals Hohenzollern-Museum | Abb. S. 243

177
Dorothea von Holstein-Glücksburg bei ihrem Mann Friedrich Wilhelm von Brandenburg in der Batterie vor Anklam, Friedrich Georg Weitsch, 1800, Öl auf Leinwand, 116 × 161 cm, SPSG, GK I 5142 | Abb. S. 241

178
Schulterstücke für einen Leutnant des »Königin Augusta Garde-Grenadier-Regiments Nr. 4«, um 1910, Tuch, Litze, Messing, 1,5 × 10 × 13 cm, DHM, U 2008a-b | Abb. S. 249 l.

179
Uniformrock u. Attila der Victoria Luise von Preußen, später Herzogin zu Braunschweig und Lüneburg (2. Leibhusaren-Regiment Nr. 2), 1909, Wolltuch, Wehrgeschichtliches Museum Rastatt GmbH, 000747 u. 000750 | Abb. S. 251

180
Postkarten mit Darstellungen von uniformierten weiblichen Familienmitgliedern der Hohenzollern, verlegt u. a. bei Gustav Liersch/Neue Photographische Gesellschaft, 1899–1914, zw. 13,6 × 8,7 cm u. 12,4 × 17,35 cm, Sammlung Jörg Kirschstein, Potsdam/versch. Privatbesitz | Abb. S. 248 l., 249 r., 250

181
Büste des Reichskanzlers Otto von Bismarck, Reinhold Begas, 1886, Marmor, 90 × 64 × 44 cm, Privatbesitz | Abb. S. 259

182
Büste des Kaisers Wilhelm I., Reinhold Begas, 1880/81, Originalmodell, Gips, 78 × 64 × 40 cm, Privatbesitz | Abb. S. 255 l.

183
Büste der Augusta von Sachsen-Weimar-Eisenach, später Deutsche Kaiserin/Königin von Preußen, Victoria von Großbritannien u. Irland, später Deutsche Kaiserin/Königin von Preußen, 1859 (Modell)/Gladenbeck u. Sohn, 1880–1890 (Guss), Gips, weiß gefasst, 60 × 47 × 27,5 cm, SMB PK – Alte Nationalgalerie, B II 241 | Abb. S. 255 r.

184
Büste des Friedrich Wilhelm von Preußen, später Kaiser Friedrich III., Reinhold Begas, 1883, Originalabguss, Gips, 91 × 71 × 50 cm, Privatbesitz | Abb. S. 254

185
Victoria von Großbritannien u. Irland, später Deutsche Kaiserin/Königin von Preußen, Reinhold Begas, 1883, Marmor, 69 × 49 × 32 cm, Eigentum Haus Hohenzollern, SKH Georg Friedrich Prinz von Preußen | Abb. S. 253

186
Birnkrug mit Initialen der Anna Maria Wolbeer, Manufaktur Gerhard Wolbeer, 1704, Fayence, Inglasurmalerei, 28,5 × 18 cm, SSB, KGK 82/2 | Abb. S. 262 l.

187
Anbietplatte mit Motiven nach asiatischen Vorbildern, Manufaktur Guischard, 1771, Fayence, Inglasurmalerei, Dm. 33,2 cm, SSB, II 71/425 B | Abb. S. 263

188
Balustervase (ohne Deckel), Manufaktur Menicus, 1748–1763, Fayence, In- u. Aufglasurmalerei, H. 31,5 cm, Dm. 21,2 cm, SSB, II 77/175 B | Abb. S. 262 r.

189
Katharina von Brandenburg-Küstrin, Kurfürstin von Brandenburg, Nathan Mau (?), um 1600 u. später (?), Öl auf Leinwand, 118,5 × 86 cm, SPSG, GK I 12296 | Abb. S. 261 r.

190
Mörser aus der Hofapotheke, Johann Swys Berlin, 1700, Bronzeguss, 36 × 50 × 42,5 cm, SPSG, Skulpt.slg. 2415 | Abb. S. 261 l.

191
Porträt des Lorenz Beger, »I.F.S. sc.«, 1705, Radierung, 19,8 × 15,5 cm, BBAW – Archiv, Abt. Sammlungen, Graphikporträtsammlung, L. Beger, Nr. 2 | Abb. S. 264 u. l.

192
Thesaurus Brandenburgicus Selectus, Vol. 3, Lorenz Beger, 1701, 50 × 41 cm (geöffnet), BBAW – Bibliothek, Be 24550 | Abb. S. 264 u. r.

193
Gottfried Wilhelm Leibniz, Johann Friedrich Wentzel d. Ä., um 1700, Öl auf Holz, 73 × 63 cm, BBAW – Archiv, Abt. Sammlungen, Gelehrtengemälde, G. W. Fr. v. Leibniz, VZLOBO-0031 | Abb. S. 265

194
»Contoir-Kalender der Kurfürstlich-Brandenburgischen Societät der Wissenschaften«, 1701, 36 × 51 cm, BBAW – Archiv, PAW (1700–1811), I-I-1, Bl. 118 | Abb. S. 264 o.

195
Giovanni Battista Bononcini, Anthoni Schoonjans, 1702, Öl auf Leinwand, 120 × 93 cm, SPSG, GK I 2654 | Abb. S. 266

196
Die Schachpartie, Johann Erdmann Hummel, 1819, Öl auf Leinwand, 38,5 × 44 cm, SMB PK – Alte Nationalgalerie, A I 825 | Abb. S. 269

197
Ausblick aus der Vorhalle des Alten Museums auf den Lustgarten, Carl Daniel Freydanck, nach 1843, Öl auf Leinwand, 27,6 × 37,9 cm, SPSG, KPM-Archiv (Land Berlin), KPM G 8 | Abb. S. 268

198
Musik u. Weisheit huldigen der Markgräfin Wilhelmine von Brandenburg-Bayreuth, Juda Pinhas zugeschr., um 1755, Deckfarben auf Pergament, 37,6 × 32 cm, SPSG, GK II (5) 4702 | Abb. S. 154

199
Spieltisch, Heinrich Wilhelm Spindler d. J. zugeschr., um 1770, Palisander-, Ahorn-, Eichen- u. Ebenholz, Ahornmarketerie, furniert, Bronzebeschläge, versilbert, 76 × 88 × 43,5 cm, SPSG, IV 626 | ohne Abb.

200
Spolie der Erinnerungstafel an Friedrich Wilhelm von Brandenburg u. seine Gemahlin Dorothea von Holstein-Glücksburg als Stifterpaar der Dorotheenstädtischen Kirchengemeinde Berlin, Ernst Waegener (Bildhauer)/H. Noack (Gießer), 1912, Bronzeguss, 89 × 159 × 45 cm, Privatbesitz | Abb. S. 16, vgl. S. 17

ABBILDUNGEN NICHT AUSGESTELLTER OBJEKTE

S. 17
Erinnerungstafel an Friedrich Wilhelm von Brandenburg u. seine Gemahlin Dorothea von Holstein-Glücksburg als Stifterpaar der Dorotheenstädtischen Kirchengemeinde Berlin, aus: Illustrirte Zeitung 3625 (12. 12. 1912), S. 1212 | vgl. Kat.-Nr. 200

S. 58
Galatafel im Weißen Saal des Berliner Schlosses anlässl. der Hochzeit Victoria Luises von Preußen, Fortunino Matania, 1913, Feder, Aquarell, weiß gehöht, 39,5 × 29,5 cm, HuD 01996

S. 59
Das beschädigte Berliner Schloss während der Novemberrevolution, Willy Römer, 24. 12. 1918, Fotografie, SMB PK – Kunstbibliothek, WR_A0061_01

S. 63
»Gedenkblatt zur Geschichte der Hohenzollern und von Preußen«, Carl Walther (Entwurf/Bearbeitung)/Rudolf Trache u. C. Schmidt (Zeichnung), 1917, Lithografie, 64 × 47 cm, SBB PK, Einbl. 1917, 7 gr.

S. 65
Die »Siegesallee«, Novitas Berlin (Verlag), 1901/02, 13,7 × 8,7 cm, Privatbesitz Berlin

S. 72 f.
Prozession der älteren Hohenzollernfürsten mit Elisabeth v. Dänemark, Norwegen u. Schweden, Kurfürstin von Brandenburg, in der Mitte (Ausschnitt), Hermann Schaper (Entwurf)/Puhl & Wagner (Ausführung), 1895, Mosaik, Berlin, Kaiser-Wilhelm-Gedächtniskirche

S. 90
Bett Friedrichs I. im Paradeschlafzimmer in Schloss Charlottenburg, unbekannter Fotograf, um 1888 (?), Negativ, Glas-/Gelatinetrockenplatte, SPSG, Fotothek, F0001170

S. 101
Oculus, Andrea Mantegna, zw. 1464 u. 1474, Deckengemälde (Ausschnitt) in der Camera degli Sposi im Palazzo Ducale in Mantua

S. 102 f.
Barbara u. Ludovico Gonzaga im Kreis ihrer Familie, Andrea Mantegna, zw. 1464 u. 1474, Wandgemälde (Nordwand) in der Camera degli Sposi im Palazzo Ducale in Mantua

S. 105
Männliche Familienmitglieder u. Gäste der Gonzaga, Andrea Mantegna, zw. 1464 u. 1474, Wandgemälde (Westwand) in der Camera degli Sposi im Palazzo Ducale in Mantua

S. 108
Medaillon mit der Devise Barbaras von Brandenburg, Andrea Mantegna, zw. 1464 u. 1474, Wandgemälde (Ostwand, Ausschnitt) in der Camera degli Sposi im Palazzo Ducale in Mantua

S. 125
Wappen Brandenburgs und Braunschweig-Wolfenbüttels auf einem von Hedwig von Brandenburg, Herzogin von Braunschweig-Wolfenbüttel, gestifteten Altarbild, Hans Vredeman de Vries (gemeinsam mit Paul Vredeman de Vries (?) u. einem unbekannten Künstler), 1590, Öl u. Tempera auf Holz, 144,2 × 61,2 u. 145,7 × 60,2 cm, Wolfenbüttel, Herzog August Bibliothek: B 58 und B 72

S. 130 r.
Philippine Charlotte in Preußen, Herzogin von Braunschweig-Wolfenbüttel, Johann Christian August Schwartz (Vorlage)/Carl Schroeder (Kupferstich), nach 1801, Mezzotinto, 50 × 37,3 cm, Wolfenbüttel, Herzog August Bibliothek: Port. III 260a

S. 158
Entwurf für die Ostwand des Porzellankabinetts von Schloss Charlottenburg, Martin Engelbrecht (Stich)/Johann Friedrich Eosander von Göthe (Entwurf), 1703, Radierung, 35,3 × 38,8 cm (Platte), teilw. beschnitten, SPSG, GK II (1) 16585

S. 162
Goldschmied in seiner Werkstatt, wohl der hl. Eligius, Petrus Christus, 1449, Öl auf Holz, 98 × 85,2 cm, New York, The Metropolitan Museum of Art, Robert Lehman Collection, 1975 (1975.1.110)

S. 165
Friedrich (II.) als Kronprinz u. seine Schwester Wilhelmine in Preußen, später Markgräfin von Brandenburg-Bayreuth, Antoine Pesne, 1714, Öl auf Leinwand, 174 × 163 cm, SPSG, GK I 3418

S. 168
Porträt der Elisabeth Christine Ulrike von Braunschweig-Wolfenbüttel, Prinzessin von Preußen, Johann Georg Ziesenis, um 1765, Öl auf Leinwand, 149 × 110 cm, SPSG, GK I 11852

S. 169
Friedrich Wilhelm von Brandenburg und seine Gemahlin Luise Henriette, Mathias Czwiczek, um 1650, Öl auf Leinwand, 260 × 212 cm, SPSG, GK I 8077

S. 170
Allegorie auf die Eroberung der Insel Rügen durch Friedrich Wilhelm von Brandenburg, Jacques Vaillant, 1678, Öl auf Leinwand, 569 × 762 cm, SPSG, GK I 4203 (Kriegsverlust)

S. 171 l.
Porträt der Sophie Charlotte von Hannover, Königin in Preußen, Friedrich Wilhelm Weidemann, nach 1701, Öl auf Leinwand, 240 × 155 cm, Kulturstiftung des Hauses Hessen, Schloss Friedrichshof, Kronberg, B3041

S. 171 r.
Porträt der Sophie Dorothea von Hannover, Königin in Preußen, Friedrich Wilhelm Weidemann, 1728, Öl auf Leinwand, 238 × 142 cm, SPSG, GK I 1865

S. 172
Sophie Dorothea als Witwe, Antoine Pesne, 1748, Öl auf Leinwand, 245 × 154 cm, SPSG, GK I 878

S. 174
Elisabeth Christine als Witwe, Anton Graff, 1789, Öl auf Leinwand, 148 × 98 cm, SPSG, GK I 1202, Eigentum Haus Hohenzollern, SKH Georg Friedrich Prinz von Preußen | vgl. Kat.-Nr. 137

S. 177 r.
Entwurf für den Krönungsmantel Königin Augustas von Preußen, später Deutsche Kaiserin, Victoria von Großbritannien u. Irland, 1861, Bleistift, Aquarell u. Deckfarbe auf Karton, 18,5 × 12 cm, Kulturstiftung des Hauses Hessen, AHH KF 153

S. 189 o.
Ansicht des Bayrischen Hauses in Potsdam, Ferdinand Marohn, 1848, Aquarell, 19,6 × 28,9 cm, SPSG, GK II (5) 2104

S. 192
Kurfürst Johann Georg I. von Sachsen, 1617, Gemälde zerstört, aus: Jean Louis Sponsel, Fürsten-Bildnisse aus dem Hause Wettin, Dresden 1906, Tafel 40a

S. 200 l.
Wachsfiguren der verstorbenen Kinder von Sophie Dorothea von Hannover, später Königin in Preußen: Ludwig Karl Wilhelm (o. l.), Charlotte Albertine (o. r.), Friedrich Wilhelm (u. l.), Friedrich Ludwig (u. r.), aus: Paul Seidel, Die Kinderbildnisse Friedrichs des Großen und seiner Brüder, in: Hohenzollern-Jahrbuch 15 (1911), S. 22

S. 200 r.
Wachsfigur des Friedrich Ludwig in Preußen in einer Vitrine, aus: Paul Seidel, Illustrierter Führer durch das Hohenzollern-Museum im Schlosse Monbijou, Berlin 1910, Tafel 87

S. 202 l.
Wilhelmine in Preußen, später Markgräfin von Brandenburg-Bayreuth, als zweijähriges Kind, Antoine Pesne, um 1711, Öl auf Leinwand, 135 × 104 cm, Bayerische Verwaltung der staatlichen Schlösser, Gärten und Seen, Bayreuth, Neues Schloss, BayNS.G0036

S. 203
Wöchnerinnenschüssel mit Platte, Geschenk Friedrich Wilhelms I. an Sophie Dorothea von Hannover, Königin in Preußen, Meißen 1730, Porzellan, vergoldet, L. 28,3 cm, B. 15,9 cm (Platte)/L. 25,3 cm, Dm. 18,8 cm, H. 13,1 cm (Schüssel), London, British Museum, Museum No. Franks.67

S. 204
Porträt August Wilhelms in Preußen mit seiner Schwester Anna Amalie, Karl Emil Weidemann, um 1724/25, Öl auf Leinwand, 140,1 × 109,1 cm, Wolfenbüttel, Herzog August Bibliothek: B 14

S. 224 f.
Flügelaltar aus der ehem. Dominikanerkirche Berlin, 1514, heute in der St.-Moritz-Kirche in Mittenwalde

S. 244
Spenzer der Königin Luise von Preußen zu einem Paradeuniformkleid des Regiments »Königin-Dragoner No. 5«, 1806, Tuch, Wolle, gerauht, leinwandbindig, Aufschläge Seidensamt, Futter Seidenatlas, Zwischenfutter Leinen, Rabatten u. Aufschläge bestickt, gestochene Arbeit mit Baumwollfäden, als Unterlage Silbergespinst, Knöpfe Silber, L. (hinten): 42 cm, B. (Schulter): 36 cm, L. (Arm): 62 cm, SKH Georg Friedrich Prinz von Preußen, Burg Hohenzollern

S. 246
»L'Heroïne de Berlin haranguant ses troupes«, bez. »à Paris chéz Martinet«, 1806 (?), Radierung, koloriert, 25,2 × 19,9 cm, Paris, Bibliothèque nationale de France, département Estampes et photographie, RESERVE QB-370 (62)-FT 4

S. 248 r.
Postkarte »Kaiserin Auguste Victoria auf der Parade«, um 1900, 9 × 14 cm, Berlin, Sammlung Weißbrich

LITERATUR

A

Adlersfeld-Ballestrem 1908
Eufemia von Adlersfeld-Ballestrem: Elisabeth Christine Königin von Preußen, Herzogin von Braunschweig-Lüneburg. Das Lebensbild einer Verkannten, Berlin 1908.

Allgemeines bürgerliches Gesetzbuch 1811
Allgemeines bürgerliches Gesetzbuch für die gesamten Deutschen Erbländer der Oesterreichischen Monarchie, Bd. 2, o. O. 1811.

Altmann 1897 – 1900
Die Urkunden Kaiser Sigmunds (1410 – 1437), hg. v. Wilhelm Altmann, 2 Bde., Innsbruck 1897 – 1900 (= Regesta Imperii, 11).

Altrock 1897
Constantin von Altrock: Geschichte des Königin Elisabeth Garde-Grenadier-Regiments Nr. 3. Von seiner Stiftung 1859 bis zum Jahre 1896, Berlin 1897.

[Anon.] 1626
Umbständliche Relation Des Bethlem Gabors mit der ChurBrandenburgischen Princessin Catharina / zu Caschaw gehaltenen Beylagers, o. O. 1626.

[Anon.] 1668
Churfürstliches Ehrengedächtnüß: Sieben Leichpredigten Nebst Unterschiedlichen Anderen Trauer- und Trost-Schrifften Auff Den [...] Abschied Der [...] Frauen Louysen, Marggräffinn und Churfürstinn zu Brandenburg [...], Cölln an der Spree 1668.

[Anon.] 1733
Kurtze Doch Umständliche Beschreibung Des solennen Einzugs Ihro Königl. Hoheit der Cron=Prinzessin von Preussen, Elisabeth Christine, Prinzessin von Braunschweig=Bevern / ec.ec. In Magdeburg / Und Höchst Deroselben fernere Abreise nach Berlin, So geschehen den 20. und den folgenden Tagen des Monats Junii 1733, Magdeburg 1733.

[Anon.] 1858
Die Vermählung des Prinzen Friedrich Wilhelm von Preußen mit der Königl. Prinzessin Victoria von England. Separat-Ausdruck aus der Illustrierten Zeitung No. 1, Berlin 1858.

[Anon.] 1886
[Anon.]: Mitregenten und fremde Hände in Deutschland, Zürich 1886.

[Anon.] 1889
Auch ein Programm aus den 99 Tagen, Berlin 1889.

Antenhofer 2009
Christina Antenhofer: Der Fürst kommuniziert. Die Camera Picta des Andrea Mantegna. In: Bildmagie und Brunnensturz. Visuelle Kommunikation von der klassischen Antike bis zur aktuellen medialen Kriegsberichterstattung, hg. v. Elisabeth Walde, unter Mitarbeit v. Monika Fink u. Thomas Steppan, Innsbruck, Wien u. Bozen 2009, S. 217 – 237.

Arenfeldt 2005
Pernille Arenfeldt: The Political Role of the Female Consort in Protestant Germany, 1550 – 1585. Anna of Saxony as »Mater Patriae«, Diss. [masch.], Florenz 2005.

Armstedt 1898
Richard Armstedt: Die jülichsche Reise der Herzogin Marie Eleonore von Preußen im Jahre 1591/92. I. Kulturhistorischer Teil. In: Altpreußische Monatsschrift 35 (1898), S. 201 – 246.

Aschoff 2010
Hans-Georg Aschoff: Die Welfen. Von der Reformation bis 1918, Stuttgart 2010.

Auer/Rauch 2007
Alfred Auer u. Margot Rauch: Prinzenrolle. Kindheit vom 16. bis 18. Jahrhundert, Ausstellung, Innsbruck, Kunsthistorisches Museum Wien, 2007, Wien 2007.

Auf den Spuren von Kronprinzessin Victoria, Kat. 2001
Auf den Spuren von Kronprinzessin Victoria, Kaiserin Friedrich (1840 – 1901), hg. v. d. Generaldirektion der Stiftung Preußische Schlösser und Gärten Berlin-Brandenburg, Ausstellung, Potsdam, Stiftung Preußische Schlösser und Gärten Berlin-Brandenburg, 2001, Potsdam 2001.

B

Bäumel 1993
Jutta Bäumel: Kleidung und Ausstattung zu den Hochzeiten des Herzogs Johann Georg (I.) von Sachsen 1604 in Dresden und 1607 in Torgau. In: Jahrbuch der Staatlichen Kunstsammlungen Dresden 24 (1993), S. 25 – 32.

Bandow 1858
Georg Friedrich Bandow: Preußens und Englands neuster Fest= und Freudentag, Berlin 1858.

Bailleu 1895
Paul Bailleu: Aus einem Stammbuch der Königin Luise. In: Forschungen zur Brandenburgischen und Preußischen Geschichte 8 (1895), S. 251 – 253.

Bailleu 1908
Paul Bailleu: Königin Luise. Ein Lebensbild, Berlin 1908.

Bainton 1995
Roland Bainton: Frauen der Reformation. Von Katharina von Bora bis Anna Zwingli, Gütersloh 1995.

Barth 1721
Gottfried Barth: Ausführlicher Bericht von der Gerade, Leipzig 1721.

Bartmann 1984
Dominik Bartmann: Berlin offiziell. In: Berlin um 1900, hg. v. d. Berlinischen Galerie, Ausstellung, Berlin, Berlinische Galerie, Akademie der Künste u. Berliner Festspiele GmbH, 1984, Berlin 1984, S. 183 – 188.

Bartmann 1993
Anton von Werner. Geschichte in Bildern, hg. v. Dominik Bartmann, München 1993.

Bartoschek 1991
Gerd Bartoschek: Münchner Biedermeier. Aquarelle aus der Sammlung der Königin Elisabeth von Preußen, Ausstellung, München, Bayerische Vereinsbank u. Stiftung Schlösser und Gärten Potsdam-Sanssouci, 1991, München 1991.

Bartoschek 2008
Gerd Bartoschek: Das Vermählungsalbum von 1823. Zeichnungen deutscher Künstler in Italien für das preußische Kronprinzenpaar, Ausstellung, Potsdam, Stiftung Preußische Schlösser und Gärten Berlin-Brandenburg, Potsdam 2008.

Bastian 2013
Corina Bastian: Verhandeln in Briefen. Frauen in der höfischen Diplomatie des frühen 18. Jahrhunderts, Köln, Weimar u. Wien 2013 (= Externa. Geschichte der Außenbeziehungen in neuen Perspektiven, 4).

Bauer 2006
Alexandra Nina Bauer: Jan Mijtens (1613/14–1670). Leben und Werk, Petersberg 2006 (= Studien zur internationalen Architektur- und Kunstgeschichte, 21).

Bauer 2013
Volker Bauer: Wurzel, Stamm, Krone. Fürstliche Genealogie in frühneuzeitlichen Druckwerken, Ausstellung, Wolfenbüttel, Herzog August Bibliothek Wolfenbüttel, 2013–2014, Wiesbaden 2013 (= Ausstellungskataloge der Herzog August Bibliothek, 97).

Bauer 2015
Alexandra Nina Bauer: Fato dignus meliori (Er war eines besseren Schicksals würdig). Anmerkungen zum Leben des Markgrafen Ludwig von Brandenburg (1666–1687), jüngster Sohn der Louise Henriette van Oranje-Nassau (1627–1667). In: Jaarboek Oranje-Nassau (2015), S. 36–59.

Baumgart 2014
General Albrecht von Stosch. Politische Korrespondenz 1871–1896, hg. v. Winfried Baumgart, München 2014.

Bayern & Preußen, Kat. 1999
Bayern & Preußen & Bayerns Preußen. Schlaglichter auf eine historische Beziehung, hg. v. Johannes Erichsen u. Evamaria Brockhoff, Ausstellung, Berlin u. Kulmbach, Haus der Bayerischen Geschichte, 1999, Augsburg 1999 (= Veröffentlichungen zur Bayerischen Geschichte und Kultur, 41).

Bechler 2009
Katharina Bechler: Heirats-, Kirchen- und Machtpolitik. Dynastische Familiengeflechte im Zeitalter der Konfessionalisierung. In: Calvinismus. Die Reformierten in Deutschland und Europa, hg. v. Ansgar Reiß u. Sabine Witt, Ausstellung, Berlin u. Emden, Deutsches Historisches Museum u. Johannes-A.-Lasco-Bibliothek, 2009, Dresden 2009, S. 122–128.

Becker 2013
Ingeborg Becker: Moderne Figuren. Der Hochzeitszug von Adolf Amberg für die KPM Berlin. In: Lust auf Dekor. KPM-Porzellane zwischen Jugendstil und Art Deco. Die Ära Schmuz-Baudiß, hg. v. Tobias Hoffmann u. Claudia Kanowski, Ausstellung, Berlin, Bröhan-Museum, Landesmuseum für Jugendstil, Art Deco und Funktionalismus, 2013–2014, Köln 2013, S. 138–144.

Bedaux 1981
Jan Baptist Bedaux: De hondenparabel van Lycurgus. In: Kunstlicht 2.2–3 (1981), S. 41–44.

Beneke/Gramlich 1994
Sabine Beneke u. Sybille Gramlich: Gemälde. 16.–19. Jahrhundert. Mit einem kritischen Katalog der Gemälde des Berlin-Museums, Berlin 1994 (= Verzeichnis der Bestände des künftigen Stadtmuseums Berlin, 1.1).

Bensiek 1972
Wolfgang Bensiek: Die ästhetisch-literarischen Schriften Fénelons und ihr Einfluß in der ersten Hälfte des 18. Jahrhunderts in Deutschland, Diss. [masch.] Tübingen 1972.

Benson/Esher 1908
The Letters of Queen Victoria. A selection from her Majesty's correspondence between the years 1837 and 1861, Bd. 2: 1844–1853, hg. v. Arthur Christopher Benson u. Reginald Baliol Brett Esher, London 1908.

Bepler 2002 Fürstin
Jill Bepler: Die Fürstin im Spiegel der protestantischen Funeralwerke der Frühen Neuzeit. In: Der Körper der Königin. Geschlecht und Herrschaft in der höfischen Welt seit 1500, hg. v. Regina Schulte, Frankfurt am Main 2002, S. 135–161 (= Campus Historische Studien, 31).

Bepler 2002 Frauen
Jill Bepler: »im dritten Gradu ungleicher Linie Seitwarts verwandt«. Frauen und dynastisches Bewußtsein in den Funeralwerken der Frühen Neuzeit. In: Dynastie und Herrschaftssicherung in der Frühen Neuzeit. Geschlechter und Geschlecht, hg. v. Heide Wunder, Berlin 2002 (= Zeitschrift für historische Forschung, 28).

Bepler 2003
Jill Bepler: Lektüre, Schrift und Gebet im Leben der fürstlichen Witwe in der Frühen Neuzeit. In: Witwenschaft in der Frühen Neuzeit. Fürstliche und adlige Witwen zwischen Fremd- und Selbstbestimmung, hg. v. Martina Schattkowsky, Leipzig 2003, S. 303–319.

Bepler 2010
Jill Bepler: Enduring Loss and Memorializing Women. The Cultural Role of Dynastic Widows in Early Modern Germany. In: Enduring Loss in Early Modern Germany. Cross Disciplinary Perspectives, hg. v. Lynne Tatlock, Leiden 2010, S. 133–160.

Bergemann 2000
Uta-Christine Bergemann: Stickereien, Berlin 2000 (= Bestandskataloge der Stiftung Preußische Schlösser und Gärten Berlin-Brandenburg. Bestandskataloge der Kunstsammlungen Angewandte Kunst, Textilien).

Berger 2007
Markgräfin Wilhelmine von Bayreuth. Memoiren einer preußischen Königstochter, hg. v. Günter Berger, Bayreuth 2007.

Berner 1901
Aus dem Briefwechsel König Friedrichs I. von Preussen und seiner Familie, hg. v. Ernst Berner, Berlin 1901 (= Quellen und Untersuchungen zur Geschichte des Hauses Hohenzollern, 1).

Besser 1702
Johann von Besser: Preußische Krönungs-Geschichte [...], Cölln an der Spree 1702.

Bielfeld 1763
Jacob Friedrich von Bielfeld: Lettres familières et autres, 2 Bde., Den Haag 1763.

Bielfeld 1765
Jakob Friedrich von Bielfeld: Freundschaftliche Briefe nebst einigen andern, 2. Teil, Danzig u. Leipzig 1765.

Binder 1935
Hilde Binder: Queen Viktoria und König Wilhelm im Jahre 1866. In: Forschungen zur Brandenburgischen und Preußischen Geschichte 47 (1935) S. 104–121.

Bischoff 2000
Cordula Bischoff: »... daß es was artiges sey zum Plaisir einer Fürstin ...«. Zum Phänomen der Prunkküche im Schloßbau des 17. und frühen 18. Jahrhunderts. In: Das Frauenzimmer. Die Frau bei Hofe in Spätmittelalter und Früher Neuzeit, hg. v. Jan Hirschbiegel u. Werner Paravicini, Stuttgart 2000, S. 193–204.

Bischoff 2002
Cordula Bischoff: Porzellansammlungspolitik im Hause Brandenburg. In: Aspekte der Kunst und Architektur in Berlin um 1700, hg. v. d. Generaldirektion der Stiftung Preußische Schlösser und Gärten Berlin-Brandenburg, Potsdam 2002, S. 15–23.

LITERATUR

Bischoff 2004 Appartements
Cordula Bischoff: Fürstliche Appartements um 1700 und ihre geschlechtsspezifische Nutzung. In: Wohnformen und Lebenswelten, hg. v. Magdalena Droste u. Adolf Hoffmann, Frankfurt am Main u. a. 2004, S. 67–79.

Bischoff 2004 Porzellankabinett
Cordula Bischoff: Spiegel-, Lack- oder Porzellankabinett? Der chinoise Sammlungsraum und seine Ausdifferenzierung. In: Kritische Berichte 32.2 (2004), S. 15–23.

Bischoff 2006
Cordula Bischoff: Fürstliche Badegemächer des 16. und 17. Jahrhunderts. Von der Funktion zur Repräsentation. In: Balnea. Architekturgeschichte des Bades, hg. v. Susanne Grötz u. Ursula Quecke, Marburg 2006, S. 51–66.

Bischoff 2007/08
Cordula Bischoff: Presents for Princesses. Gender in Royal Receiving and Giving. In: Studies in the Decorative Arts 15 (2007/08), S. 19–45.

Bischoff 2014 Kunstpolitik
Cordula Bischoff: Zur Kunstpolitik der Wilhelmine von Bayreuth. In: Wilhelmine von Bayreuth. Kunst als »Staatsgeschäft«, hg. v. Annegret Huber u. Benjamin Meyer, Wien 2014, S. 73–99.

Bischoff 2014 Women collectors
Cordula Bischoff: Women collectors and the rise of the porcelain cabinet. In: Chinese and Japanese Porcelain for the Dutch Golden Age, hg. v. Jan van Campen u. Titius Eliëns, Zwolle 2014, S. 171–189.

Bischoff 2015
Cordula Bischoff: Status, Macht und Kunstpolitik in der Frühen Neuzeit. Die Witwe als Bauherrin und Auftraggeberin. In: Fürstliche Witwen in der frühen Neuzeit – Kunst- und Kulturgeschichte eines Standes, hg. v. Ulrike Ilg, Petersberg 2015, S. 44–58.

Biskup 2004
Thomas Biskup: The Hidden Queen. Elisabeth Christine of Prussia and Hohenzollern Queenship in the Eighteenth Century. In: Queenship in Europe 1660–1815. The Role of the Consort, hg. v. Clarissa Campbell Orr, Cambridge 2004, S. 300–321.

Biskup 2008
Thomas Biskup: Höfisches Retablissement. Der Hof Friedrichs des Großen nach dem Siebenjährigen Krieg. In: Friedrich der Große – eine perspektivische Bestandsaufnahme. Beiträge des ersten Colloquiums in der Reihe »Friedrich300« vom 28./29. September 2007, hg. v. Michael Kaiser u. Jürgen Luh, 2008 (Friedrich300 – Colloquien, 1), www.perspectivia.net/content/publikationen/friedrich300-colloquien/friedrich-bestandsaufnahme/biskup_retablissement (7. 4. 2015).

Bleckwenn 2000
Hans Bleckwenn: Altpreußische Offizierporträts. Studien aus dem Nachlaß, hg. v. Bernhard Kroener u. Joachim Niemeyer, Osnabrück 2000.

Bombek 2005
Marita Bombek: Kleider der Vernunft. Die Vorgeschichte bürgerlicher Präsentation und Repräsentation in der Kleidung, Münster 2005.

Börsch-Supan 1971
Helmut Börsch-Supan: Die Kataloge der Berliner Akademie-Ausstellungen 1786–1850. Bd. 1, 1786–1824, Berlin 1971 (= Quellen und Schriften zur Bildenden Kunst, 4).

Börsch-Supan 1987
Helmut Börsch-Supan: Friedrich der Große im zeitgenössischen Bild. In: Friedrich der Große in seiner Zeit, hg. v. Oswalt Hauser, Köln 1987, S. 255–270 (= Neue Forschungen zur brandenburg-preußischen Geschichte, 8).

Bolitho 1933
The Prince Consort and His Brother, hg. v. Hector Bolitho, London 1933.

Bootsma 1999
Nico Bootsma: Das Ereignis von Goejanverwellesluis. In: Onder den Oranje boom. Dynastie in der Republik. Das Haus Oranien Nassau als Vermittler niederländischer Kultur in deutschen Territorien im 17. und 18. Jahrhundert, hg. v. Horst Lademacher, München 1999, S. 89–102.

Borkowski 1904
Heinrich Borkowski: Erzieher und Erziehung König Friedrich Wilhelms I. In: Hohenzollern-Jahrbuch 8 (1904), S. 92–142.

Bornhak 1889
Friederike Bornhak: Die Fürstinnen auf dem Throne der Hohenzollern in Brandenburg-Preußen, Berlin 1889.

Bornhak 1907
Friederike Bornhak: Die Fürstinnen auf dem Throne der Hohenzollern in Brandenburg-Preußen, 2. Aufl., Altenburg 1907.

Bott 2013
Katharina Bott: Goethes zweiter Fritz. Der Hanauer Maler Friedrich Bury. In: dies.: Der Maler Friedrich Bury 1763–1823. Goethes »zweiter Fritz«, Ausstellung, Hanau u. Weimar, Historisches Museum Hanau Schloss Philippsruhe u. Schillermuseum Weimar, Berlin 2013, S. 13–31.

Boveland 2010
Christoph Boveland: Auf den Spuren der verborgenen Bibliothek von Mlle de Montbail. In: Wolfenbütteler Notizen zur Buchgeschichte 35 (2010), S. 71–80.

Brademann 2006
Jan Brademann: Autonomie und Herrscherkult. Adventus und Huldigung in Halle (Saale) in Spätmittelalter und Früher Neuzeit, Halle 2006.

Brandenburgisch-Preußische Kunstkammer, Kat. 1981
Die Brandenburgisch-Preußische Kunstkammer. Eine Auswahl aus den alten Beständen, hg. v. d. Staatlichen Museen zu Berlin Preußischer Kulturbesitz, Ausstellung, Berlin, Staatliche Museen zu Berlin – Preußischer Kulturbesitz, 1981, Berlin 1981.

Braunschweig-Lüneburg 1965
Viktoria Luise Herzogin zu Braunschweig-Lüneburg: Ein Leben als Tochter des Kaisers, Göttingen u. Hannover 1965.

Braunschweig-Lüneburg 1971
Viktoria Luise Herzogin zu Braunschweig-Lüneburg: Deutschlands letzte Kaiserin, Göttingen 1971.

Breest 1889
Ernst Breest: Die Reformation in der Mark Brandenburg. Ihr Kampf und ihr Sieg. Festschrift zum 350jährigen Gedächtnis des Uebertritts Joachims II. am 1. November 1539, Berlin 1889.

Brökelschen-Kemper 1936
Else Brökelschen-Kemper: Ein unbekannter Brief der Königin Luise. In: Forschungen zur Brandenburgischen und Preußischen Geschichte 48 (1936), S. 388–390.

Brunsen 1689
Anton Brunsen: Symbolum Pietatis, Denck- oder Wahl-Spruch Der [...] Frauen Dorothea / Marggräfin und Churfürstin zu Brandenburg [...] Bey Dero Chur-Fürstlichen Beysetzung am 12. Septembr. 1689. [...] in der ordentlichen Leich-Predigt erkläret, Cölln an der Spree 1690.

C

Caemmerer 1915
Die Testamente der Kurfürsten von Brandenburg und der beiden ersten Könige von Preußen, hg. v. Hermann von Caemmerer, München u. Leipzig 1915 (= Veröffentlichungen des Vereins für Geschichte der Mark Brandenburg, 16).

Campbell Orr 2004
Clarissa Campbell Orr: Introduction. In: Queenship in Europe 1660–1815. The Role of the Consort, hg. v. Clarissa Campbell Orr, Cambridge 2004, S. 1–15.

Cárdenas/Schumann 2004
Livia Cárdenas u. Dirk Schumann: Das mittelalterliche Altarretabel der Moritzkirche in Mittenwalde, Berlin 2004.

Chroust 1896
Anton Chroust: Aktenstücke zur brandenburgischen Geschichte unter Kurfürst Johann Sigismund. In: Forschungen zur brandenburgischen und preußischen Geschichte 9 (1896), S. 1–21.

Chroust 1909
Der Reichstag von 1613, hg. v. Anton Chroust, München 1909 (= Briefe und Acten zur Geschichte des Dreissigjährigen Krieges in den Zeiten des vorwaltenden Einflusses der Wittelsbacher, 11).

Clark 2007
Christopher Clark: Preußen. Aufstieg und Niedergang. 1600–1947, München 2007.

Coester 2008
Christiane Coester: Brautfahrten. Grenzüberschreitungen und Fremdheitserfahrungen adliger Frauen in der Frühen Neuzeit. In: Francia 35 (2008), S. 149–168.

Cosandey 2000
Fanny Cosandey: La Reine de France. Symbole et Pouvoir, Paris 2000.

Cranach, Kat. 2009
Cranach und die Kunst der Renaissance unter den Hohenzollern. Kirche, Hof und Stadtkultur, hg. v. d. Generaldirektion der Stiftung Preußische Schlösser und Gärten Berlin-Brandenburg u. d. Evangelischen Kirchengemeinde St. Petri – St. Marien, Ausstellung, Berlin, Stiftung Preußische Schlösser und Gärten Berlin-Brandenburg u. Evangelische Kirchengemeinde St. Petri – St. Marien, 2009, Berlin u. a. 2009.

Czech/Kürbis 2010
Johann von Besser: Schriften, Bd. 4: Ergänzende Texte. Memoriale, Bedencken, Projecte, hg. v. Vinzenz Czech u. Holger Kürbis, Heidelberg 2010.

Czilsky 1859
Carl Julius Stanislaus Czilsky: Kurfürstin Elisabeth von Brandenburg. Ein geschichtliches Lebensbild aus der Reformationszeit, Berlin 1859.

D

Daniel 1997
Ute Daniel: Zwischen Zentrum und Peripherie der Hofgesellschaft. Zur biographischen Struktur eines Fürstinnenlebens der Frühen Neuzeit am Beispiel der Kurfürstin Sophie von Hannover. In: L'Homme. Zeitschrift für Feministische Geschichtswissenschaft 8 (1997), S. 208–217.

De Bruyn 2001
Günter de Bruyn: Preußens Luise. Vom Entstehen und Vergehen einer Legende, 5. Aufl., Berlin 2001.

De Bruyn 2004
Günter de Bruyn: Preußens Luise. Vom Entstehen und Vergehen einer Legende, München 2004.

De Jong 1986
Eddy de Jongh: Portretten van echt en trouw, Ausstellung, Haarlem, Frans Hals Museum, 1986, Zwolle 1986.

Dekker/van de Pol 2012
Rudolf Dekker u. Lotte van de Pol: Frauen in Männerkleidern. Weibliche Transvestiten und ihre Geschichte, Berlin 2012.

Der Große Kurfürst, Kat. 1988
Der Große Kurfürst. Sammler, Bauherr, Mäzen, hg. v. d. Generaldirektion der Staatlichen Schlösser und Gärten Potsdam-Sanssouci, Ausstellung, Potsdam, Staatliche Schlösser und Gärten Potsdam-Sanssouci, 1988, Potsdam 1988.

Dermineur 2014
Elise Dermineur: Queens Consort in Premodern Europe. A European Research Project in Progress, 2014, S. 248–254, www.academia.edu/8703209/Queens_Consort_in_Premodern_Europe_A_European_Research_Project_in_Progress (9. 2. 2015).

Deus 1997
Elisabeth Christine Königin von Preußen. Zum Gedenken, Berlin im Januar 1997, hg. v. Ruthild Deus, Berlin 1997.

Die Galerie der Starken Frauen, Kat. 1995
Die Galerie der Starken Frauen. Die Heldin in der französischen und italienischen Kunst des 17. Jahrhunderts, hg. v. Bettina Baumgärtel u. Silvia Neysters, Ausstellung, Düsseldorf u. Darmstadt, Kunstmuseum Düsseldorf u. Hessisches Landesmuseum Darmstadt, 1995–1996, München 1995.

Dietrich 1986
Richard Dietrich: Die politischen Testamente der Hohenzollern, Köln 1986.

Dilba 2015
Carsten Dilba: Die lebensgroßen Wachsfiguren der Kinder Sophie Dorotheas und Friedrich Wilhelms I. in Preußen. In: Vorträge und Forschungen zur Kulturgeschichte Preußens, hg. v. d. Stiftung Preußische Schlösser und Gärten Berlin-Brandendenburg, www.perspectivia.net/content/publikationen/kultgep-vortraege/dilba_geschichte.

Doebner 1898
Richard Doebner: Aktenstück betreffend die Vernichtung der Briefschaften Sophie Charlottes, Königin von Preußen, 1705. In: Forschungen zur Brandenburgischen und Preußischen Geschichte 11 (1898), S. 541–542.

Doebner 1905
Briefe der Königin Sophie Charlotte von Preußen und der Kurfürstin Sophie von Hannover an hannoversche Diplomaten, hg. v. Richard Doebner, Leipzig 1905 (= Publicationen aus den Königlich Preußischen Staatsarchiven, 79).

LITERATUR

Domröse 2010
Sonja Domröse: Frauen der Reformationszeit. Gelehrt, mutig und glaubensfest, Göttingen 2010.

Drexl 2006
Magdalena Drexl: Weiberfeinde – Weiberfreunde? Die Querelle des femmes im Kontext konfessioneller Konflikte um 1600, Frankfurt am Main u. New York 2006.

Droysen 1855–1886
Johann Gustav Droysen: Geschichte der preußischen Politik, 10 Bde., Leipzig 1855–1886.

Droysen 1913
Hans Droysen: Aus den Briefen der Königin Sophie-Dorothea. In: Hohenzollern-Jahrbuch 17 (1913), S. 210–243.

Droysen 1916
Aus den Briefen der Herzogin Philippine Charlotte von Braunschweig 1732–1801, Bd. 1: 1732–1768, hg. v. Hans Droysen, Wolfenbüttel 1916.

E

Ebeling 1997
Gerhard Ebeling: Luthers Seelsorge. Theologie in der Vielfalt der Lebenssituationen an seinen Briefen dargestellt, Tübingen 1997.

Eckert 1984
Helmut Eckert: Von Oper und Schlössern in Berlin und Charlottenburg 1746. Berichte eines Besuchers. In: Festschrift der landesgeschichtlichen Vereinigung für die Mark Brandenburg zu ihrem hundertjährigen Bestehen, hg. v. Eckart Henning u. Werner Vogel, Berlin 1984, S. 213–226.

Eichberger 2005
Dagmar Eichberger: The Culture of Gifts. A Courtly Phenomenon from Female Perspective. In: Women of Distinction. Margaret of York, Margaret of Austria, hg. v. Dagmar Eichberger, Leuven 2005, S. 287–295.

Eine Oase des Glücks, Kat. 2002
Eine Oase des Glücks. Der romantische Blick auf Kinder, hg. v. Hanno Schmitt u. Silke Siebrecht, Ausstellung, Reckahn, Rochow-Museum, 2002, Berlin 2002.

Eisler 1905
Robert Eisler: Die Hochzeitstruhen der letzten Gräfin von Görz. In: Jahrbuch der K. K. Zentral-Kommission, N. F., 3.2 (1905), Sp. 65–176.

Elsner 2001
Ines Elsner: Friedrich und die Frauen. Von drei Ehefrauen und einer Mätresse, die keine war. In: Preußen 1701. Eine europäische Geschichte, Bd. 2: Essays, hg. v. Deutschen Historischen Museum u. d. Stiftung Preußische Schlösser und Gärten Berlin-Brandenburg, Ausstellung, Berlin, Deutsches Historisches Museum u. Stiftung Preußische Schlösser und Gärten Berlin-Brandenburg, 2001, Berlin 2001, S. 79–89.

Escher 1995
Felix Escher: Das Kurfürstentum Brandenburg im Zeitalter des Konfessionalismus. In: Brandenburgische Geschichte, hg. v. Wolfgang Ribbe u. Ingo Materna, Berlin 1995, S. 231–290.

Essegern 2007
Ute Essegern: Fürstinnen am kursächsischen Hof. Lebenskonzepte und Lebensläufe zwischen Familie, Hof und Politik in der ersten Hälfte des 17. Jahrhunderts. Hedwig von Dänemark, Sibylla Elisabeth von Württemberg und Magdalena Sibylla von Preußen, Leipzig 2007 (= Schriften zur sächsischen Geschichte und Volkskunde, 19).

Evers 2014
Susanne Evers: Seiden in den preußischen Schlössern. Ausstattungstextilien und Posamente unter Friedrich II., Berlin 2014 (= Bestandskataloge der Stiftung Preußische Schlösser und Gärten Berlin-Brandenburg. Bestandskataloge der Kunstsammlungen Angewandte Kunst, Textilien).

F

Falcke 2006
Jeannette Falcke: Studien zum diplomatischen Geschenkwesen am brandenburgisch-preußischen Hof im 17. und 18. Jahrhundert, Berlin 2006 (= Quellen und Forschungen zur Brandenburgischen und Preußischen Geschichte, 31).

Feder 1933
Ludwig Bamberger. Bismarcks großes Spiel. Die geheimen Tagebücher Ludwig Bambergers, hg. v. Ernst Feder, Frankfurt am Main 1933.

Fengler/Gierow/Unger 1977
Heinz Fengler, Gerhard Gierow u. Willy Unger: Lexikon der Numismatik, 2. Aufl., Berlin 1977.

Feuerstein-Praßer 2009
Karin Feuerstein-Praßer: Die preußischen Königinnen, 8. Aufl., München 2009.

Fischer-Aue 1953
Hermann Rudolph Fischer-Aue: Die Deutschlandpolitik des Prinzgemahls Albert von England 1848–1852, Untersiemau 1953.

Förster 1824
Vollständige Beschreibung aller Feste und Huldigungen, welche in den Königreichen Preußen und Baiern zur Höchsten Vermählungsfeier des Durchlauchtigsten Kronprinzen Friedrich Wilhelm von Preussen K. H. und der Durchlauchtigsten Prinzessin Elisa Ludovika von Baiern K. H. statt gefunden haben. Aus öffentlichen und Privat=Mittheillungen, hg. v. Friedrich Förster, Berlin 1824.

Fößel 2000
Amalie Fößel: Die Königin im mittelalterlichen Reich. Herrschaftsausübung, Herrschaftsrechte, Handlungsspielräume, Darmstadt 2000.

Fouquet 2001
Gerhard Fouquet: Fräulein und Gnädige Frau – Anna von Brandenburg (1487–1514). In: Mitteilungen der Residenzen-Kommission der Akademie der Wissenschaften zu Göttingen 11.1 (2001), S. 19–31.

Franke 2010
Matthias Franke: »Daß aber kein könig mehr sei, der solchen geschmuck hat alß ich«. Die preußischen Kroninsignien von 1701. In: Kronschatz und Silberkammer der Hohenzollern, bearb. v. Michaela Völkel, München 2010, S. 10–33.

Frevert 2001
Ute Frevert: Die kasernierte Nation. Militärdienst und Zivilgesellschaft in Deutschland, München 2001.

Freybe 2010
Peter Freybe: Kurfürstin Elisabeth von Brandenburg (1485–1555). In: Anna, Lily u. Regine. 30 Frauenporträts aus Brandenburg-Preußen, hg. v. Antje Leschonski, Berlin 2010, S. 12–16.

Friedrich 2006
Karin Friedrich: The other Prussia. Royal Prussia, Poland, and Liberty, 1569–1772, Cambridge 2006.

Friedrich 2011
Karin Friedrich: Brandenburg-Prussia, 1466–1806. The rise of a composite state, London 2011.

Friedrich Wilhelm II., Kat. 1997
Friedrich Wilhelm II. und die Künste. Preußens Weg zum Klassizismus, hg. v. d. Generaldirektion der Stiftung Preußische Schlösser und Gärten Berlin-Brandenburg, Ausstellung, Berlin u. Potsdam, Stiftung Preußische Schlösser und Gärten Berlin-Brandenburg, 1997, Berlin 1997.

Frieling 2013
Kirsten O. Frieling: Sehen und gesehen werden. Kleidung an Fürstenhöfen an der Schwelle vom Mittelalter zur Neuzeit (ca. 1450–1530), Ostfildern 2013 (= Mittelalter-Forschungen, hg. v. Bernd Schneidmüller u. Stefan Weinfurter, 41).

Füchtner/Preuss 1994
Das Inventar der Geheimen Kanzlei der Herzöge von Jülich-Berg aus dem Hause Pfalz-Neuburg (1609–1716), bearb. v. Ruth Füchtner u. Heike Preuss, Düsseldorf 1994.

Fulford 1968
Dearest Mama. Letters between Queen Victoria and the Crown Princess of Prussia, 1861–1864, hg. v. Roger Fulford, London 1968.

Fulford 1971
Your Dear Letter. Private Correspondence of Queen Victoria and the German Crown Princess of Prussia 1865–1871, hg. v. Roger Fulford, London 1971.

G

Gadow 1873
Ernst Gadow: Joachim I. und seine Söhne in ihrem Verhältniss zur Reformation, Potsdam 1873.

Galland 1941
Georg Galland: Hohenzollern und Oranien. Neue Beiträge zur Geschichte der niederländischen Beziehungen im 17. und 18. Jahrhundert, und anderes. In: Studien zur Deutschen Kunstgeschichte Heft 144 (1911), S. 250–257.

Gautschi/Suter 2005
Andreas Gautschi u. Helmut Suter: Vom Jagen, Trinken und Regieren. Reminiszenzen aus dem Leben des Kurfürsten Johann Sigismund von Brandenburg, nach alten Briefen zitiert, Limburg an der Lahn 2005 (= Aus dem Deutschen Adelsarchiv, NF 9).

Genealogisch-Historische Nachrichten 1768
Fortgesetzte neue genealogisch-historische Nachrichten von den vornehmsten Begebenheiten, welche sich an den Europäischen Höfen zutragen 85 (1768).

Geyer 1898
Albert Geyer: Die Räumlichkeiten der Königlichen Hofapotheke im Berliner Schlosse. In: Hohenzollern-Jahrbuch 2 (1898), S. 227–230.

Geyer 2010
Albert Geyer: Geschichte des Schlosses zu Berlin (1443–1918), Berlin 2010.

Giebel 2012
Die Tagebücher des Grafen Lehndorff. Die geheimen Aufzeichnungen des Kammerherrn der Königin Elisabeth Christine, hg. v. Wieland Giebel, 2. Aufl., Berlin 2012.

Gleichmann 1663
Michael Gleichmann: Kurtze Erzählung derer kostbar- und ansehnlichster Leich=begängnüsse der Weyland Durchleuchtigsten hochgebohrnen Fürstin und Frauen Magdalenen Sibyllen Hertzogin zu Sachsen, Jülich, Cleve und Berg, Chur=Fürstin [...], Dresden 1663.

Gleixner 2010
Ulrike Gleixner: Die Lesende Fürstin. Büchersammeln als lebenslange Bildungspraxis. In: Vormoderne Bildungsgänge. Selbst- und Fremdbeschreibungen in der Frühen Neuzeit, hg. v. Juliane Jacobi, Jean-Luc Le Cam u. Hans-Ulrich Musolff, Köln, Weimar u. Wien 2010, S. 207–224.

Goeschel 1841
Carl Friedrich Goeschel: Elisabeth Magdalene geborene Markgräfin zu Brandenburg, verwittbete Herzogin zu Braunschweig, Berlin 1841.

Göse 2012
Frank Göse: Friedrich I. (1657–1713). Ein König in Preußen, Regensburg 2012.

Gollerová-Plachá 1937
Jitka Gollerová-Plachá: Die Stoffe aus der Prager Königsgruft. Látky z prazské královské hrobky. Les tissus du caveau royal à Prague, Prag 1937.

Groeneweg 1997
Irene Groeneweg: Portretkostuums. Kanttekeningen bij een 18e-eeuws Nederlands vrouwenportret in »antique kleeding«. In: Kostuum jaarboek (1997), S. 5–23.

Großmann 1900
Julius Großmann: Jugendgeschichte Friedrichs I. Ersten Königs in Preußen. In: Hohenzollern-Jahrbuch 4 (1900), S. 10–59.

Günther 2003
Maike Günther: Schloss Rochlitz als Residenz und Witwensitz. In: Witwenschaft in der Frühen Neuzeit. Fürstliche und adlige Witwen zwischen Fremd- und Selbstbestimmung, hg. v. Martina Schattkowsky, Leipzig 2003, S. 65–83.

Gundermann 1991
Iselin Gundermann: Kirchenbau und Diakonie. Kaiserin Auguste Victoria und der Evangelisch-Kirchliche Hilfsverein, Berlin o. J. [1991] (= Hefte des Evangelischen Kirchenbauvereins, 7).

Gundermann 1998
Iselin Gundermann: Via Regia. Preußens Weg zur Krone, Ausstellung, Berlin, Geheimes Staatsarchiv Preußischer Kulturbesitz, 1998, Berlin 1998.

H

Hackspiel-Mikosch 2002
Elisabeth Hackspiel-Mikosch: Stärke, Macht und Eleganz. Die Uniform als Symbol eines neuen Ideals von Männlichkeit. In: Nach Rang und Stand. Deutsche Ziviluniformen im 19. Jahrhundert, hg. v. d. Stadt Krefeld, Ausstellung, Krefeld, Deutsches Textilmuseum, 2002, Krefeld 2002, S. 15–27.

Hagemann 1997
Karen Hagemann: Heldenmütter, Kriegerbräute und Amazonen. Entwürfe »patriotischer« Weiblichkeit zur Zeit der Freiheit. In: Militär und Gesellschaft im 19. und 20. Jahrhundert, hg. v. Ute Frevert, Stuttgart 1997, S. 174–200 (= Industrielle Welt, 58).

LITERATUR

Hagemann 2002
Karen Hagemann: »Mannlicher Muth und Teutsche Ehre«. Nation, Militär und Geschlecht zur Zeit der Antinapoleonischen Kriege Preußens, Paderborn u.a. 2002 (= Krieg in der Geschichte, 8).

Hagemann 2007
Alfred P. Hagemann: Wilhelmine von Lichtenau. Von der Mätresse zur Mäzenin, Köln 2007.

Hagemann 2009 Elisabeth Christine
Alfred P. Hagemann: Königin Elisabeth Christine und ihre Sommerresidenz. In: Schönhausen. Rokoko und Kalter Krieg. Die bewegte Geschichte eines Schlosses und seines Gartens, hg. v. d. Generaldirektion der Stiftung Preußische Schlösser und Gärten Berlin-Brandenburg, Berlin 2009, S. 40–54.

Hagemann 2009 König
Alfred P. Hagemann: Der König, die Königin und der preußische Hof. Schlaglichter auf eine schwierige Beziehung im Spiegel der Berichterstattung der »Königlich Privilegirten Berlinischen Zeitung von Staats- und gelehrten Sachen« 1740–1786. In: Friedrich der Große und der Hof. Beiträge des zweiten Colloquiums in der Reihe »Friedrich300« vom 10./11. Oktober 2008, hg. v. Michael Kaiser u. Jürgen Luh, 2009 (= Friedrich300 – Colloquien, 2), www.perspectivia.net/content/publikationen/friedrich300-colloquien/friedrich-hof/Hagemann_Zeitung (7.2.2015).

Hagemann 2010
Alfred P. Hagemann: Im Schatten des großen Königs: Königin Elisabeth Christine und ihr Verhältnis zu Friedrich II. In: Friedrich und die historische Größe. Beiträge des dritten Colloquiums in der Reihe »Friedrich300« vom 25./26. September 2009, hg. v. Michael Kaiser u. Jürgen Luh, 2010 (= Friedrich300 – Colloquien, 3), www.perspectivia.net/content/publikationen/friedrich300-colloquien/friedrich-groesse/hagemann_schatten (5.2.2015).

Hagemann 2012
Alfred P. Hagemann: Friedrich und sein Nachfolger. Déjà vu eines Traumas. In: Friederisiko. Friedrich der Große. Die Ausstellung, hg. v. d. Generaldirektion der Stiftung Preußische Schlösser und Gärten Berlin-Brandenburg, Ausstellung, Potsdam, Stiftung Preußische Schlösser und Gärten Berlin-Brandenburg, 2012, München 2012, S. 230–237.

Hahn 1999
Peter-Michael Hahn: Hofkultur und Hohe Politik. Sophie Charlotte von Braunschweig-Lüneburg, die erste Königin in Preußen aus dem Hause Hannover. In: Sophie Charlotte und ihr Schloß. Ein Musenhof des Barock in Brandenburg Preußen, hg. v. d. Generaldirektion der Stiftung Preußische Schlösser und Gärten Berlin-Brandenburg, Ausstellung, Berlin, Stiftung Preußische Schlösser und Gärten Berlin-Brandenburg, 1999, München u.a. 1999, S. 31–42.

Hahn/Kiesant 2009
Johann von Besser (1654–1729). Schriften, hg. v. Peter-Michael Hahn u. Knut Kiesant, Bd. 1, Heidelberg 2009.

Hahnke 1848
Friedrich Wilhelm M. von Hahnke: Elisabeth Christine, Königin von Preußen, Gemahlin Friedrichs des Großen. Eine Biographie, Berlin 1848.

Haller 1982 Elisabeth
Elfi M. Haller: Königin Elisabeth. Eine bayerische Prinzessin auf dem preußischen Königsthron. In: Bayern-Preußen. Preußen-Bayern, hg. v. Werner Knoop u. Elfi M. Haller, Ausstellung, Berlin u. München, Geheimes Staatsarchiv Preußischer Kulturbesitz, Bayerische Verwaltung der staatlichen Schlösser, Gärten und Seen u. Bayerische Vereinsbank, 1982, München 1982, S. 58–75.

Haller 1982 Marie
Elfi M. Haller: Königin Marie. Eine Preußische Prinzessin auf dem bayerischen Königsthron. In: Bayern-Preußen, Preußen-Bayern, hg. v. Werner Knopp u. Elfi M. Haller, Ausstellung, Berlin u. München, Geheimes Staatsarchiv Preußischer Kulturbesitz, Bayerische Verwaltung der staatlichen Schlösser, Gärten und Seen u. Bayerische Vereinsbank, 1982, München 1982, S. 76–92.

Hammer 2001
Ulrike Hammer: Kurfürstin Luise Henriette. Eine Oranierin als Mittlerin zwischen den Niederlanden und Brandenburg-Preußen, Münster u.a. 2001 (= Studien zur Geschichte und Kultur Nordwesteuropas, 4).

Harnack 1900
Adolf Harnack: Geschichte der Königlich Preußischen Akademie der Wissenschaften zu Berlin, 3 Bde., Berlin 1900.

Harnack 1900 Hohenzollern-Jahrbuch
Adolf Harnack: Das geistige und wissenschaftliche Leben in Berlin. Preußen um das Jahr 1700. Eine Skizze. In: Hohenzollern-Jahrbuch 4 (1900), S. 170–191.

Hase-Schmundt 1971
Ulrike von Hase-Schmundt: Joseph Stieler 1781–1858. Sein Leben und sein Werk. Kritisches Verzeichnis der Werke. München 1971 (= Materialien zur Kunst des 19. Jahrhunderts, 4).

Hedinger 2010
Bärbel Hedinger: Luise. Kleider für die Königin. Mode, Schmuck und Accessoires am preußischen Hof um 1800, hg. v. d. Generaldirektion der Stiftung Preußische Schlösser und Gärten Berlin-Brandenburg, Ausstellung, Paretz, Stiftung Preußische Schlösser und Gärten Berlin-Brandenburg, 2010, München 2010.

Heilmeyer 2004
Marina Heilmeyer: Wohlzuthun vergesset nicht. Die Stiftung einer Brandenburgischen Kurfürstin. In: Schön und Nützlich. Aus Brandenburgs Kloster-, Schloss- und Küchengärten, hg. v. Haus der Brandenburgisch-Preußischen Geschichte, Ausstellung, Potsdam, Haus der Brandenburgisch-Preußischen Geschichte, 2004, Leipzig 2004, S. 70–75.

Heinrich 1989
Gerd Heinrich: Neue Kirchenordnung und »stille« Reformation. Die Landesfürsten und die »Luthersache« in der Mark Brandenburg. In: Jahrbuch für Berlin-Brandenburgische Kirchengeschichte 57 (1989), S. 65–98.

Heinz 2013
Marianne Heinz: Friedrich Bury. Lehrer der hessischen Kurprinzessin Auguste von Hessen-Kassel. In: Katharina Bott: Der Maler Friedrich Bury 1763–1823. Goethes »zweiter Fritz«, Ausstellung, Hanau u. Weimar, Historisches Museum Hanau Schloss Philippsruhe u. Schillermuseum Weimar, Berlin 2013, S. 139–145.

Helfer 2007
Liselotte von der Pfalz in ihren Harling-Briefen, hg. v. Hannelore Helfer, 2 Bde., Hannover 2007.

Helmolt 1908
Die Briefe der Herzogin Elisabeth Charlotte von Orleans an die Königin Sophie Dorothee von Preußen aus den J. 1716–22, hg. v. Hans F. Helmolt. In: Historisches Jahrbuch 29 (1908), S. 337–367.

Helmolt 1908, Bd. 1
Briefe der Herzogin Elisabeth Charlotte von Orléans. In Auswahl, hg. v. Hans F. Helmolt, 2 Bde., Leipzig 1908.

Helwing 1834
Ernst Helwing: Die Geschichte der Mark Brandenburg vom Tode des Markgrafen Waldemar bis zum Regierungsantritte des Kurfürsten Georg Wilhelm, Lemgo 1834 (= Geschichte des Preußischen Staats, 1.2).

Hintze 1915
Otto Hintze: Die Hohenzollern und ihr Werk. Fünfhundert Jahre vaterländischer Geschichte, Berlin 1915.

Hirsch 1895
Ferdinand Hirsch: Die Briefe der Kurfürstin Luise Henriette von Brandenburg an den Oberpräsidenten Otto von Schwerin. In: Forschungen zur Brandenburgischen und Preußischen Geschichte 8 (1895), S. 173–206.

Hirschbiegel/Paravicini 2000
Das Frauenzimmer. Die Frau bei Hofe in Spätmittelalter und Früher Neuzeit, hg. v. Jan Hirschbiegel u. Werner Paravicini, Stuttgart 2000.

Höpken o. J.
Constanze Höpken: Laborgläser aus der Berliner Hofapotheke. In: Acta Praehistorica et Archaeologica (im Druck).

Hörmann 1898
Johannes Hörmann: Die Königliche Hofapotheke in Berlin 1598–1898. In: Hohenzollern-Jahrbuch 2 (1898), S. 208–226.

Hofmann 1881
Bernhard Hofmann: Barbara von Hohenzollern, Markgräfin von Mantua. Ein Lebensbild aus dem XV. Jahrhundert. In: 41. Jahresbericht des Historischen Vereins für Mittelfranken, Ansbach 1881, S. 1–51.

Hohenzollern-Museum 1878
Das Hohenzollern-Museum im K. Schlosse Monbijou, Berlin 1878.

Hubatsch 1961
Briefe und amtliche Schriften des Freiherrn vom Stein, hg. v. Walther Hubatsch, Bd. 3, Stuttgart 1961.

Hüfler 1995
Brigitte Hüfler: Den Frauen setzt die Öffentlichkeit keine Denkmäler. Forschungen zum 19. und 20. Jahrhundert in Berlin. In: Der Bär von Berlin. Jahrbuch des Vereins für die Geschichte Berlins 1995, S. 123–136.

Hufschmidt 2001
Anke Hufschmidt: Adlige Frauen im Weserraum zwischen 1570 und 1700. Status – Rollen – Lebenspraxis, Münster 2001 (= Veröffentlichungen der Historischen Kommission für Westfalen, 15).

I

Im Dienste Preußens, Kat. 2001
Im Dienste Preußens. Wer erzog Prinzen zu Königin?, hg. v. d. Stiftung Stadtmuseum Berlin, Ausstellung, Berlin, Märkisches Museum, 2001–2002, Berlin 2001.

J

Jacobi 1909
Rudolf von Jacobi: Die Flucht der Kurfürstin Elisabeth von Brandenburg. In: Hohenzollern-Jahrbuch 13 (1909), S. 155–196.

Jagow 1937
Prinzgemahl Albert. Ein Leben am Throne. Eigenhändige Briefe und Aufzeichnungen 1831–1861, hg. v. Kurt Jagow, Berlin 1937.

Jeitner 1998
Christa-Maria Jeitner: Ein Zipfel von der höfischen Pracht Kurfürst Friedrichs II. Liturgische Gewänder im Domschatz zu Brandenburg als Zweitverarbeitungen der spätgotischen Roben des Kurfürstenpaares. In: 1050 Jahre Brandenburg. Beiträge zur Geschichte und Kultur, hg. v. Domstift u. Historischen Verein Brandenburg (Havel), München 1998, S. 80–90.

Joepchen 1940
Paula Joepchen: Die Gemahlin Friedrichs des Großen Elisabeth Christine als Schriftstellerin, Köln 1940.

Johns 2014
Alessa Johns: Bluestocking Feminism and British-German Cultural Transfer 1750–1837, Ann Arbor 2014.

Jolles 1937
Charlotte Jolles: Theodor Fontane und die Ära Manteuffel. Ein Jahrzehnt im Dienste der Preußischen Regierung. In: Forschungen zur Brandenburgischen und Preußischen Geschichte 49 (1937), S. 57–114.

Joos 2012
Katrin Joos: Gelehrsamkeit und Machtanspruch um 1700. Die Gründung der Berliner Akademie der Wissenschaften im Spannungsfeld dynastischer, städtischer und wissenschaftlicher Interessen, Köln u. a. 2012.

Judson/Ekkart 1999
Jay Richard Judson u. Rudolf E.O. Ekkart: Gerrit van Honthorst 1592–1656, Doornspijk 1999 (= Aetas aurea, 14).

Jüttner 1990
Guido Jüttner: Das Pharmazeutische Institut in Berlin. Zur Entwicklung der pharmazeutischen Ausbildung in Berlin bis zum heutigen Fachbereich der Pharmazie. In: Pharmazie in unserer Zeit 19.5 (1990), S. 188–200.

Junge 2011
Stella Junge: Präsentation im Bildnis deutscher Fürsten des 18. Jahrhunderts. Sachsen-Polen, Bayern und Brandenburg-Preußen zwischen Absolutismus und Aufklärung Münster 2011 (= Wissenschaftliche Schriften der WWU Münster, 10.6).

K

Kägler 2011
Britta Kägler: Frauen am Münchener Hof (1651–1756), Kallmünz 2011.

Kapp 1982
Volker Kapp: Conversation sur le livre de Télémaque. In: Dix-Huitième Siècle 14 (1982), S. 221–229.

Keller 2003
Katrin Keller: Zwischen Wissenschaft und Kommerz. Das Spektrum kultureller Mittler im 16. Jahrhundert. In: Kulturtransfer. Kulturelle Praxis im 16. Jahrhundert, hg. v. Wolfgang Schmale, Innsbruck u. a. 2003, S. 271–286.

Keller 2004
Katrin Keller: Kommunikationsraum Altes Reich. In: Zeitschrift für Historische Forschung 31 (2004), S. 205–230.

Keller 2005
Katrin Keller: Hofdamen. Amtsträgerinnen im Wiener Hofstaat des 17. Jahrhunderts, Wien, Köln u. Weimar 2005.

Keller 2009
Katrin Keller: Frauen und Politik in der höfischen Gesellschaft des Alten Reiches zwischen 1550 und 1750. In: zeitenblicke 8.2 (2009), www.zeitenblicke.de/2009/2/keller/index_html (10. 2. 2015).

Keller 2010 Anna
Katrin Keller: Kurfürstin Anna von Sachsen 1532–1585, Regensburg 2010.

Keller 2010 Mittel
Katrin Keller: Mit den Mitteln einer Frau. Handlungsspielräume adeliger Frauen in Politik und Diplomatie. In: Akteure der Außenbeziehungen. Netzwerke und Interkulturalität im historischen Wandel, hg. v. Hillard von Thiessen u. Christian Windler, Köln 2010, S. 219–244.

Keller 2012
Katrin Keller: Erzherzogin Maria von Innerösterreich (1551–1608). Zwischen Habsburg und Wittelsbach, Wien 2012.

Keller 2014
Katrin Keller: Frauen – Hof – Diplomatie. Die höfische Gesellschaft als Handlungsraum von Frauen in Außenbeziehungen. In: Das Geschlecht der Diplomatie. Geschlechterrollen in den Außenbeziehungen vom Spätmittelalter bis zum 20. Jahrhundert, hg. v. Corina Bastian u. a., Köln, Weimar u. Wien 2014, S. 33–50 (= Externa. Geschichte der Außenbeziehungen in neuen Perspektiven, 5).

Kessemeier 2013
Gesa Kessemeier: Ein Feentempel der Mode oder Eine vergessene Familie, ein ausgelöschter Ort. Die Familie Freudenberg und das Modehaus »Herrmann Gerson«, Berlin 2013.

Keyßler 1740
Johann Georg Keyßler: Neueste Reise durch Teütschland, Böhmen, Ungarn, Schweiz, Italien und Lothringen, Bd. 1, Hannover 1740.

Kinderen van alle tijden, Kat. 1997
Kinderen van alle tijden. Kindercultuur in de Nederlanden vanaf de middeleeuwen tot heden, hg. v. Paul Huys Janssen u. Barbara Kruijsen, Ausstellung, 's-Hertogenbosch, Noordbrabants Museum, 1997, Zwolle 1997.

Kirchner 1866
Ernst Daniel Martin Kirchner: Die Churfürstinnen und Königinnen auf dem Throne der Hohenzollern im Zusammenhang mit ihren Familien- und Zeit-Verhältnissen, Teil 1, Berlin 1866.

Kirchner 1867
Ernst Daniel Martin Kirchner: Die Churfürstinnen und Königinnen auf dem Throne der Hohenzollern im Zusammenhang mit ihren Familien- und Zeit-Verhältnissen, Teil 2, Berlin 1867.

Kirchner 1870
Ernst Daniel Martin Kirchner: Die Churfürstinnen und Königinnen auf dem Throne der Hohenzollern im Zusammenhang mit ihren Familien- und Zeit-Verhältnissen, Teil 3, Berlin 1870.

Kleine Prinzen, Kat. 2003
Kleine Prinzen. Kinderbildnisse vom 16. bis 19. Jahrhundert aus der Fundación Yannick y Ben Jakober, hg. v. Yannick Vu, Ausstellung, Bonn, Kunst- und Ausstellungshalle der Bundesrepublik Deutschland, 2003–2004, Bonn 2003.

Kleinjung 2004
Christine Kleinjung: Geistliche Töchter – abgeschoben oder unterstützt? Überlegungen zum Verhältnis hochadeliger Nonnen zu ihren Familien im 13. und 14. Jahrhundert. In: Fürst und Fürstin. Familienbeziehungen und Handlungsmöglichkeiten von hochadligen Frauen im Mittelalter, hg. v. Jörg Rogge, Ostfildern 2004, S. 21–44.

Kleist 1965
Berliner Abendblätter, hg. v. Heinrich von Kleist, Stuttgart 1965.

Klepzig 2014/15
Wolfgang Klepzig: Die weiblichen Chefs bzw. Inhaber von Truppenteilen des deutschen Heeres mit Stand 1914. In: Zeitschrift für Heereskunde 453 (2014), S. 126–133 u. Zeitschrift für Heereskunde 455 (2015), S. 30–32.

Klinger/Kuschel 2014
Jens Klinger u. Franziska Kuschel: Herrschaftliches Handeln zur Zeit der Reformation – Elisabeth von Rochlitz und Elisabeth von Calenberg-Göttingen. In: »eine STARKE FRAUENgeschichte«. 500 Jahre Reformation, hg. v. Simona Schellenberger, André Thieme u. Dirk Welich, Ausstellung, Schloss Rochlitz, Staatliche Schlösser, Burgen und Gärten Sachsen gemeinnützige GmbH, 2014, Markkleeberg 2014, S. 91–97.

Knoop 1964
Mathilde Knoop: Kurfürstin Sophie von Hannover, Hildesheim 1964.

Kober 2004
Ulrich Kober: Eine Karriere im Krieg. Graf Adam von Schwarzenberg und die kurbrandenburgische Politik von 1619 bis 1641, Berlin 2004 (= Quellen und Forschungen zur Brandenburgischen und Preußischen Geschichte, 24).

Kolb 1987
Wilhelmine von Bayreuth: Memoiren. Übersetzung v. Annette Kolb, München 1987.

Koldau 2005
Linda Maria Koldau: Frauen – Musik – Kultur. Ein Handbuch zum deutschen Sprachgebiet der Frühen Neuzeit, Köln u. a. 2005.

Kollander 1995
Patricia Kollander: Frederick III. Germany's Liberal Emperor, Westport 1995.

Komaszynski 1982
Michael Komaszynski: Die politische Rolle der bayerischen Kurfürstin Theresia Kunigunde. In: Zeitschrift für bayerische Landesgeschichte 45 (1982), S. 555–573.

Koser 1898
Reinhold Koser: Die historischen Denkmale der Sieges-Allee des Berliner Tiergartens. In: Hohenzollern-Jahrbuch 2 (1898), S. 18–27.

Kristeller 1899
Paul Kristeller: Barbara von Brandenburg, Markgräfin von Mantua. In: Hohenzollern-Jahrbuch 3 (1899), S. 66–85.

Kroll 2008
Frank-Lothar Kroll: Die Hohenzollern, München 2008.

Krünitz 1773–1858
Johann Georg Krünitz: Oekonomische Encyklopädie, oder allgemeines System der Staats-, Stadt-, Haus- u. Landwirtschaft u. d. Kunstgeschichte in alphabetischer Ordnung. 242 Bde., Berlin 1773–1858.

Küchler 1965
Winfried Küchler: Zur Hochzeit der Infantin Isabella von Aragon mit Herzog Friedrich dem Schönen von Österreich. In: Spanische Forschungen der Görresgesellschaft. Gesammelte Aufsätze zur Kulturgeschichte Spaniens 22 (1965), S. 176–187.

Küntzel 1922
Georg Küntzel: Die drei großen Hohenzollern, Stuttgart 1922.

L

Laarman-Westdijk 2012
Frauke K. Laarman-Westdijk: »Engeltje van't hemelrijk«: overledenen op weg naar de hemel. In: Face Book. Studies on Dutch and Flemish portraiture of the 16th–18th Centuries. Liber Amicorum Presented to Rudolf E. O. Ekkart, Leiden 2012, S. 227–234.

Ladendorf 1935
Heinz Ladendorf: Der Bildhauer und Baumeister Andreas Schlüter. Beiträge zu seiner Biographie und zur Berliner Kunstgeschichte seiner Zeit, Berlin 1935 (= Forschungen zur deutschen Kunstgeschichte, 2).

Lange 1853
Eduard Lange: Die Soldaten Friedrichs des Großen, Leipzig 1853.

Ledebur 1833
Leopold von Ledebur: Wanderung durch die Königliche Kunstkammer Berlin mit besonderer Rücksicht auf Erinnerungen an das hohe Herrscherhaus. In: Allgemeines Archiv für die Geschichtskunde des Preußischen Staates 12 (1833), S. 3–34, 289–319.

Lehnert 1998
Uta Lehnert: Der Kaiser und die Siegesallee. Réclame Royale, Berlin 1998.

Lehnert 2010
Uta Lehnert: Die Siegesallee. Begas verliert die Gunst des Kaisers. In: Begas. Monumente für das Kaiserreich. Eine Ausstellung zum 100. Todestag von Reinhold Begas (1831–1911), hg. v. Esther Sophia Sünderhauf, Ausstellung, Berlin, Deutsches Historisches Museum, 2010–2011, Dresden 2010, S. 111–119.

Leibniz 1998
Gottfried Wilhelm Leibniz: Sämtliche Schriften und Briefe: Reihe 1: Allgemeiner politischer und historischer Briefwechsel, Bd. 15: Januar–September 1698, hg. v. Leibniz-Archiv der Niedersächsischen Landesbibliothek Hannover, Berlin 1998.

Lessing 1885
Julius Lessing: Der Silberschatz des Königlichen Schlosses zu Berlin. In: Gesammelte Studien zur Kunstgeschichte. Eine Festgabe zum 4. Mai für Anton Springer, Leipzig 1885, S. 121–142.

Lessing 1895
Julius Lessing: Die Schwerter des preußischen Krontresors. In: Jahrbuch der Königlich Preußischen Kunstsammlungen 16 (1895), S. 103–137.

Liebusch 1873
Georg Liebusch: Elisabeth von Dänemark, Kurfürstin von Brandenburg. Ein Lebensbild, Berlin 1873.

Lilienthal 2007
Andrea Lilienthal: Die Fürstin und die Macht. Welfische Herzoginnen im 16. Jahrhundert. Elisabeth, Sidonia, Sophia, Hannover 2007 (= Quellen und Darstellungen zur Geschichte Niedersachsens, 127).

Liselotte von der Pfalz, Kat. 1996
Liselotte von der Pfalz. Madame am Hofe des Sonnenkönigs, hg. v. Sigrun Paas, Ausstellung, Heidelberg, Stadt Heidelberg, 1996–1997, Heidelberg 1996.

Luh 2001
Jürgen Luh: Die Religionspolitik Friedrichs III./I. In: Preußen 1701. Eine europäische Geschichte, Bd. 2, Essays, hg. v. Deutschen Historischen Museum u. d. Stiftung Preußische Schlösser und Gärten Berlin-Brandenburg, Ausstellung, Berlin, Deutsches Historisches Museum u. Stiftung Preußische Schlösser und Gärten Berlin-Brandenburg, Berlin 2001, S. 156–164.

Luh 2003
Jürgen Luh: Einleitung: Bemerkungen zum Preußenbild. In: Preussen, Deutschland und Europa 1701–2001, hg. v. Jürgen Luh, Vinzenz Czech u. Bert Becker, Groningen 2003, S. 1–12.

Luh 2005
Jürgen Luh: »Geschichtsschreibung in Stein und Erz«. Die Kaiser-Denkmäler im Deutschen Reich. In: Franziska Windt, Jürgen Luh u. Carsten Dilba: Die Kaiser und die Macht der Medien, Ausstellung, Berlin, Stiftung Preußische Schlösser und Gärten Berlin-Brandenburg, 2005–2006, Berlin 2005, S. 38–49.

Lutter 2011
Christina Lutter: Geschlecht, Beziehung, Politik. Welche Möglichkeiten und Grenzen »erfolgreichen« Handelns hatte Bianca Maria Sforza? In: Innsbrucker historische Studien 27 (2011), S. 251–266.

M

Mager 1992
Inge Mager: Elisabeth von Brandenburg – Sidonie von Sachsen. Zwei Frauenschicksale im Kontext der Reformation von Calenberg-Göttingen. In: 450 Jahre Reformation im Calenberger Land, hg. v. Ev.-luth. Kirchenkreis Laatzen-Pattensen, Laatzen 1992, S. 23–32.

Malkowsky 1912
Georg Malkowsky: Die Kunst im Dienste der Staatsidee. Hohenzollerische Kunstpolitik vom Großen Kurfürsten bis auf Wilhelm II., Berlin 1912.

Marheinecke 1831
Philipp Marheinecke: Geschichte der teutschen Reformation, Teil 2, 2. Aufl., Berlin 1831.

Marra 2007
Stephanie Marra: Allianzen des Adels. Dynastisches Handeln im Grafenhaus Bentheim im 16. und 17. Jahrhundert, Köln, Weimar u. Wien 2007.

Maurenbrecher 1905
Max Maurenbrecher: Die Hohenzoller-Legende. Kulturbilder aus der preußischen Geschichte vom 12. bis zum 20. Jahrhundert, Bd. 1, Berlin 1905.

Maier 2004
Martin Maier: Die Hofapotheke am Stadtschloss Berlin: die Auswirkungen einer staatlichen Einrichtung im preußischen Gesundheitswesen auf Wissenschaft, Arzneiversorgung und Wirtschaftlichkeit sowie auf Forschung und Ausbildung vom 17. bis zum 20. Jahrhundert, [Mikrofiche-Ausg.] 2004.

Marschner 2014
Joanna Marschner: Queen Caroline. Cultural Politics at the Early Eigteenth-Century Court, New Haven u. London 2014.

Matthies 1958
Helene Matthies: Lottine. Lebensbild der Philippine Charlotte, Schwester Friedrichs des Großen Gemahlin Karls I. von Braunschweig, Braunschweig 1958.

Meiner 2008
Jörg Meiner: Möbel des Spätbiedermeier und des Historismus, Berlin 2008 (= Bestandskataloge der Stiftung Preußische Schlösser und Gärten Berlin-Brandenburg. Bestandskataloge der Kunstsammlungen Angewandte Kunst, Möbel).

Menzel 1843
Briefe der Prinzessin Elisabeth Charlotte von Orléans an die Raugräfin Louise 1676–1722, hg. v. Wolfgang Menzel, Stuttgart 1843.

Minkels 2007
Dorothea Minkels: Elisabeth von Preußen. Königin in der Zeit des AusMÄRZens, Norderstedt 2007.

Minkels 2008
Dorothea Minkels: Elisabeth von Preußen. Königin in der Zeit des AusMÄRZens, München 2007/08.

Moraw 1997
Peter Moraw: Das Heiratsverhalten im hessischen Landgrafenhaus ca. 1300 bis ca. 1500 – auch vergleichend betrachtet. In: Hundert Jahre Historische Kommission für Hessen 1897–1997. Festgabe dargebracht von Autorinnen und Autoren der Historischen Kommission, hg. v. Walter Heinemeyer, Marburg 1997, S. 115–140 (= Veröffentlichungen der Historischen Kommission für Hessen, 61).

Moser 1745
Johann Jacob Moser: Teutsches Staats-Recht, 18. Theil: Darinn der Rest der Materie von dem Herkommen in denen Häusern derer weltlichen Reichs-Stände [...] gehandelt wird, Leipzig u. Ebersdorf 1745.

Moser 1754
Friedrich Carl von Moser: Teutsches Hofrecht, Bd. 1, Leipzig 1754.

Moser 1761
Friedrich Carl von Moser: Teutsches Hof-Recht [...], 2 Bde., Frankfurt u. Leipzig 1761.

Müller 1839
Adolph Müller: Geschichte der Reformation in der Mark Brandenburg, Berlin 1839.

Müller 1984
Gregor Müller: Mensch und Bildung im italienischen Renaissance-Humanismus. Vittorino da Feltre und die humanistischen Erziehungsdenker, Baden-Baden 1984.

Müller 2012
Frank Lorenz Müller: The Prince, the Crypt, and the Historians. Kaiser Friedrich III and the Continuities of Monarchical Geschichtspolitik in Imperial Germany. In: German Studies Review 35.3 (2012), S. 521–540.

Müller 2013
Frank Lorenz Müller: Der 99-Tage-Kaiser. Friedrich III. von Preußen. Prinz, Monarch, Mythos, München 2013.

Müller-Jahncke 1998
Wolf-Dieter Müller-Jahncke: Leonhard Thurneisser. In: Alchemie. Lexikon einer hermetischen Wissenschaft, hg. v. Claus Priesner u. Karin Fiagala, München 1998, S. 360–361.

Müller-Jahnke 2005
Wolf-Dieter Müller-Jahncke: Apotheker. In: Höfe und Residenzen im spätmittelalterlichen Reich. Ein dynastisch-topographisches Handbuch. Bilder und Begriffe, hg. v. Werner Paravicini, Bd. 1: Begriffe, Ostfildern 2005, S. 157–159.

Münch 1982
Paul Münch: Die »Obrigkeit im Vaterstand«. Zu Definition und Kritik des »Landesvaters« während der Frühen Neuzeit. In: Hof, Staat und Gesellschaft in der Literatur des 17. Jahrhunderts, hg. v. Elger Blühm, Jörn Garber u. Klaus Garber, Amsterdam 1982, S. 15–40 (= Daphnis 11.1 (1982)).

Münch 1987
Ingrid Münch: Testament und Begräbnis der Herzog Philippine Charlotte v. Braunschweig-Lüneburg 1716–1801. In: Braunschweigisches Jahrbuch 68 (1987), S. 51–82.

N

Neugebauer 1996–2003
Wolfgang Neugebauer: Die Hohenzollern, 2 Bde., Stuttgart 1996–2003.

Neugebauer 2006
Wolfgang Neugebauer: Die preußische Staatshistoriographie des 19. und 20. Jahrhunderts. In: Forschungen zur Brandenburgischen und Preußischen Geschichte 8 (2006), S. 17–60.

Nicolai 1769
Friedrich Nicolai: Beschreibung der Königlichen Residenzstädte Berlin und Potsdam [...], Berlin 1769.

Nicolai 1786
Friedrich Nicolai: Beschreibung der Königlichen Residenzstädte Berlin und Potsdam [...], 3 Bde., 3. Aufl., Berlin 1786.

Niekus Moore 1981
Cornelia Niekus Moore: Die adelige Mutter als Erzieherin. Erbauungsliteratur adeliger Mütter für ihre Kinder. In: Europäische Hofkultur im 16. und 17. Jahrhundert, hg. v. August Buck u. a., Bd. 3, Hamburg 1981, S. 505–510 (= Wolfenbütteler Arbeiten zur Barockforschung, 10).

Noack 2001
Paul Noack: Elisabeth Christine und Friedrich der Große. Ein Frauenleben in Preußen, Stuttgart 2001.

Nolde/Opitz 2008
Grenzüberschreitende Familienbeziehungen: Akteure und Medien des Kulturtransfers in der Frühen Neuzeit, hg. v. Dorothea Nolde u. Claudia Opitz, Köln u. a. 2008.

Nolte 2004
Cordula Nolte: »der leib der hochst schatz«. Zu fürstlicher Körperlichkeit, Gesunderhaltung und Lebenssicherung (1450–1550). Familien- und alltagsgeschichtliche Perspektiven. In: Fürst und Fürstin. Familienbeziehungen und Handlungsmöglichkeiten von hochadligen Frauen im Mittelalter, hg. v. Jörg Rogge, Ostfildern 2004, S. 45–92 (= Mittelalter-Forschungen, 15).

Nolte 2005
Cordula Nolte: Familie, Hof und Herrschaft. Das verwandtschaftliche Beziehungs- und Kommunikationsnetz der Reichsfürsten am Beispiel der Markgrafen von Brandenburg-Ansbach (1440–1530), Ostfildern 2005 (= Mittelalter-Forschungen, 11).

Nummedal 2007
Tara Nummedal: Alchemy and Authority in the Holy Roman Empire, Chicago 2007.

O

Obst 2010
Michael A. Obst: »Einer nur ist Herr im Reiche«. Kaiser Wilhelm II. als politischer Redner, Paderborn u. a. 2010.

Obst 2011
Die politischen Reden Kaiser Wilhelms II. Eine Auswahl, hg. v. Michael A. Obst, München u. Paderborn 2011.

Onder den Oranje boom, Kat. 1999
Onder den Oranje boom. Niederländische Kunst und Kultur im 17. und 18. Jahrhundert an deutschen Fürstenhöfen, hg. v. d. Stadt Krefeld, d. Stiftung Preußische Schlösser und Gärten Berlin-Brandenburg, d. Stichting Palais Het Loo u. d. Nationaal Museum Apeldoorn, Ausstellung, Krefeld, Oranienburg u. Apeldoorn, Stadt Krefeld, Stiftung Preußische Schlösser und Gärten Berlin-Brandenburg, Stichting Palais Het Loo u. Nationaal Museum Apeldoorn, 1999–2000, München 1999.

Opgenoorth 1978
Ernst Opgenoorth: Friedrich Wilhelm. Der Große Kurfürst von Brandenburg. Eine politische Biographie. Bd. 2, Göttingen 1978.

Opitz 1997
Claudia Opitz: Hausmutter und Landesfürstin. In: Der Mensch des Barock, hg. v. Rosario Villari, Frankfurt am Main, New York u. Paris 1997, S. 344–370.

Oßwald-Bargende 2000
Sybille Oßwald-Bargende: Die Mätresse, der Fürst und die Macht. Christina Wilhelmina von Grävenitz und die höfische Gesellschaft, Frankfurt am Main 2000.

P

Pachomova-Göres 1997
Pachomova-Göres, Wasilissa: Eine Braut und ihr Brautschatz. Zwei Schicksale. In: Die Mitgift einer Zarentochter. Meisterwerke russischer Kunst des Historismus aus dem Besitz der Hausstiftung Museum Schloss Fasanerie, Eurasburg 1997, S. 25–42.

Pakula 1997
Hannah Pakula: Uncommon Woman. The Empress Frederick, London 1997.

Pangels 1976
Charlotte Pangels: Königskinder im Rokoko. Die Geschwister Friedrichs des Großen, München 1976.

Panzer 2012
Marita A. Panzer: Wittelsbacherinnen. Fürstentöchter einer europäischen Dynastie, Regensburg 2012.

Paradies des Rokoko, Kat. 1998
Paradies des Rokoko. Galli Bibiena und der Musenhof der Wilhelmine von Bayreuth, hg. v. Peter O. Krückmann, Ausstellung, Bayerische Verwaltung der staatlichen Schlösser, Gärten und Seen Bayreuth, 1998, Bd. 2, München 1998.

Paul 1913
Paul Seidel: Die Insignien und Juwelen der preußischen Krone. In: Hohenzollern-Jahrbuch 17 (1913), S. 1–69.

Pegah 1999
Rashid Sascha Pegah: »Hir ist nichts als operen undt commedien«. Sophie Charlottes Musik- und Theaterpflege in den Jahren 1699 bis 1705. In: Sophie Charlotte und ihr Schloß. Ein Musenhof des Barock in Brandenburg Preußen, hg. v. d. Generaldirektion der Stiftung Preußische Schlösser und Gärten Berlin-Brandenburg, Ausstellung, Berlin, Stiftung Preußische Schlösser und Gärten Berlin-Brandenburg, 1999, München u. a. 1999, S. 83–89.

Pigler 1956
Andor Pigler: Portraying the dead (painting, graphic art). In: Acta historiae artium Academieae Scientiarum Hungaricae 4 (1956), S. 1–74.

Plötz-Peters 2010
Hannelore Plötz-Peters: Ein Preußisches Hochzeitservice. In: Keramos 209 (2010), S. 63–72.

Pöhlmann 1999
Barbara Pöhlmann: Dynastische Verbindungen. In: Bayern & Preußen & Bayerns Preußen. Schlaglichter auf eine historische Beziehung, hg. v. Johannes Erichsen u. Evamaria Brockhoff, Ausstellung, Berlin u. Kulmbach, Haus der Bayerischen Geschichte, 1999, Augsburg 1999, S. 390–391 (= Veröffentlichungen zur Bayerischen Geschichte und Kultur, 41).

Pointon 2007
Marcia Pointon: Women and their Jewels. In: Women and Material Culture, 1660–1830, hg. v. Jennie Batchelor u. Cora Kaplan, Basingstoke 2007.

Pons 2011
Rouven Pons: Das gefürchtete Erbe. Die jülich-klevische Erbfolge und das Haus Brandenburg. In: Der Jülich-Klevische Erbfolgestreit 1609. Seine Voraussetzungen und Folgen, hg. v. Manfred Groten, Clemens von Looz-Corswarem u. Wilfried Reininghaus, Vortragsband, Düsseldorf 2011, S. 137–162 (= Publikationen der Gesellschaft für rheinische Geschichtskunde, Vorträge, 36).

Pons 2013
Rouven Pons: Ein ungewisser Friede. Zum Friedensvertrag von Xanten (1614). In: Rheinische Vierteljahrsblätter 77 (2013), S. 73–85.

Ponsonby 1928
Letters of the Empress Frederick, hg. v. Frederick Ponsonby, London 1928.

Portret in portret, Kat. 2012
Portret in portret in de nederlandse kunst 1550–2012, hg. v. Sabine Craft-Giepmans u. Annette De Vries, Ausstellung, Dordrecht, Dordrechts Museum, 2012–2013, Bussum 2012.

Poschinger 1899
Margaretha von Poschinger: Kaiser Friedrich. In neuer quellenmäßiger Darstellung, Bd. 1: 1831–1862, Berlin 1899.

Poutrin 2007
Isabelle Poutrin u. Marie-Karine Schaub: Introduction. In: Femmes & Pouvoir politique: Les Princesses d'Europe XVe–XVIIIe siècle, hg. v. Isabelle Poutrin u. Marie-Karine Schaub, Rosny-sous-Bois 2007, S. 8–50.

Prange 1778
Christian Friedrich Prange: Entwurf einer Akademie der bildenden Künste, worin die Ersten Gründe der Zeichnungskunst, Maler-, Kupferstecher-, Bildhauer- und Baukunst erklärt werden, Halle 1778.

Preuss 1838
Johann David Erdmann Preuss: Friedrich der Große mit seinen Verwandten und Freunden. Eine historische Skizze, Berlin 1838.

Preuss 1984
Heike Preuss: Politische Heiraten in Jülich-Kleve-Berg. In: Land im Mittelpunkt der Mächte. Die Herzogtümer Jülich-Kleve-Berg, hg. v. Städtischen Museum Haus Koekkoek Kleve u. Stadtmuseum Düsseldorf, Ausstellung, Kleve u. Düsseldorf, Städtischen Museum Haus Koekkoek Kleve u. Stadtmuseum Düsseldorf, 1984–1985, Kleve 1984, S. 133–146.

Preußen 1701, Bd. 1, Kat. 2001
Preußen 1701. Eine europäische Geschichte. Bd. 1, Katalog, hg. v. Deutschen Historischen Museum, Ausstellung, Berlin, Deutsches Historisches Museum, 2001, Berlin 2001.

Preußen 1930
Cecilie von Preußen: Erinnerungen, Leipzig 1930.

Puppel 2004
Pauline Puppel: Die Regentin. Vormundschaftliche Herrschaft in Hessen 1500–1700, Frankfurt am Main u. New York 2004 (= Geschichte und Geschlechter, 43).

Purrucker 1975
Barbara Purrucker: Knaben in »Mädchenkleidern«. In: Waffen- und Kostümkunde 17.1 (1975), S. 71–89, 143–161.

R

Ranft 1750–1763
Neue genealogisch-historische Nachrichten von den vornehmsten Begebenheiten welche sich an den europäischen Höfen zutragen, hg. v. Michael Ranft, 160 Teile, Leipzig 1750–1763.

Rasche 1998
Adelheid Rasche: Bilder aus zweiter Hand. Zur Publikation der »Preußischen Krönungsgeschichte« 1702 bzw. 1712. In: Jahrbuch Preußischer Kulturbesitz, 34 (1998), S. 189–201.

Rauch 2007
Margot Rauch: »Von Blattern, Windpocken und Masern bedroht« – die Sorge um die Gesundheit von Kindern. In: Alfred Auer u. Margot Rauch: Prinzenrolle. Kindheit vom 16. bis 18. Jahrhundert, Ausstellung, Innsbruck, Schloss Ambras, 2007, Wien 2007, S. 149–152.

Ravenstein 1827
Heinrich Ravenstein: Historische Darstellung der wichtigsten Ereignisse des Königlich-Preußischen Zweiten Kürassier Regiments (genannt Königin) von dessen Stiftung im Jahre 1717 bis zum Jahre 1820, Berlin 1827.

Redlin-Fluri 1976
Reinhold Redlin-Fluri: Die weiblichen Regimentschefs und -inhaber der deutschen Armee. In: Zeitschrift für Heereskunde 40 (1976), S. 102–106, 197.

Reihlen 2005
Liturgische Gewänder und andere Paramente im Dom zu Brandenburg, hg. v. Helmut Reihlen, Regensburg 2005.

Rein 1963
Otto von Bismarck: Werke in Auswahl, hg. v. Gustav Adolf Rein, Bd. 2, Darmstadt 1963.

Rentsch 1682
Johann Wolfgang Rentsch: Brandenburgischer Ceder-Hein. [...], Bayreuth 1682.

Rich/Fisher 1957
Die Geheimen Papiere Friedrich von Holsteins, hg. v. Norman Rich u. M[ax] H[enry] Fisher. Die Deutsche Ausgabe v. Werner Frauendienst, Bd. 2, Berlin 1957.

Riedel 1865
Adolph Friedrich Riedel: Die Kurfürstin Elisabeth von Brandenburg in Beziehung auf die Reformation. In: Zeitschrift für preußische Geschichte und Landeskunde 2 (1865), S. 65–100.

Rist 1655
Johann Rist: Unterthänigste Glükwünschung und Lob-Rede [...], Berlin 1655.

Röhrich 1976
Die schönsten Märchen der Brüder Grimm. Kinder malen Märchen, hg. v. Lutz Röhrich, Frankfurt am Main 1976.

Römer 1997
Braunschweig-Bevern. Ein Fürstenhaus als europäische Dynastie 1667–1887, hg. v. Christof Römer, Braunschweig 1997.

Roggendorf 1968
Hermann Josef Roggendorf: Die Politik der Pfalzgrafen von Neuburg im Jülich-Klevischen Erbfolgestreit. In: Düsseldorfer Jahrbuch 53 (1968), S. I–211.

Rohr 1733
Julius Bernhard von Rohr: Einleitung zu Ceremonialwissenschaft der großen Herren [...], Berlin 1733.

Rohrschneider 2007
Michael Rohrschneider: Friedrich der Große als Historiograph des Hauses Brandenburg. Herrscherideal, Selbststilisierung und Rechtfertigungstendenzen in den Mémoires pour servir à l'histoire de la maison de Brandebourg. In: Forschungen zur brandenburgischen und preußischen Geschichte 17 (2007), S. 103–121.

Rothkirch 1985
Königin Luise von Preußen. Briefe und Aufzeichnungen 1786–1810. Mit einer Einleitung von Hartmut Bookmann, hg. v. Malve Rothkirch, München u. Berlin 1985.

Rotschitz 1604
Georg von Rotschitz: Tractatus Von der Mitgifft / Leibgeding / Morgengab / Gerade, Leipzig 1604 (erstmals 1598).

Rous 2014
Anne-Simone Rous: Die Geheimschrift der Herzogin Elisabeth von Rochlitz im Schmalkaldischen Krieg 1546/47. In: »eine STARKE FRAUENgeschichte«. 500 Jahre Reformation, hg. i. Auftrag d. Staatlichen Schlösser, Burgen und Gärten Sachsen gemeinnützige GmbH v. Simona Schellenberger, André Thieme u. Dirk Welich, Ausstellung, Schloss Rochlitz, Staatliche Schlösser, Burgen und Gärten Sachsen gemeinnützige GmbH, 2014, Markkleeberg 2014, S. 47–51.

Ruppel 2006
Sophie Ruppel: Verbündete Rivalen. Geschwisterbeziehungen im Hochadel des 17. Jahrhunderts, Köln, Weimar u. Wien 2006.

Ruppel 2008
Sophie Ruppel: »Das Pfand und Band aller Handlungen«. Der höfische Brief als Medium des kulturellen Austauschs. In: Grenzüberschreitende Familienbeziehungen. Akteure und Medien des Kulturtransfers in der Frühen Neuzeit, hg. v. Dorothea Nolde u. Claudia Opitz, Köln u. a. 2008, S. 211–223.

S

Sánchez 1998
Magdalena S. Sánchez: The empress, the queen, and the nun. Women and power at the court of Philipp III of Spain, Baltimore 1998.

Saring 1941
Toni Saring: Kurfürstin Anna (von Preußen). In: Forschungen zur brandenburgischen und preußischen Geschichte 53 (1941) S. 248–295.

Schattkowsky 2003
Witwenschaft in der Frühen Neuzeit. Fürstliche und adlige Witwen zwischen Fremd- und Selbstbestimmung, hg. v. Martina Schattkowsky, Leipzig 2003.

Scheller 1966
Rita Scheller: Die Frau am preußischen Herzogshof 1550–1625, Göttingen 1966 (= Studien zur Geschichte Preußens, 13).

Schlegel 1968
Klaus Schlegel: Weibliche Regimentschefs der deutschen Armee. In: Zeitschrift für Heereskunde 32 (1968), S. 111–118.

Schmoller/Krauske/Loewe 1898
Gustav Friedrich von Schmoller, Otto Krauske u. Victor Loewe: Acta Borussica. Die Behördenorganisation und die allgemeine Staatsverwaltung Preußens im 18. Jahrhundert. Bd. 2: Akten vom Juli 1714 bis Ende 1717, Berlin 1898.

Schnath 1927
Briefwechsel der Kurfürstin Sophie von Hannover mit dem Preußischen Königshause, hg. v. Georg Schnath, Berlin u. Leipzig 1927.

Schneider 2010
Birgit Schneider: Ornament in der Krise. Die zwei Kleider der Königin Marie Antoinette. In: Kleidung im Bild. Zur Ikonologie dargestellter Gewandung, hg. v. Philipp Zitzlsperger, Berlin 2010, S. 153–165. (= Textile Studies, 1).

Schönpflug 2013
Daniel Schönpflug: Die Heiraten der Hohenzollern. Verwandtschaft, Politik und Ritual in Europa 1640–1918, Göttingen 2013 (= Kritische Studien zur Geschichtswissenschaft, 207).

Schraut 1998
Sylvia Schraut: Frauen an den Höfen der Neuzeit. Handlungsspielräume und Gestaltungsmöglichkeiten. In: Frauen bei Hof, hg. v. Otto Borst, Tübingen 1998, S. 9–27.

Schröter 1991
Michael Schröter: Zur Intimisierung der Hochzeitsnacht im 16. Jahrhundert. Eine zivilisationstheoretische Studie. In: Ordnung und Lust. Bilder von Liebe, Ehe und Sexualität in Spätmittelalter und früher Neuzeit, hg. v. Hans-Jürgen Bachorski, Trier 1991, S. 359–415.

Schulte 2002
Regina Schulte: Der Körper der Königin. Konzeptionelle Annäherungen. In: Der Körper der Königin: Geschlecht und Herrschaft in der höfischen Welt seit 1500, hg. v. Regina Schulte, Frankfurt am Main 2002, S. 11–26 (= Campus Historische Studien, 31).

Schulze 1883
Hausverfassung und Hausgesetze des preußischen Königshauses, hg. v. Hermann Schulze, Jena 1883.

Schuster 1898
Georg Schuster: Ein eigenhändiger Lebensabriß der Kurfürstin Elisabeth von Brandenburg. In: Hohenzollern-Jahrbuch 2 (1898), S. 243–245.

Schwennicke 1978–2013
Europäische Stammtafeln. Stammtafeln zur Geschichte der europäischen Staaten. Neue Folge, hg. von Detlev Schwennicke, 29 Bde., Marburg 1978–2013.

Seelig 1994
Lorenz Seelig: Die Kunst der Augsburger Goldschmiede im Dienst höfischer Repräsentation. In: Silber und Gold. Augsburger Goldschmiedekunst für die Höfe Europas, hg. v. Reinhold Baumstark u. Helmut Seling, München 1994, S. 32–56.

Sedlarz 2009
Claudia Sedlarz: Die schnurrbärtige Venus. Luisen-Huldigung auf dem Berliner Maskenball von 1804. In: Forschungen zur Brandenburgischen und Preußischen Geschichte 74 (2009), S. 149–256.

Seidel 1903
Paul Seidel: Die Darstellungen des großen Kurfürsten gemeinsam mit seiner ersten Gemahlin Louise-Henriette von Oranien. In: Hohenzollern-Jahrbuch 7 (1903), S. 66–75.

Seidel 1911
Paul Seidel: Die Kinderbildnisse Friedrichs des Großen und seiner Brüder. In: Hohenzollern-Jahrbuch 15 (1911), S. 20–35.

Seidel 1913
Paul Seidel: Die Insignien und Juwelen der preußischen Krone. In: Hohenzollern-Jahrbuch 1 (1913), S. 1–69.

Severidt 1997
Ebba Severidt: Familie und Politik: Barbara von Brandenburg, Markgräfin von Mantua (30. September 1422 – 7. November 1481). In: Innsbrucker Historische Studien 16/17, Wien 1997, S. 213–238.

Severidt 1998
Ebba Severidt: Struktur und Entfaltung von Verwandtschaft im Spätmittelalter. Die Beziehungen der Gonzaga, Markgrafen von Mantua, zu den ihnen verwandten deutschen Fürsten (1444–1519), Diss. Freiburg im Breisgau 1998.

Severidt 2002
Ebba Severidt: Familie, Verwandtschaft und Karriere bei den Gonzaga. Struktur und Funktion von Familie und Verwandtschaft bei den Gonzaga und ihren deutschen Verwandten (1444–1519), Leinfelden-Echterdingen 2002.

Seyboth 1999
Reinhard Seyboth: Aufbau eines Territoriums. Die Hohenzollern in Franken und ihre Nachbarn. In: Bayern & Preußen & Bayerns Preußen. Schlaglichter auf eine historische Beziehung, hg. v. Johannes Erichsen u. Evamaria Brockhoff, Ausstellung, Berlin u. Kulmbach, Haus der Bayerischen Geschichte, 1999, Augsburg 1999, S. 21–29.

Siden 2001
Karen Siden: Portraits of the Dead. In: Face to Face. Portraits from five centuries, hg. v. Görel Cavalli-Björkmann, Ausstellung, Stockholm, Nationalmuseum, 2001–2002, Stockholm 2001, S. 155–162.

Siemer 1997
Meinolf Siemer: Großzügigkeit mit Kalkül. Die Mitgift der Alexandra Nikolajewna im russischen und europäischen Kontext. In: Die Mitgift einer Zarentochter. Meisterwerke russischer Kunst des Historismus aus dem Besitz der Hausstiftung Museum Schloss Fasanerie, Eurasburg 1997.

Skogh 2013
Lisa Skogh: Material worlds. Queen Hedwig Eleonora as collector and patron of the arts, Stockholm 2013.

Sophie Charlotte und ihr Schloß, Kat. 1999
Sophie Charlotte und ihr Schloß. Ein Musenhof des Barock in Brandenburg Preußen, hg. v. d. Generaldirektion der Stiftung Preußische Schlösser und Gärten Berlin-Brandenburg, Ausstellung, Berlin, Stiftung Preußische Schlösser und Gärten Berlin-Brandenburg, 1999–2000, München u. a. 1999.

Specht 2011
Agnete von Specht: »... Danke ich Gott, dass ich ein Preuße bin.« Nationale Identifikation und Historienmalerei in Preußen. In: Studien und Vorträge zur preußischen Geschichte des 18. Jahrhunderts, hg. v. d. Stiftung Preußische Schlösser und Gärten Berlin-Brandenburg, 2011, www.perspectivia.net/content/publikationen/friedrich300-studien/specht_identifikation (5. 2. 2015).

Spieß 1993
Karl Heinz Spieß: Familie und Verwandtschaft im deutschen Hochadel des Spätmittelalters. 13. bis Anfang des 16. Jahrhunderts, Stuttgart 1993.

Spieß 1997
Karl-Heinz Spieß: Unterwegs zu einem fremden Ehemann. Brautfahrt und Ehe in europäischen Fürstenhäusern des Spätmittelalters. In: Fremdheit und Reisen im Mittelalter, hg. v. Karl-Heinz Spieß u. Irene Erfen, Stuttgart 1997, S. 17–36.

Spieß 2003
Karl-Heinz Spieß: Witwenversorgung im Hochadel. Rechtlicher Rahmen und praktische Gestaltung im Spätmittelalter und zu Beginn der Frühen Neuzeit. In: Witwenschaft in der Frühen Neuzeit. Fürstliche und adelige Witwen zwischen Fremd- und Selbstbestimmung, hg. v. Martina Schattkowsky, Leipzig 2003, S. 87–114 (= Schriften zur sächsischen Geschichte und Volkskunde, 6).

Spitzer 1996
Gabriele Spitzer: ... und die Spree führt Gold. Leonhard Thurneysser zum Thurn. Astrologe, Alchimist, Arzt und Drucker im Berlin des 16. Jahrhunderts, Ausstellung, Berlin, Staatsbibliothek zu Berlin Preußischer Kulturbesitz, 1996, Wiesbaden 1996 (= Beiträge aus der Staatsbibliothek zu Berlin, Preußischer Kulturbesitz, 3).

Sponsel 1906
Jean Louis Sponsel: Fürsten-Bildnisse aus dem Hause Wettin, Dresden 1906.

Stedman/Zimmermann 2007
Gesa Stedman u. Margarete Zimmermann: Kulturtransfer der Frühen Neuzeit unter dem Zeichen von Raum und Gender. Eine Problemskizze. In: Höfe – Salons – Akademien. Kulturtransfer und Gender im Europa der Frühen Neuzeit, hg. v. Gesa Stedman u. Margarete Zimmermann, Hildesheim u. a. 2007, S. 1–17.

Steiner 2001
Uwe Steiner: Triumphale Trauer. Die Trauerfeierlichkeiten aus Anlaß des Todes der ersten preußischen Königin in Berlin im Jahre 1705. In: Forschungen zur Brandenburgischen und Preußischen Geschichte 66 (2001), S. 23–108.

Steinheimer 2001
Alfred Steinheimer: Kurze Geschichte der St.-Laurentius-Kirche, Roßtal 2001. Onlineveröffentlichung im Portal des Heimatvereins Markt Roßtal e.V., www.heimatverein-rosstal.de/denkmale/bau/laurentius/geschichte.htm (12. 2. 2015).

Stengel 1958
Walter Stengel: Alte Wohnkultur in Berlin und in der Mark, Berlin 1958.

Stillfried 1868
Rudolf Maria Bernhard von Stillfried-Alcantara: Die Kroenung Ihrer Majestaeten des Koenigs Wilhelm und der Koenigin Augusta von Preussen zu Königsberg am 18. Oct. 1861, Berlin 1868.

Stjerna 2009
Kirsi Stjerna: Woman and the Reformation, Malden 2009.

Stolleis 1985
Michael Stolleis: Staatsheiraten im Zeitalter der europäischen Monarchien. In: Die Braut. Geliebt, vertauscht, geraubt. Zur Rolle der Frau im Kulturvergleich, hg. v. Gisela Völger u. Karin von Welck, Bd. 1, Köln 1985, S. 274–279.

Stolleis 2001
Michael Stolleis: Die Prinzessin als Braut. In: Verfassung, Philosophie, Kirche. Festschrift für Alexander Hollerbach zum 70. Geburtstag, hg. v. Joachim Bohnert u. a., Berlin 2001, S. 45–57.

Strombeck 1826
Deutscher Fürstenspiegel aus dem sechzehnten Jahrhundert, oder Regeln der Fürstenweisheit von dem Herzoge Julius und der Herzoginn-Regentinn Elisabeth zu Braunschweig und Lüneburg. Nach ungedruckten archivalischen Urkunden, hg. v. Friedrich Karl von Strombeck, Braunschweig 1826.

Stupperich 1988
Robert Stupperich: Die Eigenart der Reformation in der Mark Brandenburg. In: »Dem Wort nicht entgegen...« Aspekte der Reformation in der Mark Brandenburg, hg. v. Hans-Ulrich Delius, Max-Ottokar Kunzendorf u. Friedrich Winter, Berlin 1988, S. 13–30.

Swain 1986 Lord
Elisabeth Ward Swain: »My excellent & most singular lord«. Marriage in a noble family of fifteenth-century Italy. In: Journal of Medieval and Renaissance Studies 16.2 (1986), S. 171–195.

Swain 1986 Strategia
Elisabeth Ward Swain, Strategia matrimoniale in casa Gonzaga. Il caso di Barbara e Ludovico, in: Civiltà Mantovana 14 (1986), S. 1–13.

Sybel 1870
Heinrich von Sybel: Ueber die Emancipation der Frauen, Bonn 1870.

T

Tacke 1988
Andreas Tacke: »Johan Tewbern von Liebenwerde, Buchschreijber«. Zu einer vergessenen Berliner Handschriftengruppe aus der Mitte des 16. Jahrhunderts. In: Jahrbuch für brandenburgische Landesgeschichte 39 (1988), S. 33–43.

Terne 2009
Claudia Terne: Friedrich II. von Preußen und die Hofoper. In: Friedrich der Große und der Hof. Beiträge des zweiten Colloquiums in der Reihe »Friedrich300« vom 10./11. Oktober 2008, hg. v. Michael Kaiser u. Jürgen Luh, 2009 (= Friedrich300 – Colloquien, 2), www.perspectivia.net/content/publikationen/friedrich300-colloquien/friedrich-hof/Terne_Hofoper (6. 2. 2015).

Transfeldt 1986
Walter Transfeldt: Wort und Brauch in Heer und Flotte. 9., überarbeitete Aufl., hg. v. Hans-Peter Stein, Stuttgart 1986.

Treitschke 1879
Heinrich von Treitschke: Deutsche Geschichte im Neunzehnten Jahrhundert, Bd. 1: Bis zum zweiten Pariser Frieden, Leipzig 1879 (= Staatengeschichte der neuesten Zeit, 24).

Treitschke 1899
Heinrich von Treitschke: Politik. Vorlesungen, hg. v. Max Cornicelius, 2. Bde., 2. Aufl., Leipzig 1899.

Treitschke 1911
Heinrich von Treitschke: Königin Luise. Vortrag, gehalten am 10. März 1876 im Kaisersaale des Berliner Rathauses. In: Heinrich von Treitschke, Ausgewählte Schriften, Bd. 1, Leipzig 1911, S. 276–292.

Tschackert, 1899
Paul Tschackert: Herzogin Elisabeth von Münden (gest. 1558), geborene Markgräfin von Brandenburg, die erste Schriftstellerin aus dem Hause Brandenburg und aus dem braunschweigischen Hause, ihr Lebensgang und ihre Werke. In: Hohenzollern-Jahrbuch 3 (1899), S. 49–65.

U

Ulbricht 2010
Sabine Ulbricht: Fürstinnen in der sächsischen Geschichte 1382–1622, Markkleeberg 2010.

Utermöhlen 1996
Gerda Utermöhlen: Sophie, Kurfürstin von Braunschweig-Lüneburg. In: Liselotte von der Pfalz. Madame am Hofe des Sonnenkönigs, hg. v. Sigrun Paas, Ausstellung, Heidelberg, Stadt Heidelberg, 1996–1997, Heidelberg 1996, S. 53–59.

V

Van den Heuvel 2000
Christiane van den Heuvel: Sophie von der Pfalz (1630–1714) und ihre Tochter Sophie Charlotte (1668–1705). In: Deutsche Frauen der Frühen Neuzeit. Dichterinnen, Malerinnen, Mäzeninnen, hg. v. Kerstin Merkel u. Heide Wunder, Darmstadt 2000, S. 78–92.

Van der Cruysse 1989
Madame Palatine. Lettres françaises, hg. v. Dirk Van der Cruysse, Paris 1989.

Van der Cruysse 1990
Dirk Van der Cruysse: »Madame sein ist ein ellendes Handwerck«. Liselotte von der Pfalz. Eine deutsche Prinzessin am Hof des Sonnenkönigs. Aus dem Französischen v. Inge Leipold, München 1990.

Van der Hoven 2015
Lena van der Hoven: Musikalische Repräsentationspolitik in Preußen (1688–1797). Hofmusik als Inszenierungsinstrument von Herrschaft, Kassel u. a. 2015.

Vetter 1999
Klaus Vetter: Oranien-Nassau und die Hohenzollern im 17./18. Jahrhundert. Zur Charakterisierung einer Beziehung. In: Onder den Oranje boom. Dynastie in der Republik. Das Haus Oranien Nassau als Vermittler niederländischer Kultur in deutschen Territorien im 17. und 18. Jahrhundert, hg. v. Horst Lademacher, München 1999, S. 213–224.

Victoria & Albert. Vicky & The Kaiser, Kat. 1997
Victoria & Albert. Vicky & The Kaiser. Ein Kapitel deutsch-englischer Familiengeschichte, hg. v. Wilfried Rogasch, Ausstellung, Berlin, Deutsches Historisches Museum, 1997, Berlin 1997.

Vierhaus 1960
Das Tagebuch der Baronin Spitzemberg, hg. v. Rudolf Vierhaus, Göttingen 1960.

Völkel 2015
Michaela Völkel: »Ihr gehört das Gut: Wie darf ich mich drum kümmern, was sie mit ihm thut?« Zur materiellen Kultur hochadeliger Frauen in Brandenburg-Preußen. In: Vorträge und Forschungen zur Kulturgeschichte Preußens, hg. v. d. Stiftung Preußische Schlösser und Gärten Berlin-Brandendenburg, www.perspectivia.net/content/publikationen/kultgep-vortraege/voelkel_gut.

Volz 1913
Die Werke Friedrichs des Großen. In deutscher Übersetzung, hg. v. Gustav Berthold Volz, Deutsch v. Friedrich von Oppeln-Bronikowski u. a., Bd. 1, Berlin 1913.

Vossmeyer 2014
Lothar Vossmeyer: Brandenburgs Kurfürsten der Reformationszeit. Drei Hohenzollern-Porträts, Berlin 2014.

W

Wacker 2013
Gabriele Wacker: Arznei und »Confect«. Medikale Kultur am Wolfenbütteler Hof im 16. und 17. Jahrhundert, Wiesbaden 2013.

Wagner 1987
Günther Wagner: Sophie Charlotte und die Musik. In: Sophie Charlotte und die Musik in Lietzenburg, hg. v. Staatlichen Institut für Musikforschung – Preußischer Kulturbesitz, Ausstellung, Berlin, Staatliches Institut für Musikforschung – PK, 1987, Berlin 1987, S. 9–28.

Wagner 1995
Yvonne Wagner: Prinzenerziehung in der 2. Hälfte des 19. Jahrhunderts, Frankfurt am Main 1995.

Walter 2003
Dierk Walter: Preußische Heeresreformen 1807–1870. Militärische Innovation und der Mythos der »Roonschen Reform«, Paderborn u. a. 2003 (= Krieg in der Geschichte, 16).

Walter 2015
Stephanie Walther: »Tatkräftige Mutter« oder »Plage«? Hochadlige Witwen und ihre Verortung innerhalb des Familienverbandes. In: Fürstliche Witwen in der Frühen Neuzeit – Kunst- und Kulturgeschichte eines Standes, hg. v. Ulrike Ilg, Petersberg 2015, S. 24–44.

Weber-Kellermann 1979
Ingeborg Weber-Kellermann: Die Kindheit. Kleidung und Wohnen, Arbeit und Spiel. Eine Kulturgeschichte, Frankfurt am Main 1979.

Weber-Kellermann 1990
Wilhelmine von Bayreuth, eine preußische Königstochter. Glanz und Elend am Hofe des Soldatenkönigs in den Memoiren der Markgräfin Wilhelmine von Bayreuth, hg. v. Ingeborg Weber-Kellermann, Frankfurt am Main 1990.

Weinland 2001
Martina Weinland: Friedrich Wilhelm I. Vom Kurprinz zum Kronprinz. In: Im Dienste Preußens. Wer erzog Prinzen zu Königen?, hg. v. d. Stiftung Stadtmuseum Berlin, Ausstellung, Berlin, Stiftung Stadtmuseum Berlin, 2001–2002, Berlin 2001, S. 53–72.

LITERATUR

Weiss 1998
Das Hochadelige Fräuleinstift Mosigkau. Zur Geschichte von Stift und Schloss, hg. v. Thomas Weiss, Wörlitz 1998.

Weiß 2008
Ulrike Weiß: Dame, Herzog, Kurfürst, König. Das Haus der hannoverschen Welfen 1636–1866, Hannover 2008.

Wette 2011
Wolfram Wette: Militarismus in Deutschland. Geschichte einer kriegerischen Kultur, Frankfurt am Main 2011.

Wienfort 2008
Monika Wienfort: Geschichte Preußens, München 2008

Wiesner 2000
Merry Wiesner: Herzogin Elisabeth von Braunschweig-Lüneburg (1510–1558). In: Deutsche Frauen der Frühen Neuzeit. Dichterinnen, Malerinnen, Mäzeninnen, hg. v. Kerstin Merkel u. Heide Wunder, Darmstadt 2000, S. 39–48.

Wilhelmine 1810
Mémoires de Frédérique Sophie Wilhelmine, Margrave de Bareith, sœur de Frédéric-le-Grand, depuis l'année 1706 jusqu'à 1742, Bd. 1, Braunschweig 1810.

Windt 2005
Franziska Windt: Die Kaiser in der Photographie. In: Franziska Windt, Jürgen Luh u. Carsten Dilba: Die Kaiser und die Macht der Medien, Ausstellung, Berlin, Stiftung Preußische Schlösser und Gärten Berlin-Brandenburg, 2005–2006, Berlin 2005, S. 66–97.

Windt/Luh/Dilba 2005
Franziska Windt, Jürgen Luh u. Carsten Dilba: Die Kaiser und die Macht der Medien, hg. v. d. Generaldirektion der Stiftung Preußische Schlösser und Gärten Berlin-Brandenburg, Ausstellung, Berlin, Stiftung Preußische Schlösser und Gärten Berlin-Brandenburg, 2005–2006, Berlin 2005.

Wintzingerode 2011
Heinrich Jobst von Wintzingerode: Schwierige Prinzen. Die Markgrafen von Brandenburg-Schwedt, Berlin 2011 (= Veröffentlichungen des Brandenburgischen Landeshauptarchivs, 62).

Wippermann 1889
Karl Wippermann: Deutscher Geschichtskalender für 1888, Bd. 1, Leipzig 1889.

Wittwer 2007
Samuel Wittwer: Liaisons fragiles. Exchanges of Gifts between Saxony and Prussia in the Early Eighteenth Century. In: Fragile diplomacy. Meissen porcelain for European courts ca. 1710–1763, hg. v. Maureen Cassidy-Geiger, New York 2007, S. 87–109.

Woelderink 1999
Bernard Woelderink: Glanzvolle Verbindungen. Die oranischen Heiraten im 18. und in der ersten Hälfte des 19. Jahrhunderts. In: Onder den Oranje boom. Dynastie in der Republik. Das Haus Oranien Nassau als Vermittler niederländischer Kultur in deutschen Territorien im 17. und 18. Jahrhundert, hg. v. Horst Lademacher, München 1999, S. 157–166.

Wolfert 1970/71
Alfred F. Wolfert: Ein Familienbild des Großen Kurfürsten Friedrich Wilhelm von Brandenburg. Versuch einer Deutung seiner Porträts und seiner Motive. In: Der Tappert. Mitteilungen des Wappen Herold Deutsche heraldische Gesellschaft e.V., 1970/71, S. 1–20.

Wolgast 2009
Eike Wolgast: Reformierte Territorien und Dynastien im Alten Reich. In: Calvinismus. Die Reformierten in Deutschland und Europa, hg. v. Ansgar Reiß u. Sabine Witt, Ausstellung, Berlin u. Emden, Deutsches Historisches Museum u. Johannes-A.-Lasco-Bibliothek, 2009, Dresden 2009, S. 204–212.

Wolter 2010
Gundula Wolter: Imaginierte Nacktheit. Die »Nuditäten-Mode« um 1800. In: Bärbel Hedinger: Luise. Kleider für die Königin. Mode, Schmuck und Accessoires am preußischen Hof um 1800, hg. v. d. Generaldirektion der Stiftung Preußische Schlösser und Gärten Berlin-Brandenburg, Ausstellung, Paretz, Stiftung Preußische Schlösser und Gärten Berlin-Brandenburg, 2010, München 2010, S. 51–61.

Wunder 1992
Heide Wunder: »Er ist die Sonn', sie ist der Mond«. Frauen in der Frühen Neuzeit, München 1992.

Wunder 1997
Heide Wunder: Herrschaft und öffentliches Handeln von Frauen in der Gesellschaft der Frühen Neuzeit. In: Frauen in der Geschichte des Rechts. Von der Frühen Neuzeit bis zur Gegenwart, hg. v. Ute Gerhard, München 1997, S. 27–54.

Wunder 2009
Heide Wunder: Gynäkokratie. Auf der Suche nach einem verloren gegangenen Begriff der frühneuzeitlichen politischen Sprache. In: zeitenblicke 8.2 (2009), www.zeitenblicke.de/2009/2/wunder/index_html (10. 2. 2015).

Wunder 2002
Dynastie und Herrschaftssicherung in der Frühen Neuzeit. Geschlechter und Geschlecht, hg. v. Heide Wunder, Berlin 2002 (= Zeitschrift für historische Forschung, Beiheft 28).

Wunder 2011
Heide Wunder: Regierende Fürstinnen des 16. Jahrhunderts im Heiligen Römischen Reich deutscher Nation. Teilhabe an Herrschaft, Konfessionsbildung und Wissenschaften. In: Herzogin Elisabeth von Braunschweig-Lüneburg (1510–1558). Herrschaft – Konfession – Kultur, hg. v. Eva Schlotheuber u. a., Hannover 2011, S. 34–55 (= Quellen und Darstellungen zur Geschichte Niedersachsens, 132).

Wunder 2013
Heide Wunder: ›Die Fürstin bei Hofe‹ im Heiligen Römischen Reich (16. – 18. Jahrhundert). In: Der Hof. Ort kulturellen Handelns von Frauen in der Frühen Neuzeit, hg. v. Susanne Rode-Breymann u. Antje Tumat, Wien, Köln u. Weimar 2013, S. 21–51.

Z

Zedler 1732–1754
Grosses vollständiges Universal-Lexicon aller Wissenschaften und Künste, hg. v. Johann Heinrich Zedler, 64 Bde. u. 4 Suppl. Bde., Leipzig u. Halle 1732–1754.

Zimmermann 1905
Paul Zimmermann: Brandenburg und Braunschweig. In: Hohenzollern-Jahrbuch 9 (1905), S. 219–251.

Abkürzungen

angebl.	angeblich
anlässl.	anlässlich
B.	Breite
bez.	bezeichnet
bspw.	beispielsweise
d. J.	der/die Jüngere
d. Ä.	der/die Ältere
Dlg.	Dauerleihgabe
Dm.	Durchmesser
ehem.	ehemalig
f.	folgende
fol.	Folio
gest.	gestorben
GR	Geheimer Rat
H.	Höhe
HA	Hauptabteilung
Jh.	Jahrhundert
l.	links
L.	Länge
Lfd. Nr.	Laufende Nummer
Loc.	Locat
o.	oben
orig.	original
r	recto
r.	rechts
Rep.	Repositur
teilw.	teilweise
u.	unten / und
u. a.	unter anderem
unfol.	unfoliert
verh.	verheiratet
vermutl.	vermutlich
vgl.	vergleiche
Vol.	Volume
z. B.	zum Beispiel
zit.	zitiert
zugeschr.	zugeschrieben
zw.	zwischen

Institutionen in Kat.-Nrn. und Anmerkungen

AHH	Archiv der Hessischen Hausstiftung
ALB	Archäologisches Landesmuseum Brandenburg im Paulikloster, Brandenburg a. d. Havel
AMTU	Architekturmuseum der Technischen Universität Berlin
BBAW	Berlin-Brandenburgische Akademie der Wissenschaften
BPH	Brandenburg-Preußisches Hausarchiv
BSGS	Bayerische Staatsgemälde-sammlungen
BVSSGS	Bayerische Verwaltung der staatlichen Schlösser, Gärten und Seen
DHM	Deutsches Historisches Museum, Berlin
GNM	Germanisches Nationalmuseum Nürnberg
GStA PK	Geheimes Staatsarchiv Preußischer Kulturbesitz
Hist. StA	Historisches Staatsarchiv
HuD	Stichting Huis Doorn
KPM	Königliche Porzellan-Manufaktur Berlin
LAB	Landesarchiv Berlin
LHASA, DE	Landeshauptarchiv Sachsen-Anhalt, Abteilung Dessau
LHASA, MD	Landeshauptarchiv Sachsen-Anhalt, Abteilung Magdeburg
SächsHStA Dresden	Sächsisches Staatsarchiv – Hauptstaatsarchiv Dresden
SKD	Staatliche Kunstsammlungen Dresden
SMB PK	Staatliche Museen zu Berlin Preußischer Kulturbesitz
SBB PK	Staatsbibliothek zu Berlin Preußischer Kulturbesitz
SPSG	Stiftung Preußische Schlösser und Gärten Berlin-Brandenburg
SSB	Stiftung Stadtmuseum Berlin
StadtA	Stadtarchiv
WAF	Wittelsbacher Ausgleichsfonds

PERSONENREGISTER

PERSONENREGISTER

G

H

I

J

PERSONENREGISTER

M

N

O

P

PERSONENREGISTER

BILDNACHWEIS

Herausgeber und Verlag haben sich bis Produktionsschluss intensiv bemüht, alle Inhaber von Abbildungsrechten ausfindig zu machen. Personen und Institutionen, die möglicherweise nicht erreicht wurden und Rechte an verwendeten Abbildungen beanspruchen, werden gebeten, sich nachträglich mit dem Verlag in Verbindung zu setzen.

Titelabbildungen:
Stiftung Preußische Schlösser und Gärten Berlin-Brandenburg

Rijksmuseum, Amsterdam S. 112 f., 114, 152

Museen Schloss Aschach, Graf-Luxburg Museum, Rudi Merkl S. 186

Dr. Reinhard Schmook, Bad Freienwalde (Oder) S. 180 o. l.

Bayerische Verwaltung der staatlichen Schlösser, Gärten und Seen, Bayreuth, Neues Schloss S. 155, 202 l.

Bayreuth, Historisches Museum S. 223 r.

bpk, Bayerische Staatsgemäldesammlungen, Sybille Forster S. 32

bpk, Kunstbibliothek, SMB, Willy Römer S. 59

bpk, Kupferstichkabinett, SMB, Jörg P. Anders S. 71, 226, 269

bpk, Kupferstichkabinett, SMB, Volker-H. Schneider S. 56

bpk, Nationalgalerie, SMB, Jörg P. Anders S. 269

bpk, Nationalgalerie, SMB, Andres Kilger S. 255 r.

bpk, RMN – Grand Palais, Jean-Manuel Salingue S. 111

Architekturmuseum der Technischen Universität Berlin S. 210

Nadja Bender, Berlin S. 65, 67 u. l.

Archiv der Berlin-Brandenburgischen Akademie der Wissenschaften S. 264 o., 264 u. l., 264 u. r.

Archiv der Berlin-Brandenburgischen Akademie der Wissenschaften, Holger Kupfer S. 265

Deutsches Historisches Museum, Berlin, S. Ahlers S. 86 f., S. 249 l.

Detlef Eden, Berlin S. 211

Geheimes Staatsarchiv – Preußischer Kulturbesitz, Berlin S. 15, 48, 83 l., 136, 239

Generalverwaltung des vormals regierenden Preußischen Königshauses, Berlin S. 7

KPM-Porzellansammlung des Landes Berlin, Wolfgang Pfauder S. 79

KPM-Porzellansammlung des Landes Berlin, Franca Wohlt S. 247

publicon Berlin, Katharina Dorn S. 72 f.

Senatsverwaltung für Arbeit, Integration und Frauen, Berlin S. 9

Staatliche Museen zu Berlin, Kunstgewerbemuseum, Saturia Linke S. 201

Staatliche Museen zu Berlin, Kunstgewerbemuseum, Gerhard Murza S. 109

Staatliche Museen zu Berlin, Kupferstichkabinett, Volker-H. Schneider S. 124 f.

Staatliche Museen zu Berlin, Münzkabinett, Lutz-Jürgen Lübke S. 53, 236 l.

Staatliche Museen zu Berlin, Münzkabinett, Dirk Sonnenwald S. 150

Staatliche Museen zu Berlin, Nationalgalerie, Andres Kilger S. 73 r., 1830

Staatsbibliothek zu Berlin – Preußischer Kulturbesitz, Musikabteilung mit Mendelssohn-Archiv S. 159

Staatsbibliothek zu Berlin – Preußischer Kulturbesitz, Abteilung Historische Drucke S. 199

Staatsbibliothek zu Berlin – Preußischer Kulturbesitz, Handschriftenabteilung S. 63, 81

Stiftung Stadtmuseum Berlin, Hans-Joachim Bartsch S. 196

Stiftung Stadtmuseum Berlin, Oliver Ziebe S. 180 u. l., 245, 262 l., 262 r., 263

SPSG/KPM-Archiv (Land Berlin), Fotostudio Bartsch S. 268

Thomas Weißbrich, Berlin S. 248 r.

Domstift Brandenburg, Hans-Uwe Salge S. 163

Richard Borek Stiftung, Braunschweig S. 131

Hessische Hausstiftung, Schlossmuseum Darmstadt S. 2170

Stichting tot Beheer van Huis Doorn S. 58, 184

Staatliche Kunstsammlungen Dresden, Elke Estel/Hans-Peter Klut S. 143

Staatliche Kunstsammlungen Dresden, Jürgen Karpinski S. 84

Staatliche Kunstsammlungen Dresden, Kupferstich-Kabinett, Herbert Boswank S. 151

Staatliche Kunstsammlungen Dresden, Münzkabinett, Roger Paul S. 74, S. 236 r., 237 l.

Staatliche Kunstsammlungen Dresden, Rüstkammer, Hans-Peter-Klut S. 193

Staatliche Kunstsammlungen Dresden, Rüstkammer, Elke Estel/Hans-Peter-Klut S. 82 r.

Erlangen, Universitätsbibliothek S. 191

Kulturstiftung des Hauses Hessen, Archiv Schloss Fasanerie, Eichenzell S. 161 l., 177 r.

Allgemeiner Hannoverscher Klosterfonds, vertreten durch die Klosterkammer Hannover S. 149 l.

Historisches Museum Hannover S. 123, 149 r.

Niedersächsisches Landesarchiv Hannover S. 216 l.

Hausarchiv Burg Hohenzollern S. 61 l.

Verwaltung Burg Hohenzollern, Roland Beck S. 253

Verwaltung Burg Hohenzollern, Martin Keidel S. 256

Martin Keidel, Hechingen S. 244

On concession of the Ministry of Heritage and Culture, Italy S. 101, 102 f., 105, 108

Landesmuseum für Kärnten, Klagenfurt S. 107 u.

Die Sammlung der Dänischen Könige, Schloss Rosenborg, Kopenhagen S. 134

Kulturstiftung des Hauses Hessen, Schloss Friedrichshof, Kronberg S. 161 r., 171 l.

Deutsches Spielkartenmuseum Leinfelden-Echterdingen, Zweigmuseum des Landesmuseums Württemberg S. 121

GRASSI Museum für Angewandte Kunst Leipzig, Matthias Hildebrand S. 233

National Portrait Gallery, London S. 128

Trustees of the British Museum, London S. 203

JL, Lützellinden S. 250 l.

Brigitte Marquardt: Schmuck aus dem Hause Hohenzollern. Beilage zu: Brigitte Marquardt: Eisen, Gold und bunte Steine. Bürgerlicher Schmuck zur Zeit des Klassizismus und des Biedermeier, Ausstellung, Pforzheim u. a., Schmuckmuseum Pforzheim u. a., 1984 – 1985, Berlin 1984, S. 11: S. 138

Meininger Museen, Schloss Elisabethenburg S. 115

Kirchengemeinde Mittenwalde, Ursula u. Dietrich Techel (Fürstenwalde) S. 224 f.

Wittelsbacher Ausgleichsfonds, München S. 190 l.

Wittelsbacher Ausgleichsfonds, München, Rainer Herrmann S. 141

Cl. Musée Dobrée – Grand patrimoine de Loire-Atlantique, Nantes S. 54 f.

The Metropolitan Museum of Art, New York, Robert Lehman Collection, 1975, www.metmuseum.org S. 162

Germanisches Nationalmuseum, Nürnberg, M. Runge S. 237 r.

Bibliothèque nationale de France, Paris S. 246

Jörg Kirschstein, Potsdam S. 670, 139, 208 l., 208 r., 248 l., 249 r., 250 r.

Potsdam, SPSG S. 80, 90, 158, 160, 170

Potsdam, SPSG, Jörg P. Anders S. 52, 57, 106, 212 f., 2140, 215, 116 f., 165, 169, 218, 223 l., 232, 241, 243, 266

Potsdam, SPSG, Klaus G. Beyer S. 110

Potsdam, SPSG, Klaus G. Bergmann S. 67 u. r., 133

Potsdam, SPSG, Elfi Greb S. 34 – 45

Potsdam, SPSG, Roland Handrick S. 154, 156 f., 167, 171 r., 173, 174, 177 l., 190 r., 242 l., 242 r.

Potsdam, SPSG, Daniel Lindner S. 31, 51, 60 o., 60 u., 75, 89, 120, 126, 129, 180 u. r., 183 u., 187 l., 189 u., 202 r., 217 u. l., 217 u. r., 261 r.

Potsdam, SPSG, Wolfgang Pfauder S. 16, 17, 49, 61 r., 62, 91, 119, 130 l., 135, 140, 142, 147, 153, 166, 168, 172, 175, 179, 180 o. r., 182, 185, 187 r., 188, 189 o., 205, 207, 209, 214 u., 216 r., 228 l., 228 r., 231, 234, 235, 251, 254, 255 l., 259, 261 l.

Potsdam, SPSG, Christoph Schmidt S. 137

Potsdam, SPSG, Franca Wohlt S. 18 – 29

archkonzept liebert, Roßtal S. 118

Restaurator Jürgen Holstein M. A., Rothenburg o. d. Tbr S. 50

Paul Seidel: Illustrierter Führer durch das Hohenzollern-Museum im Schlosse Monbijou, Berlin 1910, Tafel 87 S. 200 r.

Paul Seidel: Die Kinderbildnisse Friedrichs des Großen und seiner Brüder. In: Hohenzollern-Jahrbuch 15 (1911), S. 20 – 35, hier S. 22 S. 200 l.

Jean Louis Sponsel: Fürsten-Bildnisse aus dem Hause Wettin, Dresden 1906, T. 40 S. 192

The Royal Court, Sweden S. 85

Direktion Museen, Klassik Stiftung Weimar S. 82 l., S. 83 r.

Stadtarchiv Wesel, Volker Kocks S. 127

Städtisches Museum Wesel, Holger Lübeck S. 66

Muzeum Narodowe w Warszawie, Ligier Piotr S. 219

Herzog August Bibliothek Wolfenbüttel S. 125, 130 r., 204

The National Museum in Wrocław, Arkadiusz Podstawka S. 68 f.

Illustrirte Zeitung 3625 (12. Dezember 1912), S. 1212 S. 17

Museum Schloss Moritzburg, Zeitz, Carlo Böttger S. 195

Privatsammlung eines Nachfahren von Fritz Schaper, Zürich S. 70

IMPRESSUM

FRAUENSACHE
Wie Brandenburg Preußen wurde

im Theaterbau von
Schloss Charlottenburg, Berlin
22. August bis 22. November 2015

Eine Ausstellung der Stiftung
Preußische Schlösser und Gärten
Berlin-Brandenburg
Generaldirektor:
Prof. Dr. Hartmut Dorgerloh

AUSSTELLUNG

Konzept
Nadja Bender, Dr. Alfred Hagemann

Gesamtleitung
Dr. Samuel Wittwer

Projektmanagement und -leitung
Nadja Bender, Dr. Alfred Hagemann

Registratur | Leihverkehr
Kristin Bahre

Wissenschaftliche Mitarbeit
Dr. Julia Klein, Dr. des. Vanessa Krohn,
Eric Hartmann

Praktikanten
Anja Hirsch, Truc Vu Minh, Rahul Kulka

Projektgruppe FRAUENSACHE
Kristin Bahre, Nadja Bender,
Heike Borggreve, Monika Deißler,
Leonie von Gadow, Dr. Julia Klein,
Dr. des. Vanessa Krohn, Elvira Kühn,
Mechthild Most, Tina Schümann,
Mathias Büge, Wulf Eckermann,
Dr. Detlef Fuchs, Dr. Alfred Hagemann,
Eric Hartmann, Dr. Jürgen Luh, Rudolf
Scharmann, Dr. Samuel Wittwer

Marketing | Veranstaltungsorganisation
Heike Borggreve

Fundraising
Leonie von Gadow, Tina Schümann,
Marius Porstendörfer

Presse- und Öffentlichkeitsarbeit
Dr. Ulrich Henze, Frank Kallensee
Kranz PR (Angelika Kranz)

Ausstellungskampagne
Julius Burchard

Umbau Theaterbau, Vorboten
und technische Mitarbeit
Steffen Domalski und die Meister-
bereiche des Schirrhofs der SPSG unter
der Leitung von Heiko Neubecker

Restauratorische Betreuung
Undine Köhler, Mechthild Most

FRAUENSACHE in Frauenschlössern
Dr. des. Vanessa Krohn, Dr. Alfred Hagemann

Vorboten für FRAUENSACHE
Lina Berg, Rebekka Menzel, Anne Sell,
Hochschule Wismar

Ausstellungsarchitektur und -grafik
neo.studio neumann schneider
architekten, Berlin
Alexandra Boryczko, Wiebke Dane,
Nina Gernes, Iwetta Ullenboom, Tobias
Neumann

Ausstellungsbau
Schelm & Sohn, Hannover

Aufsichten | Service | Reinigung
Fridericus Servicegesellschaft
der Preußischen Schlösser und
Gärten mbH

Kunsttransporte
Hasenkamp
Internationale Transporte GmbH

Ausstellungstexte
Projektteam

Audioguide
Acoustiguide GmbH

Übersetzungen
Cressida Joyce, Wendy Wallis,
James Bell, Berlin

Mit Unterstützung sämtlicher
Mitarbeiterinnen und Mitarbeiter
der SPSG.

Gefördert durch

MUSEUMSSHOP
PREUSSISCHE SCHLÖSSER UND GÄRTEN
BERLIN-BRANDENBURG

LOTTO
STIFTUNG
BERLIN

KULTUR
STIFTUNG · DER
LÄNDER

EvS
ERNST VON SIEMENS
KUNSTSTIFTUNG

HCM

und die Bundesregierung
(Die Beauftragte der Bundesregierung
für Kultur und Medien) sowie
die Länder Berlin und Brandenburg

Unterstützt durch

STIFTUNG
STADTMUSEUM
BERLIN

Berliner Residenz Konzerte
SCHLOSS CHARLOTTENBURG

YORCK
KINOGRUPPE

Dussmann
das KulturKaufhaus

Medienpartner

rbb
FERNSEHEN

kulturradio rbb
92,4

DIE WELT

tip Berlin

DAMALS
DAS MAGAZIN FÜR GESCHICHTE

<Landau Media>
monitoring analyse consulting

Wall

IMPRESSUM

KATALOG

© 2015
Sandstein Verlag, Dresden
Stiftung Preußische Schlösser und Gärten
Berlin-Brandenburg und Autoren

Herausgegeben von
der Generaldirektion der Stiftung
Preußische Schlösser und Gärten
Berlin-Brandenburg, 2015

Katalogredaktion
Dr. Julia Klein, Eric Hartmann,
Dr. Jürgen Luh

Bildredaktion
Eric Hartmann

Lektorat
Dr. Julia Klein, Eric Hartmann,
Dr. Jürgen Luh

Verlagslektorat
Christine Jäger-Ulbricht, Sina Volk,
Sandstein Verlag

Gestaltung
Michaela Klaus, Annett Stoy,
Sandstein Verlag

Satz und Reprografie
Gudrun Diesel und Jana Neumann,
Sandstein Verlag

Druck
Westermann Druck
Zwickau GmbH

Die Deutsche Nationalbibliothek verzeichnet diese Publikation in der Deutschen Nationalbibliografie; detaillierte bibliografische Daten sind im Internet über http://dnb.ddb.de abrufbar.

Dieses Werk einschließlich seiner Teile ist urheberrechtlich geschützt. Jede Verwertung außerhalb der engen Grenzen des Urheberrechtsgesetzes ist ohne Zustimmung des Verlages unzulässig und strafbar.
Das gilt insbesondere für die Vervielfältigung, Übersetzungen, Mikroverfilmungen und die Einspeicherung und Verarbeitung in elektronischen Systemen.

www.sandstein-verlag.de
ISBN 978-3-95498-142-7